商周制度考信

刘志傑题

商周制度考信

王贵民 著

河北出版传媒集团

河北教育出版社

图书在版编目（CIP）数据

商周制度考信 / 王贵民著 . -- 石家庄 ：河北教
育出版社，2014.7
ISBN 978-7-5545-1268-5

Ⅰ . ①商… Ⅱ . ①王… Ⅲ . ①社会制度－研究－中国
－商周时代 Ⅳ . ① D691.2

中国版本图书馆 CIP 数据核字 (2014) 第 162866 号

书　　名 / 商周制度考信
作　　者 / 王贵民　著
封面题字 / 刘志杰

出版发行 / 河北出版传媒集团
河北教育出版社
（石家庄市联盟路705号，邮编050061）
出　　品 / 北京颂雅风文化传媒有限责任公司
www.songyafeng.com
北京市朝阳区望京利泽西园3区305号楼
邮编 100102　电话 010-84852503
编辑总监 / 刘　峥
责任编辑 / 栾小超
装帧设计 / 郑子杰　周　帅　何晓敏
制　　版 / 北京颂雅风制版中心
印　　刷 / 北京永诚印刷有限公司
开　　本 / 787mm×1092mm　1/16
印　　张 / 18.5
字　　数 / 266千字
出版日期 / 2014年8月第1版　第1次印刷
书　　号 / ISBN 978-7-5545-1268-5
定　　价 / 78.00元

杨 序

　　本世纪 20 年代以来,中国古史研究,主要是商周史的研究,曾经出现过几次剧烈震荡,使中国古史的面貌逐渐真实地显现出来。在此以前,关于中国古史讲述是从三皇或者是盘古开始。顾颉刚先生在《古史辨》第一册自序中说:"哲学系(北京大学)中讲《中国哲学史》一课的,第一年是陈伯弢先生(汉章),他是一个极博洽的学者,供给我们无数材料,使得我们的眼光日益开拓,知道研究一种学问应该参考的书是多至不可计的。他从伏羲讲起;讲了一年,只到商朝的《洪范》。"接着先生又说:"第二年改请胡适之先生来教。他是一个美国回来的留学生,……他来了,他不管以前的课业,重编讲义,开头一章是《中国哲学的结胎时代》,用《诗经》作时代的说明,丢开唐虞夏商,径从周宣王以后讲起。这一改把我们一般人充满着三皇五帝的脑筋骤然作一个重大的打击,骇得一堂中舌挢而不能下。"这在当时,胡先生的讲法的确使人们舌挢而不能下,我们传统的唐虞夏商诸圣王不见了,一般是很难接受的,但颉刚先生信服了,此后开辟了他的《古史辨》生涯,几百万字的考据来证明唐虞夏商古史之不可信的原因。这是有关中国史研究事业中的一种扫荡,也可以说是研究中国古史的启蒙事业,中国文明史的开端应当自何时起,提到史学家的日程上。

　　几乎与顾先生之怀疑古史同时,王国维先生却在重新作中国古史之"建设"工作。我们不能破而不立,你说唐虞夏商古史之不可信,是从古史记载之矛盾处及后人之美化处下手,分析疏通,在前人之未曾注意处下手,加以考古学中新材料之运用,一种新的古史系统建立起来,我们所谓新的系统,其实即《史记》中之夏商周古史系统,说它是新,因为在一阵怀疑的震荡中,它的权威性动摇了,许多人不相信了。王国维先生在《殷代先公先王考》中,实际年代已及于夏,商史可信,《史记》所记不伪,则夏史无可怀疑,《史记》自《夏本纪》开始是中国文明社会的开端,是中国阶级社会的开始。在方法论上,静安先生广泛采用了中国古代史诗中的材料,如《天问》及《山海经》,这是古代巫史用史诗形式保存下来的古史。过去当作神话,没有人引用它、相信它,通过王先生使之与考古发现相印证,这些史诗复活,史诗变作历史,这又是一次"诗亡然后春秋作"。

　　我们说王国维先生复活了夏、商、周三代史,但真正中国古史系统的建设者是郭沫若先生,他是首先用历史唯物主义的方法来研究中国古代史的人,人类历史和自然历史一样是有规律可寻的，没有规律的历史只是一堆堆史料，史料不是历史，一如建筑房屋的材料不是房屋一样，研究史料，分析史料，是研究历史规律的开始，但它不是完整的历史学，郭沫若先生曾经说："占有了史料，就必须辨别它的真假，考查它的年代，这一番检查的功夫，也就是所谓考据，……没有史料固然不能研究历史，专搞史料也决不能代替历史学……说什么整理史料即历史学，这显然是错误的。"（见《文史论集》六页）

我同意郭先生的意见，我在读书时代的老师傅孟真先生就是以为整理史料即历史学。傅先生是"五四运动"的健将，也是有成就的史学家，他在宗周史的研究中有过卓越的贡献，他的《周东封与殷遗民》中许多重要见解，如今尚为古史研究者所采纳，但他始终坚持史料即史学的观点，以致缺少历史之规律性的研究。

以上这些前辈先生们，无论是对中国古史的怀疑与建设，都是几十年来在学术研究中最激动人心的事业，有了这种学术事业的震荡，大大推动中国历史学的发展，回顾过去，总结几十年来的古史研究成果，是：

（一）扬弃了三皇五帝旧古史传统；

（二）使文献与考古材料相结合，建立了中国古史研究中的新轮廓，这新轮廓即证实了的正史记载；

（三）历史唯物主义方法论的运用，使千变万化的历史规律化，无论自然与人类社会，都是有规律可寻的，掌握规律，人们才可以变被动为主动。

王贵民同志的《商周制度考信》一书，就是沿着这种方向写成的一部内容充实的好著作，在方法上，他把甲骨文和金文分项打通起来研究，容易看清事物发展的脉络。比如根据甲骨金文的多子（族）和大子、中子、小子说明宗法中长庶制来源。把多子、小子和《礼》书中的诸子、士庶子等联系起来考察，弄清了宗室中、军事中贵族子弟的若干作用。金文里的"大师小子""小子师氏"与"夏官"的诸子也有渊源关系。商代的"多子延（入）学"与西周大学中的国子弟相类似。又探讨了军职中也是长子为正，次庶为副。此外，在商代祭祀的演变，商代的四服，西周的五服，重点说明甸服源于王室农业经济，卫服源于国家的保卫制度方面，初步恢复了它们的雏形和历史过程。

总之，原著探讨了过去学者未曾注意或者没有解决的许多问题。这些问题的探讨解决，都是费时费力的，我们是在和三千年以前的事和人打交道，时间过去了，我们去追寻过去的踪迹，这踪迹就是过去的时间，我们从踪迹中摸索过去的"时间"，这是艰难的历程，我经常说我们的世界有两种基础学科：

（1）物理学；

（2）历史学。

物理学是研究自然发展规律的，而历史学是研究人类发展规律的，人类的发展规律复杂过于自然规律，所以研究人类历史要比研究自然规律更困难些。贵民同志从事古史研究已数十年，我们同事，曾经互相讨论过许多古史问题，我赞赏他的渊博学识及努力不懈的精神，我祝贺他有这样丰硕的研究成果。

杨向奎

1988 年 8 月 22 日

李 序

我和王贵民同志结识，已近三十年了。他是从中国科学院语言研究所转到历史研究所来的，于语言文字之学素有根底，文献义训尤其所长，兼以诗才，为同仁所称道。多年来，他参加《甲骨文合集》的编纂工作，余暇间研究古史，从理论到史料，靡不深究。每于研究室相聚，必谈论古史问题，促膝抵掌，以为笑乐。对于贵民同志在学术刊物上发表的论著，我是每篇必读的。记得1982年，在《人文杂志》上看到他的《从殷墟甲骨文论古代学校教育》一文，见他从"学"字的本源出发，博引甲骨材料，特别是对新发表的《小屯南地甲骨》第60片所记"大学"，作了详细分析，引用《礼记·王制》等文，说明古代出兵战胜，必在大学祭奠和惩处战俘，深为击节，认为这才是真正将文献与古文字研究相结合的实例。近来蒙他以新著《商周制度考信》一书全稿见示，披绎之下，获益更多。下面写的几句话，不过为此书拥篲前驱而已。

贵民同志把他的大作题为"考信"，我想一定是存有深意的。[1]我国文化辉煌，历史久远，古代史事茫昧，传说纷然。流传至今的各种古籍奥涩费解，历代学者殚精竭力，皓首难通，各种传著汗牛充栋。要想探明古史真相，真是谈何容易。说到"考信"，大家容易联想到清代的崔述，他的《考信录》一书，本来没有广泛流传，在学术界影响殊小，直到近代才得到表彰。顾颉刚先生专门整理编订了《崔东壁遗书》，其于古史"考信"的精神始为人所周知，流行于世。崔述虽是乾嘉时人，他的"考信"精神却是晚清以来疑古思潮的先导，在学术史上有着不可抹煞的地位。

《考信录》书中有许多精辟的见解，如《考信录提要·释例》所说"读书当考信""战国邪说寓言不可征信""汉人解诂有误"等，今天看来还是颇有可取的。疑古思潮更有明显的进步意义，必须充分肯定。然而，《考信录》以及类似作品，出于历史条件的限制，究竟有其不足之处。这些清代学者，尽管博通群籍，他们的一切论述只能是就文献论文献，在古书内部抵瑕蹈隙，不能超出这个圈子。因此他们只能推出一批问题，澄清一批问题，而每每不能作出问题的解答。我们的目的在于认识古史的真相，揭示历史的法则，这是积极的，不是消极的，因此不能使古史停留于空白，重建古史就成为必要的了。

古史空白的填补，是由两方面的结合促成的，一是新材料的发现，一是新理论的传入。

后者大家是熟知的，前者早在清末也有其肇端。甲骨文的发现鉴定，罗、王之学的成就，最后导致殷墟发掘的施行，这可以说是现代考古学在中国建立的标志。郭沫若先生的甲骨、金文研究，开创在马克思主义指导下研究中国古代社会的新局面。王贵民同志的研究工作，正是沿着这条道路继续前进的。在这个意义上，贵民同志的"考信"就不同于崔述的"考信"了，不妨说这是新时代的"考信"精神。

贵民同志研究古史，着眼于制度方面，这也是他优异之处。所谓制度，用古代传统语言来说，便是"礼"，这对于探讨古代历史文化是极为重要的研究课题。贵民同志在上述论古代学校教育的论文的结论部分，讲了一段很精当的话，他说："全面论证古代某一种制度，还是一个尝试。但是，一个现象是值得注意的，凡考古、古文字资料每一新的发现，都可以同古文献记载相互印证。这只能说明，长期被半信半疑的古书记载，有不少内容是可靠的。我们只要仔细、认真加以考订，去粗取精，不难复原某些古制，订正《周礼》，建立'商礼'，从而有助于古代社会历史和社会性质的研究。"这个观点完全适用于《商周制度考信》全书，也正是与旧的"考信"不同之处。

崔述在《考信录提要》中以"读书者与考古界"为题，自述作《考信录》之故，云："嗟夫！古今之读书者不乏人矣。其事帖括以求富贵者无论已，聪明之士意气高迈，然亦率随时俗为转移，重词赋则五字诗成，数茎须断；贵宏博则雪儿银笔，悦服缔交。盖时之所尚，能之则可以见重于人，是以敝精劳神而不辞也。……人之读书，为人而已，亦谁肯敝精劳神，矻矻穷年，为无用之学者！"足见当时著书之困苦。贵民同志此书之成，历史条件全然不同，但是费尽心力，积累多年，其奋勉则是相同的。蒙他约写短序，得以附骥，是我极感欣幸的事。

李学勤

1988 年 10 月

于北京昌运宫

[1] 阅书稿时，《书名简释》尚未写出——本书作者补注。

胡　序

殷墟甲骨文字，自从1899年开始被学者辨认以后，迄今倏已90周年。这90年可分为两个阶段，1949年前的50年为前期，1949年后的40年为后期。

在1949年前的50年中，先有1899年王懿荣对于甲骨文的辨认，1903年刘鹗编辑了第一部甲骨文材料书《铁云藏龟》，1904年孙诒让写出了第一部甲骨文的研究著作《契文举例》，甲骨文字之学，有了一个初步的开端。后有罗振玉对于甲骨文的搜集流传和考释，王国维把甲骨文提高到一个古史新证的阶段，甲骨文字之学，这才有了一个一定的基础。

从此甲骨文资料不断发表，甲骨文字典相继出书，并大量出版了关于甲骨文考释研究方面的著作，重点论著，或属于文字，或属于历史。还有关于甲骨文断代和殷代年历等方面的研究，使甲骨文这门学问，得到了极大的发展。总计论著有八百余种，甲骨文的作家有二百余人。

在1949年以后的40年中，除了继续以前文字、历史、断代、年历等方面一些专题研究之外，又开始应用马克思主义的科学观点，从甲骨文字研究商代的社会性质、阶级斗争、统治阶级的专权和劳动者的身份，还有生产发展、军队牢狱、人祭人殉、奴隶逃亡以及氏族遗迹和图腾崇拜等一系列的问题。

"文化大革命"以后，又结合考古发掘，研究了商代的疆域地理，民族来源，在甲骨断代方面，又重点研究了"𠂤组卜辞""子组卜辞""午组卜辞"及"历组卜辞"的年代早晚，还讨论了甲骨文"命辞"是否问句的问题。甲骨之学，发展成极为活跃的一门学科。这一时期除了老一辈学者之外，又涌现出一大批中青年的甲骨学者。这一时期新增加的著作逾一千种，新增加的作家也超过二百人。

在这一时期，还有一个特点，就是甲骨文资料的大量出笼。除了一些零星著录之外，科学发掘的资料，先后出版的有董作宾的《殷墟文字甲编》（1948，1976），《殷墟文字乙编》（1948，1949，1953），考古研究所的《小屯南地甲骨》（1980，1984）。战后新发现的资料，有胡厚宣的《战后京津新获甲骨集》（1954），《战后宁沪新获甲骨集》（1951），《战后南北所见甲骨录》（1951）和《甲骨续存》（1955）等书。

流传在国外的甲骨文资料，本来不容易看到，这时也都发表出来。在日本的，有贝冢茂树和伊藤道治的《京都大学人文科学研究所藏甲骨文字》（1959，1960，1968），松丸道雄的《东京大学东洋文化研究所藏甲骨文字》（1979），金关恕、伊藤道治的《天理大学天理参考馆藏甲骨文字》（1987），东洋文库古代史研究会的《东洋文库所藏甲骨文字》（1979）、青木木菟哉的《书道博物馆藏甲骨文字》（1958~1964），伊藤道治的《日本所见甲骨录》（1977），松丸道雄的《日本散见甲骨文字搜汇》（1959~1980）。在加拿大的，有许进雄的《安大略博物馆明义士收藏甲骨》（1972,1977）和《安大略博物馆怀特氏等收藏甲骨集》（1979），还有明义士著、许进雄编的《殷墟卜辞后编》（1972）。在美国的，有周鸿翔的《美国所藏甲骨录》（1976）。在英国的，有齐文心等的《英国所藏甲骨集》（1985）。在法国的，有雷焕章的《法国所藏甲骨录》（1985）。胡厚宣还有一本《苏德美日所见甲骨集》（1988）。总之，流传在国外的甲骨文资料，重要的基本上发表的是差不多了。

在国内收藏甲骨的，据调查，全国除台湾省和香港地区外，还有25个省市自治区的41个城市，98个机关单位，都收藏有甲骨，总数达九万余片。这些资料，有的已经发表，有的一部分已经发表。但没有发表的，还有很多。像王懿荣、刘鹗、罗振玉、明义士、王襄、刘体智几大宗旧藏，今归北京图书馆、故宫博物院、上海博物馆，而山东博物馆和天津历史博物馆收藏的甲骨，就有不少没经发表过的资料。这些资料，在单位一般都列为珍品，未经整理拓印和出版，就不好使用。这又是令人不能满足的地方。

在这样一个形势下，我们中国社会科学院历史研究所先秦史研究室自从1959年就成立了《甲骨文合集》编辑委员会和编辑工作组。经过一个时期的筹备，1961年4月编辑工作开始进行。经过了一个"文化大革命"，编辑工作停顿了一段很长的时期。但终于在1979年全部稿件编讫，从1979年至1982年，全书陆续出版齐全。从全部15万国内国外已出版未出版的甲骨实物和拓照摹本中，经过科学整理，选出了在文字学和历史学上具有一定意义的甲骨41956片，分期分类，编辑成书，总计5241版页，分订13巨册，这是一部比较全面的大型的甲骨文资料汇编，基本上可以说集了八十多年以来出土甲骨文资料的大成。

《甲骨文合集》编辑工作组十余人，在刚参加工作时，多数都还年轻，才从大学毕业出来不久，一般对甲骨文还不熟识。几十年来，他们从事大量原始资料的搜集和探访，接触到已经出版著录甲骨的一百多种书刊和全国几十个单位收藏的九万多片甲骨实物，经过剪贴、墨拓、对重、拼合、辨伪、选片、分期分类等一系列的科学实践，进步很快，现在差不多都已经成了甲骨文的熟手，对于这些第一手的原始资料，基本上已经全能掌握，在这方面都能作一些独立的研究工作。因而除了完成《甲骨文合集》一书之外，也还写出了一些学术论文，刊登在我们所编辑的《甲骨探史录》和《甲骨文与殷商史》及其他有关先秦史、古文字、文物考古一类的刊物上边。

近几年来，还编辑出版了一些专著，计有工具书，通俗读物，甲骨学通论和商代历史的论著多种，又还有关于甲骨学殷代史上一些专题研究的著作。

贵民同志，就是其中的一人，他中山大学毕业后，先在中国科学院语言研究所，后来历史研究所先秦史研究室即参加《甲骨文合集》的编辑工作。随着《甲骨文合集》的编辑和出版，他不断写出高质量的专题论文。最近又完成《商周制度考信》一书，由甲骨文结合文献考古及民族学的一些资料，由商代论到周代，全书共分六章，一为商周社会结构，二为商周政权结构，三为商周官制，四为商周军事制度，五为商周学校教育，六为商周土地制度，附录及附论三篇。在前人研究的基础上，提出了自己的见解，发明创见，美不胜收，洋洋巨制，达二十万言，可谓盛矣！

余忝为《甲骨文合集》总编辑兼编辑工作组长，眼看着同志们的迅速成长，十分慰佩。今贵民专书写成，又承不弃，嘱为序言，因述先后经过，并为贵民之书，愿作介绍推荐之意焉。

胡厚宣

1989 年 5 月 30 日

书名简释

本书名为《商周制度考信》。

商为商代，周指西周。商代的史料几乎都采用殷墟甲骨文，严格地说研讨的是商代后期的社会制度。但因社会制度系逐渐形成，渊源有自，后期由前期发展而来，故仍可说为整个商代。西周主要采用金文，并系联较早的文献记载，以资参证。

制度，乃仿王国维《殷周制度论》之义，探究商周社会几项主要制度。考信，仿崔述《考信录》之例，以可信之资料，考得可信之史实。虽说是步前人之踵武，然已接触商周社会性质的制度概念。在古制探讨中力图有所深入，提出一些新的看法，庶免贻效颦之讥。

写作方法，探讨每项制度，竭力把甲骨文和金文打通起来比较、考察，便能看清其来龙去脉。经过分项疏证，益信商周社会制度乃一脉相承，西周承商而有所发展。此种看法，直接与《殷周制度论》相左，并对之作出初步集中的评述。

本书从史实出发，考见商周社会结构为族落组织普遍存在。由此而政治、军事、产业、文化等俱受宗法制度所制约；由此而王朝、政权体制乃具统一、集权和专制的性质，依此构成古代中国的历史特点。从而认为所谓中国古代存在方国联盟或城邦制度的政制等等，都不足信。书中深入剖析族落的发展形态——宗族，其阶级分化、对立，其政治作用及其成为古代社会政治文化的基础，说明其对社会发展不全是制约的一面。毋庸讳言，这种社会结构及所反映的上层建筑、意识形态，却是历史前进的重负，给社会和人的创造力以严重束缚。今日，我们只能面对史实，不能用某种不存在的美好名称来加以回护；只能对实际存在的历史进行剖析，探源索流，揭示社会发展途径，当是历史研究的职责所在。

本书在综合基本史实、复原古代制度的当中，提供了一些新的看法，诸如：甲骨文的多子，与礼书中"诸子""国子""士庶子"的渊源；庙制与祭祖制度紧密相关，同宗法制度的形成、确立而同步；被征服族的存在形态；商周时代存在地方中层政权；封国与方国的概念不同和严格的界限；商周政区存在奠、鄙制；两朝官制的历史特点、官制的构成及其图示；古代"官由事出"，甲骨文的"钟史"乃是"御事"；甲骨文的"行"为最早的军行；申论"马亚"为后世司马之所从出；战法布阵、军训和常备军的提出；军制中的宗法活动；两朝的学校教育制度的构建；两种籍田制的区分、耤字原始音义的考证；田庄制的提出，等等。这些论点，有些是在作者的历年的论文中问世，得到了同行们的重视。然而，它们仍须继续得到批评指点，都需要时间考验。

目　录

壹　商周社会结构

一　族落群体的普遍性

研究或认识一个时代的历史，社会结构是重要的一环。历史唯物主义认为：每一历史时代的经济生产以及必然由此产生的社会结构，是该时代政治的和精神的历史基础。带着族落群体进入文明历史是古代中国的特点之一，商周时代共同具有这一特点，并且，都基于同样的"经济生产"的发展程度，统治者都以族的宗亲结构与政权结构相配合，进行统治。

（一）史籍记载的商周族落

契为子姓，其后分封，以国为姓，有殷氏、来氏、宋氏、空桐氏、稚氏、北殷氏、目夷氏。（还有时氏、萧氏、黎氏）[1]

（武）王若曰：告尔伊、旧、何、父、[　][　][　][　]、幾、耿、肃、执，及（乃）殷之旧官人，序文[　][　][　][　]及大史比（友）、小史昔（友）及百官、里居（君）献民。[2]

（武）王曰：呜呼！旦，维天不享于殷，发之未生，至于今六十年，夷羊在牧，飞鸿满野，天自幽不享于殷。维天建殷，厥徵（登）天民名三百六十夫，弗显（顾）亦不宾灭，用庹于今。[3]

"天民名三百六十夫"，徐中舒先生指出就是三百六十个氏族，分属三个大部落[4]。上述殷氏、来氏和伊、旧、何等都是族名，或称为氏名。古代姓、氏有别，始祖以自然物取名为姓即氏族图腾，夏的姒，商的子，周的姬，皆是；而氏则是该族子孙分到各地立族，取一新名，即是族名。所谓"因生以赐姓，胙之土而命之氏"，"以族为氏"。殷墟甲骨文里出现的许多人名，实际也是这些人的族名，如雀、毕、并、𠦪、曼、版等，大约达二三百名之谱。有时也写上族字，如"犬延族""版族"。有冠以"子"称的，如子宋、子奠、子竹等等，也都是族名，前面"子"字只表明它是与"王族"和一般宗族有区别的"子族"。商亡以后，其遗民仍旧以族为单位，被西周王室分赐诸侯：

> 分鲁公以殷民六族：条氏、徐氏、萧氏、索氏、长勺氏、尾勺氏，使帅其宗氏，辑其分族，将其类丑，以法则周公……分康叔以殷民七族：陶氏、施氏、繁氏、锜氏、樊氏、饥氏、终葵氏……[5]

这些族延祚悠久，上列契分封时的来、宋、伊、何、执、旧都见之于武丁以下的甲骨文；而亡国后的殷民六族、七族中，有些族名也可追溯到武丁时期。甲骨卜辞中的不少族名，到西周时代铜器铭文里，还有它们的徽志或活动，如朵、微等族。

商代还有集合的族称，如"王族""多子族""三族""五族"。

商代有关族的记载，大抵如是。

西周的族，在初期分封中见其梗概。

> 昔武王克商，光有天下，其兄弟之国者十有五人，姬姓之国者四十人。皆举亲也。[6]

> 周公兼制天下，立七十一国，姬姓独居五十三人。[7]

> 昔周公吊二叔之不咸，故封建亲戚以蕃屏周，管、蔡、郕、霍、鲁、卫、毛、聃、郜、雍、曹、滕、毕、原、酆、郇，文之昭也；邗、晋、应、韩，武之穆也；凡、蒋、邢、茅、胙、蔡，周公之胤也。[8]

> 太伯、虞仲，太王之昭也。……虢仲、虢叔，王季之穆也。[9]

> （文王）孝友二虢而慈惠二蔡，……及其即位也，询于八虞而咨于二虢，度于闳夭而谋于南宫，诹于蔡、原而访于辛、尹，重之于周、邵、毕、荣……[10]

这些或以国名出现者实际都是族名，有的是一族分出几个分族，故有二虢、二蔡、八虞之称。除了同姓之外，还有异姓，如四岳之后的姜姓申、吕、邓、许，更有古老的氏族后裔：神农之焦，黄帝之祝，帝尧之蓟，舜后之陈，禹后之杞以及英、六等。[11]

古籍记载之外，金文还有许多族的记录，有的可与文献相合，有的为新出。根据《路史·国名纪》，西周所封族邑"周氏后"和"周氏世封"共约二百名，"周世侯伯国"近八十名。史称周初"八百诸侯"，大概包括周边少数民族。西周是古代中国社会族落发展全盛的阶段，它囊括了夏商以来所有的族落，《史记·三代世表》所谓"周以来乃颇可著"，其实"可著"的还是中原的尤以周族和与周族有关的族落为主，所记自有很多缺漏。即使那些封国，也只是一个族的总名，其中包括的还有许多族，随同分封者如鲁、卫的殷民六族、七族，晋的"怀姓九宗"，封给邢侯的"臣三品"——州人、重人、鄘人（《周公簋》），更有所封之地为原来的土著族落。所有封国、封邑内，都是大大小小的族落，可谓族落林立、星罗棋布。

西周也有族的集合称谓，《明公簋》铭文说："遹王令明公遣三族伐东国"，就称"三族"。

（二）考古遗存的族落存在形式

这里主要内容是族居和族葬。

1. 族居

同族居于一处，所谓"生相近、死相迫"。《周礼·地官》的"令五家为比，使之相保；五比为闾，使之相受；四闾为族，使之相葬；……"所谓"比"就是比屋而居，便于"相保相受，刑罚庆赏，相及相共"。所谓"夫三为屋，屋三为井"，就是"乡里同井，守望相助，疾病相扶持"，住宅和耕地都连在一起，对人民自己来说是便于互助；对统治者来说则是便于治理，这就是古代的"聚族而居"的习俗[12]。这种习俗，至今犹有地下遗存，考古发掘的古代居住遗址，房基都很密集，就是当时族居的特点。

商代前期：

今河南郑州白家庄、铭功路西侧和紫荆山北：发掘房基 26 座，属二里冈期下层，仅在1250 平方米的地面集中 14 座。[13]

郑州上街，在一处 400 平方米的面积上发掘房基 9 个，窖穴 6 个，墓葬 5 座。[14]

河南商丘地区的拓城县孟庄遗址，有房基 9 座，其中 7 座集中在 250 平方米的范围内，并有窖穴 6 个、灰坑 3 个、冶铸作坊 1 个。房基之间，大小不同，大部分基本相类。[15]

河北藁城台西遗址，发掘出 11 座房基集中于 500 平方的面积上，而且分布井然有序。同地发现百多座墓葬。[16]

商代后期：

殷墟，中心区外的大小不等、分布密集的聚落，是殷代中小贵族和自由民的居住区，死后就地埋葬，故多见建筑遗存和墓葬。[17]

山东平阴朱家桥，一处商代晚期村落遗址，在 230 平方米的地面上，发现 21 座房基，密集在遗址的中心区。另一聚居区，在距中心区 40 米的东边，这些房基大小相等，推测均为"篱笆墙"，从遗存的生活用具、生产工具、食物残迹来看，当为一般水平较低的农业居民状况。在其西南部不远，即有一处 22 座墓葬的墓地，皆为小型竖穴墓，仅有一二件陶器随葬。[18]

上述现象，考古学者或称之为"村落遗址"，其实也就是族居。可能未引起人们注意，材料尚不完全，房基布局往往描述不够。商代前期遗址的房基数字较少，当是人口稀少之故；属于晚期的迄今发现有限，尚有望于将来。

在西周：

丰、镐二京所在的陕西西安沣河两岸都发现了房基遗址，有早晚期的区别，有长方形半地穴式与圆形半地穴式的不同结构，但都简陋，推测为仍然是"陶覆陶穴"的阶段[19]。布局与数字尚不详。

在沣西张家坡，发掘15座西周早期房基，都是土窑式的。在岐山，除凤雏、召陈的大型基址之外，也都是半地穴式的房屋。在河北磁县下潘汪发现5座西周房基，情况与沣河两岸的相同。这些房基内都发现农业手工业生产工具，简单的生活用具，可推断为当时广大劳动人民即农夫和工奴们的住处。[20]

湖北圻春毛家嘴水塘遗址，出现木建筑结构房屋基址，共有两处。一处在1600平方米的面积内，能分辨出三组房基，都是南北、东西毗连，形状、大小略同。另一处虽保存的较差，但也能分辨出两组房子，并有平行排列、串联在一起的木板。从遗址附近出土的各种器具来看，这是一个范围较大、居住密集的村落遗址。其居民除一般的劳动人民外，还当有中小贵族的存在。[21]

上述西周的考古所见族居遗迹，情况基本与商代相似。值得注意的是，毛家嘴木结构基址的布局，一处为三组房屋，一处为两组房屋，可能反映当时族的结构，推测为一个宗族内分为两个分族。各分族内又有几个近亲的家庭。

2. 族葬

古代聚族而葬，与聚族而居是同一性质，这方面有更多的记载，反映了人们的宗亲观念和埋葬制度。商代厚葬，众所周知；其埋葬亦有定制，尤于王陵与西区族墓的考古中可见。在甲骨文中亦有占卜葬地的反映。卜辞云：

贞余于商葬？ 　　　　　　　　　　　　　　　　　　　　《甲骨文合集》21375

丙子卜宁贞：令𦥑葬我于右𠂤

骨告不死？ 　　　　　　　　　　　　　　　　　　　　　　　　　17168

贞：𦥑不其骨告，其死？十一月 　　　　　　　　　　　　　　　17170

己卯卜方贞：今日弜𦥑令葬我于右𠂤，乃归右［　］？ 　　　　10048

乙亥卜争贞：虫邑、并令葬我于右𠂤？一月 　　　　　　　　　17171

丙子贞：王虫令葬我？　　　　　　　　　　　　　　　32829～32831

[ ]卯卜争贞：葬[ ]亡埜……　　　　　　　　　　　　17173

[ ][ ]卜争[贞]：……徇（殉）……死　　　　　　　　　17167[22]

葬字原作或，像墓圹置人（尸）之形，从声。其所从之，并非甲骨文的"疾"字。这批卜辞，卜日大都相连，占问"葬我于右阜"，此处，阜不当为"师"字，应是阜堆之义。"我"字的指称可有不同的解释，或就是时王自称，是生前卜葬地；或代指王室，则为某一王室成员占定葬地。右阜，古以右为上，殆是王陵区或其他贵族墓地。最后两辞，一条是为一位王子占卜，辞意似是占问有无（亡）野（埜）地可供选择；一条是占卜殉（徇）葬之事。考古工作曾说明，商王在殷墟西北冈王陵区事先预置陵墓，该区的大型墓葬按一定制度安排。其他族墓也是大同小异。

周代的史籍记载颇为明确。《周礼·大司徒》："以本俗六安万民，一曰媺宫室，二曰族坟墓，……"令"四闾为族，使之相葬"。《族师》职文与之相应，从五家为比至四闾为族，"以相葬埋"，明确族一级管理族墓的事宜。《春官·冢人》："掌公墓之地，辨其兆域而为之图，先王之葬居中，以昭穆为左右。凡诸侯居左右以前，卿大夫居后，各以其族。"依郑注"公，君也"，则此是王、侯专有的墓地，但他们也得以族为单位，以血缘亲疏为序。《春官·墓大夫》："掌凡邦墓之地域，为之图，令国民族葬而掌其禁、正其位，掌其度数，使皆有私地域。"这是一般民众的墓地，所谓"令国民族葬"，说的就是族墓，在这里划分各族的墓区，亦按宗亲次第安排（见郑注）。古人十分看重族葬，所谓"坟墓相连，民乃有亲。"[23]若是"挤社稷，失宗庙，离坟墓，困鬼神，残宗族，无为爱死矣。"[24]把"离坟墓"与"失宗庙""残宗族"甚至"挤社稷"那么严重的事情并列。《冢人》职文还说："凡死于兵者，不入兆域。"郑注为战败无勇者，按理应是死于刑罚的，古者兵、刑为一事。所以，族葬是一种很严肃的事情，今日，可于考古发掘中得见大概。

2.1 王、侯墓地

这相当于《周礼·冢人》掌管的"公墓"。

商代在殷墟西北冈王陵区，有12座大墓，属于王陵，其中可能有王妃或王室大贵族侧身其间，这和《周礼》的公墓中同时埋葬从王族所出的诸侯卿大夫的情况相同，如周公死前表示葬于成周，死后而成王葬周公于文王墓地之毕[25]，"太公封于营丘，比及五世，皆返葬周"[26]等故事。商王已经处于至高无上的地位，其公墓亦带有宗族的性质，只不过王族是最高的族罢了。王陵区12大墓分东西两区安置，有些学者以为是左昭、右穆之制，事或然已。但是，若以此说成商代还存在原始的婚姻形态及其所形成的轮番执政的集团的形式，则是不能信从的。可以说昭穆制渊源于原始亚血族婚制，但商周时代只是利用这种遗制，来区分宗庙陵寝里的血缘等级。如果能证明商代有此制度，正可说明商、周宗法制度的共同性[27]。

次一等的是侯伯的贵族墓地。河南罗山后李的商代遗址，在约3000平方米范围内，发掘出17座较大的墓葬，集中一处，排列规则。随葬品丰厚，其中7墓的23件青铜器上有同一族徽铭文"息"字，考古学者认为，可能是存在于商代的古息国的贵族墓地。与此相当的是商王室第二等贵族，1971年发掘的殷墟后冈一处宗族墓地，分东西两组，西组12座墓都有殉人，内有5座带墓道，是地位较高的，仅次于王陵和王室重要成员的贵族墓地。它们也还是聚族而葬，属于"公墓"的范畴。

西周的"公墓"，王陵还没有发现，只发掘出几处侯国的墓地。

河南浚县辛村的卫国贵族墓地，规模甚大，在15万平方米的面积内，发掘大型墓8座，中型、中小型的29座，小型的28座，另有车马坑2个，马坑12个。布局是以8座大墓为主体。夹杂其间的中小型墓当是大墓的从属或同宗。[28]

河南三门峡上村岭一处虢国公室墓地，已发掘234座墓葬，车马坑4个，马坑1个。墓葬密集而排列有序，墓向一致。整个布局，分为北、中、南三组，北组最大的七鼎墓是虢太子墓，伴随有一座五鼎墓和车马坑；中组有几座较大的墓，并1座三鼎墓和8座一鼎墓；南组最大的是五鼎墓和车马坑，其西有2座三鼎墓，1座二鼎墓和9座一鼎墓。所有中小型墓都分别围绕在这三组大墓的周边。虽是公室贵族墓地，能以青铜器随葬的墓也只占十分之一，这三组中的大墓主人似是分别为这个分族的族长。[29]

与此同一等列的西周贵族宗族墓地，可以洛阳北窑庞家沟的墓地为例：

庞家沟墓地，有25万平方米面积，发掘墓葬四百余座，已清理367座，出土随葬品，有铭文记录"王妊""太保""毛伯""丰伯"等人名的青铜器，是一批宗族显贵，可以判定这里为西周王室在洛邑的高级贵族的墓地。墓的形制除两座带墓道者外，均为长方形竖穴，可分大、中、小三类。墓地墓葬密集，没有发现有打破的关系，葬俗有自己的特点。[30]这里，墓数繁多而密集，没有打破关系，有自己的葬俗，都与其他的族墓同样，是经过有计划安排的墓地。只不过这里有不少贵族人物，有带墓道的和一般的大墓和中型墓。但绝大部分的都是同一形制，无论大小贵族都同一般墓主埋在一处，所以，族墓的性质还是很明显的。

2.2 一般族墓

也即是"邦墓"，商周考古遗址中大量存在，其特点也十分明显。

在商代：

河北藁城台西商代前期遗址已发掘 58 座墓葬，在 T_8 的百平方米之内出土 19 座，非常密集。从墓的形制及随葬品均有差别来看，反映墓主间的身份有高低，即有中小贵族和平民，但仍是交错平列相邻而存，当是按宗族制度排列墓位的[31]。

安阳殷墟，大司空村 1953～1954 年三次发掘出 166 座墓葬，均为长方形土坑竖穴墓，形制大小无大的差异，葬俗葬品均大致相同，绝大多数随葬陶、骨、石器，间有一两件铜器、玉器。布局分为东西南北四区，显为有意识按一定制度安排[32]，这只能是一种平民的族葬，其分区无疑是与族的结构有关。同地，在 1958 年初，发掘 51 座墓葬，均为小型墓，葬具、墓内结构也有些层次的不同，但基本情况与前次相类[33]。

考古学者认为，大司空村 1953～1954 年发掘的墓地，四个区所包括的墓葬至少可分为 11 群，而 1958 年发掘的，分布比较集中的墓，至少可分为三群，"类似的中、小墓群，往往属于同一氏族（或家族）。因此，上述……诸群墓葬，有可能属于各个不同的氏族（或家族），或者分属几个氏族（或家族）中的各个不同的分支。"[34] 最典型的要数当前殷墟西区墓葬，在这里：

约 30 万平方米的钻探发掘的面积中，共发现 1003 座商代后期墓葬。布局为分片集中，构成 8 个墓区，各区之间有明显的界限，墓向、葬式和随葬的陶器组合，彼此都存在一定的差别（与墓葬年代早晚无关），它反映各个墓区在生活与埋葬习俗方面的差异。这说明各个墓区的死者，生前应属于不同集团的成员，这种不同集团的组织形式可暂称为"族"，这就是 8 个不同的"族"的墓地。

而且，在每个墓区里面的墓葬，又呈现着成群分布的特点，即：数座、十几座甚至二十几座墓集中在一群。这些墓群可能就是一个氏族中家族的"私地域"。殷人活着时聚族而居，合族而动，死后合族葬在一起，也就是必然的了。

结合这批材料，我们推测，殷墟西区这片大墓地的各个墓区可能是属于"宗氏"一级组织，而每个墓区中的各个墓群可能是属于"分族"的。[35]

经过考古工作者的发掘和研究，这批珍贵的地下材料得到明确的解释，文献里难得其详的商代社会族落组织结构，明白如画地再现出来。这里，所说的"宗氏"和"分族"，就是前引《左传》定公四年记述的周初分封鲁公伯禽以"殷民六族"时，说这些殷族"使帅其宗氏，辑其分族,将其类丑,以法则周公,"注谓"宗氏"就是"大宗","分族"就是"小宗之族"[36]。考古学者推测,墓区——墓群相当于宗氏——分族,也是很切合的,是能够成立的。

在西周:

陕西宝鸡的斗鸡台遗址,发掘早、中、晚期的墓葬36座,除一座为中小型外,均为小型墓,各墓室面积相差不很悬殊。整个墓地尚未全面揭露,从已公布的五个探坑的材料来看,各墓之间没有打破关系,说明当时埋葬是经过一番安排的。它们纵横排列有序,可以看出其中又分为各组,每组二至六墓不等,说明组内各墓之间应该存在较为亲近的血缘关系,即同属一个家族。全体墓葬的葬制和葬俗都相差不多,都处于同一墓地上,因而各组之间也该存在着一定的、在当时应为稍较疏远的血缘关系,即属于同一较大的家族。这就是一个家族墓地死者大都属于同一阶层——自由民阶层[37]。

长安沣西张家坡共131座墓,分布在4个地点,墓的类型、分期,均与斗鸡台的相同。在第一地点:成人墓53座,车马坑4座,依其布局,约可分六组,都有一定的行列,或墓向相对,或左右分列。其中有一组五墓排成一个缺口向西的马口形:东边一墓的两头各连接南排和北排的横向纵列二墓的东边一墓的东头,构成一个只缺西边的方框,若以东墓为主,则南北四墓,相对地分列在它的两边,推测是按当时的所谓"昭穆"制度来安排的。

第四地点共48座墓,布局为北、中、南三列,各自组成一个单元。这种现象表明:同一家族的墓地包括三个以上的分支。48座墓中除7座为中小型外,全是小型墓,可见这里没有较大的贵族,绝大多数属于同一阶层,即自由民一类[38]。

近年发掘的陕西凤翔南指挥西村的一处西周墓地,从先周中期至西周中期,210座已清理者,密布在南北127米、东西129米的范围内,排列有序,没有打破关系。推断应是族葬墓地,即属于"邦墓"者[39]。

以上辑录的主要考古资料,具体表明商周社会广泛存在族居、族葬的事实,也就表明商周时代的族落组织,是当时社会结构的主导形式。至于它们的发展程度,将在下面讨论。

二 族落发展形态——宗族

商周社会普遍存在的族落,究竟发展程度如何,是氏族、是家族,还是宗族? 是个重要的也是一个复杂的问题。目前,学术界对此,用这三种称呼的都有,于上引考古材料中已有所见,称氏族、家族的很明确,也涉及到宗族。这三者,本有不同的科学界说,当然,他们之间有前后发展继承的关系。家族一般是指父权制家族,由于它还处于父系氏族的社会阶段，它与氏族有联系；又因它已进入阶级社会，或者说阶级社会中还存在家族；它内部已含有自由人和非自由人、支配者与被支配者的关系，在本质上和往后发展成的宗族没有多大的区别。所以在称呼上就出现了交叉。加以，中国古代文献和考古材料本身都没有明记这类名称，仅从这些实物资料或文字描写上，各人的理解与角度就会有出入。事实上，在辽阔的区域内，中原与边裔之间，两者各自不同地区之间，这种族组织发展水平，肯定存有差异，要作到那么规范的称谓，还是有困难的。

不过，从事物的发展规律，一事物性质决定于其主导因素这点，我们认为，商周社会的族落组织的性质还是可以明确起来，那就是它的主导形态是"宗族"。

（一）理论的说明

从理论上说：宗族与家族，都是由血缘关系结成的社会单位，都存在着父家长的支配权力。区别在于，家族中依父系计算的所有成员（包括数代）都处于一个共同体内，过着集体生产和共同消费的经济生活，没有形成明确的血缘等级结构，以及区分和维系这种结构的制度。一句话，即留有族的原始性。而宗族则是明确分族立宗，即区分大宗与小宗，明确主次尊卑和血缘亲疏远近的关系，有分别嫡庶的继承制度。不断的从大宗分衍出小宗，便于族组织的繁衍，又有相应的维系各宗、族之间的习惯法规，便于族组织的团结。此时，宗族内部也排除了集体生产和消费的经济生活，出现了个体家庭。即便说仍有家族存在，那也仅是处于宗族之内的一个小单位，宗族内已经出现了阶级分化，宗族在阶级社会延续了相当长的历史时期。总之，宗族是族的发展形态。

按照历史进程，家族发展为宗族，既是自然的发展，也较氏族（主要指母系氏族）发展到家族的过程为快，因为社会一经达到父家长家族阶段，其内部即已包含父权和非自由人等阶级萌发的种子。随之，阶级之形成，经济的发展，人口的繁殖，财产继承权的分配，都必然导致家族的分衍，即形成宗族组织结构。这种发展并没有不可逾越的障碍。

既然如此，商、周两族分别进入家族——父系家族制的时代较早。远古难晓，商代在治水的冥和"作服牛"的王亥，及伐灭有易的上甲诸时代，可能处于父系家族阶段。周族从后稷起是否排除母系制，还难肯定，但至少从公刘的活动看，已是父家长制。从这个阶段起它们都各自经过数百年才先后建立国家。漫长的社会发展，社会结构不可能总在原地踏步。

固然，直到商代并及两周社会，保有家族和氏族、部落的少数民族，仍是大量存在的。

但是作为一个社会整体，总是在其经济发展的中心地区，拥有先进的生产手段和丰富的生产生活资料，伴随着发展形态的社会结构及与其相适应的政治和思想文化，决定这个社会的时代面貌、发展程度和性质。我们所说族组织的主导形态是宗族，即立意于此。

（二）考古学的证明

从考古遗存上，也可以看到商和西周的主要地区，存在的族组织是宗族结构。上列的一些考古资料，基本上已能够说明。凡属族墓，不论商代的殷墟发掘，抑是西周丰镐、成周地区，不论是处于王朝附近，还是地方侯、伯之区，或贵族、或平民，在一片墓地范围内，总是有计划地区分出若干个墓区、墓群或组，这种现象明显为宗族内的分族结构的反映，有的与史籍记载的"宗氏""分族"相当，就是大宗与其下的小宗的划分。无论目前学术界在名称上还不够明确、统一，但史实具在，毋庸置疑。而且随着考古工作进一步开拓，可指望有更多的地下保有族组织的遗迹出土。

（三）甲骨金文的记载

甲骨金文中的宗族组织：

1. 王族、公族与多子族

商代的王族，西周的"公族"就是王室的大宗，商代的多子族，西周的多子或小子，就是相对于王族和"公族"的小宗。

商的王族，见于甲骨卜辞，多在军事活动中出现：

……迟以王族从高蜀叶王事？   14912

戊戌卜争贞：虫王族令［戎］？   14915

……贞：亚以王族眔黄［示］，王族涉西滨（？）？

亚［涉］东滨？在［　］   14918

庚辰卜争贞：呼王族先……   14919

壬子卜争贞：雀弗其呼王族来？

——雀其呼王族来？   6946

贞：虫毕以王族？   14916

贞：呼王族眔版……   14913

——以上为第一期

王族其敦人方邑旧，左右其𡊮？   《屯南》2064

——以上为第三期

［庚辰贞］：勿追召方？

庚辰贞：勿令王族从𡈹？   《屯南》190

己亥贞：令王族追召方及于……   33017

丁酉卜：王族爰多子族立于召？   34133

                                                                        《屯南》4026

［　］巳卜：王虫旬［　］……以王族在祖乙［宗］？   34132

虫王族令？   虫𤰇令？   34131

——以上为第四期

古文字"族"字本是武装所集之所，古代武装活动以族为单位进行，这里正兼有二义，观末尾两辞，王族是族的单位很明确。所谓王族自然是指当时商王的本族，即包括商王的子弟或孙辈未分出立族的直系王室成员。

西周称"公族"，见于金文有：

王大省公族于庚［振］旅……   《中觯》

命女𤔲司公族于（与）三有司、小子、师氏、虎臣于（与）朕亵事……   《毛公鼎》

王命𤔲司公族、卿事寮、大史寮。   《番生鼎》

周代文献也有"公族"，多指诸侯国君的宗族，金文所记的是王室的"公族"，所以应是西周王室的族，如同商朝的王族。

再看多子族、多子。甲骨卜辞：

令多子族从犬侯扑周，叶王事？   6812

令多子族从［　］眔𫇭蜀，叶王事？   6813

令𣃰以多子族扑周，叶王事？   6814

以多子族从仓侯扑周，叶王事？   6817

虫朵［尹］令眔多子族？   14921

［庚辰卜］殸［贞］：呼子族先？   14922

迟以子族从？   14923

上列各辞多为第一期，而晚期到西周有"多子"：

尔多子其人自敬，助天永休于我西土；尔百姓其亦有自安处。   《逸周书·商誓》

予旦以多子越御事笃前人成烈，答其师，作周孚先。 　　　　　　　《尚书·洛诰》

前一辞是武王对殷遗民说的，自是晚商的"多子"；后一辞是周公说周事，自是周初的"多子"。孔传和疏以多子为卿大夫，接近原义而不确切；曾运乾《尚书正读》谓："多子，大小各宗也。"就很中肯，可谓具有卓识。"多子"有一部分就是"多子族"的族长 [40]。

关于卜辞的"子"，近时的研究，都认为是对商代族长一类人物的称呼，"多子"是对这类人物的合称，"多子族"自然是这些族长领有的族落，在王室，相对于王族而言即是从大宗分出的小宗 [41]。

多子族既是合称，其中包括多种称谓形式和不同的类别。从称谓的形式看，可分两类：

甲："子某"和"某子"或"某子某"，即"子"带有族地或氏名和私名的；

乙："大子""中子"和"小子"，并有"多小子"，即"子"区分排行，而且标志着他们的族在宗族组织间的地位。

甲类，是史学界较早注意研究的对象。称"子某"的：子渔、子央、子美、子效、子奠、子宋、子竹等；称"某子"的：唐子、黄子、羊子、古子等；称"某子某"，的：媚子廣、户子寝等。"子某"的"某"有的是本名，但娈奠、竹、宋等，则是族地名，子庚、子癸等，则是"谥"号，如同父庚、母癸的庙号。"某子"的"某"多半是族地名；"某子某"的，按当时侯、伯称名例，前某字为族地名，后某字则为本人名。如按攸侯喜可简称攸侯、侯喜之例，则很多属于地族名的"某子"，其后都应加人名而成"某子某"。仅作"子某"者本为地族名的，则其前不能再加地族名。甲类见之于较完整的卜辞，目前八十名上下，绝大部分是第一期，第二、三、四期各有几名，出现很少，原因待考。有的还是受祭者，说明是已故之子，如子娈，到晚期甚至西周铭文中，被署为族徽，反映确有一批子族成为永久性的宗族，而在武丁时就受祭的，如子羹（3137～3747）[42]、子庚（22079～22081）、唐子（456，972，973）等，就是前代的子族的宗族，经过立族，成为世族延祚久远。因此，不能把所有的"子"，都看成一个时代的，更不是同一商王的儿子，有一大批确为多子族的代表人物；也有一部分是时王的子若弟的，如子渔、子央、子美、子汰、子商等，他们没有相应的族地，未见向王室贡纳或来朝见的活动，经常参加田猎和戎事、祭祀，在商王身边周旋，说明他们还生活于王室，没有分出立族，不是多子族，而是王族中的成员。在一部分卜辞中，常被呼唤去狩猎，占卜他们是否受祖先亡灵保佑（3238）、他们入学是否遇雨（3250），有时也受责罚（39841）等等的"多子"，也都应属于此类，或许即包括子渔等一批子某在内。

甲类中分出立族的子，就是与王族相对的子族，前面引证卜辞中的多子族，就自然包括他们。这批多子族卜辞表明：（1）多子族都为王事服务，主要参与武装活动；（2）都是以族的名义活动，并由侯或贵族率领；（3）有时同王族一起行动。这就反映了多子族是几个族合称的族的实体，与王室关系密切，与王族有宗亲的组织系联，即是说，王族——多子族构成一个宗族体系。

此类子某的分出立族，又可区别为两种：一种是分置在王都以外的远地，可知者：子妻，据研究在齐国的画邑，今山东淄博地带[43]。子启，在北边今河北磁县[44]。子蜚，应立族在西北方，从它向王朝报告邛方入侵可知。还有子宋或即今河南商丘，子竹或即孤竹，等等。一种是立族在王都的附近，"叶王事"就很频繁，上引卜辞的多子族应当就是他们。可知者如：子朵，经常出现的是"朵"族，还有族"尹"，并且称"多朵尹"：

子朵亡疾	13726
呼多朵尹次于教？	5617
呼朵尹往禽？	5618
令羽朵鸣以朵尹从亩蜀叶事？	5452
朵尹禽（伐），受又（佑）？	599
車朵人令省在南廪？十月	9636～9637
辛亥，毕令朵人先涉？	33203
毕車朵人以禽？	34240

这说明：朵属于子族，多子族之一；朵族本身又有若干分族，分族中均设有族长，故合称"多朵尹"；从"車朵尹令罘多子族"和王室官吏羽、鸣、毕等命令或率朵尹朵族人做事来看，可知这个多子族勤劳王事特为繁重。殷墟西区族葬的第四、第八墓区出现"朵"的族徽铭文，既可知它的住地在王都附近，也可知它拥有几个分族，都可和甲骨文记载相印证。又如"子狄"，为王室贡纳祭牲，参与王室祭祀（3186～3190）。西区族葬第八墓区也有"狄"族徽铭文的青铜器出土，说明它也是立族在王都附近的一个子族。武丁时代一种"子"卜辞，其主卜者的子族大致在王都之外不远的一个邑落中。"子"卜辞展现着子族的状态是：他们有自己的族邑和城垣，拥有自己的家族成员、臣吏和奴隶以及武装，有土地耕作和收成，有畜牧业。他们既祭祀王室系统的祖先，又有自己一套祭祀系统[45]。正说明他们从王族分出，又保持与王族的宗亲关系，即是大小宗的宗族结构形态。

乙类的大子、中子、小子和多小子的称谓，在甲骨金文有不少记录，文献中也偶尔出现，今辑录于下：

贞：御子弢（于）大子，小牢？十一月　　　　　　　　　　　　　　　　3256

癸丑卜争贞：复缶于大子？△△[46]　　　　　　　　　　　　　　　　乙7751

丁卯卜：于大子又（侑）？　　　　　　　　　　　　　　　　　　　39695

王易小臣缶涌责五年，缶用作享大子乙家祀障。檠父乙　　　　　　　　《缶方鼎》

辛巳王饮多亚厅，享京丽，易贝二朋，用作大子丁[　]　　　　　　　《厅簋》

亚丑　者婳以大子障彝　　　　　　《考古学报》1977：2（山东益都大墓铜器）

乙卯……贞：中子……其引　　　　　　　　　　　　　　　　　　3257

己未卜：御子辟（于）小王不？御子辟（于）中子不？　　　　　　　20023

戊午卜：王勿御子辟？于中子又（侑）子辟？　　　　　　　　　　　20024

乙亥卜𠂤：于中子用牛不？　　　　　　　　　　　　　　　　　　20025

贞：中子呼田于……　　　　　　　　　　　　　　　　　　　　　21565

癸亥卜：中子又往来，虫若？　　　　　　　　　　　　　　　　　21566

辛丑卜大贞：中子岁其延酒？　　　　　　　23545～23557（此为第二期）

……中子叶，王受又又（有佑）？　　　　　　27642（此为第三期）

中子其㠱参作文父丁障彝　　　　　　　　　　　　　　　　《中子其觥》

中子日己　　　　　　　　　　　　　　　　　　　　　　《中子日己簋》

贞：祖丁若小子浴？△△

贞：小子有浴？△△　　　　　　　　　　　　　　　　　　　151正

贞：祖丁若小子？△△　　　　　　　　　　　　　　　　　　6653正

小子有濯？（共三辞）　　　　　　　　　　　　　　　　　　3266

戊午卜古贞：酒小子御？　　　　　　　　　　　　　　　　　39697

……小子御（午）母庚？　　　　　　　　　　　　　　　《屯南》2673

乙巳　子令小子𣄿先以人于堇，子光（贶）商（赏）𣄿贝二朋。

子曰：贝虫蔑女历。𣄿用作母辛彝……　　　　　　　　　　《𣄿卣》

甲寅，子商（赏）小子省贝五朋，省扬君商（赏），用作父己宝彝。　《省卣》

子光（贶）小子启贝，用作文父辛障彝。檠　　　　　　　　　《启尊》

乙亥，子易小子𤰈王商（赏）贝在[　]次，𤰈用作父己宝障。　《小子𤰈鼎》

癸巳，𩁹商（赏）小子网贝十朋，在薜师，虫十月𩁹令伐人方𢆶，

[用]作文父丁障彝，在十月肜。　　　　　　　　　　　　　《檠簋》

戝商（赏）小子夫贝二朋。 　　　　　　　　　　　　　　　　　《小子夫尊》

癸亥，王迖于作册般新宗，王商（赏）作册丰贝，大子易（赐）弔大贝，

用作父己宝鬺。 　　　　　　　　　　　　　　　　　　　　　　《作册丰鼎》

以上是商代的记载，西周有：

匽侯令堇馈大保于宗周，庚申，大保商（赏）贝，用作大子癸宝障铼，[　]

　　　　　　　　　　　　　　　　　　　　　　　　　　　　　《堇鼎》

西方东面，正北方：伯父、中子，次之。（注：中子，于王子中行者也）《逸周书·王会解》

王诰宗小子于京室，曰：昔在尔考公氏克迷玟王…… 　　　　　　《何尊》

王勿忘厥旧宗小子，螢皇盉身。 　　　　　　　　　　　　　　　《盉尊》

王命生辨事于公宗，小子生易（赐）金郁邑。 　　　　　　　　《小子生尊》

王射，有司眔师氏、小子合射，……令……曰：小子乃学。 　　　《令鼎》

王令静司射学宫，小子眔服眔小臣眔夷仆学射。 　　　　　　　《静簋》

伯大师丕自作，小子（师訇）夙夕溥叶先祖剌德。 　　　　　　《师訇簋》

大师小子师望曰：丕显皇考宪公，穆穆克明厥心…… 　　　　　《师望鼎》

伯大师小子伯公父作簠。 　　　　　　　　　　　　　　　　《伯公父簠》

伯氏曰：不𣪠！汝小子肇敏于戎工。 　　　　　　　　　　　　《不𣪠簋》

叔观父曰：余考（老）不克御事，叀汝攸期敬辥乃身，毋尚为小子。 　《叔观父卣》

此外，商代还出现"多小子"之称：

壬[　]卜宁贞：[　]弗[　]多小子？ 　　　　　　　　　　　　　3267

可见商周时代，称大子、中子、小子的很普遍，已经引起大家的注意和研究。以这种称谓为宗族中人的身份标志，是一致的看法。不同的看法是：一、认为大子和小子，就是分别为大宗之长（宗子）和小宗的族长，中子与小子相类。二、认为大子是族长，中子就是次于长子的中行，小子是王室或家族中的子弟。中子有自己的分族，小子有自己的家庭[47]。看法有所分歧，而又有所接近。前一种意见是很明确的；后一种意见，是把中子、小子都看作族长之下的子弟辈，文中也说到中子有自己的分族，小子有自己的家庭，这就接近前一种看法。因为这个分族和家庭进一步发展，分族势必再分，家庭也势必发展成分族，归根结底还是大宗与小宗的关系。因此，两种意见分歧的实质在于对当时族组织的发展程度估计不同。放开视野观察，这一类称呼，延续数百年，社会存在着那么多族组织，几百年的分衍，不会不形成一定等级的组织结构。再看前面提到的"子"卜辞表明：子族中举

行两种祖先系统的祭祀,已经说明多子族与王族的宗法关系。

把大子、中子、小子纳入多子族的范畴,无疑是正确的。正是这一点,让我们又进而看到多子族之间,一个子族的内部又不断地形成大宗与小宗的结构。作为子朿的"朿"族有多子族,这个多子族所在的族葬区,其他墓区也都有墓葬的分群、分组即"宗氏""分族"的存在。

子之分大、中、小,起初确是兄弟间的长幼排行,而当他们分族立宗之后,就又成为族的等次顺序。不同的是,兄弟间可分大中小,一旦立长的制度发生,同级宗族之间则只有大宗和小宗的两种区分,即:只有长子之族为大宗,中小等弟行之族一概相对地为小宗,没有中宗一说。这当然有一个逐步演进的过程,在商代存在兄终弟及的继位制时,同一代有三兄弟以上相次继位,仍然有大、中、小甚至两小并列的商王称号,各兄弟所领有的宗族,开始可能也相应地有大中小的分别称号。

像上引金文《缶方鼎》的"大子乙",《厅簋》的"大子丁"(又见《大子丁罍》,续殷文存上57.5),《董鼎》的"大子癸"等人,如果是王室的"大子",又如果成人而继王位,则其庙号去掉"子",就变成了"大乙""大丁""大癸"了,这样一来,就可以推知一些商王名号称"大"的由来。同理,中子、小子的称名,同样可以与商王称"中""小"的名号有内在的联系,如中壬、中丁和小甲、小辛、小乙等,也都可能由"中子壬""中子丁"和"小子甲""小子辛""小子乙"为王之后去掉"子"字而来。当然,如果"大子乙""中子曰乙"等是死后称号,那就没有变为王号的可能。但"中子曩参""小子省"等是生称,其若为王室成员有称王的可能,死后庙号则可有"中"或"小"去"子"加天干名的"中某""小某"的王名。

由此可以证明,名"大"的商王当由嫡长而来,名"中""小"的商王当由次子、少子而来,同辈中两"小"并立,则是三四子顺次继位。第三弟称小之后,再没有更多的区别字,只好都称"小",故有小辛、小乙的并存。事实上可能还用了其他的区别字,如用外(甲骨文作"卜")、下等字。见之于商代前期以大中小(外)为庙号的商王世系,为:

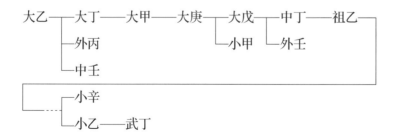

凡兄弟相继者，或大、中、外，或大、小，或中、外，或小、小等并列。武丁以后此类名称消失，是由于立嫡立长的制度已经固定，只有嫡、庶的区分，不需以大、中、小相区别[48]。

商王室如此，当时一般的宗族（主要是贵族）中也当大同小异，都有一个族权和政治权利的继承和分配问题。

上列大、中、小子的史料可表明数事：（1）从商代到西周都用大子、小子等类称谓，有王室的，也有以下贵族的，即说明在宗族中，在未确定王储，或确定而王储早死的王室中，此类称谓仍有用场，大子或死或放置，中子则上升顶替。武丁以后出现"帝某"的王号，是死谥；当其生时，为王储时自当仍称大子。一般贵族、后嗣称其为"父乙"，同时仍称"大子乙"。（2）史料显示，大子都被祭和处于尊崇的地位，而小子则相反，他们奔走服务，被赏赐或被祈求保佑、或被训诰；中子的材料不多，情形介于二者之间。西周金文有几处记载着小子都由伯、叔们所称呼，被他们奖赏或要求，如《不娶簋》《叔观父卣》，证明他们之间宗族地位的等差。（3）西周采用伯、仲、叔、季诸字以区别兄弟长幼，但是，史料表明，周初仍沿用大、中、小子的称谓。这就反映事物的自然递嬗之迹，商周之间没有截然的分界。（4）无论商或西周，小子一称都出现的多而沿用时间其长。多，正说明兄弟排行从三弟起都只能称小子，大小宗制度化之后，大宗之外，只有小宗，而且同级有若干个小宗并列，故卜辞有"多小子"的称谓；沿用时间之长，是因西周即使用了伯、仲等四个顺序字，但兄弟一多，文王十子，周公六子，四弟之后，仍无顺序字表称，还只得都称小子。而且，用之既久，小子可以泛称诸弟，大子或伯氏之下概可称小子。伯氏为长子，见《国语·晋语》（一）："伯氏不出"，注谓指申生，即晋献公的长子。

西周金文中，小子在师氏、大师之后，从它们多半与后者连称来看，小子当是师氏或大师的属官，似乎小子已变为一种职官。《周礼·夏官》系统中，正有小子一职，掌祭祀；又有诸子一职，管理在军籍的国子们。这种官职仍然与宗族意义的小子有关。因为那时国家武装一般按族征发和编排，而贵族宗族中的子弟是其中精锐，他们平时在军职高官的师氏或大师率领下，为守卫王宫、纠察行人而尽职，实是王宫卫队；战时为军中主力。这种卫队本身也需有服务的职官和吏员，那就是诸子（又称庶子）和小子等职名的由来。由于军队是宗族组成，仍旧袭用宗族中的称谓。所谓诸子或庶子，是指管理诸子、庶子之职，在军中或族中地位都应较高，《夏官》中的诸子为下大夫。小子，就相应地低，故派为下士。《周礼》的划分级别，不可尽信，而少数接近史实。其小子职务也是为祭牲、祭器作准备等一些杂务，可和金文中射礼出现的小子对照，即师氏下的小子也当是为射礼事宜服务，同时参与学习（见《令鼎》《静簋》）。《礼》书记录射礼的举行，亦有弟子参加习射和服务，这些弟子也应相当于小子的本来含义。庶子官与大子还保有隶属的关系，《礼记·燕义》记述周朝的庶子官是：

> 职（主）诸侯卿大夫士之庶子之卒（倅），掌其戒令与其教治，别其等，正其位。国有大事则率国子而致于大子，唯所用之，……

这里的庶子如果相当于小子，他们要由大子调遣，就进而说明小子的宗族属性和小宗的地位。西周铭文如《曶鼎》《卫盉》《散氏盘》的器主贵族都有小子参与事务，也应作如是观。[49]

除可知小子是小宗之长，如《何尊》《小子生尊》《盠尊》等记载外，有些是指一般子弟，有的是说话人的谦称，都应该加以区别。

2. 三族、五族和若干族

除了多子族，商周社会还存在许多别的宗族，有同姓的，也有异姓的。这些宗族，同样是若干族彼此关联，形成宗族结构的。

商代甲骨文记录"三族""五族"者有：

［　］戌卜争贞：令三族［从］沚馘［伐］土［方］，受［有佑］？	6438
叀三族马令？叀一族令？眾令三族？	34134～34136
己亥历贞：三族，王其令追召方，及于［　］？	32815
戌逆弗雉王众？戌巤弗雉王众？	
戌禺弗雉王众？戌逐弗雉王众？	
戌荷弗雉王众？——五族其雉王众？	26879
［　］丑卜：五族戌弗雉王［众］？	26880
王……令五族戌羌，勿令？其悔？	28053
癸巳卜：王其令五族戌盾，戌？戈？	28054

这是由商王调遣三族、五族从事征战和戍守，三族没有族名，五族各有族名，还不知道他们是否多子族及其同王族的何种关系。不过他们一同为王室戎事服务，可以推测他们之间有血缘关系，即：三族若五族分别为某一宗族集团之下的并列的兄弟族，有一定结构的宗族。晚商的殷民六族、七族，也可能是同样的情况，他们各族内部已有大小宗之分，即"宗氏"和"分族"。

从甲骨卜辞还可知，商代存在异姓宗族，也有与商族同样的结构。如云：

贞：呼黄多子出牛，侑于黄尹？ 　　　　　　　　　　　　　3255

此类材料不多，但很重要。"黄多子"就是黄族的多子。甲骨文有黄尹，也有黄族，此辞是说，让黄族的"多子"提供牛牲，向黄尹举行侑祭。黄族的活动在卜辞中有一些记录，可注意的是该族之尹为"黄尹"，黄尹在此是已故、受祭者，他是否即伊尹，有不同的看法。在卜辞里，武丁期写作黄尹，中期写作伊尹，从不交叉，有关的称谓也如此，例如：

侑于黄尹	1868	——又于伊尹	32786
	3255		
黄示	3505 反	——伊示 32847	
黄奭	3506	——伊奭	《屯南》 1007
黄尹祊人	3096	——伊祊人	《宁沪》 1.235
	3098		
		伊祊	32802
			32803

很可能，黄和伊字就是不同时期的写法，黄尹也就是伊尹，伊尹之族可能又名黄族。《尚书·君奭》和《诗经·长发》都讲到"阿衡"辅佐成汤、大甲，阿衡本就是伊尹，"衡"可能是"黄"字的讹变。商周用"衡"作官名的罕见，"阿保"为官名[50]，"阿黄"却有可能是官名冠族名，若此，黄尹、伊尹即黄族的老族长。据史籍记载，伊尹在商朝是"尊祀宗绪"的，甲骨文中不但祭祀伊尹，而且祭祀他的以下若干位祖先，即多少个"伊示"。史籍又载伊尹为有莘氏媵臣陪嫁入商，伊尹之族是商王室的异姓族。由此可知，商代的异姓宗族，也有"多子"即多子族，同样存在着宗族组织。黄族仅是例子之一，与它有相同发展程度的异姓宗族在商代也应该是不少的。

西周，同样有"三族"、若干族的称呼。

惟王令明公遣三族伐东国。 　　　　　　　　　　　　　　　　《明公簋》

协其三族，固其四援。 　　　　　　　　　　　　　　　　《逸周书·程典》

到后来还有"四族""六族"甚至"十一族"的[51]，很明显，这种把几个族连在一起的提法，就因为这些族之间都有紧密的宗亲关系，即一个大宗下的若干分族（小宗）。所称"文昭""武穆"和"周公之胤"等，都可以分别称为"四族""六族""十六族"，都是各该时代的"多子族"，都是一个大宗下的小宗。如果铭文中的明保，是周文公在王朝的直系大宗（伯禽封鲁为所谓"别子"的大宗，当不在此列），则他所遣的"三族"，就是他的宗族下的几个小宗了。

西周社会的异姓宗族，自然很多，比商代更清楚，毋须赘述。

（四）当时的语言、意识反映

商周统治者凡说到族，都指一种族的多层结构，而不是零散无纪的东西。《尚书·盘庚》篇记盘庚向人们说：

> 古我先王暨乃祖乃父胥及逸勤，……世选尔劳，……兹于（予）大享于先王，尔祖其从与享之。

> 古我先后既劳乃祖乃父，汝共作我畜民。汝有戕则（贼）在乃心，我先后绥乃祖乃父，乃祖乃父乃断弃汝，不救乃死。

明白讲商王和这些被告诫者的祖先同有宗亲关系，他们同受商王的祭享，共处一堂，息息相通，共同关注着人间子孙们的协作好坏，他们若不按商王意旨办事，先祖们则要降下罪罚，分别责问："曷不暨朕幼孙有比！"，请其先王"作丕刑于朕孙！"。这种宗亲关系可以和"子"组卜辞反映的祭统关系互证，这就是大宗和小宗的关系，而且世祚绵长，并非盘庚时代才有，观书中讲"古我先后""高后"可知。

这种意识，更有科学的表达，那就是"世"字的出现。《诗经·大雅》开头一篇，即"四始"之一的《文王》篇云：

> 文王孙子，本支百世。

毛传："本，宗子也；支，庶子也。"解说正确，"本"与"支"就是大宗与小宗的并存，长此绵延下去。而且这本、支就构成这个"世"字。金文里（甲骨文尚未识出）的"世"字作↙形，像三支上出，中间一支为主，左右两支各从旁斜出，支上均有粗点呈叶形，即表示本干生枝、枝生叶，宗族组织就是大宗派衍小宗，小宗又自分大小宗，这就是"世"字的本义。有时这"世"字还添上"木"字偏旁，更为明白，也就成了"枼"即叶字，"林义光谓草木之叶重累百叠，故引申为世代之世"，其言至确。金文恒言"世孙子"，即世代子孙也。子孙繁衍，正如草木之开枝散叶，《诗经》所说"绵绵瓜瓞"，亦即此意。世字音在审组，叶字亦有一读为审组，二字之韵在最早亦相通[52]。《诗经·长发》即言"昔在中叶"，毛氏传："叶，世也。"所以，东周人就常将宗族之间的相互庇护，比作本根和枝叶之间的相互滋养的关系[53]，比喻明白而科学。

西周人称"宗"，称"大宗"就很频出习见了，如金文云：

其万年日用享于宗室	《𤼈伯簋》
王诰宗小子于京室	《何尊》
王弗忘厥旧宗小子	《盠尊》
余其用各我宗子雩百姓。	《善鼎》

对扬宗君其休	《召伯虎簋》
作于絪周公宗	《沈子簋》
王令生辨事于公宗	《小子生尊》
叔偌作召公宗宝隯彝	《叔偌尊》
其永宝用享于宗室	《师瘨簋（盖）》
用作朕文考厘叔宝簋……用于宗室	《豆闭簋》
妄不敢弗帅用文祖考穆穆秉德……寯处宗室	《井妄钟》
用享大宗……用邵大宗	《虢钟》

这里既有"宗室""公宗"，又有"大宗""宗小子"，毫无疑问，宗族组织相当完备。还有，对周朝称为"宗周"，文献里多见，却是最能概括宗法社会的结构本质。《诗经·公刘》："君之宗之"，毛传云："为之君者，为之大宗也。"可能公刘时代就有宗族组织的萌芽。入周以后，大有发展，《国语·周语（中）》云："召穆公思周德之不类，故纠合宗族于成周而作诗……""今虽朝也不才，有分族于周。"从西周到东周一以贯之。

综上所见，商代和西周的宗族组织，发展到充分的程度，显然不能说还停留在氏族、家族的阶段。

三　宗法——宗族组织的成规

上面所述，主要是宗族组织存在的事实。宗法，则是基于这种自然成长的社会结构，约定俗成地分别宗与族、大宗与小宗，区分血缘等级尊卑，与始祖或宗主的血缘亲疏近远的一种习惯法规。宗法就更多人为的成分，为一定历史时代的产物。主要基于财产继承这个元素的作用，一当宗族组织配合政治统治时，就扮演着统治工具的角色，这种宗法的人为性就显露出来，其政治性就很深刻的了。

从宏观上说，人类历史是一个自然发展的过程。社会结构及与其相应的制度法规，都是在渐进过程中发展、变化、形成的。约定俗成的宗法无疑也是这样。我们的研究，就应专注于此种制度的动态性。特别是早期宗法，不可以后世的成制相套。因为，宗法形成是一个缓慢过程，既不是一蹴而就，也不是一成不变。

我们今日谈论宗法，就是依据《礼记》中的两段文字。《大传》篇中说：

别子为祖，继别为宗，继祢者为小宗。有百世不迁之宗，有五世则迁之宗。百世不迁者，别子之后也。宗其继别子之所自出者，百世不迁者也；宗其继高祖者，五世则迁者也。尊祖故敬宗，敬宗，尊祖之义也。

另在《丧服小记》篇里，文句大部分相同，只在"五世则迁者也"句后有"其继高祖者也，是故祖迁于上，宗易于下"。在"尊祖故敬宗"句后接以"敬宗所以尊祖祢也，庶子不祭祖者，明其宗也。"

这两段文字实际是一致的，主要是说了立宗和继宗而形成大、小宗，他们迁宗和不迁宗的规定。《丧服小记》增、换的几句，补充迁宗的原理和大、小宗的严格区别。宗法在这里是继统法，这是宗法的核心，当然这已是西周以后的说法，不是商周时代的原型。宗族是"本、支百世"，有本有支，宗法如不从始祖起数，就是忘了"本"，是不可想象的事。在这段文字中，似乎偏重于阐明宗子与庶子的关系，也就是大宗统治小宗，宗主专擅族权的法规，这自当是宗法的内容。但，更反映某种现实需要。

由于从"别子为祖"说起，引起了至今还在争论的天子而下的君统几级之间是否互有宗法关系的问题，一说天子——诸侯——卿大夫——士这个系统都有宗法关系，也就是宗统；一说宗法只实行大夫、士这些等级的内部，卿大夫与诸侯、诸侯与天子之间只有君统而没有宗统。现在看来，分歧的原因恐怕在于对概念和时代的不同认识：宗族渊源于父系家族，不成文的宗法也相应地产生，它该是存在很早，而逐渐完备的。那时没有天子、诸侯等等级的划分和称谓，但仍然有宗法，商和西周从王室和各级贵族都有宗族也都有宗法，不能说待到"别子"分封，自卑别于尊的时候，方才出现宗法。目前还没有看出商周时代有"别子"之名，可见其时代颇晚。不足以据此概括西周及其以前的宗法实际。若认为只有这段文字记载，才是我们所说的宗法，那更是削足适履，削去成千年的宗法源头来迁就这段晚世的文字，就是舍本逐末的了。

从前述商周王室大量地讲宗，讲族，讲宗室、宗子、宗君、宗周来看，商周的天子有宗法；他们对分封出去的子侄，还讲"文昭""武穆"，是周天子与诸侯国保持宗法关系的证明。所谓"诸侯不敢祖天子""大夫不敢祖诸侯"，显然不是西周的事实，春秋时人还知道"宋祖帝乙、郑祖厉王"，诸侯是祖天子的。之所以出现"不敢祖"之说，我们认为这是王纲解纽的产物，被战国、秦、汉间王者大一统思潮所改装。所说的"不敢祖"实是"不愿祖"，到东周，天子政治权威一步步坍塌，但还可以保留宗主的权威控制或约束诸侯。可是，诸侯尤其是霸主国把周室的这点宗主权威，也纳入摒弃之列。像晋国同周王室就发生过几次这种性质的冲突：晋文公向周王"请隧"，被指责为有"更姓改物，以创制天下，自显庸也"的企图，周王说"自将逃位！"同时指出，你"若由是姬姓也，尚将列为公侯，以复先王之职，大物其未可改也！"（同注 [53]）后来有一次晋人与周人争田，王室也派人谴责晋国，说"我在伯父，犹衣服之有冠冕，木水之有本源"，指责晋人想"裂冠毁冕，拔本塞源"。叔向也承认，文公为霸也不能"改物"，自那以来晋国德衰，"暴蔑宗周而宣示其侈。"[54] 很显然，字里行间都透露出保持或挣脱宗统的斗争。所谓"更姓"，所谓"犹是姬姓"，所称"伯父"，所称"宗周"，都说的是宗法范畴。只是，此时霸主力图挣脱这最后一根束缚自己的缰绊，为了堂皇起见，就说"诸侯不敢祖天子"，貌似天子要以君统独立出宗统之外（其实也完全用不着），实际却是诸侯的遁辞，他们既排除了君统，又排除掉宗统，则可以放开手脚实施兼并、争夺天下，当卿大夫强大起来时，也自然依法炮制来对付国君了。战国以后的人不明其初，就把这两个"不敢祖"作为宗法的内容，简直积非成是了。

尽管如此，这段文字还是可据以谱出宗法的一般系统，如：

图 （一）

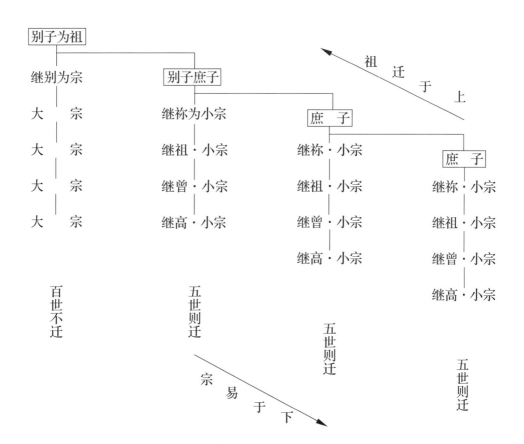

此系仅就累代庶子不断分族而言，须知别子的庶子本身亦有嫡长立为大宗，另有庶子分出为小宗，则应为：

图（二）

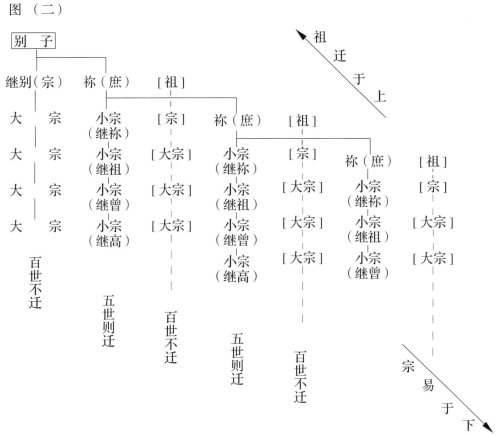

仅以大宗宗子与小宗从兄弟的亲尽迁宗的原理，则可作如

图（三）：

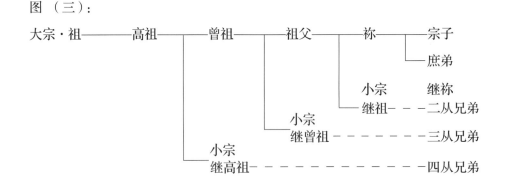

这就是"宗其继高祖者，五世则迁者也。"当从高祖分出的小宗，延祚到宗子本身一代，其同辈为四从兄弟，已到了第五世，往下一代则要迁出，与本宗没有宗族关系。再按照庙祧制

度宗子的上五代祖先的神主，也要迁到祖庙去和历代先祖神位一起受祫祭，不再占有专庙。这样，每逢新生一代，就不断有小宗迁出，有高祖以上的祖先神主迁出，这就是"祖迁于上，宗易于下"。

明确了这些，我们就可以考察早期宗法。下面，就商周的继承制度、世系、祭祖制度、庙祧制度，来探索当时宗法的发展演变轨迹。

（一）继承制度

这里主要以商周王朝的王位继承作为讨论对象，间及于其他贵族。

商朝的世系，《史记·殷本纪》所谱，已经与甲骨文的实录基本上印证，自成汤至帝辛传十七世、三十一王，和春秋时人说的"商之飨国，三十一王"正合[55]。在继位次序上，先是父死子继和兄终弟及两制互用。但《殷本纪》和卜辞记录的谱系有异，即是：大乙（汤）——大丁——大甲——大庚——大戊——中丁——祖乙这条轴线上，在卜辞里一脉相承；而在《殷本纪》里则有错动，其间有四世中二或三个兄弟相及，有三世是弟及之后，弟传己子。只有一世是季弟回传至长兄之子。若按卜辞祀谱，固然四世亦兄终弟及制，但都为幼弟往回传长兄之子。由此产生了对商代继承制的认识分歧。传统的说法根据《殷本纪》，共有十四次传弟，就难说商代是父死子继法为主；更有根据其中有五六位商王为幼弟直传己子，故又有"幼子继承制"之说。若按卜辞祀谱，则反映了父死子继的直系为主的继承制度：一是，父子相传的位数（十六）本已超过兄弟相及数；二是，大乙——祖乙的阶段中以及祖辛——祖丁之间，其兄弟相及结果是回传至长兄之子，就实际上是保持父子相继的制度；三是，依照前论大子、中子和小子的称名含义，大乙之下的五个以"大"为名的商王，应该均是大子的身份；四是，从康丁以后四世至商之亡，全为父子相继制，充分说明直系继承制的确立，也是长期以来两制主次相行，逐渐此长彼消、自然选择的必然结果。

这种发展似乎也有曲折，就在确立传子制之前的四世，除武丁无兄弟相次外，其他三世都是幼弟直传己子为王，而不是回传其长兄之子，似有逆转之势，其中两世是否为正常继位法，即廪辛迄今不见位在周祭祀谱；或说武丁初意传位祖甲，祖甲不从，逃亡民间，才立祖庚再传弟祖甲[56]。即是说，这两世的兄终弟及，可能都有问题。不过，对小乙继三兄相传而给位于己子武丁的事实，没有异议；武丁只欲传幼子祖甲，即使能够证明，也还有一个孝己是否继位的问题，难以说定只是父子相传，而小乙、祖甲、康丁均是身为幼弟而传己子，这也是没有异议的。因此，只能说，历史并非总是直线发展，允许有变例、有短期内的逆向运动，但总的趋势是不能改变的。

由"相继"和"相及"两制并行进至父子继承制的确立，经历了数百年的时间。而在父子直系继承中，可能起初嫡庶并传，然后传嫡即同母（正后）兄弟，最终确立嫡长制，也走过漫长的道路。商代前期，我们所知不多，只可作些推论。如当时可能嫡庶都可继位，大乙汤本应传位长子大丁，大丁早夭，即传其兄弟外丙、仲壬，仲壬当是中子，外丙的"外"很可能是庶出，到中期，也与仲丁、外壬的情形相似。凡同辈商王庙号有大、小并列者，或者都可看作立嫡制即同母兄弟间的传位制。随着传子制的实行、加强，大大限制了兄弟相及制，立庶制也就很快被扬弃，祖乙以后大概被废除。至于同母兄弟之间传位，也逐渐紧缩、淘汰，最后确立只传长子。《殷本纪》所录世系，兄弟顺次在位者，最多是四人（一世），其次为三人（两世），二人者有五世，出现的频率最高。而事实上，卜辞记载同一个商王有祖、父、兄多人，武丁的兄有五位，但没有一个即位，其中不排除有庶兄或同母兄长，都被淘汰了。

在有"大子"称谓的同时，出现了"帝子"即"嫡子"的名称。商人最尊崇上帝，又以为他们先祖的亡灵可上配于帝，在上帝左右侍候。从而就把"帝"字引用到王名上来，出现了以"帝"名王的新方式，表示与上帝相对，人王是地上的帝，像上帝主宰自然和人间一样，主宰人间社会[57]。卜辞中于是有"王帝"之称。也就有"帝某（十干字）"的庙号出现：

贞：父乙帝……（一期）	《乙》956
甲戌卜，王曰贞：勿告于帝丁，不系？（二期）	24982
贞：其先帝甲，其引（？）二牛？（二期）	41214
贞：其自帝甲又征？（三期）	27437
[ ]酉卜，暊贞：[ ]帝甲日其牢？（三期）	27438
己卯卜，暊贞：帝甲铼[ ]其眔祖丁？（三期）	27439
乙卯卜：其又岁于帝丁，一牢？（三期）	27372
乙巳卜：帝日蚩丁？——乙巳卜：其示帝？（四期）	《库》985+1106

据研究，这里的父乙帝、帝丁、帝甲、帝丁，分别为小乙、武丁、祖甲、康丁的一种庙号。此后有文武帝即文丁、文武帝乙即帝乙的称号。这些帝字就表示人王与上帝为一系，人王之子就可以称"帝子"，如云：

勿呼汏帝子御事，王其悔？	30391

这个汏帝子显然是生人，占卜是否召唤他来为王事服务，他可能是某一位王储，和上述帝甲、帝丁为商王死后的庙号不同，帝子就是后来古书上的"嫡子"，由"帝"变为"啇""商"加女旁而成。嫡子的初义，就是王帝之子，而且只用于直系[58]。商代晚期，继承王位的嫡子，应该就是嫡长子，帝辛之即位，曾经发生过争执，帝乙本欲立长子微子启，因其母微贱本不当立，当

时大史就"执法"争之,说有嫡而不立,不合乎正道。说明当时早有立嫡长的规矩[59]。

与嫡相对的是庶,在商代就是"介",卜辞有"多介子""父乙多介子""父辛多介子",还有"多介兄""多介父"之称(见《合集》816 正,2921～2927,6002 正)[60]。春秋时人还有称"介弟"的(《左传》襄公廿六年),也是庶弟之意。

由此可见,商代至少在其后期已有嫡庶之分,这和当时确立传子制,划分大小宗制(详后)都是一致的。由此也可推知,商王对其"多子"分宗立族,也必然有主次之分,所谓"别子为祖,继别为宗",当时还没有这些名称(在西周也不会有),但类似的作法当已存在。如子〈画〉、子宋、子瞽等分出到外地,建立自己的宗族,下传数代也就有"继别为宗,继称者为小宗"者,于是则称为"宗氏"和"分族"。

西周的继承制度,看起来比商代单纯,就是直系一脉相承。固然,从它作为紧接商代晚期已经确立传子制这点说,是顺理成章的事。可是,传统的看法并非如此,他们是把商周两族放在同一平面上来看,认为商代继承制一直就是原始的、紊乱的,西周就从来是明确的、先进的。这显然是不正确的,是形而上学的历史观。他们一方面把周初开国的分封、传嫡制,看作周家固有的特性,一方面完全相信《周本纪》上的世系,那里确是直系继承数百年一贯制。这两方面的认识方法都是错误的。

把《周本纪》的世系作为先周史一个框架是可以的,若作为历史实录则是障碍重重。第一,世系年代不足信。据古史,周始祖弃和商始祖契是同时代人,而商族"玄王勤商,十有四世而兴",契传十四代到成汤;周族是"自后稷之始基靖民,十五王而文始平之"[61],则是后稷传十五代就到了文王时代,就是说文王几乎和成汤同时。事实文王是和帝乙、帝辛打交道的,那末依此,成汤则应和十六七世的孙子时代相等起来才行,这就抹掉整个有商一代的历史,任何高妙的缩时术,也办不到。周族这个世系的缺漏是很严重的,任凭怎样解释,或说后稷是后代周王而非弃,或说有两个古公……都难弥平这个罅隙。第二,这种纯粹传子制,说成是周家的德性,也是极难成立的。在《殷本纪》的先商十四代亦是如此,《夏本纪》也几乎这样,不可能夏和先商时代是传子制或基本上传子制,而接在它们后面的商王朝反而又变为传弟制与传子制并行,这显然违反人类自然历史发展的规律。时处夏朝和先商时代的先周,压根儿看不见父系氏族的影子,可是到了文明门槛的古公亶父却又有三个儿子的继位问题,结果是丢了长子、次子不传而传少子季历,岂非反常!

这些矛盾现象,显然只能依照唯物史观来解释。原来,夏代和先商、先周,本是时属远古,没有文字记载,其世系只靠口耳相传,不可能原原本本传下来。主要的人物,有些个世次传下来了,其他的漏掉了。当到有文字给它记载时,就只能"断烂朝报",又必须都要把世次连接起来，免不了移花接木，如周世系中就有几世出现了不同的连接法。还可能是根据后世的论断来排谱的，如所谓"十有四世而兴""十五王而文始平之"一类春秋时代人的说法，成为战国周秦间编牒谱的作者的参考物。果然《殷本纪》中从契至示癸正好十四世；从后稷至文王，据《周本纪》也正好是十五世。为了凑数，有些人名，如契以下的七代中就有很多无法考查和索解。因此，各世代中兄弟相传、分族的情况，也就悉被略去，成了如今我们能看到的这种"先进"的系谱。如果编制世谱确是春秋及其以后时代的人，已经很难得知三代远古存在的原始继承制度，自然只好依现实去塑造往昔的面貌了。

事实是，西周的上世继承制亦经历了商代那种发展演变的历程。按《汉书·古今人表》，先周有一段继承方式是：

而《周本纪》亦有如下的世系：

这是众所周知的史实。后来文王亦舍长子伯邑考而立次子武王。灭商之后武王忧劳成疾之时，也有意让其弟周公旦继承王位，《逸周书·度邑解》记载武王曾说：

"予有丕显朕皋皇祖不得高位于上帝，汝幼子庚（赓）厥心，庶乃来班朕大环……今乃我兄弟相后，我筮龟其何所即，今用建庶建。"叔旦恐，泣涕拱手。

这段文字难读，经朱右曾的"集训校释"，大意尚可领略，所谓"汝幼子赓厥心""今乃我兄弟相后"，所谓"用建庶建"，应该是要周公旦继位之意。以后周公摄政，恐非偶然。

即便在西周历史中，也非清一色的传子制，懿王死，传位于其父共王之弟孝王辟方；孝王死，又回传给懿王之子夷王燮，其程序为：

当然，我们也必须承认，整个西周王朝的继统法是比较严格的传子制；同时又不能否认这是继商代晚期的发展趋势而来，假若商未灭亡，必然是帝辛传子武庚，武庚又下传其子……也将会如西周一样。同样，我们也不能否认，西周王室仍遗留兄终弟及制的残余，列国更

为多见，周之嫡系鲁国，视"一继一及"为常典。姬姓吴国，从太伯、仲雍兄弟相及直至后世寿梦四子次第相及。如果排列西周时期各封国的君位继承制，会有更多的类似史例。即使如此，我们也不能说这些国家保有原始习俗，没有确定立嫡制。就是春秋时宋国，从宣公到庄公四君两世交叉传侄、弟，很像商朝祖辛至南庚四王两世交叉传侄、弟的历史再版，也不能说春秋时代的宋国还全用商世的旧制。我们只能说历史发展的辩证法：一是旧制中产生新的因素，新制中留有旧的残余；一是任何正统都带有它的变例，历史正是在新旧、正变的嬗递中进展。

（二）宗、系的划分

这里，着重论述商王室的宗统所体现的这种区分。

表现在殷墟卜辞里，就是大示、小示和大宗、小宗的对应称谓。宗，宗庙；示，祖神牌位，又称主、庙主。之所以有大与小之别，就是因为它们各自所处的宗法地位上的等差，这在甲骨文辞中表达得很清楚：

  [翌辛][ ]大示卯一牛？——小示卯虫羊？   14835

  壬午卜贞：登[ ]自上甲夫（大）示智虫牛？——小示虫羊？   14849

  [ ]未贞：又礿（？）岁自上甲[大]示三牢？——小示二牢又……   34104

祭大示用牛，祭小示用羊，礼分隆杀，在祭祀卜辞中没有例外。大示是哪些祖先？卜辞是：

  [ ]未卜：祈雨自上甲、大乙、大丁、大甲、大庚、大戊、中丁、祖乙、祖辛、祖丁十示率牡？   32285

  [ ]申卜：[祈雨自]上甲、大乙、[大丁]、大甲、大庚、大戊、中丁、祖乙、祖辛、祖丁十示率牡？   32280

两辞同期、同文，干支相连，祭祖祈雨，占问对它们各位一体用牡牲。这是最完整的系列，在这（四期）以前也有同类的卜辞：

  ……侑于成、大丁、大甲、大庚、大戊、中丁、祖乙……   1403

  ……大甲、大庚……[中]丁、祖乙、祖……   1474

这是武丁（一）期的，辞虽残而祖先次序一致。之所以知是直系祖先，据《殷本纪》而加以考订，已经知道"自大丁至祖丁皆其所自出之先王"[62]；再依照祭祀卜辞的周祭谱，"自示壬以下凡所自出之祖，其妣必见于祀典；非所自出之祖，其妣则不见。"[63]上列这些祖先也正合于"所自出之祖"的标准，其为直系无疑。

更多的祭祀卜辞，就不列举祖名，而总称为"自上甲若干示""自上甲至于多后"，包含内容不异，如：

[　][　]卜：用侯屯上甲十示？　　　　　　　　　　　　　　　　　34113

这个"上甲十示"就是前引"祈雨自上甲……十示率牡"的简括，下列卜辞是常见之例：

乙丑卜：祈自大乙至丁祖九示？　　　　　　　　　　　　　　　　14881

自大乙九示一牛？　　　　　　　　　　　　　　　　　　　　　22159

乙卯贞：祈自上甲六示？——[　][　]贞：十示又二，祈？　　34111

甲申卜贞：酒祈自上甲十示又二，牛？小示，鼙羊？　　34115～34116

乙未贞：其祈自上甲十示又三，牛？小示，羊？　　　　　　　　34117

勿祈，其告于十示又三？

壬申卜：祈于大示？——……酒祈于大示？　　　　　　　　　　34092

勿祈，其告于十示又四？　　　　　　　　　　　　　　　《屯南》601

可见：凡九示、十示、十二示……都是指大示，有时自大乙起数，有时自上甲起数。有的标明止于何王；有的未标明，可以往下数直系诸王，而又称"自上甲至于多后"（14852），或称"自大示至于多后"（14582），其意亦同，二辞比较，又可知均指大示系列。

有一事需要讨论和明确的，祭祀中出现二十示，又是否指大示？这牵涉到卜辞的断代问题。卜辞云：

壬寅卜：祈其伐归；叀北巫（？）用二十示一牛，二示羊？

以四戈羝？　　　　　　　　　　　　　　　　　　　　　34121～2

癸卯卜，贞：酒祈乙巳自上甲二十示一牛，二示羊？

土燎四戈羝牢、四戈豕？　　　　　　　　　　　　　　　34120

两辞同字体，同姓名，干支相接，显为同时所卜，认为属武丁、祖庚时代者，其上世自上甲以下决无二十个大示，所以定这二十示为小示。认二辞为文丁时代者，则上甲至武乙正好二十个大示。后说应该是正确的。因为，凡称自上甲若干示者均指大示，此辞也不能例外，辞中均有与二十示相对的"二示"。二十示用牛，二示用羊，与前举大示用牛、小示用羊同例。再者，辞例、字体都与其他定为文丁期的卜辞相类，不可能提前。第三，若按旁系世次计算则数至沃甲，这不是一个有意义的段落。

因此，祭祀卜辞凡称自上甲、自大乙若干示，或竟称若干示，均指大示。

与大示相对的,则有区别性的名称,多半作小示,又作它示[64]:

贞:三元示五牛,它示三牛? 　　　　　　　　　　　　　　　　《怀特》898

庚申卜,酒自上甲一牛,又示癸一牛?自[上甲大]示一牢,它示一牛? 　　22159

与元示、大示相对的它示,是处于小示的地位。

据研究,元示相当于大示而稍有区别,元示的时代处于大示系列的早期,一般认为即上甲至示癸的段落:

甲子卜,争贞:来乙亥告毕其酉于六元示? 　　　　　　　　　　　　14829

于六元示?五月 　　　　　　　　　　　　　　　　　　　　　　　14830

甲午贞:大御六大示燎六小牢、卯卅牛? 　　　　　　　　　　《屯南》2361

辛巳卜,大贞:侑自[上甲]元示三牛,二示二牛?[十二月] 　　　　25025

贞:元示五牛,二示三牛? 　　　　　　　　　　　　　　　14822,14863

辛巳卜:元示三[牛]? 　　　　　　　　　　　　　　　　　14824,14825

己未贞:虫元示又祈(?)岁? 　　　　　　　　　　　　　　　　34088

元示没有超出六位,故又断在示癸及其以上的六个大示,所以六元示与六大示是一事。

上引各辞,内有元示与二示相对,正如前引二十示与二示相对一样,再次证明二十示与元示处于相当的地位,只是二示的含义费解,二示有时是指示壬、示癸二位:

辛亥卜:又上甲牛、三匚羊、二示牛? 　　　　　　　　　　　　　32349

很清楚,全辞是占问祭祀上甲至示癸,分别用何种祭牲的问题。内分三组,可以从庙号匚、匚、示三种类别来理解。这里,也等于上甲六示。但是,前面的哪些卜辞中的二示,就很难确定,因为:(1)大示中既然已包括示壬、示癸,为何又再以他们与大示对贞?(2)元示、六元示中已包括示壬、示癸,也不应该又以他们与元示对贞。

如此,二示是个疑案,有解释为未即位的已故王室成员或者本与"下示"同字[65],证据均似不足。卜辞中二示和下示都存在,"二"字和"下"字的写法也分别甚明,不必混一。我们认为二示还可能是示壬、示癸。以前之所以不能断定,是因为始终把三匚、二示与大示、元示结合一起,正好卜辞的六大示、六元示与上甲至示癸一致。但是,事实表明六大(元)示并不一定是他们,可以设想为上甲、大乙、大丁、大甲、大庚、大戊六位,根据是上揭卜辞中的十示中他们都称"大",排除了三匚、二示,再从下面卜辞:

乙未酒系品:上甲十、匚乙三、匚丙三、匚丁三、示壬三、示癸三、大乙十、大丁十、

大甲十、大庚十、小甲三……祖乙十。　　　　　　　　　　　　　　32384

也是把三匚、二示和小甲等旁系并列。与大示、元示相对的还有三示：

[　] 卯贞：其大御王自上甲血用白豭九、三示汎牛？在大乙宗卜。　　　《屯南》2707

这里的三示也是与自上甲以下九示相对，这三示有可能是三匚。还有下示，卜辞云：

甲辰贞：其大御王自上甲血用白豭九、下示汎？　　　　　　　　　　　34103

此辞辞例和上面三示的一辞完全相同，这下示应该与三示同类。二示、三示、下示都和大（元）示相对，而其他和大示相对的就只有小示、它示。因此，可以推测三示指三匚，二示指示壬、示癸，他们同时与上甲、大示相对时，就合称下示。下示与小示同一性质，只因三匚、二示在上甲之下，大乙之前，地位和开国后成汤以下的小示不同，属于先公范畴，所以就用了这些区别名称。若此，就容易理解下列卜辞：

己亥贞：卯于大 [示] 其十牢，下示五牢，小示三牢？

庚子贞：伐卯于大示五牢，下示三牢，[小示一] 牢？　　　　　　《屯南》1115

正是大示、下示、小示相次，下示属小示范畴，故次于大示；但又因它与后世的小示地位有别，故又处于后者之前。由此推知三匚、二示应属于一种小示，并非大示。

总之，商朝祖先之分大示、小示亦即直系和旁系是很清楚的。

下面，来探讨大宗与小宗的含义。

商朝的宗庙，见于目前著录的卜辞中已经不少，有旧宗，有新宗，武丁到文丁时期不断地"作王宗"（13542）、"作宗"（34139）。《诗经·殷武》所言"旅楹有闲，寝成孔安"，是实有其事的。当时，还有自然神祇的宗庙：帝宗、龙宗、河宗、岳宗，以方位为名的有：北宗、西宗、右宗等，主要的还是祖先的宗庙，而且也与祭祀制度相适应，除了一些还不明其义的宗名外，几乎都是直系先王的宗庙。如大乙宗、唐宗、大丁宗、大甲宗、大庚宗、大戊宗、中丁宗、祖乙宗、祖辛宗、祖丁宗、小乙宗、[祖甲旧宗]、康祖丁宗、武祖乙宗、文武宗、武乙宗等。只上甲的宗庙还没有发现，可能在被毁之列，而有夒宗，大概为商族的始祖庙。三期的祖甲旧宗，当是祖庚弟的祖甲。在甲骨文时代内的宗名，其亲称除祖、妣外，还有父、母的亲称，如一期有父乙宗，三期有父己宗、父庚宗、父甲宗，四期有父丁宗、父宗，这就是后世所说的祢庙。一期有妣己宗，二期有母辛宗，三期有妣庚宗之类，女祖有宗庙，与后世有异，不过终究寥寥无几，已告式微了。

商代的礼俗，在宗庙祭祖先、飨宴、献俘、出征，还有占卜。而多半在"大宗"举行，如"在大宗卜"或"在大乙宗卜""在大甲宗卜"等等,以第四期为常见。也有在小宗的活动,但所见极少,以大宗和小宗对贞的完整卜辞,有如下一例:

　　[丁]亥卜:在大宗又礿(?)伐三羌十小牢自上甲?

　　己丑卜:在小宗又礿(?)岁自大乙?　　　　　　　　　　　　34047

"在大宗自上甲"的卜辞还有一些,反映一项定制:凡祭祖自上甲以下的直系祖先,当在大宗;凡祭祀自大乙以下的旁系祖先,当在小宗。大宗、小宗和大示、小示是有关联的,即大示神主合设于大宗中,小示神主合设于小宗中。祭祀时,在大宗合祭大示即直系祖先,在小宗合祭小示即旁系祖先,这是比较明确的。问题在于对这则卜辞存在疑难之点,解释是:有以为大小宗(示)是阶段的划分,即自上甲以下为大宗,大乙以下的为小宗。或以为上甲为大宗之首,大乙为小宗之首。但是,前面大小示的史料已经证明上甲、大乙都是大示系统中的重要先公先王,大乙不可能为小示和小宗。大示和小示即直系和旁系是两个并列的宗统,是分别贯彻始终的,不可能分阶段。较妥的解释应是:这则卜辞在大宗祭祀从上甲以下的历代大示祖先,在小宗祭祀从大乙以下的历代小示祖先,是说从某祖开始的时段,并非指该祖先本人属于大示抑小示。既然大示与小示包含的意义如此,那末,大宗与小宗分别代表宗法上的直系与旁系,应是没有疑义的。血亲关系、宗法制度的体现,最典型的莫过于对祖先的祭祀及其场所,后代族组织含义的大宗与小宗源流不异。这一点,前辈学者早已作过正确论断[66],迄今还没有足够的证据可以改变。

　　由此可见,商代大宗、小宗与大示、小示的存在,证明宗族有大宗与小宗的区别,宗统有直系、旁系的划分,从而,古代宗法制度的主干,已经十分明显地呈现出来了。

　　西周大体继承了商代的大宗、小宗之制,在它原有的父系家长家族制的基础上,为适应政治统治的需要而有所发展,进一步与政治相结合和制度化、普遍化,并且加以理论的概括。前引公刘时代就有"饮之食之,君之宗之"的说法,必需的生活资料与政治、宗亲,都是如此重要。朱熹《诗集传》引吕祖谦的话说:"既飨燕而定经制,以整属其民,上则皆统于君,下则各统于宗。"又说:"古者建国立宗,其事相须。"《诗经·大雅·板》篇云:"大邦维屏,大宗维翰,怀德维宁,宗子维城。"这是西周宗法制度的主旨。西周明确地把"大宗"一词用于政权结构上来。大宗对国家,要起屏翰的作用。金文中常说:"以乃族干吾王身",这"干吾"就与"翰"和"藩卫"有音义的联系。其大宗之长就明确称"宗子""宗君",显然比商代进了一步,同时,也仍然保留了商代的称谓,金文里"宗"还有宗庙之义,如《鄘钟》的"用享大宗",当是祭享于宗庙。"作于緎周公宗","作召公宗宝障彝",这些"宗"都是指的宗庙。但逐渐有字义的变化,如《井安钟》的"寴处宗室"和《小子生尊》的"辨事于公宗",这里的"宗室"和"公宗"就以一定场所代指宗族或宗族事务了。

西周的"小宗"一辞,在较古的文献和金文里目前还没有发现,当然不等于就不存在。原因是"大宗"为主导,有关占卜、祭祀、宗族活动多在"大宗"中举行。但是金文有"宗小子""旧宗小子",自当是"小宗"的族长,如同我们前面所分析的"小子"的含义。这在《尚书》"周书"中也有反映,其中有"元子""元孙",又有"予小子""汝小子"和"予惟小子""汝惟小子",除作谦词外,就当是用作这种宗法意义。事实上,西周也据此宗法制度分封子弟。《史记·鲁周公世家》索隐云:"周公元子就封于鲁,次子留王室,世为周公。"《燕召公世家》索隐也说:"召公亦以元子就封,而次子留周室,代为召公。"金文中的"明保"或即周公次子君陈留王室者,至于"周公之胤"的多子"凡、蒋、邢、茅、胙、祭"等当然也以小宗的宗族分封到各该地,金文记载则有邢侯,燕有匽侯旨,也有同辈多子宪、穌、菁等。按礼书,他们可谓"别子为祖"。这就是封诸侯、建同姓的立嫡长封"别子"之制,继承并且扩大了大宗、小宗分族制度的施行范围。

西周立嫡立长,也不是从来如此,有一个过程,明显的是:王季以季弟得位,武王仍谓周公"我兄弟相后",《牧誓》中周武王谴责帝辛之罪是"昏弃厥肆祀弗答,昏弃厥遗王父母弟不迪",重视祭祀与宗亲之道犹溢于言表,从周人当时的制度和意识看,"王父母弟"不能说这与"兄弟相后"之意无关。西周立嫡立长制的确立,还是在周公平定三监之乱以后。三监之乱涉及到"继""及"之争,斗争双方都意识到这一点,无论周公是摄政抑自为王,结果是还政成王。同时"封建母弟",都以"元子"就封,保持各侯国、封邑的"别子"的大宗宗统,也连带突出了王室为天下大宗的宗主地位。若说周公创制的"善政"与宗法有关,这一点是可以推究的。

但是,比较起来,无论祭祀活动或宗族活动,留给今天的史料,毕竟西周不及商代丰富。即使《尚书》或《诗经》记载当初周人的言论,讲说宗族、宗法内容者,究属多半概而言之。推其原因大致有三:一是必须承认周族在开国以前社会发展阶段较商朝中心地区落后,尚处于父系家族阶段;又僻处一隅,比不上商朝是一个文明社会较为发展的统一王朝,王事频繁,宗族活动多,发展快,是调整宗族关系、创制宗法制度的时期。周族相对处于静止的状态,它的勃兴不过在王季至文王的几十年间,族的发展没有经历过像商代那样的长过程。二是当周人建国之际，已有商朝统治的经验教训可供汲取，甚至还有一批"殷遗多士"善于说制行礼的人才可用，箕子献出《洪范》，微史入周世掌仪礼（见《墙盘》），"殷士肤敏，裸将于京"（《诗经·文王》），有商的"多士攸服奔走臣我，多逊"（《尚书·多士》）。西周统治者"往敷求于殷先哲王用保乂民"（《康诰》），向商的先世寻求借鉴，利用现成的"殷罚""殷彝"（同上），所谓"王肇称殷礼"（《洛诰》），所谓"周因殷礼"，是史实俱在的。有成制利用，减去了不必要的造作之劳。三是"小邦周"灭了"大邑商"，入主中原，面对的是广大的"多方""庶邦"和万民，不是原来西方一隅的单纯族与族之间的关系，而是一个远为复杂的发展的文明社会，面临的是很多的政治事务，需要迅速总结商亡的教训，创造许多政治和伦理理论，他们讲天命、敬德、勤劳无逸、戒酒、慎刑罚等等。也有讲宗族礼制如"惇宗将礼"，但是，比重极小。所以，后来《礼》书和孔门说的那套完备、缜密的礼制与仪节，只能是晚世的东西，在西周或者有些雏形或者是萌芽、粗胚，而把它们作为西周的文物制度，并用来和本为周初所沿袭的商代礼制相对立，作为商周之际"剧烈变革"的根据，就不免脱离了历史的本来面目了。

（三）祭祀制度的演变

祭祀与宗庙是宗法的重要组成部分，是宗法的行为体现和物质实体。前面已经涉及到这两项内容，在此，专门讨论这两项制度的形成、变化，进一步了解商和西周宗法制度定型过程中前后相继的一体性。

在商代，我们从殷墟甲骨文中，看到商朝贵族阶级迷信神鬼、"率民以事神"的严重状况。突出地表现在祭祀活动上，从上帝到祖先神灵，从天空的日月星辰到地上的山川百物，无不是祭祀的对象。而今在《周礼·大宗伯》和《礼记·祭法》中概括的各类祭名、祭法，基本上可以彼此印证。在这里，祭祀的典礼名目繁多，祭品的种类应有尽有，祭牲的各色兽畜，人牲的各种人身，用牲法花样百出，惨酷骇人。在考古发掘中，成百成千的祭祀坑穴和人牲骸骨的遗存，在同地同时出土的古文字所记录的史实与之密合。它们构成了这么一幅奇异的图景，一个颠倒了的世界，似乎人活着就是为了祭祀死者，甚至为了供给亡灵的牺牲。似乎这种人类的惰性惯性，历史的重荷压在有商一代的社会上，直到它的灭亡才得到解脱。

但是这期间事实上是有变化的，神道终究是迷信，人类总是在进化，物质生产活动在发展，人们的思维总是在活动，即使是统治者本身，也不能靠神鬼来生活。数百年反复无穷的验证，神灵并没有真正带给人世间以若何影响，神灵的观念不能不被冲淡，尽管是缓慢的有意无意的。我们曾经概括地指出：

> 基于社会经济基础的发展变化，晚商中期的思想文化，同样经历着一个有意义的变化过程。人们都认为商代神权统治严重，但是这时在浓重的迷信神权的氛围中，开始出现较为趋向实现的薄明晨曦。祭祀用人牲的数量显见减少了；由前期祀典重远祖的礼制，开始转变为厚祭近祖和父辈，开创末期进一步疏远祖重近亲、轻旁系重直系的祭祀原则。同时，在祀典上也反映了自然神与祖先神地位的转化，从而确立了祖先崇拜的主导地位。直系继承法从此期起也完全确立，宗法制度进一步完备，文献记载武乙与天神博弈、革囊射天的故事……却可以视为正是神圣难犯的天帝权威开始发生严重动摇的反映……在先前诸王称"余一人"之外，这时又加称"我王"，都不是偶然的现象，直至后来，周人指责帝辛"泯弃肆祀弗答"，都一起说明了"神权的凋落"，世俗王权的进一步强化……这从宗教思想，从观念形态上的变化，从历史发展规律来看，却是一种进步 [67]。

于此，在祭祀制度的演变上，还有必要加以具体的论证，说明从武丁时代到帝乙、帝辛时期这二百多年间，祭祀却是一个由繁到简的定型过程，和宗法制度的逐渐完备是同步的。

第一，对自然神祇的祭祀逐步减少乃至于排除，"帝"从天上归并到人间。武丁时期（第一期）的祭祀自然神，除上帝（有人格神属性）不直接祭祀之外，对于日、星、风、四方、东母、西母、山岳、土（社）、河、水等等，一概顶礼膜拜。从第二期起，出现了变化，不少自然神祇，基本消失。三、四期有所恢复，而亦无以前的盛况。第五期在卜辞里已不复见。因为人王已用帝为名，即由祖先上配于帝发展为商王可代表上帝来治理人间，继王位者就是"帝（嫡）子"，帝与祖先已成一体，何用舍近求远而频繁祈于天上的帝与自然神祇呢。

第二，祭祀用牲的逐步减少，最后减少到最低程度。第一期以畜为牺牲的，三十、五十常见，百牛、百羊、百犬、百豕者次数也不少，多的达到三百牛、三百牢，出现过五百牛（39531）、五百牢（20699），最高额达千牛（1027）。第二期显著减少，最多一次五十牛（24508）、一次三十牢（26052），少数卜辞三牢、五牢，常见的是"其牢又一牛"。第五期更如此，少见十数以上的用牲。三期基本上同第二期，只有第四期有所抬头，牢、牛、羊、犬达到百数，但亦少见百的倍数。用人牲方面，变化更为明显。武丁期用几十羌常见，三百羌也不止数次，有用五百宀的，最高达到千人（1027）。二期、五期最多为三十人，中期有所抬头，最多亦限于二百人。宏观地看，以凡经占卜提出的数字（有的并未实用）计：武丁期共享人牲 9021 人，第二期为 622 人，三、四两期加在一起为 3205 人，第五期仅为 104 人[68]。显而易见，人牲亦呈渐次减少有时是剧减的趋势。至于用人牲种类之多，分别之细，用祭牲宰割之花招，早期与晚期可谓天壤之别。这一切只能说明社会信神的观念起了显著的变化。

第三，祭祖的形式化倾向。一是远祖先公的受祭位数逐渐淘汰，武丁时祭夒以下的远祖有四五位，后来所见只保有夒——当是商人心目中的始祖一名。二是合祭的增多，专祭的减少。各期都有合祭和专祭的方式，前者是同时致祭一系列的先祖如"自上甲十示""自上甲至于多后"，后者是一次只祭一位先祖。但比较起来，合祭在前期较少而中期增加，专祭的趋向则相反。三是祀典、祭品由繁复到定制，武丁期占问对某一祖先的祭祀该用某种某几种祭名，用几种祭品、什么样的用牲法等等卜辞特多，后来则减少，而大量出现一些形式一律的卜辞，只问祭名或祭日，愈到晚期愈少见占卜祭牲品种、数量。于是形成"周祭"的形式，从上至下的历代祖先，按其庙号的天干同日干对号，固定祭日，用五种固定祭名分别轮番遍祭各祖，祭完一遍，即为一祀，大致相当历法的一年。这种形式化的现象，无疑地表明子孙们对其先祖的虔诚心是次第减弱了。

第四，重直系轻旁系，重近亲轻远祖的趋向。在卜辞时代，祭祀大示的系统早已占了主要地位，但是目前所见的卜辞，称上甲或大示的多少示，仍以武丁之后为多，前面论述大、小示时所引列的卜辞即是如此。到晚期，周祭制度确立之后，又创立一种"祊祭"新制，有几种命辞形式，一概祭近亲近祖，卜辞程式为：

（1）干支卜贞：祖某祊其牢？兹用。

（2）干支卜贞：祖某宓其牢？兹用。

（3）干支卜贞：祖某宓祊其牢？兹用。

（4）干支卜贞：祖某宗祊其牢？兹用。

这四式，三种有"祊"[69]字，都归之为"祊祭"[70]。（1）式帝乙时卜辞，祭武丁、祖甲、康丁、武乙、文丁五王和文丁（或武乙）之配偶母癸。（2）~（4）式却只祭武乙、文丁二王，即帝乙的祖和父，而其称谓却有四五种美谥，如：武乙、武祖乙、武和文武丁、文武帝、文武或文[宗]等。还有一种卜辞：

干支卜贞：翌日干支王其又祊（？）于祖某宓，正，王受又又？

也可归之此类，是帝辛或帝乙卜辞，所祭祖先为武乙、文丁（称作"文武帝"）两王，亦即帝辛的曾祖和祖或帝乙的祖和父，另祭一妣癸，依照（1）式中祭母癸，为帝乙称其父文丁配偶，则此妣癸自当为帝辛称其祖文丁的配偶，或为帝乙称武乙的配偶。

上述"袼祭"卜辞占第五期甲骨文相当的比重，反映重近亲的祭祀已成为制度，这是社会发展的自然趋势。（1）式的祀典尤可注意帝乙上祭至武丁为止，即是祭至高祖上一代为止，这接近于宗法上五世迁宗的一个界限，绝非偶然。王国维虽然依据整个商代祭法，说"殷人之制遍祀先公先王"，但也看出下列一辞：

甲辰卜，贞：王宾祈祖乙、祖丁、祖甲、康祖丁、武乙衣，亡尤？《后》上20·5

而指出：

据此言，均为合近五世而祀之。《吕氏春秋·有始览》引商书曰："五世之庙，可以观怪。"于此始得其证矣[71]。

已经意识到商代晚期的祭法与庙制的联系，是很正确而具卓识的。惜乎，他没有可能再深一步的推究，并与西周的礼制联系起来，而保留下《殷周制度论》中的一些失误。

总之，商代后期的祭祀，逐步减少祭祀对象，削减繁杂的祭名与祭牲种类、数量，确立祖先神的主导地位，祖先神中直系，直系中的近亲的主导地位，可以看见社会的发展，人们神权观念的次第淡化，祭祀活动的简化和形式化，为以后祭祀制度定下了雏形，这是一个发展规律。我们的研究也必须从运动的而非静止的方面来考察，以符合历史的真相。

西周的祭祀制度，就今所见，不如商代详细具体。但是，可以推知，大体亦经历商代的那种过程。在商周交替之际，《逸周书·世俘解》记载了武王于灭商后，举行一次告庙献俘的盛大典礼。其中，祭祀对象为：

告王天宗上帝，百神、水、土、社、稷。

王烈祖：自太王、太伯、王季、虞公、文王、邑考，以列升。

祭祀用牲为：

荐俘殷王士百人，矢恶臣百人，伐厥四十夫，断牛六，断羊二。用牛于天于稷五百有四，用小牲羊、犬、豕于百神水土于誓社。（羊、豕共二千七百有一）

这种情况和商代祭礼无异。传统的观点认为这里祭牲数字有夸大，但如果和商代祭牲用五百牢、千牛千人来比较，也可相信。虽说有当时的客观条件，是"慊殷人之慨""也就这么一次"（郭沫若语），然而也要估计到先周已有这种礼俗存在，如：祭祀对象是周人安排的，自然神也很广泛，祖先神也是直系、旁系咸在。说明西周的祭祀包括其他礼制，也并不是天生就是纯粹的、完备的，一蹴而就的。只是，它有商代后期正在或已经形成的制度可供借鉴，它发展、形成得较快，这是容易理解的。

入周之后，周人的祭祀就净化了：

惟太保先周公相宅，越若来三月……乙卯，周公朝至于洛……越三日丁巳，用牲于郊，牛二。越翌日戊午，乃社于新邑，牛一、羊一、豕一。　　　　　　　　　《尚书·召诰》

周公曰：王，肇称殷礼，祀于新邑。

乃命宁予以秬鬯二卣，曰：明禋，……则禋于文王、武王。

戊辰，王在新邑烝，祭，岁，文王：骍牛一，武王：骍牛一。……王宾、杀、禋咸格，王入大室裸。　　　　　　　　　　　　　　　　　　　　　　　　　《尚书·洛诰》

这是古籍旧记，金文中也如此：

乙亥，王又大丰，王凡三方，王祀于天室……衣祀于王，丕显考文王事熹上帝。

《天亡簋》

惟十月月吉癸未，明公朝至于成周，绾令……甲申，明公用牲于京宫；乙酉用牲于康宫，咸既。用牲于王。　　　　　　　　　　　　　　　　　　　　　　　　　　《令彝》

……入燎周庙……王各庙，祝征……用牲啻周王、[武]王、成王，……王裸，王呼[　]
[　]令盂以区入，凡区四品。　　　　　　　　　　　　　　　　　　　　　《小盂鼎》

惟五月……辰在丁卯，王啻，用牡于大室啻邵王。刺御。　　　　　　　《刺鼎》

王蔑友历，易（赐）牛三，友既拜稽首，升于厥文祖考……　　　　　　《友簋》

隹六月初吉丁巳，王在奠，蔑大历，易（赐）囟骍犅曰：用啻于乃考。　《大簋》

可见，此时从王室到贵族，常祭的祭祀对象只是祖、父；用牲二至三头，没记数字的，大概只有一头。祭牲的品种毛色则甚讲究，如牡、犅、骍，甲骨文中亦多卜牲的毛色品类，后世也重牡与骍，能看到其中源流。

由此可见，祭祀制度的发展形成，西周也和商代一样，亦是从繁到简，受祭者从远到近，祭牲从多到少，商代晚期与西周初期正是紧相衔接的。

（四）庙祧制度的由来与毁庙制

庙，是藏置祖先神主的场所，在商代甲骨文中作"宗"字，后来"宗庙"连称。宗庙是古代最神圣之地，是宗法存在的一个物质象征。

按照古代礼制，确定多少位受祭祖先，则有多少座藏置神主的宗庙，这自然与祭祀制度紧密相连，也与宗法制度结合在一起。祧，《说文解字》（新附）"祧，迁庙也。"《周礼·守祧》注："迁主所藏曰祧"，此其义；《礼记·祭法》注"祧之言超也，超上去意也。"此其声。祧是按祭祀制度被排除于常祭之外的藏主迁至合祭之始祖庙，所以称"迁主"，有"超"声即超出所受祭的范围而迁去。

关于庙制，古有七庙、五庙之说。

> 天子七庙，三昭三穆与太祖之庙而七；诸侯五庙，二昭二穆与太祖之庙而五；大夫三庙，一昭一穆与太祖之庙而三；士一庙。 　　　　　　　　　　　《礼记·王制》

> 当七庙、五庙无虚主，虚主者，蚩天子崩，诸侯薨与去其国、与祫祭于祖，为无主耳。 　　　　　　　　　　　　　　　　　　　　　　　　　　　　　《礼记·曾子问》

> 礼有以多为贵者，天子七庙，诸侯五庙，大夫三，士一。 　　　　《礼记·礼器》

　　　　　　　　　　　　　　　　　　　　　　（《谷梁传》僖公十五年说同）

> 是故王立七庙，一坛一墠，曰考庙，曰王考庙，曰皇考庙，曰显考庙，曰祖考庙，皆月祭之；远庙为祧，有二祧，享尝乃止。（下言诸侯五庙，大夫三，适士二，官师一庙等）

　　　　　　　　　　　　　　　　　　　　　　　　　　　　　　《礼记·祭法》

> 礼有三本，天地者生之本也，先祖者类之本也。……故王者天太祖（如以后稷配天），诸侯不敢坏（不祧其庙，如鲁周公），大夫士有常宗……

> 故有天下者事七世，有一国者事五世，有五乘之地者事三世，有三乘之地者事二世，持手而食者不得立宗庙。 　　　　　　　　　　　　　　　　　　　　《荀子·礼论》

天子七庙制之说，《王制》以太祖庙加三昭三穆，此较笼统。更多的解释是太祖（后稷）加受命而王的文王、武王不祧之庙，然后每代自高祖以下四庙[72]。言天子五庙者有：

> 王者禘其祖之所自出，以其祖配之，而立四庙。 　　　　　《礼记·丧服小记》

郑玄注为："高祖以下与始祖而五也。"

两制中七庙之说明显是套合等级制度，出于后世的礼数。近世，王国维摭拾周初祭四世祖先的遗迹，力主亲庙四加后稷和文武而三，为七庙之制[73]。不过如前所引他也主张商代为五庙制。现今学者主张五庙说的，亦以《吕氏春秋·谕大》篇引《商书》："五世之庙，可以观怪"证明五庙者[74]。

两种庙制的说法，都有所根据。追溯它们的起源，还是离不开宗法制度。两说的一个共同内容以四个亲庙为基础，是有根据的，分歧在于加庙，加太祖一庙还是再加受命二王庙。解释这个问题，必须考察形成庙制的历史过程。

我们认为，庙制与宗法制度是一非二。宗法制有亲尽离宗的一条原则，同时也就有祖远而离庙的原则，这是一个发展过程的两端。因为宗法血缘关系只允许保持高祖以下的五代，第五代以下的同高祖的从兄弟必须离宗，同时高祖上一代庙主必须迁主祧庙，这就是"祖迁于上，宗易于下"。清人许宗彦作"五庙二祧考"，力主庙、祧之制有别，严格结合宗法制度，"一祖四亲，服止五，庙亦止五。先王制礼有节，仁孝无穷。于亲尽之祖，限于礼，不得不毁，而又不忍遽毁，故五庙外建二祧。""故五庙礼之正，二祧仁之至。"并认为不管宗功祖德如何，文武既居二祧，照例当毁。因为"周人首重宗法，宗法自庙制而生……始祖一庙，百世不迁，即为百世不迁之宗；以下五世迭迁，即为五世而迁之宗。若文武不迁，则有三不迁之宗，而宗法乱矣。"（《鉴止水斋集》，《皇清经解》卷一五五）此论不是都有实据，但较合情理，近乎史实。此制当是周初以后确定的规矩，在这以前还不明确，不过，从晚商轻远祖重近亲的祭礼出现就已经奠立了这种雏形。从前面王国维解释"合近五世而祀之"的那条卜辞，祭的是五世祖先，从主祭者来称呼则达到其高祖以上一世，就不止四亲庙了。"祊祭"的（1）式也是如此。或许可以说这就是五庙制，如要加上始祖庙，又不成其为五庙，也不成其为七庙。商代当时的周祭制度却是从上甲开始，上甲既不是始祖，也不是开国之王即周人所谓受命而王者，商始祖应该是契或喾，也许可以以夒当之，夒的受祭，在远祖中是唯一的保持祀典到商末，可是他既没有入周祭，也非经常受祭，虽然存在着"夒宗"，还看不出它与四亲庙直接连起来的系统，这种情况，只能说明商代晚期的庙制处在将成未成之中。所以，确切的庙制是西周的东西。

西周在武王以前，祭祖制度也没有定型，从上引《世俘解》祭祀六位祖先还有旁系杂侧其间而可知。不过，在周初已形成太王、王季、文王的固定祀统，《诗》《书》所称"三后""三王"即是，武王死后无疑会加入其中，在成王时代（也正是创制的时候）就是太王——王季——文王——武王的四亲庙，再加始祖后稷，即是最早的五庙之制。（参见唐兰：《西周铜器断代中的康宫问题》，《考古学报》62:1）往后是否有变化，也难说定。像《逸周书·祭公解》云:"王曰:公称丕显之德,以予小子扬文、武大勋,弘成、康、昭考之烈。"是穆王时追念文王起的五位先人。已经排除太王、王季两世,又与四亲庙不合,但是,此非祭祀,不一定与庙制有关。而且,关于西周五庙或七庙之制,《礼书》所记不同,后代经师亦异说纷纭,有以为始祖庙一与亲庙四的五庙为常制,又因文王、武王功德为二祧则为七庙;有以为天子本有七庙与诸侯五庙分出礼之等差,根据是上引《礼记·曾子问》"当七庙无虚主"和《荀子》的"有天下者事七世",文王、武王应在七世之外,亦为不毁之庙,实际上就是九庙了。文武另立"世室"。也有以为天子七庙中的三昭三穆,一昭一穆为二祧,二昭二穆为四亲庙,在成王时则诸盩,亚圉当二祧,大王至武王为四亲庙,二祧为先公,四庙为先王,古有祀先王亦祀先公之礼[75]。

这些礼说,虽无由定论,但五庙之制应是常制,这从宗法制度上说,难以动摇。不过上面七庙制的各种说法,若从宗法定型之前的实际来考察,也都有可能。商代晚期"祊祭"(1)式祭五世祖,则超出高祖一世,若加上始祖契,或上甲,加开国之祖成汤,则是七世或九世。在庙制未定之际,既可以七世、九世,也可以是六世、八世,但是以亲庙为基础,加祀始祖和有功德之祖,都在情理之中。

分封侯国,则以"别子为祖",下立四亲庙,是为五庙之制,比较好说。始祖之庙也有不同的情况,如卫祖康叔、晋祖唐叔等;但郑祖厉王,鲁立周公之庙,宋祖帝乙,齐可能祖太公,却是以别子之上世为祖。

至于毁庙制,还只见于史籍旧说,可能西周已是如此。甲骨文所记"宗"名甚多,从大乙以下的若干直系祖先都有宗庙,而且大多为第四、五期的卜辞所记,第五期还有"中丁宗""祖辛宗",看来直到商末并未形成毁庙之制,似乎庙制落后于祭祀制度的发展步骤。商代还有一些女祖妣、母的宗庙,第三期出现"宓"(閟),至五期更广泛,同时又出现"祊",宓与祊单独称呼,亦有连称为"宓祊",其中奥义,尚不清楚[76]。是否与后来的"祢"有关系,可供探讨。

商代又有旧宗、新宗之分,如三期讲"祖甲旧宗"(30328),一期有"新宗"(13547),宗分新、旧的意义难明,是否与庙制有关,值得注意。

附：商代宗庙宫室表

宗庙＼期别	一 期	二 期	三 期	四 期	五 期
大乙宗	唐宗《后》上 18.5			32360，34048，32868，《屯南》2707	
大丁宗				《屯南》3763	
大甲宗	《佚》115			《屯南》2707	
大戊宗				《屯南》3763	
大庚宗				《屯南》3763	
中丁宗					38223
祖乙宗			27218	33108，34050，34132，34148，《屯南》723，2707	
祖辛宗					38224，38225
祖丁宗			祖丁（嫀）宗 30323 30301		四祖丁宗：38226，38227，36082
小乙宗			小乙嫀宗 30334 《屯南》287		祖乙宗祊 35930
武丁宗		父丁宗 23265	祖丁宗：30330，30331，30340	34053，《屯南》3764	（祊）35818～35849 《甲》2401
祖甲宗			30328，40982 父甲家：30345		（祊）35818～35849 35914～35950
康丁宗				父丁宗 32230 32430，32700	35966，38229 35975～35978
武乙宗					36089～36094 《屯南》3564
文丁宗					36153～36160

上列均为直系祖先宗庙, 还有下面一些宗庙:

一　期	二　期	三　期	四　期	五　期
河宗《簠地》39		戠宗 30298		帝宗 38230
长宗 13545 13546		岳宗 30298	岳宗 34155	龙宗《续存》上 2242
丁宗 18803 40364	丁宗 26764 26765	亚宗 30295		癸宗 36176
庚宗 333, 334		右宗 30318～ 30322		西宗 36482
	羽宗 24951			北宗 38231

第三期有父己宗 (30302)、父庚宗 (30303), 其后, 近亲先人还有 "宓":

三 期	大乙宓 30459			
		祖丁宓 30348～ 30355	父庚宓 30330 30356	父甲宓 30357～ 30359
		二　宓 30360	妣辛宓《屯南》 2538	
四 期	父丁宓 32654 32716			
五 期	祖甲宓 35913	康祖丁宓 35985 41739	武乙宓 36044, 36101 36104, 41739	
	武祖乙宓 36103 36116 36123	文武宓 36164～ 36166	妣癸宓 36315, 36317	

各代还有一批"室"：

一 期	二 期	三 期	四 期	五 期
大室 40362	大室 23340 41184	大室 30371	室 34069	大室 38222
南室 557 13558	南室 24938～24941	司母大室 30370		
东室 13555 13556		祖丁室 30369		
司室 13559～13561		祖丁西室 30372		
血室 13562	血室 24942～24944 25950 25951	新室 31022		

说明：（1）号码为《合集》片号

（2）期别按《合集》分期

四　宗族的阶级性与政治作用

商周社会既是族落林立，又是进入文明的历史阶段，那自然，作为社会结构的基本单位族落组织就具有阶级属性和政治作用。具体地说，就是族组织本身已经充分地贫富分化和对立，统治政权与族组织紧密结合，利用这种自然生长的社会组织作为经济压榨的对象和政治统治的便利形式。青铜文化如此发达的商代，"郁郁乎文哉"的西周，都是建立在这种特色的社会基础之上的。

（一）阶级分化

文献记载和古文字资料，都在在体现着商和西周都有王侯贵族和一般平民以及奴隶等明显的阶级划分。这里，首先来认识族组织中的阶级分化。客观而具体地反映这种状况的，莫过于考古发掘的地下遗存，例如，地下的墓葬可以说是社会生活的再现。无数的资料反映：当时人们的观念以为，生时的社会地位及其生活状况都要带入冥阖之中，这就留给今天最好的研究对象。

在商代，作为一般社会状况的典型例子，莫过于殷墟西区族墓群，939 座墓葬，绝大部分都是小型长方形竖穴墓，葬式葬具彼此大同而小异，正是这种小异中看出不少的差别。发掘报告说："在有随葬品的墓中，随葬陶爵的有508座，随葬铜（铅）觚爵的有67座，两者共占墓葬总数的五分之三。"就是说，能具备礼器随葬的平民只占总体的60%，有一小半人家哪怕是陶制礼器也不能备置，而其中能备置青铜礼器的更少，只占总体的百分之七八。"出青铜或铅兵器的有166座，约占六分之一。""这些出有铜兵器的墓，散见于各墓区的各个小墓群中，这一现象可能说明在一个家族中，战士是由各个家族中的男子充当的。"古代享用礼器和充当战士（其实应是甲士），都是一定身份的标志，这里说明在商代后期，这种身份的人分别占总体的60%和16%。若只从青铜器来看，所占比例更小。这应当是宗族中包括少数小贵族在内的平民上层所占的比重。

报告说："还有一些墓形小，无葬具，没有或极少随葬品（特别是没有礼器）的墓，这些墓的主人应属于平民下层，是较贫苦的族众。在政治上他们可能还有一定的人身自由，但是在经济上已赤贫如洗，他们随时都可能被沦入奴隶的队伍中。"与此形成对照的是："少数墓形较大，随葬品丰富，有整套铜礼器，有的还有殉葬人，其墓主人应属于小奴隶主。M 93、M 698~701等五座带墓道的墓，随葬有精制的铜器、车马器与玉石器，并有较多的殉葬人，这些墓主人的身份应属于贵族奴隶主。"[77]考古学者的分析和论断，是很正确的。

既是族墓葬，其中又有鲜明的贫富分化，阶级地位差别，岂非清楚体现商代当时的族组织的阶级属性？

试把整个墓区的墓葬，按墓室大小，礼器多寡及质料精粗，其他葬品的丰歉等内容，约可区别有四个阶层：中小贵族及平民上层约占10%弱，中层50%左右，下层30%强，赤贫为10%上下。这里出有子族的青铜器铭文，应该还是接近商王室的宗族的情况。其中各个墓区亦即各族之间，还有贫富的差别。

殷墟范围的其他墓区情况也相类似，如后冈一片族墓地，共有墓葬五十余座。已发掘36座墓，其间西组有五座带墓道并殉人的大墓，在一般墓中所占比例较大。整个墓地，其他均为长方形竖穴墓，形制都小，都有一定的随葬品[78]。既反映了族内的贫富差别悬殊，也反映了此处与其他墓区的情况不同，贵族比重较大。

在殷墟以外，河北藁城台西遗址，已清理的一百一十多座墓葬，其情形也与族墓相同。"大多数都是规模不大的，一个小竖穴坑，长不过二米，宽一米左右，一般有木棺、一至二件随葬品，有的墓没有，或只是简单的生产工具和生活用具等。"这里，时代较早，与殷墟地区的贫富分化的程度不一样。尽管如此，这里也有五座较大的墓，墓坑较深，长有三米，内有二层台，一般随葬成组的青铜器，殉一至二人和牲畜。另有六座墓殉人。两者占总墓数的10%[79]。

1953～1954年大司空村发掘商代晚期墓葬共166座，也都是长方形竖穴的小型墓，大小相差无几，但形制有所区分，或有或无腰坑与二层台的，有二层台者又出现有一面二面或三面之分，有壁龛的仅三座。随葬品也有差别，一般以陶器为主，也有外加一两件铜器、玉器，有的只有石器、骨器。较普遍随葬海贝，但也只在83座中出现。七墓葬品全无，三墓仅殉葬鸡、狗。在这里却也有五座殉人墓，一座较大的墓，随葬品也贵重而丰富[80]。

殷墟时期稍早的，同样存在这种状况。1958～1959年在殷墟发掘了137座墓葬，绝大部分为大司空二期，形制同上所述，其中棺椁俱全的三座，有棺的78座，有棺有席的四座，而只有席的三座，无葬具的21座。在102座有随葬品的墓中，以陶器为主，有青铜、玉、漆器的是少数。大体可见墓主中的贫富等差状况。不过和晚期墓葬区的状况相比，分化程度有所不同[81]。

西周的族墓葬，考古资料目前尚不及商代丰富、典型，但阶级分化的现象也大体相同，在其晚期更比商代严重。

前述西安张家坡遗址的第四地点，48座墓中，只有七座为"中小"型，余皆为小型墓。说明绝大多数是平民，却有少数墓主地位稍高，有的就是其宗族的显贵。在第一地点的70座墓葬，亦呈同样的贫富分化现象[82]。

在北京房山黄土坡的西周燕国墓地，两个地点的55座墓葬，包括不同的组群亦即同一宗族的不同分族，每一组群里墓制规模大多数相似，而在某一组群中却有一较大的墓，显得稍微突出一些，亦可能是族长或贵族之墓。

这是西周早中期的情况，其晚期，宗族的阶级分化就更加发展。前面引证过的河南浚县辛村的卫国墓地，大型、中型、中小、小型墓都有，其排列情况，是以几座大型墓为主体，而中、小型墓夹杂其间，当为大墓的从属或同宗。虽然这里是一片卫国的贵族墓地，但其内部等级差别和阶级分野，也是很明显的[83]。前举河南三门峡上村岭的虢国墓地，也是如此，在密集而排列有序的234座墓葬中，分北、中、南三组，每组也都是大多数的中小型墓，分别围绕着有若干鼎随葬的大型墓。这里也是贵族墓地，但贵族墓占极少比例，有铜器随葬的墓只占10％，绝大多数都是不富裕的平民。

商周族墓葬一个普遍现象是，在每一墓地或墓群中，总是有一或几个大型或较大型的墓，这应该就是宗族和分族中的贵族和族长，在商代就是族"尹"或"多生"，在西周称作"里君"或"百姓"，就是该族的统治者。"里"当为地区性质的，而当时又与族组织重合，故族与里相合一。

王陵除外，两代所见墓葬都可分为上述四种类型，相应地在商代就分别相当于侯伯子等大贵族、中小贵族、平民上层和称作"小民""小人"的一般平民；在西周，就分别相当于公侯、大夫、士和称为"民""小人"的平民。这些既是大致的等级也是阶级。其中，可以随葬铜器的有无，在中型与"中小"型墓之间，大体划分贵族与平民的界限，亦即统治与被统治之间的阶级分水岭。

西周和商代一样，"从族葬墓地的考古资料可以看出，不仅家族与家族之间有区别，甚至家族内部都有差异。"[84]

值得提出的是，这种族葬制到了东周就有了变化，如礼制的僭越、重财轻礼、墓葬分散与彼此扰乱等现象，就反映了宗法、等级制度的开始动摇并走向式微。

（二）分化的经济因素

族是一个经济单位，有"同宗共财"的成制。财产以土地为主，商周社会的土地所有制名义上是王有，或称为国有，具体说来可谓族有，其导源于父系氏族。商代王族共有的土地当是田庄性的籍田，其下的多子族也当大同小异，在"子组"卜辞里记录"子"的族内有农业的经营如"受禾"，同时有畜牧业（同注 [41] 林澐文）。西周通过分封，各级贵族有"禄田"，经营形式亦同于天子、诸侯的田庄性的籍田。商周社会一般的族有土地，连同原来共耕的公田，性质都起了变化，拥有田庄的大贵族由此获得剥削收入，早在盘庚时就可以"总于货宝""具乃贝玉"；一般族长等中小贵族，凭借为王事服务的机会，则有可能剥削族人的剩余劳动。

这种情况到西周始有明确的记载，《诗经·豳风·七月》讲："我稼既同，上入执宫功"，郑笺："同"为"聚"，就是把禾稼交纳到一处，因前文有"十月纳禾稼"，不像是收进个人小家庭仓囷，诗中所述，很多公共劳动都由农夫负担，《仪礼·丧服》子夏传云："异居而同财，有余则归之宗；不足则资之宗。""大宗者，尊之统也，大宗者，收族者也，"就是宗子统管族人乃至族内经济收支。《周礼·乡师》职文说："比共（供）吉凶二服，闾共供祭器，族共（供）丧器，党共（供）射器，州共（供）宾器，乡共（供）吉凶礼乐之器。"据此，可以推断这是前代财产共有的一种遗迹。后世贵族在族中有"室"有"孥"就是这样发展来的。《左传》僖公五年："宫之奇以其族行"，《国语·晋语（二）》则说："以其孥适西山"，一说族，一说孥，孥包括财产和生产者，说明族是一个经济实体。

族长和贵族掌握了经济命脉，很自然地就"开辟了奴役本族人的途径"。这样，他们生时占有财富，死后可以厚葬，这就是在每处族葬墓地中总是出现几座墓型较大、随葬品较多，甚至有殉人或有车马坑等等现象的来由。至于平民中的分化也可以理解，他们也由于同族长的血缘关系的远近，导致社会地位有别、经济收入分配有差。

族组织内既有阶级分化与对立，而外观上还要保持族的宗亲团结，不使完全崩坏，那就是上面引出的"收族"的办法，这一点，吕思勉先生作过一种分析：

> 惇宗所以收族，收族则一族之人，所以求口实也。大宗子皆有土之君，故能收恤其族人，族人实与宗子共恃封土以为生，故必翼戴其宗子，众建亲戚，以为屏蕃，一族之人，互相翼卫，以便把持也；讲信修睦，戒内讧也；兴灭继绝，同族不相弃也，美其名曰亲亲者天下之达道，语其实则一族之人肆于民上，朘民以自肥而已。[85]

就是说的这一方面的情况。其实"肆于民上"并非一族之人，而是族的上层人物。所谓收族的办法，也可能晚出。但是，这段话谈到了宗族的土地及经济制度和政治作用都是正确的。维护宗族的发展与控制族内部阶级分化，这是一种辩证的关系。

（三）统治的基础

族组织虽然名义上是地域或行政单位，商周的地域或行政单位名称是邑和里。而实际上族和邑、里是重合的，邑、里的实体是族，在商代一个邑可能就是包含一个族，或多至几个族，而为王事进行活动，大量的、频繁的还是以族的形式出现。就是说，族组织执行着国家一切师田行役的任务，族人肩承着这些沉重负担，族落实际上成为政权系统的基层单位，也是当时国家财税征敛、榨取的对象。

在甲骨文里，为王室服务的人物，除官名外，大部分都是以族名出现，这个族名既指这个族的代表人物，往往也指这个族。如卜辞云：

戊子卜，方贞：令犬延族垦田于盧？ 9479

[丙]戌卜，贞：令犬延田于京？ 4630

两辞比较，句式相同，事类相近，"犬延族"与"犬延"实是同义，都是讲的命令犬延族从事一种农作。依此，我们就可以看见众多的族受王室支配，为之生产、田猎、巡逻、打仗、贡纳等等劳役。这些族的活动很多，随处可见，充满龟册，这里找一位代表——武丁时期的毕族为例，见下列卜辞：

（A）癸卯卜，方贞：毕垦田于京？ 9473

贞：勿令毕垦田？ 9475

贞：勿令毕田于京？　　　　　　　　　　　　　　　　　　　　10919

毕坒田不来归？　二月　　　　　　　　　　　　　　　　　　10146～7

（B）癸巳卜：令毕省廪？　　　　　　　　　　　　　　（四期）33236～7

贞：毕亡其工？

（C）戊辰卜，争贞：毕罗？——庚寅卜，争贞：毕弗其罗？……四月　　10811～2

贞：毕弗其禽？　十二月　　　　　　　　　　　　　　　　10774～5

（D）戊申卜，殻贞：勿令毕伐邛方？　　　　　　　　　　　　6294～7

毕以众伐邛方？　　　　　　　　　　　　　　　　　　　26～28

毕追羌？　　　　　　　　　　　　　　　　　　　　　　492～4

乙卯卜，永，贞：毕弗其执子？　　二月　　　　　　　　　5834

（E）贞：毕以大？——毕弗其以大？　　　　　　　　　　　11018

毕见（献）百牛汎用自上示？　　　　　　　　　　　　102，106

甲戌卜，贞：……毕见（献）尸（夷）牛？十三月　　　　1520

毕以牛？　　　　　　　　　　　　　　　　　　　　　8955

贞：毕以又取？　　　　　　　　　　　　　　　　　　9021

曰：毕来，其以齿？　　　　　　　　　　　　　　　17303

癸酉，毕（入）廿（龟）。　　　　　　　　　　　　　10343

这个族至第四期还有类似的活动，在此不赘，只取其"省廪"一辞。上列十九辞，可分为五类：（A）参与农业生产，（B）巡逻和某种工事，（C）参与田猎，（D）受命征伐，（E）向王室贡献，包括奴隶（大，异族名大之俘奴）、牛、齿（象牙）、龟。当时国事的主要任务也尽在于此。族人出去服役，奴隶自然免不了，他们更不堪困苦，故毕族常常"丧众""丧众人"（56～60）逃亡了。比较典型的还有"雀""𤰇""朵"等族，也都存在同一现象，此点可作专项研究。而当时"邑"或"邑人"的活动，却不多见。这，并非是邑少，武丁时"作邑"也很频繁，一次提及"四十邑"，"邑人"也一定服劳役，只是这时都还称族名，把邑掩盖了。所以，族组织实质上是行政单位。这样无休无止的无偿劳役和征敛，都落到一般族人的平民头上，贵族及其亲近者可以豁免，转嫁并中饱，从而加速了族内的经济分化。

到西周，这类族的具体活动，不如卜辞记载之多，周人便讲"里"，成周东郊就有里，各贵族封邑下面有里，周人口中的"里君百姓"就相当于商代的族"尹"及其贵族，不过，具体活动还是以族相称,首先在师田行役方面,也是"以三族伐东国""以乃族从父征"。《禹鼎》铭文讲"公戎车百乘,斯驭二百、徒千",这个系列的武装,应是武公的族人组成。下至东周,记载更具体,所谓"中军公族""若敖氏之六卒""中军王族""知庄子以其族(军)反之""栾,范以其族夹公行"等等[86]。

在农业上,一是强制被征服的异族人劳动,一是以族人参与。《诗经·小雅·崧高》赋述宣王封申伯,一方面以当地土著的谢人"以作尔庸",同时迁徙申伯的"私人"在其新定的"土田"上服役,这种"私人"也当是申伯的族人[87]。

《诗经·豳风·七月》如果是豳地的一篇遗诗[88],那么,周人的族组织情景也与晚商同样发展到贫富分化的地步。诗中述说人事,以农夫为一方,"公"为一方。农夫终年农桑之劳,而岁暮无衣,瓜菜充饥,虫鼠同室,还要在"我稼既同"之后"上入执宫功";男子要参加军训和田猎,打的野兽要"献豜于公";女子要"为公子裳";待到岁时族内聚会,还要勉强支撑门面,宰羊抬酒,"跻彼公堂"去为族长、贵族祝福"万寿无疆"。这里,正是划分了族中贵族与平民的大分野,同时又的确表现一定的宗亲气氛,可以和当时族组织的发展状况对照。过去对此诗,不是美化为宗亲的和乐温馨好景(如朱熹:《诗集传》),就是定为奴隶与奴隶主的阶级对立状态,看来都失之偏颇。于此可以看到族组织担负统治者的劳役,在周代也同代一样。

不过,西周毕竟与商代不同,一是吸取了前朝的经验教训,提高了统治水平;一是接收了商朝的奴隶,有更多的榨取对象,本族上升为统治族,劳役可以转嫁,如营建成周依靠"庶殷丕作",王室耤田"庶人终于千亩"。分封邦国时,把统治族与被统治族分别畛域,形成后来的国、野制度。从而比较集中地研究和制定团结和管理统治族的理论和制度,共同加强对被统治族的征敛、榨取,巩固统治秩序。

(四)族权的强化与政治合一

商周的政权与宗族组织的紧密结合,两者可以说是二而一、一而二,这个历史特点是很清楚的。"宗庙社稷"就是国家的代名词,宗与家在这里同义,宗、家都在贵族的政治活动中广泛使用于称呼国家机构和上级。

下面,辑录常见于金文和《左传》(仅注年代)的资料:

称周朝为宗周(普遍)、王家	《望簋》《蔡簋》《康鼎》《毛公鼎》
诸侯国称宗国	哀公八,十五年
卿大夫寮署称家	《献簋》

称"立家"	桓公二年
称皇宗	《令簋》
称公宗	《小子生尊》
称宗室（普遍）	
贵族封邑称宗邑	庄公廿八年
王侯大宗长称宗子（普遍）	
贵族大宗长称宗主	哀公廿七年
称宗君	《召伯虎簋》
宗主夫人称宗妇	桓公六年
宗邑官吏称宗司	哀公廿四年
称宗职	成公三年
称宗人	襄公廿二、哀公廿四年
天子、诸侯之卿称宗卿	成公十四、襄公廿九年
卿大夫掌祭祀官称祝宗	成公十七、哀公十三年
掌宗族事务官称宗伯	《周礼》

商周王室与各级政权任官原则是"亲亲"，是典型的任人唯亲的政策。《尚书·盘庚》篇中多处提到商王祖先与贵族"乃祖乃父"的关系，明确讲"古我先王亦唯图旧人共政"，引迟任之言："人惟求旧"。所谓旧人，除了少数异姓重臣外，即指宗亲贵族，《周礼·冢宰》的八统首先是"亲亲"和"敬故"，直至春秋时代讲"昭旧族""友故旧"，近官、中官都由本族、同姓担任[89]。这样一来，宗族与政权结成一体，互相保证，休戚相连。这见之春秋时代，《左传》中这一套言论，比比皆是：

君其修德而固宗子。	僖公五年
宗邑无主，则民不威。	庄公廿八年
弃官则族无所庇。	文公十六年
保姓受氏，以守宗祊。	襄公廿四年
崔，宗邑也，必在宗主。	襄公廿七年
故能守其官职，保族宜家。	襄公卅一年
吉不能亢身，焉能亢宗？	昭公元年
公室将卑，其宗族枝叶先落，则公从之。	昭公三年

其一二父兄惧坠宗主。	昭公十九年
汝夫也必亡！女丧女宗室，于人何有？人亦于女何有？！	昭公六年
今夫子卑其大夫而贱其宗，是贱其身也。	昭公廿五年

宗族能保证其官职权力，反过来官位又能保护其宗族的强盛。

因此，可以说，商周国家就是族组织的扩大，或者说是宗族组织的国家化。

但是，这仅仅说到了这一历史现象的广泛事实，还没有追究它的根本原因。

因为，这种说法以为族组织扩大为国家政权，似乎是它的固有属性。其实最初，族组织只具有按血缘划分亲疏尊卑的性能。父家长制的产生，就是因为它本身包含的两个因素之一的"非自由人"的存在，即经济剥削的出现。这一点，极为重要，它是此后整个阶级社会的催发剂。对奴隶的剥削不得不影响到其他，宗族贵族也开始了对分为个体家庭的同族平民剩余劳动的占有。上面讨论到商代王室通过族长役使族人为王事服务的多种劳动，使我们充分认识到统治体制中这个重要环节。

由于族组织内部的阶级分化，由于族内"非自由人"的存在，族权的产生和强化也是不可避免的。为团结本族成员共同对付被征服族，为使本族平民长期为贵族服役而又不致于阶级分化到族组织崩溃的地步，都需要族权。

所谓族权，就是族长的权力。商王室的事务，绝大多数都是通过各族族长去督率族人完成的。作为最初的行政概念的"尹"，很早就与族长相结合，称作"族尹"，商王室有不少尹称为"多尹"，他们不一定就是朝廷常设的官员，很可能即族长们的合称，经常来"叶王事"，就这样称呼他们，族尹见于卜辞的有：

己未子，卜贞：申（贯）尹归？	21659
[丙]寅卜，大贞：惟叶（？）有保吏自右尹？十二月	23683
丁未卜，争贞：郭以右族尹吏有友？	5622
……[令]万尹徒？	20360
……以絴尹[ ]弗于河西？	34256
贞：……今日令朵尹？	32054
岂[以]朵尹[立于]敦？……王令子尹立[于]帛？	《屯南》341
辛巳卜，贞：王惟羽令以朵尹？	同上 3797

还有前面引述过的多辞"朵尹"。

可见商代族尹很多，有时只称其族名而不称"尹"的人物，可能也是族尹。武丁期卜辞中"多尹"数见。在第二期有"多君",与商王同参占卜,地位较高,说为朝臣[90],因此,就有后来对族长称"君",商周金文里称族长"子"为"君",见于《小子省卣》极为明白。周人称商代族尹为"里君",如:

越在内服:百僚庶尹……越百姓里君(居) 　　　　　　　　　　　　　　《尚书·酒诰》

及太史比(友)……及百官,里君(居)献民……命尔百姓里居君子,其周即命。

　　　　　　　　　　　　　　　　　　　　　　　　　　　　　　《逸周书·商誓》

西周金文周人自己所称的"里君",如:

王在宗周,令史颂苏法友里君百生,帅隅盩于成周。 　　　　　　　　《史颂簋》

王曰:虢!命女司成周里人眔诸侯大亚。 　　　　　　　　　　　　　《虢簋》

因西周不再以族而以"里"称行政基层单位,故也称"里尹":

……夫若无族矣,则前后家,东西家;无有,则里尹主之。(注云:《王度记》曰:百户为里,里一尹。疏云:或云殷制。) 　　　　　　　　　　　　　　《礼记·杂记》

"尹""君"都不是随意称呼的,说明族长、宗子的地位从来就很重要。如商朝的"伊尹",如"周公相王室以尹天下""皇天尹太保"等等。《召伯虎簋》的"对扬宗君其休"称大贵族用"宗君",都说明"尹""君"是宗族和政权中的尊长之称。

这些史料中,多半"里君"与"百生""百姓"相连,百姓起初就是宗族中的贵族,后来词义有所扩大,与今天的意义有别,因此,里君、百姓都是族中权威人物,在商代就是"多尹"与"多生",子族之长又称"子"和"多子",故"多子"也与百姓并列:

尔多子其人自敬,助天永休于我西土;尔百姓亦有安处在彼。 　《逸周书·商誓》

只是,这时"百姓"当是指没有具体职务的贵族。金文把宗子与百姓并称:

余其各(格)我宗子雫(与)百生。 　　　　　　　　　　　　　　《善鼎》

正因为宗子、族长贵族们在治理宗族、执行统治政策上起很大作用,最高统治集团竭力扶植这种族权人物,使其更好地起着政治作用。

商代王室就经常以飨、射之礼待遇他们,如卜辞往往占卜"寅多子飨""寅多子飨于宗""飨多子"(23543)"寅多生飨""寅多生射"等等活动,藉以巩固团结,以支撑统治者的政权。

族权的发生,在商代已有所表现。《盘庚》篇里,已经讲到对那些宗亲众"戚"不听告诫者,动用刑罚。武丁时期卜辞,有对"子某"等加以惩罚的迹象,如"途子𡥏""途子央",有释"途"字为屠戮之义,虽不可必,但从此字构形初义看似有可能。下面这类记录则很明白:

乙卯卜,永贞:毕弗其牵子? 　　　　　　　　　　　　　　　　　　　5834

癸丑卜，贞：执古子？	5906
贞：勿执黄子？	5909
执多子？	39841
贞：勿呼逆执瞽？	5951
丁酉卜：呼雀暲㞢，㞢？	5829

㞢、执均为拘执的动词，所拘执的对象均为"某子""子"，在当时都是子族之人。这些族的"子"或"多子"可能是各该族的子弟，有违犯法规者，则加之以惩罚。在周代，族规族法就很多，《礼记·文王世子》说："公族有罪，则磬于甸人。"春秋时代，贵族兵败被俘，回到本国还会被"戮于宗"。（《左传》成公三年）不少宗族被灭、被逐，固然是权利的斗争，但之所以能够施行，依然和传统形成的这一套法规有关。

上级宗族对下级宗族的箝制如此严厉，自然，宗子对母弟、庶弟和族人也有同样的支配权威。

> 适（嫡）子、庶子祇事宗子宗妇，虽贵富不敢以贵富入宗子之家；虽众车徒，舍于外以寡约入。子弟犹旧器，衣服裘衾车马必献其上，而后敢服用其次也。若非所献，则不敢入于宗子之门。不敢以贵富加于父兄宗族。若富，则具二牲，献其贤者于宗子，夫妇皆齐（斋）而宗敬焉，终事而后敢私祭。
> 　　　　　　　　　　　　　　　　　　　　　　　　　　　　《礼记·内则》

这段话，时代较晚，早期富贵与宗法地位同步，这时庶子们也能飞黄腾达起来。即使如此，也还要受宗法约束，严格区分宗子与支庶的界限。《曲礼》还规定："支子不祭，祭必告于宗子。"表示祭礼有等差，支庶不能擅自祭祖，否则就是僭越的行为。

这是消极的限制，而积极地加强宗道，则有一系列的伦理学说，且是大量的，此不赘述。

宗族贵族的权力地位，在其萌发阶段，古代世界都曾经历着的。古希腊在提秀斯的改革措施中，有一项就是把氏族领袖和他们的家族联合在一起，以及将各氏族中的富裕人士结合成一个单独的阶级，而这个阶级拥有居要职以管理社会的权利[91]。这种情况和商代很相似，说明历史发展规律的共同性。但是，也正在这个历史十字路口，彼此又走着不同的支径：提秀斯这样做，不过是为了反对当时氏族制度，后来这种旧制度由于"各阶级的冲突而被炸毁"，氏族贵族的地位也被逐渐由新的工商业奴隶主和平民阶层所取代。古代中国处于自己的特有历史条件下，没有采取从外部"炸毁"的形式，而是一种渐进式的蜕变，保留族组织并使之与政权相结合，充当政治工具，统治者还创制许多繁文缛节和伦理学说，竭力维护巩固宗族制度的延续，使之在整个文明时代发挥它的政治功能。这两种历史运动形式的不同，是明显的。但也必须承认都是阶级社会的现象，阶级统治的方式。尤其是宗族组织的顽固存在，却是中国数千年历史上的沉重负担，非常恶劣的历史惰性。后来，它以变相的、扩展的形式，盘踞于社会、朝市，成为政权横暴与腐败的根源。

（五）被统治族的存在及其地位

关于商周社会中被统治族的存在，其存在的形式，还是一个大课题，需要加以研究，这里，只着重从它们的族组织形态的角度来讨论。对于被统治族存在于商周社会，目前一般论者都是承认的；至于存在的形式，一般说作为整个被征服的民族，被原样保留下来，政治地位较低，这也是学界所首肯的。还有没有别的形式？有学者提出宗族奴隶，所谓宗族奴隶又是什么样的形态，也缺乏详明的阐述。

我们认为，商周社会既存在着被统治宗族，也存在着宗族奴隶，而且这两者有别，不能混为一谈，本节就分别探讨这两种形式。

1. 被统治族

所谓被统治族，也可以是被统治宗族，如果该族已达到发展程度的话。它是作为一个族氏或者可称为古代民族，被征服之后，得以完整地保留下来，其族的组织结构依旧不变，但降低了社会、政治地位。在早期奴隶制社会里，由于武力征服，这种被统治族，就具有奴隶制的性质。马克思曾说过：

……这就使得那被本部落所侵占所征服的其他部落丧失财产，而使那个部落本身变成本部落无机的再生产条件。……奴隶制在这里，既不破坏劳动条件，也不改变基本的社会关系。[92]

所谓"不改变基本的社会关系"，在中国就是允许被统治族保存其族组织结构；所谓"丧失财产""变成本部落无机的再生产条件"，在中国就是被统治族的土地，纳入征服者国有或称王有的土地所有制，而负担各种征敛和劳役。

商代征服活动频繁，被征服的部落、族氏应该不少，但确切记载此种情况者究竟不多，不过可从当时甲骨文记录着很多方国部落，向王室贡纳活动中，而推知它们的存在。商朝被周族灭亡，商原有的宗族沦为被统治族，这是有明确记载的，我们经常说到的《左传》定公四年论述周初分封情景的那段话，即是如此。文中不仅明确记载周朝"分鲁公以殷民六族""分康叔以殷民七族""分唐叔以怀姓九宗"；更记明保留殷民的宗族组织，"使帅其宗氏，辑其分族，将其类丑。"都原封不动；而且规定他们的义务，"以法则周公，用即命于周，是使之职事于鲁，以昭周公之明德。"就是经济上服役、政治上隶属于周统治者。在《尚书·多士》《多方》

等篇中,对西迁的商贵族更具体说:"宅尔邑,继尔居""宅尔宅,畋尔田",要求对周室奔走臣服。如,《酒诰》篇说:"又惟殷之迪诸臣惟工",要求殷人为周人服务。《召诰》篇则有令殷族为成周筑城的劳役。

上面是被移徙的一部分被统治族,还有被征服的土著居民,被降为被统治族之后,在原地为周人服役。《中方鼎》云:

王曰:中! 兹褊人入事,赐于武王作臣,今贶俾女褊土,作乃采。

就是把这整个地臣服的褊邑,转赐给贵族手中,做他们的采邑。《宜侯矢簋》也记述周康王分封虞侯于宜地,一项赏赐是"赐在宜王人〔 〕有七姓(里?)",还有前述《左传》分封鲁公时,其中说"因商奄之民",《诗经·崧高》记载周宣王封申伯时,"因是谢人。以作尔庸。"《韩奕》记载宣王封韩侯时,"因时(是)北蛮",为之筑城、耕籍,并"献其貔皮、赤豹、黄罴。"也都属于这一类。所谓"因"是就原有的被统治族为之服役,说"在宜王人〔 〕有七姓",就是宜人还保存族的组织。

所有这些被统治族,都要为周人贵族无偿地服各种劳役,身份地位低人一等是明显的,因此说他们具有奴隶制性质。但并非典型的奴隶制,它受当时社会占主导地位的奴隶制度的制约,所以又不只是封建制。

2. 宗族奴隶

这与上述性质有别,本身属于奴隶范畴。所谓宗族奴隶,一是属于统治族或宗族的奴隶;一是这种奴隶本身带有族氏或宗族组织的结构。

此类宗族奴隶在商周社会中确已存在。首先,我们看西周分给鲁国殷民六族,在宗氏、分族之下说"将其类丑",这"类丑"应该就是奴隶。"类丑"在古训中俱被解作"族类人众",杨伯峻先生注则直认为奴隶,这是正确的。因为《诗经》里用"丑"字很多,都具有贬义,如"执讯获丑""从其群丑""以谨丑厉""屈此群丑",这些"丑"都是被俘执的对象。《民劳》中的"以谨丑厉"和上句"无纵诡随"对应,又和其他四章同一句式的"以谨昏恢"的"昏恢"和"无良""罔极"等对应的,也都是贬义辞。最后言"戎丑攸行""言戎狄丑虏因而遁去"[93]。因此,这里"类丑"为族中集体的奴隶,是没有疑义的。

周人口中的"类丑",原在商代可能就是甲骨文中的"众"和"众人"。"众"和"众人"的一个特点是:集体行动,为王室和某些族所有;在进行许多武装活动时,要编理"王众";在其他场合,又占问一些族如毕、并、羽、枭等,是否"丧众"或"丧众人"。因此,可以认为他们是一种集体,并为王族和各宗族所属;从卜辞记录的具体活动和所受待遇,他们的身份较低。众、众人应是一种宗族奴隶。（详细论证见本书第陆篇）商王室还有一些集体的奴隶如"多臣""多羌""多马羌""多宁"，但他们属于国家所有，多见参与武装活动，罕见生产劳动，他们都带一个"多"字，亦当有族的结构。

在西周，这种宗族奴隶，也是存在的，而且还有所增加。在西周金文中，见到王室封赏诸侯、大臣时，经常赐予奴隶。这些奴隶，有的数量少，零星分散，不一定具有宗族奴隶性质；而有些大批的，则似有组织的人身，如《周公簋》载：

王令……曰：蕾井侯服，赐臣三品，州人、重（董）人、庸人。

这州人、董人、庸人就是三个族的，在被赐于邢侯时，还是依原来族组织不变。以此类推，《宜侯矢簋》中赐予虞侯的"宜庶人六百又 [ ] 六夫"，《大盂鼎》中赐人鬲六百五十九夫和另一批人鬲一千零五十夫，以及后来《麦尊》的赐"者讯臣二百家"和《师旬簋》的赐"夷讯三百人"，都是一批数字较大的人身，也很像是原来某一族氏的人沦为周人奴隶者。

这种情况，春秋时代有两件史实比较清楚，似可作为例证。一是《左传》鲁宣公十五年记载：晋灭赤狄，随之赏给荀林父"狄臣千室"；一是鲁襄公六年齐灭莱，赏给叔夷"莱宁三百五十家"（见《左传》与《叔夷镈》铭文）。这里是征服一个小国后，将其人民俘为奴隶，赏给贵族的。这里称"臣"称"宁"，说明已经变为奴隶身份，不像上面一类那样土著居民原封不动。又是成批地以"千室""三百五十家"为单位，要完全拆散其原来社会结构也是不可能或不必要的。

两周时代这种赏赐奴隶，都是赏给大贵族，似乎这些奴隶并非宗族共同占有。不过，我们已知这个时代宗族林立，这些贵族都是他们宗族中统治者，占主导地位，一方面使用奴隶耕作他们田庄上的土地；另一方面依照"同宗共财"的传统，经过一个世代，分宗时也要分配这些奴隶给各家族、家庭。所以，从本质上讲，也可以说这些奴隶还是宗族所占有。

古希腊的斯巴达的奴隶制，也是多利安人征服了土著居民黑劳士，使之全体沦为胜利者统治族的奴隶。黑劳士没有改变自己的社会关系，保留有自己的"市邑"，有"某种程度的自治权"。而斯巴达人也只是作为全体来共同占有黑劳士，享有他们的剩余劳动。黑劳士耕种斯巴达公民一份土地，按收成的一半交纳贡赋，依照份地面积数量，被规定每十人至十五人为一组（一说七人）进行劳动 [94]。此种情景，若按中国的话来说，可谓典型的宗族奴隶制。只因斯巴达社会发展程度较商周社会落后，多保持原始的氏族社会成分，故可称之为种族奴隶制。

宗族奴隶之存在，还有下列三条根据：

（1）古籍记载有所透露。

故天子建国,诸侯立家……庶人工商各有分亲,皆有等衰,是以民服事其上,而下无觊觎。

《左传》桓公二年

是故天子有公,诸侯有卿,……庶人、工、商、皁、隶、牧、圉,皆有亲昵,以相辅佐也。

《左传》襄公十四年

这两段话都是说的社会各等级都有宗亲或辅佐以为之助,自庶人以下为被统治等级,确切地说,都是西周时代的奴隶阶级。他们也有"分亲""亲昵",在当时社会来说,也就是宗族关系。

(2)在理论上说,古代社会由于战争与征服,存在着两种宗族是必然的,马克思曾说过:

部落本身分为高级和低级的氏族,这种差别,又由于胜利者与被征服部落底混合等等,而更加发展起来。(同注[92])

"胜利者与被征服部落底混合",而促使高级和低级"氏族"的差别更加发展,在古代中国就正是被统治族、宗族奴隶纳入统治族,发展为奴隶制社会的一个特征。

(3)在民族志上,也能够得到印证。我国凉山彝族社会,民主改革前的奴隶制度,就具有浓厚的血缘关系,那就是家支组织。奴隶主黑彝家支,固然完整存在,并且是政权的组织形式;而被统治阶级曲诺、奴隶阿加也有家支,曲诺家支称"曲伙",阿加到六代以上的称"瓦矣"者也有家支。曲伙家支从属于黑彝的"诺伙"家支,后者利用前者作为它的支柱,在曲伙家支中还有奴隶阿加甚至呷西的成员,部分曲伙主要由阿加组成。

彝族家支有一个值得注意的特点,和阶级关系相应,家支间也有彼此隶属关系,曲伙隶属于诺伙,还表现在家支称名形式上:曲伙名前冠以诺伙家支名字,组成阿侯家(诺伙)——克齐家(曲伙),勿雷家——布尔家。阿加也随其所属奴隶主的家支姓氏称自己的名字。有些曲伙的头人要由曲诺主子指派,并由此成为诺伙在曲伙中的代理人[95]。

这一特点,追溯其历史,也是民族间的征服造成的。据研究,黑彝前身是"乌蛮""鹿卢",他们征服这一地区的"白蛮",并不断俘虏其他民族主要是汉族成员,使之沦为奴隶,又称为白彝"贱族"。"曲诺家族最早来源可能是被征服的白蛮家族的后裔,后来显然加上一些由其他民族中被俘虏的锅庄娃子,通过阿加上升的成份。"[96]"黑彝对曲诺的占有,最初可能是采取集体占有的形式,即黑彝家支集体地占有曲诺家支。只是由于财产进一步分化,才转成个体家庭、分散地占有的形式。""黑彝往往有兄弟几人或近亲支系的几个家庭共同占有曲诺的情形……正因为最初可能是家支集体占有,曲诺人身是家支共有的财产,所以个别黑彝对曲诺的人身支配如屠杀、买卖等,不能不受到一定的限制。"[97]

彝族社会的这一情形，对研究商周社会很有启发。曲诺，这一阶级的性质还没有定论，或认作奴隶社会的隶属农民。但从上面分析来看，很像奴隶，至少其前身是奴隶。只是由于集体占有，阻碍了奴隶主个人对他们的人身残害，故表现为一种较为缓和的奴役形式。他们仍然为诺主子服役，被摊派，财权、亲权都不完整，严格禁止与黑彝通婚，等级地位始终划在其他两种奴隶一边。这些，都是奴隶阶级的特征。

如果此说成立，作为宗族奴隶，商代的"众人"、西周的"庶人"倒是都具有这种特点。最明显之点，众人与曲诺都不被轻易屠杀，然而有时被屠戮，他们都参加征战，又都以逃亡的形式作反抗斗争。他们之所以不容易定为奴隶身份，都因其臣服较久，被奴役的形式有所缓和，或处于蜕变过程中等因素有关。曲诺乃至阿加拥有家支，西周的庶人有"分亲"，则商代众人的宗族关系也是值得深入探究的。又如，黑彝家支会议有四级"蒙格"制度，约巴、川玉、子耳尼铁三种近亲家支会议只由其近亲男性成员参加，具有决定事务之权力；而全体的允许曲诺成员等参加的，带有群众性的大会"阿约蒙格"，却只是把既定的事务如家支械斗之类，进行宣布和动员。因为这时需要被统治阶级支持和行动，于是曲诺成员可以成为士兵，阿加、呷西等作后勤工作[98]。这一点，很有助于我们看清《尚书·盘庚》中所记载的盘庚召集人们，其中即有"众人"，动员"迁殷"，这种所谓"人民大会"的实质。

统治者所以允许奴隶的族组织或家支的存在，一是因为当时族落普遍存在，是社会常见的一般事物，统治者也无可干预；一是因此也对统治者有利，可以利用这种组织，安排农事、武装活动，设置督率的头目，如商的"小众人臣"，西周的"庶人"官（见《裘卫盉》）和彝族的头人。在古代出现一种十进制的族组织，[99]即与此有一定的联系。商代有"登众百"的卜辞，周代的田庄耕作是"千耦其耘""十千维耦"，而征战更需要有固定的人员编制。被统治者原有的族组织，正可用作现成的基础。前面提到斯巴达的黑劳士以十至十五人编为一组，自然也是以族组织为基础的，当然，对统治者来说往往也事与愿违，"众人"和曲诺就是利用自己的族组织进行逃亡、反抗，曲诺的武装斗争有几次长达三年、八年之久。

综上所述，商周时代的社会结构的成分，占主导地位的无疑是宗族组织。

但是，以宗族组织占主导地位的社会，是否能造成发展的奴隶制社会？详细回答这个问题，本书以下各篇，将以史实作出肯定的论证。这里，仅从理论上加以简要的说明。

传统的观念认为，血缘组织的存在，总是历史前进的重负，社会经济文化发展迟缓，不可能出现发达的奴隶社会，成为古代东方的根本特征。因此，充分认识族氏结构存在，必然是原始的或早期阶段的奴隶社会，或者把国家形成的时间尽量推迟；而主张商周社会是发达的奴隶制，或说西周已是封建社会者，有人就对族落组织的存在比较忽视或加以回避。总之，是把宗族组织与社会发展对立起来。

固然，族组织结构的存在，有它的局限性，对社会有一定的制约作用，如聚族而居，自给自足的生产单位，私有制不发达，手工业、商品经济难以发展，政权结构、意识形态长期的稳固、凝滞，也限制了人们的创造性和活力。但是，这只是一个方面，必须看到它的另一面，必须研究具体历史环境。古代中国基于文化地理的实际环境，从来是以农立国，即使不存在这种社会结构，也不可能像地中海地区工商业那样的发展。而且，整个古代世界，地中海地区是一个局部，并且其发展的历史时期很晚，相当于中国的春秋战国时代。而相当于商周时代，世界各国包括地中海地区都处于大致相同的发展阶段，社会结构也大致相似。但是，应该承认，它们都程度不同地发展为奴隶制王朝王国。

马克思主义认为："劳动愈不发展，劳动产品的数量，从而社会的财富愈受限制，社会制度就愈在较大程度上受血族关系的支配。"这里是说，血族关系对社会制度的支配，是物质生产不发展的结果，并非是前提。他接着指出：

然而，在以血族关系为基础的这种社会结构中，劳动生产率日益发展起来；与此同时，私有制和交换，财产差别，使用他人劳动力的可能性，从而阶级对立的基础等等新的社会成分，也日益发展起来；这些新的社会成分在几世代中竭力使旧的社会制度适应新的条件，直到两者的不兼容性最后导致一个彻底的变革为止。[100]

这里是说，社会生产总是主动地往前发展，从而新的社会成分日益发展起来，并且使旧的社会制度适应新的条件。所谓旧的社会制度就是前述的受血族关系支配的制度，而这种制度也能适应新的社会条件，这就接近于商周社会情况。

所不同的是，一般发展趋势是旧的社会制度和新的社会成分，最后有一个"彻底的变革"，而中国的特点却是前者能不断地适应后者，直至阶级、国家完全形成之后，在相当长时期内，被改造为国家政权可资利用的工具。而且这种社会结构本身渗入阶级分化和对立，成为文明社会发展的一个基础。事实上，商周社会按照历史的一般规律，发展了阶级对立和社会分工，社会财富的不断积累，庞大的上层建筑和成体系的意识形态，精湛的青铜文化及其科学技术，造就了文采斐然的古代文明。

由此可见，对宗族组织这种社会结构，要辩证地来看，要作深入细致的分析研究。

注释：

[1]《史记·殷本纪》(《索隐》)。

[2]《逸周书·商誓》。

[3]《逸周书·度邑》。

[4]《论西周是封建制——兼论殷代社会性质》，《历史研究》1957：5。

[5]《左传》定公四年。

[6]《左传》昭公廿八年。

[7]《荀子·儒效》。

[8]《左传》僖公廿四年。

[9]《左传》僖公五年。

[10]《国语·晋语四》。

[11]《史记·周本纪》。

[12]春秋时期，齐国贵族庆封在斗争中失败，辗转逃到南方的吴国朱方，仍然是"聚其族而居焉"。见《左传》襄公廿八年。

[13]河南文物工作队：《郑州商代遗址的发掘》，《考古学报》1957：1。

[14]河南文物工作队：《郑州上街商代遗址的发掘》，《考古》1960：6。

[15]中国社会科学院考古所河南1队、商丘地区文管会：《河南拓城孟庄商代遗址》，《考古学报》1982:1。

[16]河北博物馆、文管处：《河北藁城台西村商代遗址1973年的重要发现》，《文物》1974：8。

[17]《1958~59年殷墟发掘简报》，《考古》1961：2。

[18]中国社会科学院考古所山东队：《山东平阴朱家桥殷代遗址》，《考古》1961：2。

[19]中国社会科学院考古研究所：《新中国的考古发现与研究》，1984年，文物出版社，第253~254页。

[20]参见北京大学历史系考古教研室商周组：《商周考古》，1979年，文物出版社，第187~188页。

[21]㈠同上书第162~164页；㈡中国社会科学院考古所湖北队：《湖北圻春毛家嘴西周木构建筑》，《考古》1962：1。

[22]此为《甲骨文合集》片号，以后所引只写片号，省略书名。其他著录则写其简称。
葬字原篆作甲骨文"疾"字外加方框，或训残骨的"歺"字外加方框。迄今无考释，应是"葬"字。甲骨文"死"字作人置于方框形，大致已可信，则此字亦可分析为"死"字加"刂"声，刂、葬同声、韵。亦有"死"字之外加"刂"声者。"自"字在此不当为"师"字，乃用其本义，即《说文》训为小阜之意，说见李孝定：《甲骨文字集释》第十四卷第4120~4121页。

[23]《逸周书·大聚解》。

[24]《逸周书·武纪解》。

[25]事见《尚书·亳姑》序，《尚书大传》及《史记·鲁周公世家》。

[26]《礼记·檀弓》。

[27] 参见李玄伯:《中国古代社会新研》,1937年,开明书店,第四章第38~40页；

李亚农:《李亚农史论集》,1979年,上海人民,第237~251页。

[28]《商周考古》第192页。

[29] 同上第194页。

[30] 洛阳文物队:《洛阳西周考古概述》,《西周史研究》(论文集) 1984。

[31] 见前[16]。

[32] 见马得志、周永珍、张云鹏:《一九五三年安阳大司空村发掘报告》,《考古学报》第九册。

[33] 见河南文物工作队:《一九五八年春安阳大司空村殷代墓葬发掘简报》,《考古通讯》1958:10。

[34] 参考《商周考古》第94~96页。

[35] 考古所安阳队:《1969~1977年殷墟西区墓葬发掘报告》,《考古学报》1979:1,第113~117页。

[36] 杨伯峻:《春秋左传注》,1981年,中华书局,第1536页。

[37] 参见《商周考古》第189~190页。

[38] 同上第190~192页。

[39]《凤翔南指挥西村周墓的发掘》,《考古与文物》1982:4。

[40] 裘锡圭:《关于商代的宗族组织与贵族和平民两个阶级的初步研究》,(载《文史》第十七期,1982) 先已揭示,并认为卜辞"多子"不少是指商族的很多族长。

[41] 林沄:《从武丁时代的几种"子卜辞"试论商代家族形态》,(《古文字研究》第一辑) 最先论证"子"的这种含义。刘昭瑞:《关于甲骨文中子称和族的几个问题》《中国史研究》1987:2 更广泛讨论了"子"称的形式和身份,扩大了"多子"的内涵,对王族和多子族的构成作了某些新的解释。可说大同而小异。

[42] 括号中号码为《甲骨文合集》的片号,与文中引卜辞后面所记的片号相同。

[43] 胡厚宣:《卜辞中所见的殷代农业》载《甲骨学商史论丛初集》;丁山:《甲骨文所见商代氏族制度》及《商周史料考证》。

[44] 曹定云:《亚弜、亚启考》,载《甲骨文与殷商史》(杂志) 1983。

[45] 同上注[41]林沄文。

[46] △△号表示有对贞的第二辞。

[47] 见注[40],为裘文观点;[41]二为刘文观点。

[48] 参见李曦:《周代伯仲排行称谓的宗法意义》,《陕西师大学报》1986:1;注[40]裘文。

[49] 见下"官制"篇。

[50] 参见陈梦家:《西周铜器断代·大保簋》。

[51] 见《左传》昭公三年,晋叔向云:"胯之宗十一族"。

[52] 见周法高主编:《金文诂林》卷三上,1974年,香港中文出版社,第1224~1225页。又见《左传》文公七年、昭公三年,人们以宗教比喻枝叶。

[53]《国语·周语(中)》,《左传》僖公廿五年。

[54]《左传》昭公九年。

[55]《尚书·无逸》郑玄注,《史记·鲁世家》集解引马融说。

[56] 参看陈梦家:《殷墟卜辞综述》第 458 页表。

[57] 参阅郭沫若:《青铜时代·先秦天道观之进展》;胡厚宣:《殷卜辞中的上帝和王帝》,《历史研究》1959:9、10。

[58] 参阅胡厚宣:《殷代婚姻家族宗法生育制度考》,《甲骨学商史论丛初集》;郭沫若:《十批判书·古代研究的自我批判》;李学勤:《论殷代亲族制度》,《文史哲》1957:11;裘锡圭文见注(40)。

[59] 见《吕氏春秋·当务篇》,《殷本纪》略同。

[60] 参见[40]。

[61]《国语·周语(下)》。

[62] 王国维:《殷卜辞中所见先公先王续考》,《观堂集林》第二册。

[63] 郭沫若:《卜辞通纂》第 37、362 片释文。

[64] 张政烺:《它示——论卜辞中没有蚕示》,《古文字研究》第一辑,1979 年。

[65] 见杨升南:《从殷墟卜辞中的示、宗说到商代的宗法制度》,《中国史研究》1985:3。

[66] 见注[58]胡厚宣文。

[67] 拙作:《晚商中期的历史地位》,载《中国史研究》1983:3,1982 年美国夏威夷东西方文化中心召开的商文化国际学术讨论会论文。

[68] 见胡厚宣:《中国奴隶社会的人殉和人祭》(下篇),《文物》1974:8。

[69] 祊,原篆为囗,有误为丁字,应为祊,宗庙之义,从杨树达《积微居甲文说》。

[70] 此种形式的卜辞均见《甲骨文合集》第十二册有关部分,此不具列。下面几例,亦同。参见常玉芝:《说文武帝》,《古文字研究》第四辑;《祊祭的卜辞再辨析》,《甲骨文与殷商史》第二辑。

[71]《殷礼征文》,《王国维遗书》第九册。

[72] 见《公羊传》宣公六年何休注;《王制》郑玄注;《汉书·韦玄成传》。

[73]《殷周制度论》,《观堂集林》卷十。

[74] 杨宽:《古史新探》,1965 年,中华书局,第 170 页。

[75] 详见孙诒让:《周礼正义》卷三十二。

[76] 于省吾:《甲骨文字释林·释宓》以宓(宓、閟)为祀神之室,取神宫幽邃、安宁之义,未言及宗庙;《閟宫》郑笺谓閟为姜嫄庙。

[77]《1969~1976 年殷墟西区墓葬发掘报告》,《考古学报》1977:1,第 117~118 页。

[78] 参见《1971 年后冈发掘简报》,《考古》1972:3。

[79] 参见《藁城台西商代遗址》,1977 年,文物出版社,第 14 页。

[80] 参见《一九五三年安阳大司空村发掘报告》,《考古学报》1955,第九册。

[81] 参见《1958~59 殷墟发掘简报》,《考古》1961:2,第 69~70 页。

[82]《商周考古》第 190~192 页。

[83] 同上第 194 页。

[84] 张永康:《略论周代的族葬制度》,载《先秦史论文集》。

[85]《先秦史》第十一章第二节第 282 页。

[86] 顺次见《左传》僖公廿八年,宣公十二年、成公十六年。

[87] 参见田昌五:《古代社会形态研究》,1980 年,天津人民出版社,第 228 页。

[88] 参见吴闿生:《诗义会通》。

[89]《国语·晋语㈣》。

[90] 李学勤:《释多君、多子》,《甲骨文与殷商史》。

[91] 摩尔根:《古代社会》第二编第十章第 291 页,1957 年,三联书店。

[92] 见《资本主义以前所有制形态》。

[93] 于省吾:《泽螺居诗经新证》第 60～66、144～145 页。

[94] 参阅顾准:《希腊城邦制度》1982 年,中国社科出版社,第 80～82 页。

[95] 周自强:《凉山彝族奴隶制研究》第一章、三章,1983 年,人民出版社。

[96]《凉山彝族社会性质讨论集》第 44～76 页胡庆钧文;又:《论凉山彝族的奴隶制度》,载《教学与研究》1956:8、9。

[97] 刘炎:《关于解放前凉山彝族社会性质的几个问题》,《文史哲》1962:4。

[98] 张向千:《西康省大凉山彝族的社会经济制度》,《教学与研究》1954:3。

[99] 参阅张政烺:《古代中国十进制的氏族组织》,《历史教学》1951:12。

[100]《马克思恩格斯选集》第四卷第 2 页。

贰　商周政权结构

本篇所论，包括统治网络和政权性质两个方面。统治网络分为经、纬两条线索，经是指王朝到封国直至地方基层的行政系统；纬是指王畿到封国直至方国部落的政区层次，其中论及政权的"服"制。商周两朝政权性质在于说明其宗法、专制、统一性。

这里，主要使用甲骨金文等原始史料，作出客观的解释，以有机系联的方法进行论证。审慎选用古文献材料，力排后世踵益的文字，尤其是避免用后来宗族制和统一王朝瓦解时的现象来论证商周史实。因此，笔者认为，所谓"部落联盟""方国联盟"或"城邦国家"等等概念，都不能反映商周政权的实质。

一　商周王朝的权能

（一）统一性

商和西周在开国之前，分别是夏和商王朝的一个方国，也分别隶属于夏、商王朝统辖之下，已经越过了部落联盟的阶段。当时，商汤要向夏朝纳贡；夏桀对付起而反叛的成汤，可以兴九夷之师征讨。商朝对于周人，也是宗主国之关系，至少从武丁时代起的史料表明，周要向商朝纳贡，有时受到王师的"扑伐"。到文丁时代，周季历征伐西土方国，须向商王室告捷，受到商王文丁的封赏；最后势力扩大，又遭受文丁的杀戮。文王继为西伯，仍为商朝尽职，直至商末，周方伯还得接受商王的册命，并且莅临其宗庙助祭[1]。他们取代前朝，都是经过武力和外交方式，征服和争取了很多方国部落，所谓"十一征而无敌于天下"，所谓"三分天下有其二"，已经有了统一天下的前奏。到了"汤放桀而复亳，三千诸侯大会"，（《逸周书·殷祝》）武王伐纣，八百诸侯会于盟津，"汤有钧台之享，武有丰宫之朝"的时候，就拉开了君临天下的统一王朝的序幕。

《诗经·小雅·北山》云："溥天之下，莫非王土；率土之滨，莫非王臣。"在《吕氏春秋·慎人》篇引诗时说是"舜自为诗",虽不一定可靠,但其传诵,决非一日。《诗经·商颂》中反复颂扬成汤时"正域彼四方""奄有九有",这可以春秋时金文"虩虩成唐,有严在帝所,咸有九州,处禹之堵"相印证。至于"昔有成汤,自彼氐羌,莫敢不来享,莫敢不来王",则可以下列卜辞印证:

癸卯卜,方贞:井方来于唐宗麀? 《后》上 18.5

己未卜,殼贞:缶其来见王?——缶不其来见王? 1027

乙未卜,贞:召来于大乙延?

乙未卜,贞:召方来于父丁延?

己亥卜,贞:竹来以召方于大乙燕(延)? 《屯南》1116

召方来即事于犬延? 同上 1009

龙来以衍方? 33189

卢伯澯其延呼飨? 28095

这就是方国来王、来飨的实录。甲骨文中记载各侯、伯、方国受王朝调遣从事武装征伐,向王朝贡纳,随处可见(详后),这些又可与《商颂》中的"受小球大球""受小共大共"[2]"天命多辟……岁事来辟(王)"的记载相合。

西周王朝更是自命为受天命而来统治天下四方的,金文、古籍都一致地连篇累简地记载着:

我其遹省先王受民受疆土。……丕显文王受天有大命,才武王嗣文作邦,匍有四方,畯正厥民。 《大盂鼎》

万年保我万邦。 《盠方尊》

万年保我万宗。 《盠驹尊》

默其万年,畯保四国。 《默钟》

惟武王既克大邑商,则延告于天,曰:余其宅兹中国,自之辥民。 《何尊》

丕显文武,雁受大命,匍有四方。 《师克盨》

諫辥王家,惠于万民,柔远能迩,肆克[　]于皇天,琐于上下。 《大克鼎》

(文王)匍有上下,合受万邦;(武王)遹正四方,达殷畯民。……方蛮无不翩见。

《墙盘》

皇天弘厌厥德,配我有周,雁受大命率怀不延方。 《毛公鼎》

皇天既付中国民越厥疆土于先王。 《尚书·梓材》

王来绍上帝，自服于土中……其作大邑，其自配皇天毖祀于上下，其自时中乂……治民今休。 　　　　　　　　　　　　　　　　　　　　　　　　　　　　《尚书·召诰》

汝其敬识百辟享。

以予小子扬文武烈，奉答天命，和恒四方民……惟公德明光于上下，勤施于四方……乱（嗣）为四方新辟……其自时中乂，万邦咸休。 　　　　　　　　　　　　　　（同上）

予大降尔四国民命，我乃明致天罚，移尔遐逖，比事臣我宗多逊。 　　　　《无逸》

告尔四国多方惟尔殷侯尹民，我惟大降尔命。

天惟式教我用休，简畀殷命，尹尔多方。 　　　　　　　　　　　　　　　《多方》

其克诘尔（成王）戎兵，以陟禹之迹，方行天下，至于海表，罔有不服，以觐文王之耿光，以扬武王之大烈。 　　　　　　　　　　　　　　　　　　　　　　　《立政》

皇天用训厥道，付畀四方民，乃命建侯树屏…… 　　　　　　　　　《康王之诰》

所有这些言论，无例外地表明周王朝是上承天命，下治四国、多方、万邦、万民的。这并非说说而已，事实上，王朝一方面强制各方国部落来朝和贡纳，"昔武王克商，通道于九夷八蛮，使各以其方贿来贡，使无忘职业。于是肃慎氏贡楛矢、石砮。"有"西旅献獒""巢伯来朝"等等[3]。《默钟》云："服兹乃遣间来逆邵王，南夷、东夷具见廿又六邦"。而对于既定为"帛贿臣"的淮夷，不从王命，则"即刑扑伐"。（《兮甲盘》《师寰簋》）另一方面，王朝对封国、方国又有保护的责任，这就是：对抗命的方国有征讨的权力，后来形成了朝聘觐见的制度。这些事实都说明王朝和所有封国、方国部落都是一种宗主和隶属的关系，而不是联盟的关系，因此，商、周王朝是统一的王朝。

（二）专制性

所谓专制性，是指王朝处于至尊的地位，在权力所及的地方都施行它的统治。就所见的史料，具体表现主要为：

一是商王、周王自命为上帝之下的"天下"第一人，那就是从甲骨文、金文到古籍，大量地记录着商、周几乎历代的王都称"余一人"，确是表明王是拥有最高权力，对一切人与事包括各封国、方国部落及其首领都有裁断的权力[4]，这不仅仅是一个称呼问题，而是在各方面表现与众不同，王者住的宫室，定居的都城，死葬的坟墓，都要比所有国君、大贵族高一等，于今考古发掘的商王陵和商城、宫殿、地下实物可证。到周代，用鼎的等级制也得到考古上的证实。其他器用、车马、服饰等项，古籍记载也是天子独尊。在这种情况下，天子不会允许一个与他平等的人。

二是严刑峻罚，这不仅对王的臣民，而对各国的首领照样动用刑戮。《尚书·盘庚》篇，盘庚对被训告的人众就可以"用罪伐厥死""劓殄灭之无遗育"，其中当包括对待"邦伯师长"等人。甲骨文记录商王征伐方国是家常便饭，还往往俘虏其首领杀以祭祀，在其头骨上刻辞纪事。《尚书·牧誓》中，武王向"友邦冢君"及以下的将士动员战斗，说道："尔所弗勖，其于尔躬有戮！"《小盂鼎》记录伐鬼方告捷时斩杀敌酋。周夷王烹杀齐哀侯的事件，都是很典型的。后来《周礼·夏官》中大司马有"九伐"之法。还有对不来朝者贬爵、削地、征讨，对"不庭方""不庭侯"要射杀等等，虽然是后世编就的，然而是有商周史实作根据的。至于对征服后而就范的方国，仍是威刑相加无已，请看《尚书·多方》一篇，充满杀伐之气。

古代社会有一种意识，王朝的征伐等于对罪人的行刑，制刑的目的在于对付异族方国，所谓"刑以威四夷""伐叛，刑也""大刑用甲兵"，就是统一王朝的思想，它把臣服的所有国家，都视同臣民，对抗命的方国加以讨伐，如同对犯罪者判刑。所谓兵与刑是一回事[5]。因此，甲骨金文的征伐字为"正"，即"正"其行为使之合范。那时的频繁征伐，固然有掠夺、复仇的目的，但不能排除这种统治意识。《兮甲盘》说淮夷"敢不用命，则即刑扑伐"，就是把征伐与"刑"连在一起。

三是宗法统治，即把在宗族、同姓中的关系推广到政治上，推广到对一切臣民、对一切封国和方国部落的箝制。这就是"家天下"，如同"宗"称"家"，王朝本身也称"家"和"王家"。殷墟甲骨文除称祖先的"家"之外，已有"王家"之称（34192，《屯南》332），西周金文，除前引"万邦"又称"万宗"之外，有：

王呼史年册令望、死司毕王家。　　　　　　　　　　　　　　　　　　　　《望簋》

王若曰：蔡，昔先王既令女作宰、司王家。今余虫醽熹乃令，令女……死司王家内外。

　　　　　　　　　　　　　　　　　　　　　　　　　　　　　　　　　　《蔡簋》

王命（康）死司王家。　　　　　　　　　　　　　　　　　　　　　　　《康鼎》

克曰：穆穆朕文祖师华父……肆克恭保厥辟共王，谏辥王家，惠于万民，柔远能迩……

　　　　　　　　　　　　　　　　　　　　　　　　　　　　　　　　　　《大克鼎》

这些铭文中的"王家"多指王朝，《尚书》中亦多见"王家""我家"之词：

肆上帝将复我高祖之德，乱（嗣）越我家。　　　　　　　　　　　　　《盘庚》

曰：父师、少师，我其发出狂，吾家耄逊于荒。　　　　　　　　　　　《微子》

昔公勤劳王家。　　　　　　　　　　　　　　　　　　　　　　　　　《金縢》

兹亦惟天若元德, 永不忘在王家。	《酒诰》
惟我事不贰适, 惟尔王家我适。	《多士》
则亦有熊罴之士, 不二心之臣, 保乂王家。	《康王之诰》

这种思想意识不是随意创造的无源之水, 它来源于父家长制的权力, 只不过现在扩充到国家、天下而已。当然它要靠社会经济、国家政治的支持。

专制性的一个根本点, 就在于从父家长制发展到宗法制。从自然属性上, 人们只承认从始祖到世代子孙的直系为正统, 只承认一个宗子、宗主, 因而政治上只承认一个主脑。所以"王土""王臣"的观念产生是很自然的, 没有一个社会结构的变革, 这种东西是始终难以动摇的。马克思曾经看出古代部落的体制, 就存在两种不同的性质, 他说:

部落内部的团结一致, 还可以主要地这样表现出来, 即整个社会由一个部落家族底家长来代表, 或者由各个家长结成联盟。于是, 便发生了较为专制或较为民主的公社形态。[6]

商、周社会和政权体制, 很显然是从前一种部落形态发展来的。商、周的建国活动中, 正是一个家族的家长通过武力征诛取得天下, 建立一姓王朝, 不是各个家长结成联盟的政体。当然此处讲"较为专制"的, 我们正可以用来同后世中央集权的专制王朝作出程度上的区别。

二　商周政权系统

商周两朝的政权系统相同, 都可分为王朝——侯伯封国——一般族邑这么三级, 亦可称最高政权——中层政权——基层政权。大体上情况明白。

最高政权, 王朝的权能已见上述, 余下的王朝职官将见下篇, 于此不赘述; 中层政权, 除侯伯外, 商代还有"子"需要论证, 还要说明他们是此种性质而不是与王朝并列的政权, 要论述一些维护此种体系的制度; 至于基层政权的一般族邑, 在讨论宗族组织时已基本说明了它的性质、作用, 在此主要比较一下它与后来《周礼》中乡与遂两个行政系统名称的区别。为了论证中层政权, 需要把方国部落从中区分出来, 辨清"伯"与"方伯"的不同性质。

(一)最高政权——王朝

《尚书·酒诰》以周公旦的话说商朝是:

越在外服, 侯、甸、男、卫、邦伯; 越在内服, 百僚庶尹, 惟亚、惟服, 宗工; 越百姓、里君（居）。

说得很清楚，基本上符合商朝实际。只是外服中的"邦伯"，我们在理解时不应与侯伯"子"或侯甸男卫四服混为一谈，它应该是方国的"伯"，与侯、伯、子系列中的"伯"有所不同。这说的都是中层政权。"百姓、里君"，说的就是基层政权。

关于西周，《令彝》铭文里作了简括：

王令周公子明保，尹三事四方，受卿事寮。……明公朝至于成周徣令，舍三事令，眔卿事寮、眔诸尹、眔里君、眔百工；眔诸侯：侯甸男，舍四方令。

按理，这三事应该指王朝的职官，即相当于商朝的内服；这四方应该指侯甸男等诸侯，相当于商朝的外服。这样，在前后的铭文中都能对应，内容各有所指，所以应作这样的句读[7]。若按四方一词的概念，则应超出诸侯的范围，达到边裔方国部落，因此"四方令"是指包括诸侯在内的"四方"范围。

这两段记载都很典要，既提纲挈领地把两朝的政权结构说清楚了，又不谋而合地体现出两朝政权结构的共同性。同时说明了，无论商朝的内服、外服，也无论西周的三事、四方，都是在王朝的统制之下。"尹"者"治也"，"受卿事寮"的明保，就能"尹三事四方"，充分说明王朝政权体制的统一性。于此，周王朝与诸侯的关系，若说成"联盟"甚至"松散的联盟"，是有悖于史实的。

杨向奎先生亦曾指出："对于'三事''四方'下了两道命令，'三事'是对百僚臣工说，'四方'是对众诸侯说。'三事令'就是《尚书·立政》的本文，'四方令'就是《尚书·多方》的本文，故言'猷，告尔四国多方'！"[8]把这篇铭文同周初的史实联系起来考察，就更加明白。在《尚书》的其他一些篇章裹也记载了侯、甸、男、卫、采以及邦伯等，常在王朝出现，也说明他们和周王直接的臣属关系。

（二）中层政权——侯、伯等

这里，我们论述：（1）侯、伯、"子"的地方政权性质；（2）侯、伯与方国，伯与方伯的区别；（3）王朝对中层政权的政策措置。

1. 侯、伯等对王朝的隶属关系

商代的中层政权，文献记载是侯、甸、男、卫、伯五种，甲骨文里出现的有侯、伯、子、男、田、卫六种，还有牧，介于军事与政职之间。西周是侯、甸、男、采、卫，周初似不称伯，只在讲商代旧制时沿用"邦伯"，一般场合只称"邦君"，大概和周人原来就是"西伯"，以免再称诸侯为“伯”会发生混淆有关。当时朝廷官职有伯某、某伯之称，而和称“公”为同一类。

侯、甸、男、卫等，最初为王室的军事防卫和农牧垦殖等服务的不同职名，后来逐渐发展为诸侯[9]。在商代晚期大概已经开始了这种转变，西周分封时加以完成，把原来区分职责的名称转用为封国君长亦即地方首脑区别大小等级的称号。根据后世的五等爵说，在这个行列里，加入了公、伯、子，去了甸、采、卫，而成公、侯、伯、子、男。这是否是个定制，问题复杂，此处不作详论。不过可以看出，即使在西周，侯、伯、子和男、甸、卫确是作过封国君长的称号，而以前三者为多。至于采，只是封邑，不具备封国的规格。要之，这些诸侯从其实质职能和从王朝的立场来说，都相当于地方政权。

关于侯、伯：

商朝的侯、伯详情，主要见之于甲骨卜辞。迄今所见，两者分别为四十多名，经常活动的各约占半数。西周的诸侯，据传说是八百之数，显然包括方国、大小部落。据文献记载，西周分封的是七十来名，在春秋时代出现的包括所有边裔小国、部落共有一百三十多名。

这里，着重探讨侯、伯和子等对王朝的职责，从而确定他们的地位和性质：

（1）受王朝调遣从事征伐：

𠂤侯虎征鼓扑周（6816～6821）、伐髳方（6562～6564）。

侯告征尸（夷）（6460，6480，33039）。

侯专伐邳（6834）。

长侯伐羌（495）。

犬侯扑周（6812）。

侯奠取（夺）人三邑（7074）。

侯唐追羌。攸侯喜从征人方（36482～90）。

而伯龟伐某方（6480，39965）。

伯亶伐基（6571）、征犹（6938～6947）、追羌（490）。

伯㒳敦休（6846～7）服角（20530）。

伯吹𢦏蚰（7009～7010）。

昜伯从征（3381～6460）。

沚馘（伯馘）伐邛方。

敚伯从征（28094）。

可伯伐羌方、戠方、緿方等（27990）。

屮伯伐緿方（36340）。

多田与多伯伐盂方（36511～36513）。[10]

这些征伐都是在商王的命令下进行的。此外，还有在侯伯之地征集射手等武装，还有这些侯、伯、子的所在地来向王朝报告敌情的，均应属诸此类。

在西周，情况也并无大的差异。武王伐商就是方国诸侯如《牧誓》的"友邦冢君"一同起兵的。平定三监和东国的叛乱，也是号召"多邦""友邦君""尔庶邦君"的武装力量协助进行。（《尚书·大诰》）《明公簋》的"遣三族伐东国"时也已是命令"鲁侯"。后期征伐鄂侯和玁狁的武公，据说即是卫武公。伐玁狁的虢季子伯、伐淮夷的虢仲，都应是封国的君长，还有伐淮夷、戎胡的录伯佟。直至东周，周王征讨诸侯，还是调遣其他国家的武装协同作战。所谓"礼乐征伐自天子出""天子守在四夷……守在诸侯"，诸侯有捍卫王朝的义务，不尽义务者，将受到惩处，如《师旂鼎》铭："师旂众仆不从王征于方"则受罚三百古孚。不过，与商朝不同，西周的政治环境有所改善，较少直接面对异族的冲突；王朝军制完备，征战带兵毕竟以武将为多，依靠诸侯的军队出征相对减少。

（2）向王室贡纳：商朝的侯伯要向王室贡献奴隶、龟及牛马。

先侯一次来七羌祭祀大甲（《前》4.7.6）。并助王室获羌（207）。

龙侯之地"以羌"（272），并助王室"执羌"（506）。

侯告一次"以羌"三人致祭（401），并为王室捕获羌人（517）。

侯昔所辖之地"以羌刍"（94），亦"获羌"（182～185）。

周人也向王室贡献女奴"以嫀"（1086）、被命令在舞侯之地提取二十个"臣"（938），"取巫"（8115），"令周乞牛"（4884）。

攸侯入龟（9259）。

侯唐入龟四十（5776），在唐"取牛"（8808）、贡"刍"（145）。

侯叶入龟（9377）、来龟（20024）。

竹侯之地入龟（902）、"妊竹入石"（磬）（殷墟 M5）、"取竹刍"（108）。

𦨶伯贡牛（乙3328）。

薛（伯）地"以马"（8984）、来龟（8269）。

龙（伯）地"以羌""入龟"。

挚伯"以姝"（女）（1087～1089）。

（伯）馘"来白马"（9176）。

贡纳龟（甲）在经济上意义不大，只作王室占卜之用，但具有神圣的宗教意义，表示政治上隶属关系。

西周的贡纳，见于记载的，大致多为异族方国，如《爯伯簋》记眉敖献員，《师裒簋》《兮甲盘》和《善夫山鼎》等记淮夷、南夷固定的贡纳义务，《逸周书·王会解》更集中记载四境的方国部落朝贡盛况。但诸侯的贡纳活动较为少见，可能在制度上有所变化。据文献记载，他们还是有贡纳义务，春秋时人说："昔天子班贡，轻重以列，列尊贡重，古之制也。"《国语·周语》祭公谋父说："先王之制，……甸服者祭，侯服者祀，宾服者享，要服者贡，荒服者王。日祭、月祀、时享、岁贡、终王。先王之训也，……于是乎有刑不祭、伐不祀、征不享、让不贡、告不王。"《周礼·大行人》据此进一步整齐化。甸、侯、宾三服之内是诸侯封国范围，他们提供祭祀享宴的物品，也合于当时礼制，可与商代相比较。

（3）为王朝的师田行役尽职：王室经常举行狩猎，侯伯等要跟随或提供人员进行。商代见之于卜辞记录最为频繁，如：

戊寅卜：呼敔侯田？（10559）

呼龙田于宫。（8593，10558，10985）

田于施，（9911，10979）以施田。（22473）

周犬冤——周弗其冤。（110）

周禽？——周弗其禽？（14755）

贞：呼去伯于奄？贞：王往于田。（635）

挚以人田于纂？（1022）

这里，龙、施、挚都是侯、伯的国族名。此外，商王经常到侯伯之地巡行，也多半有关征伐和狩猎，"壬重狩亯"（10957）就很明显。商王"往""步""省"的地方有:斳（侯）（7911，7912）、攸（侯）（36822～36823）杞（24473）뀓侯（5709,8125）、舞侯（3317,5709）唐（8017）、长（7982）、微（36775～36777）等等。晚期在攸侯鄙（32982，36484）、畐侯舌次（36522）来回驻跸，显然与伐人方等活动有关。这种情况，清楚表明这些侯伯是王朝直辖地区，商王及其师旅到达或过境时，侯伯自然要提供生活住行方面的条件，还要协同师田活动。

西周沿用了这个陈规，从武王灭商时，正在对商所属小邦追亡逐北之际，就有"武王狩"，擒获大批猛兽猎物，其间定是联军君长陪同进行，也与征战任务并行不悖[11]。早在文王时就举行过"大蒐"，"密须之鼓与其大路，文所以大蒐也。"[12] 前述周初分封康叔，提到其封疆时说："取于有阎之土，以共王职；取于相土之东都，以会王之东蒐。"是卫国有会同周王到东方狩猎的义务。成王即有此活动，所谓"成有岐阳之蒐"。到春秋时代，霸主国也可以调遣盟国国君伴随田猎，如宋、郑的国君随同楚王田猎。大夫也要为之服务[13]。是故《周礼·夏官》大司马主四时之田，其中就讲到田猎时王和诸侯的旗、鼓制度；又讲到大射时，有诸侯合耦。显然是上述情况的制度化。

我们不能忽视古代这一活动的意义，王师出动，一可以针对敌国，炫耀武力，作火力侦察；二可以观察诸侯国的情势，对王朝效忠的程度，进一步巩固上下级的政治隶属关系。这实际上也是巡狩制度的雏形。

（4）其他各项义务：在商代统称为"叶王事"，西周则为徭役，当然都是侯伯征集他们的人民投入劳务。

商代甲骨卜辞，多见商王命令侯伯归来或随从作某种活动，如：

"多侯归"？（《屯南》3396）

贞：令侯商归？（《铁》260.1）

"叀犬呼从侯叙"（3353，5777）

呼侯龟（？）出自方？（8656）

贞：呼从虪侯？（697）

"侯毌（贯）来？"（3354）

癸亥贞：王令𠳋侯伐……（41499）

王曰：侯虎！……其合以乃史归？——

王曰：侯虎！毋（女）归御？（3297～3301）

呼侯安？——勿呼侯安？（3333）

"余从侯专"？（3346）

"令周往于𣃔"？（4883）

王呼……以侯奠来？（3351）

"伯冈其来"？（39904）

丁卯……贞：呼堋伯？（3396）

贞：戠以省伯𠂤？（3416）

[ ]辰贞：令犬侯以……叶王事？（32966）

丁丑卜，王贞：令竹祟万于骨，叶王事？（20333）

……以多子族从𝌆侯扑周，叶王事？（6817）

……令多子族从［ ］眔向𦥑，叶王事？（6813）

……［ ］从师𪔂［又］［ ］，叶王事？（946）

"长亡祸，叶王事？"（5448）

"叶王事"的竹、向、𪔂、长等都是侯、伯的所在地。这些呼、令侯伯及其"叶王事"中，既有征伐之事，也包括其他的徭役。

西周王朝征调诸侯的人众进行徭役，首先是作洛邑，如《尚书·召诰》说："周公乃朝用书，命庶殷侯、甸、男、邦伯，厥既命殷庶，庶殷丕作。"后来人们说："昔成王合诸侯于成周，以为东都，崇文德焉。"东周敬王在王子朝之乱后，入居王城，需要修筑城垣，由晋国传命各"诸侯之大夫，输王粟，具戍人"。当时宋人想逃避负担，受到晋国的呵责。于是诸侯国均为之服役，"勤戍五年"之久，晋人说："天子有命，敢不奉承。"参加者有十来个国家[14]。应该说这都是商周这一传统制度的延伸。

综上所列四项，侯、伯要为王朝从事征讨敌对方国部落，捍卫疆土；向王室贡纳财物实等于后世的赋税；向王室贡献奴隶和为之捕获奴隶；侍候王的狩猎活动，听从王朝的调遣往来奔走，等等，确是担当了地方政权的主要任务，后世的地方政权所尽职责也不过这些内容。

关于"子"，在此，我们再认识一下商代的"子"和西周分封子弟立族建侯的情况，是否也和侯伯相同。

在商代，甲骨文称"子"者目前所见在八十名之谱，绝大部分在武丁时期，包括"子某""某子"和"某子某"的三种称谓，前面讨论宗族制度已经讲到他们有在王室和分出立族的两类，这里论证后一类与侯伯相同的问题。

这一类"子"，从他们称名上可以看出已经分出到地方立族，依照前人考证，子𥎦在今山东淄博地区，子宋、子奠和后来的地名宋、郑县等地相接，子竹可能在北方的孤竹，子启在今河北磁县，子毕以及子晋、子囧都可能在今晋南一带。

分到地方的"子某"，我们发现他们既与侯伯的地位相同，他们对王室的义务也和侯伯没有两样。前已谈到的毕族，即可与上述侯伯所尽职能比较，极为一致。卜辞云：

　　戊辰卜，韦贞：爵子毕？　　　　　　　　　　　　　　　　　　　　3226

后又称"亚毕"（32987，《屯南》580，2378），还有"小臣毕""臣毕"（5571～5573，《京》263）。他的宗亲地位有时还高于侯伯，如：

贞：蚩毕[以]王族？　　　　　　　　　　　　　　　14916

贞：毕立事于亚侯？　六月　　　　　　　　　　　　5505

癸亥卜，永贞：毕克以多伯？　　　　　　　　　　39713

于此可见，作为子族，毕参与王室较大的祀典，他居于外地，多次征伐邛方，故有贞问"毕克来归祊，若？十三月"（4100）因此，他是镇守一方的大族。

再以"子▨"为例：

……往▨？　　　　　　　　　　　　　　　　　　8349

癸未卜贞：旬亡祸？三日乙酉有来自东，▨呼[　]告旁方戎！　　　6665

贞：今十三月▨呼来？　　　　　　　　　　　　　11000

史（使）人于▨？　　　　　　　　　　　　　　　5532

戊午卜古贞：▨受年？　△△　　　　　　　　　　9811

令毕？令子▨雷（伐）方？　　　　　　　　　《屯南》243

贞：呼子▨以光（？）新射？　　　　　　　　　5785

癸巳卜亘贞：▨来眔？　　　　　　　　　　　　9172

贞：▨来牛？——贞：▨弗其来牛？△△　　　　9525

▨入百（龟）。　　　　　　　　　　　　　　　9227 反

▨入二（龟），在高。　　　　　　　　　　　　376 反

贞：子▨弗其获[眔]？　　　　　　　　　　　　10426

贞：令子▨执眔，若？　　　　　　　　　　　　10436

在✳犬中告糜。　　　　　　　　　　　　　　　27902

在✳犬告狐。　　　　　　　　　　　　　　　　27901

[　]巳卜[　]贞：王其田[于]✳，……　　　　24467

贞：蚩子▨往[　]？　　　　　　　　　　　　　3030

蚩王[　]子▨遣自[　]？　　　　　　　　　　3034

甲午贞：于小乙告▨其[步]？——

甲午贞：于父丁告▨其[步]？　　　　　　　　　32856

▨示四屯　　亘　　　　　　　　　　　　　　175858 白

▨示三屯　　殷　　　　　　　　　　　　　　175848 白

关于子🐘的卜辞甚多，从第一至第五期都有。这里仅于各类卜辞中择要列出。从这些资料可见：子🐘地处东方，他来王室需要传令；他受命征伐，提供或率领射手，他有农业、畜牧业，向王室贡纳🐘、牛、龟，受命为王狩猎并接待商王在其地狩猎，其地设有为王田猎服务的"犬"官，商王经常遣使他行动。这些情形与子毕和侯伯相比，基本上相同。只是商朝东方战事不多，故子🐘对军事的服务相对减少；大概畜牧业比较繁盛，所以在这方面的义务较多。

西方、东方如此，看看北方的"子竹"：

……竹侯？	3324
子竹犬？（牢父戊？）	22045
丙寅卜，㸅贞：卜竹曰：其侑于祊，牢？	23805
庚午卜，方贞：令任竹归于 [ ]？	4744
己酉卜：竹有册，允？	40888
贞：唐弗爵竹妾？	2863
……有来自北，奴妻娊告曰：土方侵我田十人……	6057 反
……妇娊示五屯。	17507～17510
妊竹入石（磬）。	殷墟 M5 石磬铭文

这一组资料，说明子竹所在地有竹侯、卜官、竹任（男）、册命竹以及竹地之妻、妾、妇女等。体现出这个子竹所在地的政权规模。竹是原有族邑之名，以竹为氏名的妇妾应当是原来的族氏，与子竹不同族，其来王室者并非同姓婚娶。另外"妊竹"的称谓比较特殊，有待研究。

再看其活动：

壬辰卜，扶（贞）：令竹取……？	20230
丁丑卜，王贞：令竹祟万于骨，叶朕事？ 三月	20333
己亥卜，贞：竹来以召方于大乙燕（宴，延）？	《屯南》1116
贞：竹来以召方……于大乙？	《屯南》4317
贞：其盯竹 [ ] 羌？ 虫酒肜 [用]？	451～452
虫冕呼竹施羌（？）——不虫冕呼竹施鬼？	1108～1113
取竹刍于丘？	108
竹入十（龟）	902 反

可见子竹之地同样为王室作某些侵伐一类的行为，也负责捕杀奴隶和被提取畜牧奴隶，贡

纳龟、磬等。大概召方一度被王朝征服,由竹率领来朝并助祭,反映他是管理这一方的事务。今日,燕北、辽南,均出土据云是旧孤竹氏的青铜器,有"孤竹"二字的铭文,证明孤竹国的存在,孤竹国最早由商始祖契所"封",即称目夷氏,或作"墨胎氏",孤竹又可称"竹氏"(见《路史国名记》),则可与卜辞互证[15]。据此,子竹是商朝北土的一个地方政权。

其他一批有族邑的,如子戋、子妥、子晳、子邶、子效、子奠、子雍、子安、子罔、子步、子膚、媚子寅等,都大同小异,各有若干类似的活动。尤其子戋之有"戋圉"监狱(6057),"重戋令司工"(5628),"子膚辥畯四方"(3087,3089)之类,政治地位甚为显要。

由此可见,"子"与侯伯同为商代社会的地方政权。

西周的封国虽然明确为"子"的称谓者并不多见,但实际上是存在的。如"文之昭""武之穆""周公之胤",在当时都是各代的"子某"或"某子"。又如"周公子明保""虢季子伯"之类,春秋有些侯国公室子弟还称"子某"或"某子",若照商代的称谓法,他们分出立国都可以沿用这些称呼。西周的称名制度有所改进,像《礼书》讲"五十以伯仲"称呼,就取代了"子"。但是,起初并不如此,五等诸侯中的"子"就当是从"子某"来的。不过周室子弟分封立国后即不以"子"称,"子"却推广到各小国君长的头上,可见周人改变此制较早。商朝有一现象,同一地、族名,有"子"也有侯伯,其中彼此亦应有联系。现列所见如下:

子宋(20032~35)——宋伯(20075~6)

子商(6052,20027)——伯商(20087)

子罔(3433)——伯罔(3418~3425)

子竹(22045)——竹侯(3324)

子安(3151~3172)——安侯(3333)

唐子(972~3,3281)——侯唐(39703)

告子(4735)——侯告(3338~3345)

舌子(22102)——異侯舌(36525)

除末一例中"子"和侯的时间距离甚远之外,其他都是同一时代,如果不是一地同时存在"子"和侯、伯的两种称号,则是由"子"发展为侯、伯,后一种可能性较大。就是说,侯伯有一部分由"子"发展而来。当时政权的核心是宗亲,看西周分封子弟即为侯国,不再称"子"可以推知。从前面引证商朝的"子某"本来政治地位很高,也可以推测这种发展趋势。还有:被征伐过的地名,也有与子某同名,如曾被征伐的罔,有子罔和伯罔,衔有子衔，𢎥有𢎥子，也很可能是吞并该地之后，就分出子族占据其地。有人说商代的侯伯不像西周，彼此没有宗亲关系，恐怕并非事实。

说至此，有必要分析一下"方国联盟"的问题。这里，就本篇所论的内容为限，暂不涉及其他。"方国联盟"说的一个主要论点是商王与侯伯是联盟关系，地位平等，充其量不过商王是处于主导地位而已，其中一个论据是卜辞中句式"王从某某（联盟者）伐某方"中的"从"字应是"比"字，"比"是相并、亲近之意，没有主从关系。前人一律认作的"从"字确有一部分是"比"字，把它区别出来（过去也有人提到）是有必要的。但是，仔细考虑，这并非关键。因为这一句式里的从字是跟从之意，所以"王从某某"就看不出商王的专制性，倒不如说商王是附从的地位。杨树达先生曾把从字看作使谓动词，即：使某某从商王之意。这恐怕也不一定可靠，因为卜辞用字即按事物本来状况叙述。其实王从之义就是某先行，王从之，如"马其先，王兑从"的意思一样。若认作"王兑比"也可，不过反而别扭；当然认作"王比某某"就是王和某某一起去征伐某方，这和"王从"在实质上并无大异。若把所有的"比"都赋予亲近比并之义，有的场合就很难说通，如：

辛亥卜：翌日壬王其从（比）在成（？）犬毕，弗悔、亡戋? 　　　　　27925

"在成犬毕"是毕地的专为田猎侦察兽情的"犬"官，这种官吏应该是较低微的，若释"从"字为"比"，就很难说这是商王和"犬"官亲比、相并。如果认作从字，可能更通顺。像这例句子还有不少。

所以，关键的问题在于全面地考察卜辞的有关记载。论者所举的"王从某某"的某某，主要是武丁时代的𢎥侯虎、沚𢀳和望乘，认为他们和商王是联盟的关系。可是除"王从"他们之外，还有不少"王令"他们，"令"是命令之义，打从金文、小篆一直用到现在，其形义是没有什么变化的，它用在上对下的场合应无疑义。卜辞云：

贞：王令𢎥侯归? 　　　　　3289

癸亥卜方贞：令𢎥侯虎征鼓? ——贞：勿令𢎥侯虎? 七月 　　　　　6

贞：令沚𢀳归? 　　　　　3294

贞：勿令沚𢀳归? 　　　　　3948

……令乘先归? 　　　　　4002

很明显，𢎥侯虎、沚𢀳和望乘，都是商王命令的对象。由商王命令传呼的，何止于此，所有的侯伯都不例外，试看下列卜辞：

甲寅卜：王呼以侯奠来? 　　　　　3351

庚子卜贞：呼侯龟（？）出自方？	8656
戊寅卜：呼侯敔田？	10559
贞：令侯告征尸（夷）？	6480
[　]辰贞：令犬侯以……叶王事？	32966
虫王令侯归？	32929
……呼侯雀	《甲》440
辛亥卜出贞：令𤔲伯……	41011
贞：呼去伯于奄？	635
……虫可伯惠呼[　]羌方、繐方……	27990

可见，无论对侯，还是对伯，商王都可以命令传呼。这和侯、伯的性质，他们对王朝的义务和政治隶属关系，是一致的。因此，商王朝和这一类侯、伯，并非联盟的关系。

2. 侯、伯的由来和建置

最初，部落方国及其首领酋长，都是自发生成的。自王朝出现，就发生了一种隶属关系并且逐渐严格起来。待到冠以侯、伯之名，就赋予明显的政治形式，具有政权实体的性质。大致自夏代以来，开始出现这种情况。

商周的侯伯来源有三：一是原有的古老方国为王朝所承认或"褒封"的，如商代的杞侯、薛伯、挚伯、雇伯、先（侁、莘）侯、攸侯和史载的薄姑、大彭、"六"国等；西周除杞之外，有神农之后的焦、黄帝之后的祝、帝尧之后的蓟、帝舜之后的陈、商后之宋，等等。二是分封子弟姻亲，如上述商代的"子"而成为侯伯的，西周从上代虞、虢到"文昭""武穆"以下，都可得而数，包括元老重臣的异姓姻亲像齐国、申、吕等。三是由独立的方国发展为隶属关系的，如周在商代就是如此；西周的井、散、矢[16]、魏、芮等，可能属于此种性质。至于周边的一些方国或部落则不在此列。

关于建置，在商代的侯、伯，主要是就他们本来自然现状，在原地发展，王朝也可能对某些侯伯加以培植。对于"子"的建置，可能就有更多的政治意图。宏观地说，东方雇伯、郳伯、挚伯、薛伯、先侯以及蒲姑之地，旧的国族多，原为商族活动的基地，敌对方国较少，征战活动少，可能也有个镇抚的重点，如子𢦏；东南及南方有宋伯、侯告、子邶、杞侯、侯光、攸侯、丹伯等，对付人方、林力、盂方和虎方、巴方、𢀛方等。攸侯显然是一个重要的据点；西方有犬侯、侯奠、周（侯）等，以控制羌方、井方、卌、鬼方诸戎，其中心有所变化，先是利用犬侯，可能还有子奠——侯奠，后期则利用周方伯征伐戎、翟；西北敌方多，设置的政权据点也多,如子毕、亚雀(侯)、子晋、伯图、唐侯、沚哥——伯哥,还有一些大族,征战最为频繁,子毕可能为一重镇;北方也比较平静、单纯,近地有子启,远处有子竹——竹侯,后来主要对付召方或大方、北方这些部落、方国。

西周分封诸侯,这种建置的政治性更强也更明显。他们明确说:"封建亲戚,以蕃屏周。"王畿之内几乎全是王族和贵戚大臣子弟的封国、封邑,东部的成周移居殷民,有严密的监管措施。其外围,东方有齐鲁,东南有陈、蔡、管、郑、申、许,北方有晋、燕,西土已是王畿,有王族虞、虢、周、召和邢、散、矢等。西周所对付的敌国,除东方殷族势力外,主要是两个方面:西北的猃狁、鬼方后来的犬戎,南方的淮夷、荆楚、虎方等。特别是为防范和控制商族旧势力,作了周密的布置,把燕、邶封给召公子,用以羁縻迁封在邶的武庚,从原封在伊水汝水一带的管、蔡分置于鄘、卫,加强监督,后来把周公子从河南鲁山一带迁封至山东,和齐国一起,构成从几个方面对殷都旧地和微子宋国的控制圈。平叛之后,进一步扩大了卫与燕的封地,强固了中部的基地[17]。

关于封建。所谓"封建"就是建置一种政权于某地。起初它是和分族立宗相结合的,这可以说是广义的分封,也是原始的最早的分封。按照《左传》隐公八年所记:

> 天子建德,因生以赐姓,胙之土而命之氏。诸侯以字为谥,因以为族。官有世功,则有官族,邑亦如之。

这本来说的就是分封。所谓"赐姓"是一种附会之说,史籍常说黄帝下迄夏、商都"赐姓""得姓"或"以国为姓",都是后世混姓、氏为一的误传,古无"赐姓"之实[18]。"胙土命氏"则是有的。子、侯、伯的称号前或后冠以一个名词就是他们所在的地名,也即是其氏名或可说族名、国名,与他们原有的姓不是一回事。所以"胙土命氏"就是最早的封建。是故有学者早就提出商代的侯伯男田子妇之类,就是封建而成的[19]。这是从实质性来说的。只是我们今天讲封建,一般都限于西周以下,因其有明确的提法和分封册命的形式。

封建来源于"封"字,即封殖疆土授予分出的族氏。甲骨文的"封"字,早期作"𡎸"即田上植树木之形,出现很少,有"封土"应释为"邦社";中期作"𡗗"即土上植树木之形,出现较多,已和侯伯、方国相结合。封土植树,本来是某族某国建造境界林,划定领土范围,早在部落时代就如此,古代西方亦有,古希腊是立界石,有一定的仪式[20]。所以就称为封疆,作为国土的概念,引申为授予国土的行为。"封"用作动词就是封建,用作名词就是"邦"即指有封疆的国家。甲骨文从第三期开始,卜辞用例如下:

以多田伐又𡗗,遄……   27893

丁巳卜贞：王令毕伐（？）于东土……	33068
其刖（？）四土，重邑示？	《屯南》2510
……土于[北土]归？	33205
王其敦土……	《屯南》2279
[　]戌王卜贞：……三土方……	36529
……余其从侯田酋伐四土方？	36528
己酉王卜贞：余正三土方……	36530
……于渭往来……王来正三土？	36531

说明商代封土建国的事实是存在的。只是还没有发现侯伯子与封、邦文字的直接联系。尽管这时似乎已出现爵赏册命的卜辞残文，如"爵竹妾"（2863）、"爵子毕"（3226）、"爵[　]子白"（3409）、"爵尹敗"（20842）和"册🐚"（2824）、"册給"（20332）之类，毕竟资料不全，例证不多。与西周比较，其间有一段距离，所以本文在商代不用分封的说法。但是，商代原始的分封实际上是存在的。分封子弟发展为侯伯，前面已经有所揭示，可以说有分封之实，而尚无封建之名。西周分封制度的完备，也可能就是源于商代既有的史实。

商周王朝，既然都有对侯、伯、子弟的建置或分封，有上下隶属的关系，虽然两代之间程度不同，疏严不一，有一个发展过程，但是本质上是同一个体制，因此，王国维所说商代天子诸侯君臣之分未定，天泽之分未严，也是从形式上来说的。今人更说商代的政权结构是方国联盟，有的进一步找出商周间的本质区别：商代的侯伯是从外面联合进来，西周的侯伯是从中央派（指分封）出去，商只是一个联合政权，周则是一个统一国家。这就是把事物的程度差异说成本质的区别，把相对的强调为绝对的，就显然与史实不符了。

3. 王朝对待侯、伯的措置制度

王朝与侯伯的隶属关系，无论其隶属程度的高低，要使之历久不衰，始终如一，是不容易的。因此王朝必然要采取一些措施，形成一套制度，加以约束和管理，大致有如下几点：

（1）怀柔与制裁相结合。商王室与"子"的宗亲关系很明显，如商王为"子"占卜疾患祸福和祭祀祈祷，商王对"子某"有时又给予惩罚等，这在前面已经提到。商王对侯伯之地占卜"受年"，听取侯伯子等被敌人侵袭的告急，并出师或调遣邻近的侯伯武装为之抵御。有时以飨、射之礼相待多子，有时也包括某些侯伯。商王朝对侯、伯进行征讨，这应该属于惩罚的性质，不过这种情况甚少。目前所见，征讨侯者只见一二例，对伯稍多一些，而与征伐方国的活动相比，不可同日而语。西周的此项措施，更为明确，金文和古籍常说周王"柔远能迩"，就是这种概括。《周礼·大宰》开宗明义列出"掌建邦之六典"，是王朝对封国的政策纲领，其中"礼典以和邦国""刑典以诘邦国"，当时都是必要的。在西周，诸侯来朝，常见飨醴赐侑，封赏册命。对违犯命令的，给予制裁，虽不常见，也有所透露。《兮甲盘铭》在呵斥淮夷抗赋的同时，也告诫"我诸侯百姓，厥贮毋不即市，毋敢或入蛮宄贮，则亦刑！"周初给予齐太公的权力"五侯九伯，汝实征之。"就是裁断侯伯封国，齐侯可以代周王执行。应该承认，西周王朝与诸侯兵戎相见之事毕竟罕见，其"封建亲戚"达到控制局势的程度，无疑比商代更高。

（2）巡狩制度。这是王者对侯伯国的观察。它起源于王到地方的狩猎活动，当时狩猎又与征战、军事演习相结合，同时也顺便了解所至之侯伯地方情况及他们参加活动的武装阵容，还包括观察地方对王朝的向背，《孟子》说："巡狩者，巡所守也。"确是说明了这个制度的来由、背景。商王田猎频繁，可谓古今历史之冠。一般在猎区进行的，当具游乐、捕兽的性质，而下列记录，则应为巡狩的雏形：

壬申卜，殻贞：王勿延南狩？ 10610

[ ][ ]卜，品贞：王狩唐，若？ 10998

（同版：邛方其大出？）

戊寅，王狩膏鱼？ 10918

田🦌，令…… 10925

狩🦌，禽？ 10926

乙未[卜]：呼豖狩而？九月 20751

乙巳卜，王曰贞：王其田羌，亡戋，禽？ 41351

辛，王虫羌田，亡戋，禽？ 《屯南》3011

王其田虫羌，往来亡灾？ 《屯南》3025

庚子卜：狩掤，不遘戎？

庚戌卜：今日狩不其禽印？十一月 20757

癸未卜，方贞：周禽？犬延陷？——周弗其禽？ 14755

这里仅提出代表性的材料，第五期连续占卜逐日田猎之地的卜辞很多，为学界习知，故不备举。仅此可见，商王这种远狩，时有遭遇或俘获敌人的事情发生，或有侯伯参与捕兽，是一种带有巡狩性质的田猎活动。这种远狩还带有正式武装，廪辛一次狩猎，有马亚、亚、成等武官和"众人"参与连续活动于麦、利、㭫等地区，表明了狩猎与军事的直接结合。晚期卜辞多作"王迖（迍）于 [ ]（地名）"，有卜辞云："其振旅，延迖于盂，往来亡灾？"（36426）既是炫耀军威，也是远地巡视的必要。（参阅李学勤：《殷代地理简论》）

周王的远狩同样有不少记录。王国维曾作《周时天子行幸征伐考》云："殷时天子行幸田猎之地，见于卜辞者多至二百，虽周亦然，以彝器征之，"举出王巡行各处的次数，其中言"狩"的一次，征伐者九次[21]。还可补充者：

王出兽南山，俊逃山谷。 《启卣》

交从兽迷即王。 《交鼎》

王兽于昏林，王令员执犬，休善。 《员鼎》

王各于吕畋，王牢于陆。咸宜。 《貉子卣》

第一辞能看出是远狩，可能是昭王南征之事，第四辞是王田猎于吕地，"为环阵殴逐禽兽于山谷间而捕猎之。"[22] 至于《世俘解》中一次大规模的"武王狩"，乃是征伐时期的搜索敌人的活动，也带有观察情势的巡视性质。

这种狩猎活动，又称为"省"，就是省视。最初也是用于田猎中。甲骨文中常见"王其省（某）田""王叀（某）田省"，当是指省视田猎活动。以往解"省"字为"秋狝"的"狝"字，以为"田省"连词，田指一般共名，省指具体猎法。这是很牵强的，"叀田省"与"省田"是一个意思，省是动词，田是名词——指这种活动，或可称"动名词"。这里，是说该地由侯伯、子某或王室官员进行的田猎活动，商王要去视察，因为当时这种活动就是军事演习，甚至就是准备出师。这时"省"也用于省视很多场合，如省视农田，"省黍""省牛""省鱼"等等。所以，巡狩也称"省"：

[ ][ ]卜，韦贞：王 [往] 省从西，告于大甲？ 1434

丙辰卜，争贞：王往省从西，若， 7440，11181

甲辰卜：王其省鼓（地名）？弗悔？ 《屯南》658

叀亚田省？ 《屯南》888

王叀翌日辛省田，亡灾？ 《屯南》3027

贞：[王] 徜之？……省从名（地名）？ 7269

贞：王 [往] 省……——贞：勿省南，不若？ 7773

西周金文记载有：

王大省公族于庚振旅…… 《中觯》

王令中先省南国贯行。	《中方鼎》
中省自方,复造 [ ] 邦。	《中甗》
王省武王成王伐商图,徣省东国图(据说此"图"当是"鄙")	《宜侯夨簋》
公违省自东,在新邑。	《臣卿鼎》
王遹省文武堇疆土。	《宗周钟》
师雍父徲道至于胡,禹从。	《窥鼎》

文献也有所记载,《诗经·常武》记程伯休父伐徐国,"左右陈行,戒我师旅;率彼淮浦,省此徐土。"

而且当时大臣也可代王命巡狩,如中、师雍父、程伯休父等,《大盂鼎》铭云:

令女盂……夙夕邵我一人眚四方雩我其遹省先王受民受疆土。……赐女祖南公旂,用兽。

文中"用兽"当是指盂参与周王狩猎。商朝原也如此:

贞:今雀西延? 贞:雀叶王事?	10125
……雀田于施? 十一月	10979
戊寅卜:呼侯故田?	10559
贞:勿呼毕省田?	10546

甲骨文、金文"省"字用法相同,古籍也如此,《易·观象传》:"先王以省方观民设教",《周礼·大司徒》:"以荒政十有二聚万民,……七曰眚礼",这"眚"字是从金文的"省"字写法而来,陆德明《经典释文》引作省字。这种"省礼"也就是孟子引晏子讲巡狩礼时说的"春省耕而补不足,秋省敛而助不给",为同一内容。省字又通循、徇,即是由甲骨金文有时省加彳旁的徣字而来,甲骨学者把徣和值伐字区分开来,使之徣与省为同源字,其义不异。加彳更表示巡行省视之意,如《礼记·月令》:"循行国邑",《国语·周语》(上):"乃命其旅曰徇""王则大徇",徇字都是巡视的意思。

巡狩的狩字,后来古书都写成守字,含义有所展延,起初还就是狩字,甲骨金文作"兽",原篆以单从犬,都是田猎的工具,就是"狩"的本字。《公羊传》桓公四年:"狩者何? 田狩也。"何休注:"取兽于田,故曰狩。"解释是正确的。《诗经·车攻》:"搏兽于敖",后来引者就写作"搏狩于敖"。田狩为兽,就把所猎取的对象也称为兽,《尔雅·释鸟》:"四足而毛谓之兽,"即今天所说的野兽。

狩猎字无论在古文字资料,还是在文献中都普遍使用,怎样用在巡狩的意义上来? 这有一个发展过程。起初的巡狩,就是巡视田猎活动,也就是甲骨文的"省田","省"为巡视,

"田"为狩猎，合起来就是"巡狩"。需要注意的是，《孟子·梁惠王（下）》引晏子的话说："天子适诸侯曰巡狩，巡狩者，巡所守也。"所谓巡所守，就是巡察诸侯为天子守卫境土，包括诸侯本身的守备和相邻的方国部落对王朝向背的动态。这就是巡狩包含的政治内容，也就是巡狩到巡所守的概念的展延。

东周而下，一个明显的变化，则是把巡狩和王侯狩猎活动完全划分开来，在文字上也作了更改，巡狩一律为"巡守"，而以"狩"归之于狩猎活动。从《春秋》及"三传"到《礼书》，都没有例外，如《春秋》桓公四年"冬狩于郎"，僖公廿八年"天王狩于河阳"直至哀公十四年"西狩获麟"结束，都用"狩"字，传亦如此，其他则都作"巡守"字。

这一变化，自然是反映了史实上的变化。一方面是周王朝数百年的经营，政治和军事的局势相对稳定，天子不需要经常以武装巡视封国或方国。西周封建诸侯，是"以屏藩周"，实际上也起了守卫疆土的作用。当王朝盛时，诸侯本身毕竟归向统一，怀异志者极少。《左传》（昭公廿三年）记云："天子守在四夷，天子卑守在诸侯；诸侯守在四邻，诸侯卑守在四境。"还是说明了这一基本的格局。在这种情况下，天子就只是"巡守"，所谓"巡所守也"。《左传》（庄公廿一年）又说："王巡虢守"，把"守"即所守的疆土作为巡视的对象，和商周之际那种"省""兽"的活动内容明显不同。一方面逐渐形成了天子与诸侯交往的一项礼制，诸侯要朝王，天子就要巡守。庄公廿三年说："诸侯有王，王有巡守，"应该是较早的说法。由于已经是一种平时的巡视，就逐渐增加了民事的内容，故廿七年又有说："天子非展义不巡守，诸侯非民事不举，"这就是天子巡守全在于宣扬德义，其具体内容则在前引孟子复述晏子的话里可以看出一些，在"巡狩者，巡所守也"的下面说："无非事者，春省耕而补不足，秋省敛而助不给。"大致可以看作春秋时代存在的制度和观念。这里两个"省"字所"省"的事物已经和以前不相同了。《周礼·大司徒》的"眚礼"（眚即省）很可能就是从这里来的。

不过，无论西周，也无论春秋，史料里都找不出巡狩的一套制度，只零星地记载一些周王出居某地，游田于某地或派公卿大夫下聘于诸侯，巡某国守，狩于某地也只一二见。朝聘的名称也没有固定，王聘诸侯，诸侯至王朝也可称聘，可以推知，礼书里讲的那一套礼数制度压根儿没有形成，人为编制的成分极大。

而在古籍中所见巡守礼制的记载，主要是《尚书·尧典》《礼记·王制》和《周礼·夏官·职方氏》以及《秋官·大行人》职文等。这些记载的共同特点，是整齐规则的制度化、形式化的东西；但它们又可分两种不同的说法，可能体现不同时期所据不一而作出的推衍。

（1）《尚书·尧典》《礼记·王制》是一类，所记基本相同而有繁简之别。下面录《王制》用《尧典》（着重号与括符内）比较：

天子五年（载）一巡守，（群后四朝）岁二月东巡守，至于岱宗柴而望祀（秩于）山川，（肆）觐诸侯（东后）。问百年者就见之。命大师陈诗以观民风。命市纳贾以观民之好恶、志淫奸辟。命典礼考（协）时月定（正）日，同律礼乐制度（量衡，修五礼、五玉、三帛、二牲一死赘，如五器，）衣服正之。山川神祇有不举者为不敬，不敬者君削以地；宗庙有不顺者为不孝，不孝者君绌以爵；变礼易乐者为不从，不从者君流；革制度衣服者为畔，畔者君讨。有功德于民者加地进律（卒乃复）。五月南巡守，至于南岳，如东（岱）巡守之礼。八月西巡守，至于西岳，如（初）南巡守之礼。十有一月北巡守，至于北岳，如西巡守之礼，归假（格）于（艺）祖、祢，用特。

两者骨干部分是一致的，都是天子五年一巡守，也都是二、五、八、十一月的四仲月份，分别至四方的一岳，顺时顺方位进行。以东方为代表的巡守内容，《尧典》简要，《王制》详细。而基本项目差别不大，只是后者规定对地方为政善否的奖罚措施，为前者所无。

（2）在《周礼》的记载中，则与上述有不少的差异，《夏官·职方氏》职文云：

王将巡守，则戒于四方曰：各修平乃守，考乃职事，无敢不敬戒，[敢不敬戒]，国有大刑。及王之所行，先道帅其属而巡戒令。王殷国亦如之。

即是在王巡守之前，要向四方发布戒令，孙诒让《周礼正义》以为这就是《诗经·车攻》"畏此简书"的简书，殆是。他处未见此项记载，可能由于与此官的职责有关。如同《戎仆》为王巡守准备车驾，《土方氏》为王巡守树置王舍，《秋官·掌客》为之布置国君给王和随从公卿大夫士庶等按级具奉膳食之类。主要巡守礼制，则见之《秋官·大行人》：

王之所以抚邦国诸侯者：岁徧存；三岁徧頫；五岁徧省；七岁属象胥，谕言语，协辞命；九岁属瞽史，论书名，听声音；十有一岁达瑞节，同度量，成牢礼，同数器，修法则；十有二岁，王巡守、殷国。

这一段记载，与前面不同之处，一是天子十二年方才巡守一次；二是在十一年内，逢单数年间，王派使臣分别对诸侯进行存、頫、省等六次聘问，似乎是弥补巡守时间太久、交往空疏的不足；三是这六次聘问的后三次没有名目，郑注以为都是"省"礼，而且第七、第九年的两次纯属通语言、传达文书等关乎大行人本职的业务活动，只有第十一年的一次，统一度量器数法则等等，本来是前述那种巡守礼中所作的事，提前作了。

关于存、頫、省之礼，在大行人这段职文之前列举春朝、秋觐、夏宗、冬遇、时会、殷同和时聘、殷頫等八种名堂，依郑注，前六种是王见诸侯之礼，后两种是王见诸侯使臣之礼。（《春官·大宗伯》有同样的朝会，郑注则又以为诸侯朝王之礼，令人费解）说明王会诸侯是有这种礼制的。这里，还加了一个"殷国"，注疏都没有说出所以然，所谓"四方四时分来如平时"，似乎同于诸侯朝王的"殷同"。清儒金鹗在《求古录礼说·会同考》中作了纠正，认为是天子不巡守之时，只出至某一侯国，诸侯尽来朝见，使之与巡守和殷同、殷见区别开来。这后一种记载为什么要把巡守的时间间隔拉得如此之长，而中间又定出如许繁琐的省聘之礼，不厌其烦，此无它，古代本来就没有巡守的时间制度，无论五年也好，十二年也好，历史上都没有存在过。

（3）朝觐的制度：前已提过《诗经》说成汤时氐羌来享、来王，有甲骨文的"缶来见王""卢伯漢其延呼缓""召方来以大乙燕（宴）"等，可资对照。但这还是当时的方国。缶在当时虽不见称侯或伯，而到晚期有小臣缶，似乎是归顺了商朝。在商代，王朝与侯伯子等接触频繁，后者经常"叶王事"，也就等于来朝。卜辞中也有一些占问侯伯，尤其是子等"其来""不其来""其见""其至""呼归""令归"之类，就是为了某种需要，而召唤他们来朝。久之，就会规定时间来朝，不需临事传呼。这里，包括贡献和述职，所谓"诸侯朝天子曰述职"。

在周初，举凡平乱、东征、作洛邑、迁殷民直到成王死、康王立等等王室大事，都有邦君、诸侯、多方、多士在王室接受训诰，所谓"侯甸男邦采卫、百工、播民，和见士于周。"所谓"东方诸侯""西方诸侯"分别入应门左、右，并"奉圭称币曰：一二臣卫，敢执壤奠"，已经具有朝觐的模式。也如巡狩一样，后世编排朝觐时间和仪节，如上节所引，《礼记·王制》说："诸侯之于天子也，比年一小聘、三年一大聘，五年一朝。"《周礼·大行人》则安排从侯服一岁一朝起，甸服二岁一朝，男、采、卫、要、蕃等六服逐次递减至六岁一朝，各携带不同的贡物。还有春朝、秋觐、夏宗、冬遇、时会、殷同等等名目，诸侯又各按等级手执不同的圭、璧朝王，等等（又见《宗伯》）。都有人工编制的成分，不可全信。但必须承认，这个制度是存在的，《莽伯簋》铭文记有"眉敖至见，献貊。"《宗周钟》记有"（南国）服子乃遣间来逆邵王，南夷、东夷俱见廿又六邦。"金文里说某人来"即事""见事""见服"，也当是这一类事。春秋时人也还讲朝聘的制度，"令诸侯三岁而聘，五岁而朝。"或说："诸侯岁聘以志业，间朝以讲礼，再朝而会以示威，再会而盟以显昭明。"[23] 所说的是否西周以来的制度，难以证实。因这些话似是为抵制霸主国的勒索而说的，有意夸大朝聘时间的间隔。而《礼书》那些内容，就很有可能是根据春秋时人的说法而托为西周之制。

（4）婚媾制度：商周王室都以同姓的宗法，异姓的婚姻关系，来加强同地方政权的稳固联结。异姓通婚，出乎人类优生的认识，由来甚久；同时在政治上也有意识地联络异姓诸侯。《礼记·郊特牲》云："娶于异姓，所以附远、厚别也。"就把这两种原因说得很简明了。

见于卜辞的商代王室的"妇某"已达七八十名，她们都是从外嫁来王室为贵族的妻妾。有的来自侯、伯地方，她们与侯伯之名对应的有：

妇挚——挚伯　　　　　　妇龙——龙伯、龙侯

妇杞——杞侯　　　　　　妇周——周方伯

妇光——侯光　　　　　　妇井——井方

这些妇女来自的侯伯，当是与商族异姓的。王室与异姓侯伯用婚媾关系相联结，恐怕是一种成制。同时也有下列现象：

妇竹——竹侯，还有子竹，

妇安——安侯，还有子安。

那么是否妇竹、妇安与子竹、子安为同族呢？恐怕不能这样看。前面说过，当时族氏本有姓，人们自己知道什么姓，以族名相称只是形式（那时可能还没有确定称姓的习俗），实质上另有姓[24]。就是说他们与她们仅仅是同居一地，而各有其姓。

在这里，再谈一下"妇好"的问题。妇好为武丁之妃大概无庸否认。因而就有说"好"为子姓，以为商代实行内婚制。但是，按照上面所说的当时妇女称名制，"好"不是姓。又有说"妇好"其他的卜辞一作"妇子"。前已指出所引卜辞并非如此。再说，古文字同一谐声偏旁为同音义，可是也不尽然，有时是会意字，就不知哪个偏旁是表音的，也许都不是。子在之部，女在鱼部，好在幽部，说明好字既非取女字也非取子字为谐声偏旁。因此，"好""子"并不同音，有学者曾提出"好"字是"保"字的女化[25]，却不失为一种较好的解释。即使商代有同姓婚的个例，也不能由此得出整个王族都如此。正如周代有的姬姓、姜姓诸侯国君"好内"而纳同姓女为妃，也不能说周代社会实行同姓婚、族内婚制。所以，仅就这点都不能说明商王族实行族内婚制。商王室从各侯伯之地娶妇，亦嫁女于侯伯，"帝乙归妹"即为此类事。用血缘纽带维系的政治关系，更为持久、巩固。西周做得更自觉、制度化，固定一些异姓婚姻集团，如姬姜联姻、秦晋联姻之类，贵族间也很注意，形成一种舆论，如金文、史籍常言"婚媾"：

用好（孝）宗庙，享夙夕好朋友雩百诸婚媾。　　　　　　　《爷伯簋》

惟用献于师尹、倗友、婚媾。　　　　　　　　　　　　　　《克盨》

其使能多父眉寿考，事利于辟王、卿士、师尹、朋友、兄弟、诸子、婚媾……　　《多父盘》

　　……如旧昏媾，其能降（心）以相从也。　　　　　　　　　　　　　《左传》隐公十一年

末一例，以婚媾来比喻国与国间的亲密关系，意思更加明白。

　　最后，监国制度：此种制度，只见之于西周，恐怕是从最初"三监"监殷而发生的。《逸周书·大匡》云："惟十有三年，王在管，管叔自作殷之监。"《作雒解》又说："武王克殷，乃立王子禄父俾守商祀，建管叔于东，建蔡叔、霍叔于殷。"是武王时就建立监国制度。《孟子·公孙丑》云："周公使管叔监殷"。《尚书·梓材》说："王启监，厥乱（司）为民，曰：无胥戕，无胥虐。"伪孔传："言王者开置监官，其治为民。"则以为治理一般人民而设，显非本义。在礼书里面已有此制度，如：

　　乃施典于邦国，而建其牧，立其监。　　　　　　　　　　　　　　　　《周礼·大宰》

　　掌建邦之九法，以佐王平邦国，……建牧立监，以维邦国。　　　　同上《大司马》

　　天子使其大夫为三监，监于方伯之国，国三人。　　　　　　　　　　《礼记·王制》

这一类记载，说明监国制度是针对邦国而设。西周金文亦云：

　　应监作宝障彝。　　　　　　　　　　　　　　　　　　　　　　　　　　《应监甗》

　　仲几父使几使于诸侯、诸监。　　　　　　　　　　　　　　　　　　　《仲几父簋》

　　王曰：善！……令女左右彔侯，监彔师戍。　　　　　　　　　　　　　《善鼎》

所谓"应监"，就是周王派往应国的监国者[26]。应国本是武王之子的封国，也有监国者，说明此项制度当较普遍施行，所以就有"诸侯、诸监"并列的提法，是故连地方的军事戍守中也设置着。《周礼》把建牧与立监并提，牧与伯为一类，那末，齐国太公有征"五侯九伯"之权，似乎也是一种监国的形式。周王朝还有一项制度，大国和次等国家的卿官要由天子任命，也似是一种监国的含义。

　　总之，商周王朝建立一系列的制度，加强对侯伯——地方中层政权的联系和控制，以巩固统治，是很清楚的。

（三）基层行政单位

　　商周社会的基层单位，一个普遍的称呼是"邑"，同时，商代有族称"族尹"，西周无"族尹"而有"里"称"里君"。族本是社会结构，不是行政单位，但既称"尹"就带有行政性质。推测起初社会组织与行政单位是一回事。武丁时期"作邑"活动多见，出现了很多邑落，常讲三邑、四邑，多的一次提到"四十邑"，这时，邑逐渐取代了族而具有地区性和行政性的单位，邑有"邑人"，一直延续到西周，应该是一邑之长。商周的邑有大小，上至

国都，下至"十室之邑"，《说文》解邑字为"国"，或以有宗庙的都也归作邑一类，可见邑是所有居民区域单位的泛称。不过作为基层行政单位逐渐明显，尤其在西周出现国、都等以后。商代至少可以看出：奠之下有若干邑，鄙之下有若干邑，邑为基层单位可无疑义。

邛方正于我奠戋四邑	584
癸酉卜：在云奠［河］邑……	《英藏》2525
土方正于我东鄙戋二邑……	6057

西周称"里"，把商代的族邑也改称"里"，其长官称"里君"，文献也称"里尹"，都是一回事。从周初的记载来看，"里"指都邑中的基层。

康王命作册毕分（有说应为"命作册册命毕公"）居里成周郊。	《尚书·毕命》（序）
周公既殁，命君陈分正东郊成周。	同上《君陈》（序）

是成周之郊有里。所以《麟簋》云：

王曰：麟！命女司成周里人眔诸侯大亚。

"里人"与"里君（尹）"也与"邑人"相当。《国语·鲁语（上）》："唯里人所命次"，注："里人，里宰也。"《周礼·地官》有"里宰"。《鲁语》又讲："先臣惠伯以命于司里"，司里即里人、里尹、里宰。

《逸周书·作雒解》："俘殷献民，迁于九毕。"毕字系"里"之误，则"九里"也可能即是成周的九个里。西周"里"有大小之别，如《大簋》铭记赐给大的里，和《卫鼎（二）》的"林𪤨里"应有所不同。总的看来，里是基层行政单位的实体，与邑作为地区单位的泛称，还是有区别的。《鲁语（下）》说："赋里以入而量其有无"，《周礼》的里宰管理农事和征税，都可知里是一个行政单位，位居都邑之下。

《周礼·地官》中的乡、遂以下的两套行政系统：

乡——州——党——闾——比——伍

遂——县——鄙——酂——里——邻

这种体制不但西周没有形成，就是春秋时期也没有完整的存在，有些名称是属于政治区划，有的名称要到更晚才出现，说这是为了配合后世的军事编制系统而排比起来的[27]，有一定道理。西周金文中的"还"有说是"县"，但与后世的县，概念不同；至于乡字还是用于飨宴和卿事职名上。《格伯簋》有个𪤨字，倒很可能是乡的原文[28]，辞云"立𪤨成𪤨"，似乎是开始置乡。但总起来看，西周的行政系统恐怕还没有县和乡两级，只有都邑和里。

即使"里"是行政单位，其实也包含族，一切政治任务、军事征役、经济征敛，都落在宗族成员肩上，所以，"里"也即是族，既是最底层的行政单位，也是庞大的上层建筑及其耗费的经济负担的单位。

三 政治"服"制

这里说的"服"就是侯、田（甸）、男（任）、卫、采，史称"五服"，不是后世的丧服的五服制。商代已存在前四服，西周有采，成为五服。商代只有分散的记载；把它们连起来称呼，则在西周。周人说商制的，如：

惟殷边侯、田，雩殷正百辟率肆于酒。 《大盂鼎》

越在外服，侯、甸、男、卫、邦伯。 《酒诰》

汝劼毖殷献臣：侯、甸、男、卫。 《酒诰》

命庶殷：侯、甸、男、邦伯。 《召诰》

周人说自己的，有：

明公朝至于成周，徍令，舍三事令……；眔诸侯：侯、田、男，舍四方令。 《令彝》

周公初基，作新大邑于东国洛，四方民大和会，侯、甸、男邦、采、卫，百工、播民，和见士于周。 《康诰》

王若曰：庶邦、侯、甸、男、卫！惟予一人钊报诰。 《顾命》

后来，《左传》襄公十五年还有一种记载：

王及公、侯、伯、子、男、甸、采、卫大夫，各居其列，所谓周行也。

则把"服"制和后世称为五等"爵"制连成一个系列。商周之际没有把公伯子三者合入四服、五服之中，从此可见服制的变化。商周的服制，起初是王朝分派他们为王朝服务的各项职事，即：

侯，"为王者斥候"，即武装捍卫王圻（或"畿"）的；

田，是为王室"治田入谷"，即管理王室经营的农业的；

男，或称任，是"任土"作贡赋的；

卫，是"为王捍卫"的，与侯相似，只是有内外分工的不同；

采，是"采取美物以当谷税""以供天子"的[29]。

称他们为"服"也是有原由的，"服"本就是为职事服务之意。

甲骨文晚期有"王其令宦""有宦""亡宦"等辞的"宦"可能就是"服"的初文，金文里《周公簋》："菁井侯服"，《毛公鼎》："在乃服"，《尚书·多方》："有服在大僚"，都是说的所服的职位；《召诰》："有夏服天命"，《康诰》："子弗祗服厥考事"，任责、服务之义明显。所以《酒诰》就把侯甸男卫等归之于"外服"，与朝廷官职为"内服"相对，正式有"服"的称谓。因此，可以说他们是王朝派驻于外地从事武装守卫和农牧垦殖的职官[30]，与后世的五等爵不是一回事。前人曾经提出过，这五服实是最早的五等爵，同时有一套称谓（侯伯之类）用来区别每一爵位（即服）中的大小等级，习用既久，那套称谓反而流行，原来的这种爵（即服）名反而湮阇无闻，后世说五等爵则遂以公侯伯子男等称之[31]。这是一种推测。其实，这四服逐渐发展，脱离了其具体的专业，成为地方上的一种权力实体，就是后来所说的诸侯（同注[30]），如商代晚期"多田"同"多伯"一起受命征伐盂方（36510～7），就是这种发展迹象。这样，就与公、伯、子合成一个体系。到后来就只有用于区分等级的作用。但是，甸、卫、采似乎并没有用为一般诸侯的称谓，那是因为受字义的限制和别的原因。不过"甸"还被提起过，如说"曹为伯甸"，晋为"甸侯"，并非五等爵系统。在甸服上又加伯、侯，如同说郑是"伯男"，晋被封为"侯伯"之类，确是在服称爵称上加以区别字，迄今所见的也只这几例，是否曾经在五等爵、服上都普遍采用过这套称谓，还未能证实。这样交叉使用，十分繁琐，古人未必如此。

现就商周间的"服"制分别作一讨论。

（一）侯服

侯为"斥候"，古有此事，在边境荷戈巡逻，称为"侯人"。还有一种解释即"射侯"，习射时张布置鹄于其中心作射箭的目标。之所以称"侯"是指违抗王命的方国君长斥为"不廷方""不宁侯"者，被视为敌人，射时有咒辞云："唯尔（不）宁侯，不朝于王所，故抗而射汝！"其诗章题名《貍首》，以"貍"协"不来"朝之音[32]。侯字的原篆为"厌"颇似张布射矢的形状。虽说有点巫术的意味，也不无可能，像以田猎为军事演习，即以禽兽为假想的敌人一样。不过，这与侯为武装捍卫者仍有直接的联系。侯，作为这种武事的专职，是没有问题的。商代的侯，已见前述，充分显示了这一性质和其职能。而且在侯伯子三者中，侯的武装活动也是最多的，由于当时社会的需要，侯的地位和权力自然突出，所以《令彝》以"诸侯"总冒"侯甸男"，侯始终排在四服的首位。后来演化为西周封国的国君，国君大多称侯，也就有"诸侯"之名了。

《国语·周语》说"邦外侯服"，这是就侯的捍卫王畿或指一定政区来说，侯总是应该驻在边境上。事实上，侯已脱离了原来专职，他们已经分布在远近不一的地方，如商朝的攸侯，西周的宜侯，离王朝远甚，他们直接面对异族方国，也可以称"邦外"之地。而商周内地的很多侯如西周邢侯等，就不一定具有那种职能。侯，就作为一般封国国君的称谓了。

（二）甸服

甸服是管理王田的农业经营，我们在探讨商周王室田庄的问题中（详后）可以明显看出甸服形成的过程。甸，最初为奠，后为田字。奠的初义是奠定，定居于一地，其地亦称为奠，王者所都之地为奠，其田区亦可称奠，所以卜辞有"我奠受年""南奠受年"（9767、9768）等，即为甸地祈年。还有"西奠""北奠"（24，32275~7），这些奠自不应是专门的地名，而是王都四面的甸地 [33]。甸地农业与畜牧业并存，故又有卜辞："贞：供牛于奠"（8938），"呼省牛于多奠"（11177），"贞：㞡于奠"（11417）。还有各种劳动者"奠臣"（7239）、"奠女子"（536），《周礼·牛人》也讲"供其奠牛"，和商代很相似。卜辞中还有许多地方或方国的"奠"，其意义、制度也可能与王朝相同。西周金文中同样有这类"奠"：

锡奠七伯，厥盯（？）[ ]又五十夫。锡宜庶人六百又……夫。	《宜侯夨簋》
王令免作司土，司奠还㪔眔吴眔牧。	《免簋》
王在奠穖大厤，赐㽙䮁䋁。	《大簋》
公乃命奠司徒㽙父……付永厥田。	《永盂》
趞仲令宁𣪊司奠田。	《宁鼎》

这些奠也应该是甸，"奠七伯"可能相当于史籍中的"甸人" [34]。"奠司徒"则是"甸师"了。

甲骨文中期以后则称作"田""多田"或称"在某田某"即在某地方的田官某人，如"在攸田武"（2997~8）"在泞田黄"（28795）"在义田"（《屯南》2179）"在麗田丰"（《屯南》2409）等等，他们原来当为王室派驻在外地从事农业垦殖的职官（同注 [30]）。他们之所以不是田猎之官，因为当时各地设有"犬"管侦察禽兽并作向导的。这些田官所负责垦辟出来的农业区，当然属于王室所有，这就是甸地，也就可以统称他们为甸服。从上引"多田"和"在某田某"的卜辞全文来看，多半有征战的活动，到晚期"多田于（与）多伯征盂方伯"和"侯、田""甾戈四邦方"（36511、36528），说明他们驻守之地备有武装以防备异族侵袭，也容易发展他们的权力，所以周人说"殷边侯田""小臣屏侯甸"，甸服可与侯服相并立了。如果说早期的"多奠"即是中、晚期的"多田"，那么，其间肯定有一个发展过程，"多奠"当时主要从事于固有的职务，如提供牲㞡之类，农业更为主要任务，中期的在泞田黄也还是提供马匹，但后来就从事武装活动了，有成为甸服诸侯的趋势。武丁时期设有小籍臣、小刈臣等，专理某一类农事，而"奠"应是掌管整个奠地的事务，那时，垦田活动频繁，而且向外扩展。每新辟一个奠地，则设一奠官，所以合称"多奠"。随着农业发展，管理层次增加，这些"奠"也就提高着身份地位。因此，西周既有奠司徒，还有奠伯，还有奠人（《师晨鼎》）。而成为甸服的诸侯，则已脱离原来的本职，只作为一种等级的称号了。

西周的"奠"后来也称"甸"，如《柞钟》："司五邑甸人事"，《南宫柳鼎》："司義夷易甸事"，《扬簋》："官司量田甸"。文献中一律作"甸"，遂使"奠"字湮没了。

这里，还有必要把西周的"奠"和地名"郑"的关系分析一下。"郑"由"奠"发展而来，是没有问题的。但是，我们认为金文中大多数的"奠"还是甸地的本义，后来的"郑"只是其中之一，并且仍然带有这种性质。金文提到"奠"的场合很多，也有"王在奠"，说明奠还不是一个专名，正如王在某京某宫一样，是一种场所。而且出现"奠"的地方，多半有关于农田畜牧等事宜，更可证明奠的性质。郑国就应是由得封"奠"地而来的，先有奠地而后有郑国[35]。或可说，郑国就是甸地诸侯。西周畿内的郑有雍县与京兆郑县两说。《世本》说："桓公居棫林，徙拾。"棫林在郑玄《诗谱》里作"咸林"，显然是笔误。拾即京兆，为桓公所迁徙之地[36]。情况还是清楚的。只因有"咸林"的出现，有的就把《趩觯》作语词完毕讲的"咸"字，《兔簋》中苑囿义的"还"字，附会为咸林。《蔡簋》的王"在减应"，这"减"应即"棫"。当时有不少"奠"地，《穆天子传》："天子入于南郑"，有说是西郑之误。《竹书纪年》又记懿王也居于郑。如果以商代有南、北、西等"奠"例之，就很好理解西周畿内的南郑或西郑，几个周王都可以居某个郑地，即如铭文有几起"王在奠"一般。桓公居、徙之地都有可能是"奠"。后来的"郑父之丘"和"新郑"那是带去的名称，金文里还有一井叔和奠井叔之名，据研究，井叔在共王以前，奠井叔在其后，是先为井叔而后食邑于奠，故简称"奠井"或仅称"奠"（同注[36]）。由此可以推知桓公也好，井叔也好，都因居于奠地而得"奠"或"郑"名，更可能他们本是某一奠地的君长，所到之处都离不开一个"奠"字。即使后来的郑国仍然呈现它前身的遗迹，《左传》昭公十三年，子产还说："郑，伯男也，"就是男服之长。男服，据《逸周书·职方解》孔晁注"任也，任王事。"服虔注《周礼·职方氏》："男，任也，任土作贡。"《说文》："言男用力于田也。"即男服和甸服也有内在的联系。

郑之源于"奠"，犹吴之来源于虞，"吴与虞国，殆以虞牧之事为国名。"[37]金文的虞即作"吴"，见《同簋》等铭。

甸服来源于王室农田区，在王畿郊甸之内，它是王室贵族剥削生活及一切费用之源。

夫先王之制，邦内甸服。……甸服者祭。

昔我先王之有天下也，规方千里以为甸服，以供上帝山川百神之祀，以备百姓兆民之用，以待不庭不虞之患。 《国语·周语》

言辞虽然冠冕堂皇，还是道出了甸服的本质。那就是甸服本为王室经营农业，其收入供给最高统治集团享用。《尚书·禹贡》说：

五百里甸服：百里赋纳总，二百里纳铚，三百里纳秸服，四百里粟，五百里米。

此以"赋"的形式体现了甸服向王朝提供农作物粮食，按远近区分谷物精粗程度，虽然编造得机械划一，却更坦率更接近史实。春秋时人还说："卑而贡重者，甸服也。"正是这种农业经济的遗制。

西周甸服诸侯，还可以考证者，除上面说的郑国，还有两个，一是晋国，一是曹国。《左传》定公四年卫祝佗说："曹为伯甸"，杜预注："以伯爵居甸服"，是曹为甸服之长。曹近商代早期亳都，那里早有"亳众"为统治者耕作。或已有甸的雏形。到后期，卜辞云："呼黍于丘商"，据说这就是商丘。曹国近此，当与商朝的甸服有关，入周，叔铎受封于此，仍袭其旧称，故有"伯甸"之名。

至于晋国是甸服诸侯，更有史实可证。《左传》桓公二年云："今晋，甸侯也。"《国语·晋语（一）》记郭偃之言："今晋国之方偏侯也，"韦昭注："乃甸内偏方小侯也。"于此可见。顾颉刚先生曾指出："晋何以在甸服？盖汾沁之域，王季已伐燕京之戎，西伯已戡黎，厉王亦流彘，宣王又料民太原，足证其为周之王畿；[唐]叔虞封晋，自在甸服中矣。"[38] 尔后，晋文公勤王有功，向周朝"请隧"，襄王拒绝了他，说不能"班先王之大德，以赏私德。"实意是晋为畿内甸服，没有资格置"隧"，于是赐以南阳数邑。而南阳一带，也是周室甸服之区，当晋国强力接收南阳的阳樊时，其首领仓葛说："阳不承获甸而祗以觌武，臣是以惧"。（同上《晋语》）韦昭注："阳人既不得承王室为甸服，又惧晋不惠恤其民。"春秋时晋国有"甸人献麦"，"隶农"出现较早，以及"作爰田"的土地制度变革，可能都与他们甸服背景有关。（详本书第陆篇）

（三）男（任）服

甲骨文有"男"字，商代是否以"男"为服名，尚有不同的认识。出现"男"的卜辞甚少而多残缺，兹汇集如下：

贞：男不其…… 3451

[ ][ ]卜，贞：[ ]雀[ ]受男…… 3452

[ ][ ]卜，㱿：翌甲辰侑上甲，男…… 3453

……不其受男…… 3455

庚辰卜，贞：[ ]长亡若？——庚辰卜，贞：男苟亡㕙？ 21954

都是武丁期的。大部分辞句似反映"男"是一种身份的名词，说他是指称男服，根据不足，但也并非全无可能。只暂且存以待考。周人有"男"服是不成问题的。古男、任二字相通，甲骨卜辞中关于"任"活动的材料较多，可以作为男服来看待。兹辑录于下：

庚午卜，方贞：令任竹归于[ ]？ 4744

贞：令薅以文（？）取舛任亚…… 4889

己巳卜，王贞：史其执卢（？）任？六月允执！ （5858）5944

甲辰卜，王：雀只侯任[在]方？—— 6799

甲辰[卜]，王：雀弗其只侯任在方？ 《怀特》434

贞：呼吴（？）取骨任？ 7859

[己][酉]卜，㱿贞：呼吴（？）取骨任伐，以？—— 7854，7859

己酉卜，㱿贞：勿呼吴取骨任伐，弗其以？

……正（？）有任𠯑眾唐？——

贞：勿令旨眾逆正（？）有任𠯑…… 3521

丁卯卜，曰：黑任有正归？允正！——……归人[ ]正黑任？ 7049

贞：而任𩁹𩢲身？ 10989

辛亥卜：令吴呼从沚戈……莫名任？ 《安明》2432

辛酉卜，贞：其呼折任局……毋若，弗若？三月。 《甲》889

[ ]丑[卜]，贞：多任…… 19034

……雀任 19033

……以多田亚任…… 32992

从这些"任"的称名为"某任""任某"和"某任某"来看，与侯伯的称法相同，是一种职官或服名，可无疑义。有些任所在之地如竹、而、雀、名、骨，都可与侯伯或族名对应。依照辞中反映的，任的地位不高，如被执捕，被提取，推测任低于侯伯，也许本是侯伯所委派而为王朝服务的，而且劳役繁重。当然，其中也有不同的情况，任也直接迎受商王命令，骨任能向王室提供人牲"伐"，黑任与归方交战，"奠名任"与别的"奠某侯""奠某方"相类，而"以多田亚任"一语，已经把任同多田连称，还是出现了任向诸侯发展的趋向，周人称"侯甸男"为诸侯，是有来的。不过即使到西周，男的地位也是处于诸侯的末等。

西周一般称男服，也有以"任"作为职官名，如《尚书·立政》的"三事"之一有"常任""任人"，是商代"任"字的沿用，但已经不是一回事。前引周人讲服制时，男始终在其内，而具体落实到某一封国的也有，可是不多，史籍记载，楚国是"分以子男之田"，郑国称"伯男"，后来，有许、邰、宿、邾为男爵，还有骊戎男。金文里，男服诸侯国也很少，史籍往往"子男"同称。说爵制者，所谓爵名有五而实为三等的意见，不无理由。男的这种地位，和商代"任"的状态还是相近的。

（四）卫服

卫起源于保卫王朝、王都的职能，极为明白。卫字的原形就是保卫之意，"卫"在甲骨文与早期金文同，只把字中的"囗"换成"方"字，因为"囗"本是方字原形，囗、方是古今字 [39]。卫的繁文作囗外四边以四趾围绕或再加行道"行"字，像人们巡行城下或宫室外围，守卫之像甚显。《说文》云："卫，宿卫也。"今天看来，释义似嫌狭窄，但切合古代社会情况。甲骨文里的卫字，多为保卫之义，如卜辞有：

癸酉卜，古贞：勿卫年？ 9614

与"贞：乙保黍年"（10133）一辞对照，卫同保是一个意思。还有"卫王目于妣己"（39636），是向妣己祭告为保护商王的眼睛免受疾患所害。古籍里卫字这种含义不少。需要指出的是，卫字很自然地又含卫队、卫兵之义，《左传》僖公廿四年："秦伯送卫于晋三千人，实纪纲之仆。"杜注："以兵卫文公，诸门户仆隶之事皆秦卒共之，为之纪纲。"卅三年又云："行则备一夕之卫"，文公七年又云："文公之入也无卫"，服虔注："卫，从兵也。"据此，甲骨文的卫，有动词保卫之意，也有名词卫队之名。

王占曰：其卫…… 7570

鼍其卫…… 7405 反

贞：虫沬（？）令卫？ 一月 7569

这三条卜辞的卫可肯定是动词，是一种保卫的活动。由于保卫的职责而形成职务名称，则是称作卫的官职，也就是卫服的萌芽，如云：

贞：呼卫从丙北？ —— 贞：勿呼卫从？

贞：王勿从沚馘？ 7565～7567

这里，卫与沚馘处于相应的地位，当然是负有卫这种职责的人。他们由某族人担任，故又冠以族名，如：

贞：勿令叛卫？ —— 贞：令叛？ 7568

令菁卫从？令［尹］以多射？

令毕卫从？

己酉贞：令辰以多射于［靳］？ 32999

辛未贞：在万牧来告，辰卫其从事，受佑？ 32616

菁卫、毕卫、辰卫就是一些族担任的卫职，在令毕卫的同时占卜是否令"辰"率领多射在靳地（活动），下一辞即有"辰卫"之名。卫也像"在某田"的称名法一样，也称"在某卫"：

丁亥卜：在硌卫酒元（？）戈典册…… 28009

［　］亥贞：在卩卫来？ 32937

其取在演卫凡于［　］，王弗每？ 《屯南》1008

［　］巳卜：在巴卫［　］？ 28060

在铜器铭文里还有：

子蔑厤于橐卫，用作鼎彝。父乙森。 《橐卫鼎》（《三代》三·二七）

商代的卫，多指武装保卫，负有卫职的人也多从事于征伐，上引卜辞即如此。

卫以宷（率用） 555，556

于父甲告卫有戋，以王禽？ 《屯南》3666

就是卫还参与狩猎和管理奴隶的事务。

王其呼卫于昊，方出于之，有戋？

……陟……卫……［方］出于［之］，有戋？ 28012

戊……卫……自可至于宁偪，御［羌方］…… 27991

由于这些客观需要，商王朝建立了一支卫队，那就是"多马卫""多射卫""多犬卫"：

贞：令多马卫于北？ 《甲》3473+3523

［　］［　］卜宕贞：令菁以多马卫医？ 5712

……多马卫从…… 《善斋》5832

贞：令多马卫……   5711

贞：于多马卫……   5713

甲辰[卜]：多马卫从……   27943

令郭以多射卫示呼[ ]？六月   5746

[ ]未卜允[贞]：令多射？一月   5747

癸亥卜贞：呼多射卫？   5748

贞：令多射卫从陕？八月   《前》5.42.6

[ ]酉卜亘贞：呼多犬卫？   5665

[ ]戌[卜]永贞：令[ ]以多犬卫从多㠱羌、从汳……   5666

多卫……   651

"马"在甲骨文中除指马匹外，军事活动中的"马"乃代指战车，军职司马即由此而来[40]。
此处"多马"即指战车的组合；射指射手，作战时为战车上的武装，平时可能自成一集体，
有专官管理；犬，此处为田猎服役的官吏，合称为多犬（详见本书第四篇）。因此，多马卫、
多射卫和多犬卫分别是车队、射手、猎队组成的守卫部队，实际上是两种，一是作战武装，
一是田猎武装，大概各有专用。当时，田猎也是一种军事活动，多犬卫很可能是王室田猎
区中的武装，商都西边的猎区本来就有防御西北方敌族入侵的守卫作用。

上揭诸辞中的"卫"字是否构成词组，抑是动词，即"多马卫"乃是命令多马来守卫
之意？或者有人以为"多射卫"是多射与卫的两个职名？那都不确，因为这类辞句中，卫
字后面大都接有动词，如"医""从"等，从字意思很明显，这里就是让"多马（射、犬）卫"
跟从作某种武装活动。这个词组反复出现，说明这是一个名词组，不能拆开的。再说，在
哪个字上分开，很成问题，如果把"多马卫"分为"多马"和"卫"，"多"字还管不管"卫"
呢？即是否应指"多马"与"多卫"呢？照通例"多"字只能冠于一词上表示这一个集体。
如果是"多卫"，为什么它老是跟在"多马"之后，而不见"多卫"之称呢？所以，这三者
只能分别为一个词组，亦即分别是某种武装组成的卫队。

这些卫队当由那些"某卫""在某卫"所率领，像前举的"辰"可率领多射，而他正是"卫
辰"，则这些多射也就可称"多射卫"了。卜辞表明：菁、㦰等也是武职，故有"菁卫""㦰
卫"之称。

商王朝是有王宫的守卫措施的。殷墟第十五次考古发掘，出现三组基址，在靠近门前
或门旁处，各埋四人，并随葬一戈或一戈一犬。石璋如先生认为这是相当于《周礼·天官》

中的"阍人"。另有一组处于上述基址的内层，有两个基坑共埋五人，从随葬品看，似为女性，从人数看，则相当于"寺人"。这都显示了商王宫庙守卫的陈设[41]。西北岗王陵 M 1001 大墓，在中央底部腰坑和墓室四角与椁室四隅均各殉一人共九人，随葬石戈和犬，"看来，这都是墓主人的武装侍从。"[42]

商朝都城也当有守卫设施，那就是以"卫"名其都城。《吕氏春秋·慎势》篇说："汤其无郼，武其无岐，贤虽十全，不能成功。"说的是都城的重要性。《路史·后纪》卷十四：汤"反夏政，国迁郼。"汤都的"郼"字，旧注都读"殷"声，但其实也就是"卫"字。郭沫若先生指出："但这个字应该就是卫国的卫，卫字从行，韦声，与郼字从邑，韦声，声正相同；而卫之地域也正是殷之旧地。"[43]顾颉刚先生也说："殷"一作"郼"，"卫"即郼也（同注[38]）。当然，汤的郼不就是后来的卫国，但其所都之城称卫，就反映都城是宫室的屏障，需要守卫，所以就称都城为"卫"。商族多次迁徙，凡建都之地都沿用这一名称，正如商族在多处留下"亳"的名称一样，亳与"堡"有音义的联系，都意味着守卫设施的存在。

至于商王国封疆上的警卫活动，甲骨文里有很多的反映。如武丁时期，东方有子𡥓报告郳伯、旁方的侵扰；南方有过一连三天的"告事"；西北方长族首领报告邛方侵犯土田，雭报告土方侵犯土田，子𡥓报告五天里一个"方"的部落两次入侵掳掠人民等，都是很明显的警卫机制，直至商代晚期。可以推知这时边疆定有守卫的措施和制度。

西周的守卫措施和制度进一步发展，周人吸取了前代的政治经验，更加上"小邦周"入主中原，统治辽阔的疆土，经过周初的平定"三监"之乱，及时总结新的经验教训，采取"封建亲戚，以蕃屏周"的措施，按宗法（包括姻亲）关系分封诸侯，组成了一个从上至下的统治阶梯，形成了从内向外层层拱卫王室的屏障，可以说是扩大了的守卫制度。

当然，还有具体的办法。成王封康叔于卫，叫作"临卫正殷"，康叔一面在王朝为司寇，已具镇压的职能；一面也负镇抚东方之责。卫国转手成了西周之"卫"。金文中的"成周八师""西六师"等据说也是都城的宿卫军[44]。在重点地区特设守卫，《尚书·立政》的"三亳阪尹"即指在商的旧都与险要处置尹镇守[45]。

根据《周礼》的有关职文，西周守卫制度进一步严密，表现在：（1）王宫的警卫。有专司宫禁的官长如宫正；并有宿卫值班人员看守宫闱墙门，稽察行人，夜间巡宫和有事戒严；其核心为武装禁卫军虎贲和虎臣，由高级军官师氏督率。（2）国都的守卫，重点是守卫城门，有"司门"为长，下属甲士分守四面十二座城门，管理启闭，所谓"抱关击柝""监门御旅"者。（3）国境关塞的守卫。有"关尹"守关，"司险"扼守要冲和主要通道；有

"荷戈与殳"的"侯人"在边疆上武装巡逻,所谓"疆有寓望"。(4)一般的社会治安保卫。在遇有国家军、宾、丧、祭、王者出行等大事时,布置维持场所的秩序,交通戒严。此外,平时限制人民自由迁徙、商贾的往来,等等。有些记载不见得全是西周的事实,不过不少的内容有金文及《左传》《国语》等印证,可见西周是存在这一基本制度的。

卫服就是从守卫活动的官职中产生的。在商代,卫队有长官,还可能有寮署,卜辞云:

丁亥卜,在 [　] 次贞:韦师寮妹有宦?

王其令宦,不每?克叶王[令]……

韦师寮亡宦?王其示京阜……若?　　　　　　　　　　　　　36909

此两辞初为郭沫若在其《古代铭刻汇考》中缀合成全辞,其释云:"韦师寮,似官名,亦似人名。宦当是从宀艮声之字,疑是服字之异。"解释基本正确。《甲骨文编》从之,进而说:"卜辞用韦为卫,……韦师寮即卫师寮,官名。"(见第二卷第廿八页)不过"韦师寮"既非人名,亦非官名,应是卫队长的官署。古谓"同官为寮",源于同居一处官署[46]。这"宦"确是最初的"服"字,亦即服职,可与"克叶王令"相应。于此,卫服的端倪可以窥见一二。

如果说,甲骨文的"某卫"是卫队之长,那么,"在某卫"则可能建置于地方的卫职首领了。他们长期"为王捍卫",增强武装实力,长期驻守一地,逐渐发展为侯伯同类的地方政权,也是很自然的。

西周的卫服诸侯,《国语·郑语》记史伯劝导桓公友迁居虢郐之地,叙述前代各国族的兴衰荣辱时说到:

妘姓:邬、郐、路、偪阳;曹姓:邹、莒,皆为采、卫,或在王室,或在夷狄,莫之数也;而又无令闻,必不兴矣。

这是唯一说到某些国家是采服、卫服的地方。尽管没有分清这些妘姓、曹姓的小国谁为卫服、谁为采服,却说明确有这类诸侯存在。还有卫国至夷王时得命为侯,据说是卫服成为诸侯的一例(同注[44])。《尚书大传》:"四年建侯卫",《顾命》中的诸侯们自称"一二臣卫,敢执壤奠",《周礼·巾车》:"以封四卫",所谓"天子守在四夷,天子卑,守在诸侯。"而小国又是大国的守卫的附庸,所谓"诸侯守在四邻",骊戎是晋国的"封人",颛臾是鲁国的"社稷之臣",甚而卿大夫都城又是本国的捍卫者,所谓"有都以卫国"[47]。广义地说,这些也可说是卫服的范畴。

随着王朝自身守卫制度的严密,分封侯伯又成为王朝的屏蕃,卫服也就很快失去他们原来的职能，卫服诸侯也就徒具其名，没有用它作为诸侯等级的区别标志，它也就消失得更快，故而少能找到曾经确是卫服的国家了。

（五）采服

商代可能还没有"采"服，甲骨文里只有"大采""小采"作为记时名词。周初文献讲商代服制也没有提到采，说到采的只在叙述周制的文字中，见前引《尚书·康诰》和《左传》。《尚书·禹贡》把采、男都置于侯服的范围内，《周礼·大司马》和《职方氏》都有采服，按侯、甸、男、采、卫这种系列从内向外安排。

对于"采"的含义，古人的注解各有不同。郑玄注《礼记·王制》："取其美物以当谷税"，《周礼·大司马》贾疏云："采取美物以共天子"，这是以采为天子服职，与上面四服的职能相同。而《礼记·礼运》："大夫有采以处其子孙"，《公羊传》襄公十五年何休解诂："所谓采者，不得有其土地人民，采取其租税耳。"这是说由受封者采取租税自食。上面两说有所不同，应是反映同一制度的不同等级所用。以前四种服制的性质例之，郑玄、贾公彦的说法，合于西周王朝一级的事实；《礼记》、何休的说法则属于周王赐下面贵族作采邑的一种。

从《康诰》的"侯、甸、男邦、采、卫"的排列看，采、卫似乎与前三者有别，不称邦国。《礼运》也只说"大夫有采以处其子孙"，说明采不是国君一级，而只是卿大夫的封邑。这种封邑的性质起初也应与侯伯等大同小异，是为王朝"采取美物"的，但受封者的贵族也少不了对采地进行剥削，只是当时还不可能有封建制的"租税"形态，在西周金文里明确称采的有两处：

惟十有三月，庚寅，王在寒次，王令大史贶禠土。王曰：中，兹禠人入事，赐于武王作臣。今贶卑女禠土作乃采。中对王休…… 《中方鼎》

惟十有三月辛卯，王在岸，赐趞采曰超，赐贝五朋。趞对王休…… 《趞卣》

两铭同月而日干相连，可能是同时事，周王赐给臣下一批采邑。前一铭文叙事很清楚，这裏地人原是隶属于武王作"臣"而负有劳役义务的，现在转手赐给中作为"采"邑，继续进行统治。从此可知：（1）采不大，不是封国；（2）采是封赐给臣下，"作乃采"，与侯甸男诸服稍微有别；（3）采在封赐的前后，都直接实行剥削制度。

西周诸侯明确称"采"的既然少见，反映他本来是封邑主。当然封邑发展壮大为小国的，并没有什么限制，这时，他们就可用已经习惯使用的所谓五等爵名来称呼，故有某子、某男，而没有某采、某卫。即如上引《郑语》史伯说的"皆为采、卫"的邬、邻、路、偪阳、邹、莒之流，在文字记载中则可能只称为某子或某男了。由于这种大小封邑很多，"或在王室，或在夷狄，莫之数也。"在王室的，可能就是最初"采美物以供天子"的采服留于原地；在夷狄的当是他们分封出去，或如《中方鼎》所记那样在征服夷狄之后加以分封，作为征服者的"采"而进行统治。

有学者分析了商、周间服制的变化，商代只有侯、甸、男、卫四服，西周增加采服为五服制，并指出西周明确有授民授疆土的分封制度，与商代有异，这基本上是对的。他们由此进而论证：商代的服制是"指定服役制"，则是没有经过分封的部族首领，直接占有土地人民，当作私有财产，构成奴隶制；西周沿袭这四服制，通过分封，增加采服，从诸侯到采邑主，构成各种等级，实行劳役地租的剥削，成为封建制[48]。这就有商榷的余地。

这种论点，主要存在两个问题：一是分封制和等级制的有无及其对社会制度的决定作用；一是西周的服制是否能体现出它的这种封建剥削制度。这都是重要课题。

关于分封制和等级制，前面谈到，商代有封、邦的名称，有封殖疆界的事实，但还没有用之于侯伯子等，只可能有此萌芽。不过正如已指出过的，宗族分衍是个必然趋势，分封制度是政权结构的一种形式，它可以标志社会结构发展的程度，而不改变社会和政权的结构的本质。我们已经论证过，商和西周这两种结构基本性质没有大的变化。等级制也是如此，奴隶社会、封建社会都可以有等级，关键在于其生产方式如何。而且，商代后期，侯伯子与男田卫之间，他们同一名称的内部也不能说就没有大小高低之别，有的学者已推断它们有先发展为诸侯的，我们前面也分析过侯伯子的权力配置，其中有主次之分，很可能实际存在等级，只是还没有辨认出来，我们不否认商至西周有一个发展过程，但是，不能夸大为质的差别。两代的服制是否有性质上的不同？从字义上看，或从当时史实看，是很难发现出来的。倒不如说，西周的服制是沿袭商代的，加一采服并不是决定性的。如果要作比较的话，西周的采与商代分立的族邑可能是同类的东西。所谓"采取租税"是后世的说法，不能用来说明西周的采。西周采的性质，《中方鼎》铭文可谓明白，即是以"臣"服的族邑"作乃采"，还看不出"采取租税"的内容来，租税的出现有赖于整个社会生产方式的变革，在西周还未有发展到这一步，西周的"采"和后世的"采邑"恐怕还有相当的一段距离。

总之，"采"服不是封国，而是封邑，这一点它与前面四服不同。但它也可以发展为小的封国，当时封邑与封国之间也没有绝对的界限，又因文献上多与前四服并提，作为政权结构，它们的性质是同一类的，所以我们还是把采置于"服"制之中。

古籍中关于"服"制的记载，有个变化的过程，可以分为三个阶段。第一个阶段，就是这里讨论过的史实，服制客观存在于王室的各种职事的设置。第二个阶段，基本于原有史实但开始了一些理想的规划。如说：

昔我先王之有天下也，规方千里以为甸服，以供上帝山川百神之祀，以备百姓兆民之用，以待不庭不虞之患。其余以均分公侯伯子男。　　　　　　　　　《国语·周语（中）》

这段文字，从甸服说起，甸服的重要、性质即王田农业为王室经济之源，都是对的。但说"规方千里"，就理想化；五等爵完备而独成系统，时代也比西周靠后。

《国语·周语（上）》说：

夫先王之制：邦内甸服，邦外侯服，侯卫宾服，夷蛮要服，戎狄荒服。

《尚书·禹贡》则为：

五百里甸服：百里赋纳总，二百里纳铚，三百里纳秸服，四百里粟，五百里米；

五百里侯服：百里采，二百里男邦，〔二〕（三）百里诸侯；

五百里绥服：三百里揆文教，二百里奋武卫；

五百里要服：三百里夷，二百里蔡；

五百里荒服：三百里蛮，二百里流。

这里，甸服至侯服从内而外，次序是合理的；它详记甸服贡纳谷物，突出其负担繁重，与《周语（中）》所说，基本一致。但不容讳言，已经开始了编制的功夫，服称和安排参差互异，《周语（上）》抹去了男、采，出现宾服，《禹贡》把男、采纳入侯服地区内，又出现一个绥服。卫服似在其中，又似乎不像。两者的共同特点把戎狄等少数民族都划为要服、荒服，而把原有的五服都压缩在一定范围内，《禹贡》更根据甸服千里的标尺，分天下为五层，每层一面五百里，实际空间是千里。从此，溥天之下全是清一色服区，公、伯、子等诸侯也不存在了；服制完全变成了政区。这就离开史实远了。

第三阶段的记载，就在第二阶段的基础上加以充实和扩大，把原被压缩的服制全都立为服区，平等发展，变为九服。如云：

乃辨九服之邦国，方千里曰王畿，其外方五百里曰侯服，又其外方五百里曰甸服，又其外方五百里曰男服，又其外方五百里曰采服，又其外方五百里曰卫服，又其外方五百里曰蛮服，又其外方五百里曰夷服，又其外方五百里曰镇服，又其外方五百里曰藩服。

《周礼·职方氏》

一看就知是纸上的设计蓝图,历史上是不存在的,《大司马》中所述从同,而且把其中"服"字一律改为"畿"字,各服区都变成了王畿。其实何止"九服",那是把王畿千里提出来不计算在内,实际空间是十层区域,每层千里,整整一万里。很明显,这是把原来老五服,加上第二阶段的要服中的夷、蛮,荒服中的戎狄(或蔡、蛮、流)拆开为四服,并且起上新名称(这镇、藩作区域讲是更晚的)编排成功的。这里最大的漏洞是,编制者已经不懂得五服制的原义,把本是按服职不同和主次区别形成的序列,一律按由内而外的政区排列,于是乎甸服不在王畿,不在侯服之内而在"邦外侯服"之外了。完全颠倒了第二阶段尚能认识的本来秩序,从而反映了这些文字写成的时代更晚。此外,《逸周书·王会解》《礼记·王制》和《周礼·大行人》等篇,也都有不同的说法,或可归于第二阶段,也都没有这种九服、十畿说这般完整和典型。

对于此种现象,历代经师都认真去解释、比较、计算,有的还设法弥缝其缺,当然不可能自圆其说。因为,这种图案不关历史本身,只是反映不同时代的制作者们的一种地理概念的差异(同注[38])。

总起来说,商周几种"服"职,除"侯"外,都比当时其他的地方政权首领的地位为低,商代还处于王室职事向诸侯的发展的过程。商朝覆亡,它们的发展中断。西周继之,它们的辖地和权位虽无具体史实可说,从后来的记载看,也不会高。但它们都编入诸侯系统中,所以,它们还应纳入王朝的中层政权。

四 方国的特点

所谓"方国"是指在王朝直辖政区的外围的方国包括部落,它们具有独立性,严格地说不属于王朝的政权结构之内。但在当时的统治思想中"溥天之下,莫非王土",在视野所及的范围内都是王朝的领土;这些方国部落也都与王朝发生或和或战的联系,尤其当每一新的王朝建立之际,史载他们都来朝会、承认这个统一政权;而且,他们随着社会的发展,不断地从原始走向文明,逐渐变为伯或侯,进入王朝政区,如商之于夏,周之于商,南夷、淮夷、巴、蜀之于周、秦,都可以说属于这种情况,所以,方国可以说是王朝的具有其独立性、特殊性的一个区域的政权。

在一定的历史时期内,方国与王朝直属政权的侯、伯,是有原则区别的,应该研究这种区别及其变化,特别是在商代更有必要性。目前,由于研究不够深入,我们往往把前面论述过的侯、伯、子也称之为方国,甚至把一些商朝直辖的族邑也称之为方国,譬如,讲方国联盟就把当时的侯、伯和族邑看作方国的君长。现在我们认为，这是可以、应该分别清楚的。

方国在甲骨文里，一般说其称谓是不同的，对它们称"某方"，合称"多方"，若干方国合称为"三邦方""四邦方"，按其方位或称"南邦方"。对其首领称为"某方伯"如"危方伯""盂方伯""人方伯"和"周方伯"（见周原甲骨文）或合称"三邦伯"，等等。与前面说的"某伯""伯某"是不同的。当然有时也出现混同，如称"卢伯澡""归伯""绛伯"之类，不过只要注意把握全面的情况，加以比较，是可以区别清楚的。在甲骨文里，这一类能确定的方国，前后出现的也不过五十多名。旧的不见了，如邛方、土方、马方、虎方、基方；新的出现了，如召方、北方、人方、林方。原来不以方称的如鄜（方）、下危（方）、𢼸（方）、亘（方）、沚（方）、缳（方），等等后来也称起"方"来了。

方国与侯、伯等政权的性质，最显著的区别可概括如下：

第一，方国绝大多数被王朝征伐，有一些方国自始至终是兵戎相见；其首领一旦被俘，则被杀头祭祀，迄今甲骨中留有十来片人头骨刻辞，其上即写明"某方伯"字样，这又可与属于献俘典礼的卜辞对照。我们今天能见到这些方国及其君长的名称，也就是仰仗于那时王朝占卜战争事类的卜辞。而前面侯、伯却与此截然不同，在甲骨卜辞中，粗略统计：主要方国（指经常出现的）被王朝征伐的，占其总数的近90%；而侯伯之伯被征伐者约占全体的20%；侯被征伐者最少，目前发现仅二名，占全体的5.4%。这个界线和层次是很清楚的。侯、伯也绝没有被杀以祭祀的。

第二，方国同商王朝没有臣属、宗亲或婚媾关系，前面列出的"子"与侯伯的对应关系，王室之妇名与侯伯之地名的对应关系，基本上不见于方国。此即表明侯伯有些从"子"发展而来，方国与商朝的"子"绝缘，即与商族毫无关系；商朝与异姓侯伯通婚，而对于方国则否。只到商末，商周之间才有通婚的迹象，不过此时周已演变为商朝的侯伯性质了。

第三，方国对商王室没有固定的贡纳义务和徭役负担。有时也有方国贡纳兽畜、玉石器等，但与侯伯频繁的贡纳活动相此，就显得零星稀少，有些显然属于强制性的征集。至于为王室师田行役的活动，简直没有方国的用场，当然这在实际上也不可能。从"叶王事"一词使用的层次看，族邑长和王朝职官用的最多，侯亦用之，伯用得最少，方伯则绝对不用。于此亦可见到他们与王朝关系远近的层次和侯伯与方伯之间的界线。

第四，方国没有接纳王师、狩猎过境、驻跸和助王征战、随王田猎的情形。据卜辞，凡商王田猎，出巡（省），师次之地极少是在"某方"，多见王在某侯或某族地或在这些地方活动之后，即去征伐某方。平时的狩猎活动，参与者有侯伯子，但决无方国之人或方伯，这个界线也是很清楚的。

由此可见，方国部落是独立于王朝之外的一些异族共同体，当然就不属于商王朝直辖政区的地方政权性质。把他们混同于侯伯子，或把侯伯子和族邑之长称作方伯，视同方国，都是概念的混淆，不能正确地说明历史的。

伴随历史的进程，情况不断发生变化，在社会发展方面，各方国、部落发展不平衡，也都逐渐向文明进军，有的发展迅速，今日考古发掘，距商都千里之外的地区都出现很高的青铜文化。甲骨文记录一次打败危方，俘获了车马、甲胄、弓矢（36481 反），反映他们的军事装备已和王朝无甚差异。从而在政治方面，某些方国与王朝的关系也显现了变化。大致从甲骨文中期开始，方国名与族邑名发生对流现象，有的族邑称"某方"，有的"某方"又变成一般族邑名，商王田游经常所至之处，如：

郮→郮方…→郮　　　　　　　　　敠→敠方…→敠

亘→亘方　　　　　　　　　　　泟→泟方

林→林方　　　　　　　　　　　祭方…→祭

纞→纞方　　　　　　　　　　　羌方…→羌

下危→危方…→危　　　　　　　旁方…→旁

还有新出现的"北方"（32030，《屯南》1066）为方国名，相当于史籍里的邶。当然，在这里，也不排除同名的某地与某方本是两个地方，或前后或同时存在（见…→号）。同时也出现了具有封疆含义的"邦方""邦伯"的名称。原来侯伯之伯与"方伯"的称号也发生了浮动，如"危方伯"到晚期称"危伯美"，"卢方伯"也可称"卢伯漻"，而原来的"周"又称"周方伯""西伯"了。这些，都体现出一种趋向：一些方国臣服于王朝，一些部落被征服，被纳入王国政区之内，不再称"方"；而相反，有一些部落势力强大，却独立出来成为方国；原来的方国有少数内附，成了侯伯一类的政权，又经过发展壮大，成为方伯，一方之长。从周的成为"周方伯"，参照史籍的记载，就经过这一历程。

不过，变化的总趋势，还是王朝政区不断扩大，地方政权增加，各方国文明程度逐渐提高，各民族文化交流、融合。

上面着重探讨了商代的方国的情形，为的是分清这些概念、界限。西周的方国如玁狁、犬戎、淮夷之类与诸侯的区别，是清楚的，就不需要讨论。

还需要附带讨论的一个问题，是小国称王的现象。王国维首先写出《古诸侯称王说》[49],学者多从之。今天有学者对商代的方国称王的史实作了探讨[50]。看来,商周都存在这一事实,恐怕不能否定。当然,商代是否有那么多称王的,其中被列举的有一些属于族邑,它们是否也以王称,可能有对卜辞的释读问题,还值得深入研究。王先生解释此种现象是:"盖古时天泽之分未严",也就是说当时王朝与方国之间名分未定,在称名上还没有严格的界限。不过,在实际上,这些称王者对王朝还是有一定的隶属关系。如商代的"次王",他的名称就是刻在他进贡给商王室的占卜龟甲甲尾上的,这本身就说明了这一性质。论者所列举的其他一些称王者,不少也都受商王命令作某些活动。从而认为这些王者与侯伯的地位略同,是正确的。西周铭文里的称王者也多半受天子赏赐而作器记事。

由此可见,商周社会称王的小国,仍然是统一王朝的周边方国,还应归之方国类中。

五　政治区域

商周政权系统从上至下分为三级,它的政区大体上也是从内到外分作三层,彼此基本上相应。中央政权为第一级,从政区概念上说,也是占据"天下"的中心;侯伯等为第二级政权,其政区在王畿外的第二层;但第三级地方基层行政则不能相应地在第三层政区,而是都在其上二政区之下。方国部落在第三层政区;地方基层行政亦即族邑则分布在王畿和第二层政区中,即王子弟或公卿贵族在王畿的封邑和侯伯等封国,都有各自下属的族邑。作为普遍的社会基层,第三层政区方国部落也当然有它们各自所辖的族邑。

这是大致的梗概,也是就政区概念上来说的,实际情况复杂,政区之间的方国部落多是犬牙交错,彼此时常发生冲突,商代在甲骨文中都有不少反映,当然,大致的区划是有的,了解这一点,有助于更好地了解政权结构的全貌。

以宗亲体系为核心的商周政权,原则上来说,从上到下的系统和从内到外的层次,也都是从亲到疏的序列。第一层政权王朝占据王畿中心,这里除王族外,就分布着多子族或者公卿子弟的封邑,是统治族的也是政权的中心或者说是首脑首善之区;分布在第二层政区的中层政权侯伯或称诸侯国,虽然不比王畿那么纯粹,但是也以宗法和姻亲关系相联系。再加上一些古老的世族和新朝的元老重臣的封国,商朝的侯伯不少与子族有渊源关系,西周的诸侯大多是分封子弟叔侄而成。那些田、男、卫服诸侯,也包括在这一层中。他们共同对内为王朝服职,统治臣民;对外控制第三层政区的方国部落,或诱致它们逐渐归服,或抵御它们的内侵，或勒索它们的贡纳。

依照这些层次，政区也赋予不同的名称，含有亲疏远近的意义。大别之，从内到外为：

商：奠（四奠）——四土——四方

周：奠（中土）——四国——四土

（一）四土、四国与四方

商代以商都为中心的观念是很明确的，对四方或四土祈年的同时，讲"受中商年"（20650）和"祈年于邦社"（846～7，10104），整个王国的中心所在也就是它的"邦社"，这里也称作"大邑商""天邑商"或"大邑""兹邑"；西周称其首都为"中土"（《何尊》）或"土中"（《尚书·召诰》），意思也完全相同。

自都城以外，就是四奠，卜辞有：

贞：我奠受年？	9767
南奠受年——[南]奠不其受年？	9768
辛亥卜，争，贞：共众人立大事于西奠……	24
……𦥑以人[于]北奠次？	32275
虫般以人于北奠次？	32277

尚未发现东奠，推测当已存在。后来，奠与王田相结合，成为郊甸、甸服，甸服也就在王畿。西周大体如是。所谓"规方千里，以为甸服"，当然不可能就有千里之大，但这个中心是存在的。在王畿、奠（甸）之外，就是四土：

贞：东土受年？	9734
甲午卜，亘，贞：南土受年？	9738
甲午卜，宁，贞：西土受年？——	9741
甲午卜，宁，贞：西土不其受年？	9742
甲午卜，宁，贞：北土受年？——	
甲午卜，宁，贞：北土不其受年？	9745

此为第一期卜辞，第五期卜辞占卜商和四土的受年于一版上（见36975～6两片）。

再其外为四方：

癸卯贞：东（方）受禾，北受禾，西受禾，南（方）受禾？	33244
戊午贞：来岁大邑受禾？在六月卜。	33241

这是第四期的。四方和早期的四土，是否有范围的层次区别，比较受禾与受年同义来看，

还可能是称呼的不同。只是商代的方国都是指周边的民族，"方"字的构形也是四边之意，和它有同源可能的"巫"字的形象，表示四边之义更明显[51]，说明方与土的用法或者有所区别，这里则是用以区分商朝政区的大致层次。

据此，陈梦家《殷墟卜辞综述》的《方国地理》章，将商代政区图示为：

	卜辞所见	西周所述
A	商、大邑	商邑 天邑商
B	奠	
C	四土	殷国、殷邦、大邦殷
D	四戈	殷边
E	四方、多方、邦方	四方、多方、小大邦

这大体上是对的，尤其是把"奠"作为一个区域，属于创见。问题在于"四戈"还难定为区域之名，其材料见于这条卜辞：

甲子卜：王从东戈叙侯戋？

乙丑卜：王从南戈叙侯戋？

丙寅卜：王从西戈叙侯戋？

丁卯卜：王从北戈叙侯戋？   33208

另有"雀戋叙侯"（33071～3）之辞。叙侯是一个侯，无疑问，他被雀族征伐。四辞的"叙侯戋"应为"戋叙侯"之倒文，"王从东戈"等辞，按文例，王所"从"的对象也应是一族邑或部落名，同时的甲骨文有这类的"戈"或"戈人"。如此，这个去攻击叙侯的戈族却有四个方面的（部分），甚难理解，也独此一见；如果把"戈"作为"或"（国）来解释，也不可能征讨一个叙侯需动用"四国"的力量；如把这四"戈"作为叙侯的区域，也很勉强。很可能"戈"是动词，相当于"伐"，句读为：

甲子卜：王从东、伐叙侯，戋？

戋字，作为征伐的结果，相当于"捷"的意思[52]。因此，这四方面的"戈"恐怕不能作为商朝的政区。然则商朝的政区当以四层为妥，图为：

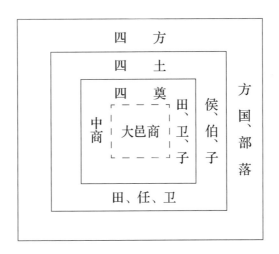

实际上还只是三层，因为商都和四奠连成一片，即所谓王畿或甸服，商都不能算作单独的政区。

西周的政区，与商代并无多大变化，只在称名上有些差异。

西周的王都从西土发展至洛邑，周初的政治、军事活动，不少在洛邑进行。《何尊》说："余其宅兹中国，自之辥民。"《尚书·召诰》说："王来绍上帝，自服于土中。""其作大邑，……其自时（是）中乂。"而称旧地为"西土""西土之人""西六师"等，这个观念是很清楚的。称"王畿""甸服"，西周早期还没有出现，也没有商代四方的"奠"的称呼，大概以"中国""中土""土中"来称呼它的王畿。

与"中国"相对的是"四国"，用以称呼诸侯政区，相当于商代的四土，金文有东国、南国，《诗经·韩奕》有"北国"，也还见之于其他文献记载。但"西国"似乎不见，可能这与西土本是旧都有关。在"四国"之外，就是方国，有一条明显的界线，从下列金文可以看出：

……徝省东国图   《宜侯矢簋》

亦惟霝侯驭方率南淮夷东夷广伐南国东国。   《禹鼎》

南国服子敢陷虐我土，王敦伐其至，扑伐厥都，服子乃遣间来逆邵王，南夷、淮夷具见廿又六邦。

戜其万年、畯保四或（国）。   《戜钟》（《宗周钟》）

方蛮无不钒见。   《墙盘》

王令甲，政司成周四方积，至于南淮夷。   《兮甲盘》

赐用钺，用征蛮方。   《虢季子伯盘》

只列举一部分材料，能够说明在四国之外就是南夷、淮夷、东夷、蛮方。征伐夷、蛮是为了保卫"四国"。《敔钟》的服子曾对王朝肆虐，受到惩罚后，就率领南夷、淮夷的二十六个方国来朝，这服子为南国所在，应属四国范围，只因它接近南夷一带，才发生这个事件。

西周称方国，亦并没有用四"方"作为专门概念，周初称殷遗民的国族为"多方"，当是袭用商代的，而这些"多方"并非如商代四周的方国，有的在肘腋之下，有些也不过是东土数国，已经失去了地理概念，而是政治概念即指被征服的异族。实际上，西周称边境地区为"四土"，相当于商的四方，如：

昔我自夏以后稷，魏、骀、芮、岐、毕，吾西土也；及武王克商，蒲姑、商奄，吾东土也；巴、濮、楚、邓，吾南土也；肃慎、燕亳，吾北土也。 《左传》昭公九年

除西土有点特殊性，其他三土的国名，可以说绝大多数都是西周的方国，而非直辖政区的诸侯。

综上情况，西周政区可以大致图示为：

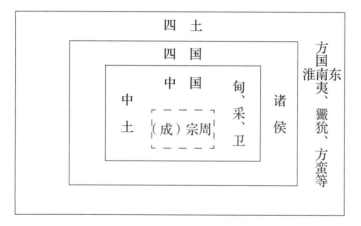

按：此图把成周置于中心，乃指方位的概念。事实上西周的王都还应在丰、镐。

（二）奠、鄙制

商代，王都的外围四面称"奠"，在其远郊称鄙，王都之奠已见前述，鄙有：

……大方伐西鄙廿邑？ 6798

此处"西鄙"之名前面没有其他所属族邑名，应是商王国直属之鄙。同样，侯伯、方国和各族邑也有奠有鄙。

乙丑贞：王［ ］奠施侯商于……告。

［己］巳贞：商于施奠？ ——

己巳贞：商于巴奠？ 《屯南》1059

辛巳卜：王其奠巫眔永麤 [ ]

在盂奠，王弗……

《屯南》1092

……于公蒐，其兄（祝）于危方奠？

27999

这是侯伯及方国的奠。旃为侯伯之地，有旃侯(3327，32811，玉戈铭)，盂有盂方，巴为巴方，则旃奠、巴奠、盂奠、危方奠，即是这些侯、伯、方国之有奠地。其中同时有动词的奠，当是致使性动词，使为奠之意，应与"鄙于卫""宇于东"句中的动词用法相类似。各族邑也有奠：

长戈 [化] 告曰：邛方征于我奠

584，6068

舌呼……征我奠，戈四 [邑]

584 反

长 [友唐] ……邛征于我 [奠] ……

6067

癸卯卜，宁，贞：令郭系在京奠？

6

贞：微人于砅奠？

39858

[ ] [ ] [卜]，争，贞：在羸 [奠]

8218

贞：于……崔奠？

《前》4.36.7

贞：亦……师般在孛，呼目（帅）在之奠？

7361

己丑卜，韦，贞：在丘奠每呼伯……

《散见》308

甲子卜，中，贞：崇奠……在奠。

41072

壬寅卜：其启舌奠？

《京人》2535

辛巳贞：毕以 [ ] 于苟奠？

41503

丁酉贞：王令毕从……曑乃奠？

32856（32854～5）

己巳贞：勑㲋在寇奠？

《屯南》1111

甲寅卜，在羸贞：今日王步 [于] 奠，亡灾？

36752

癸酉卜，在云奠河（？）邑永贞：王旬亡祸（？）？惟来征人方。

《英藏》2525

这些奠亦当起名于他们族邑主的甸地，同样，与奠相对的，他们亦有鄙：

泚蔵告曰：土方征于我东鄙、戋二邑；邛方亦侵我西鄙田。

6057，6059

蚁妻妌告曰：土方侵我田十人……东鄙戋二邑。……

6057 反

王呼取我夹在彳鄙……

7075

呼彶取楀于牧鄙？

11003

之日有曰：方在崔鄙。

20485

右牧于屮攸侯凵鄙？——

中牧于义攸侯凵鄙？　　　　　　　　　　　　　　　　　　　　32982

王来征人方在攸侯喜鄙永（贞）。　　　　　　　　　　　　　36480，36484

癸巳卜在畵畴孝商鄙永贞：王旬亡（祸？）？惟王来征人方。　41754（英藏2525）

这是侯（攸）和族邑都有鄙，即在他们辖地的四边都称鄙，如汕𫸩有东鄙、西鄙、屮、义两地都是攸侯的凵（古，故？）鄙，后世有"四鄙入保"之说。前引崔奠，此又有崔鄙，是崔既有奠也有鄙。

西周有所谓国、野之制，见于最早的史料如前述，已称"中国"指国都，可能也包括王畿之地。因不见西周称"我奠"或四方之"奠"的，西周的"奠"似乎已是指称各处的王田的甸地，与商代有四面之"奠"那么集中稍有变化。但在西周，与国、都城相对的地区也称鄙，如：

王各于康宫，……内史尹氏册命楚……司荙（宫）鄙，官内师舟……　　《楚簋》

王曰：恒！令女更京（？）克司直鄙。　　　　　　　　　　　　　《恒簋(盖)》

这是荙京有鄙，直邑有鄙。此外，鄙也用作致使性动词，有如商代的奠作动词用法：

徎令康侯鄙于卫。　　　　　　　　　　　　　　　　　　　　　　《康侯簋》

王令雍伯鄙于之为宫。　　　　　　　　　　　　　　　　　　　　《雍伯鼎》

这是说周王命康侯在卫国建鄙，命雍伯在这里建鄙并作宫，两鄙字大概是相对于周都说的。

总起来说，商周时代从王都至封国到族邑都各自有奠（国）有鄙，是后来所说国、野制的雏形。但是，在西周的早期史料里还没有明确讲国野相对的制度，更没有乡、遂的名称[53]。有人认为金文里的《师酉簋》"邑人"和"奠人"就是乡与遂的区别，但证据并不充分。"邑人"早已出现在商代甲骨文中，当是一般族邑的人员，在西周可能作为邑中的长官。当时中心地区和边鄙都有邑，和乡只集中于王都近郊不同。奠人应是甸地的生产管理者，和一般族邑之长的邑人可以对应，但奠并不就在鄙野，商代的奠在王都附近，而且奠之内还有邑，如果这些邑也有邑人，则亦在奠之内。是否西周把邑和奠分别作了集中，划分为两大区域，既无史料说明，也于情理难通。国与野是一种自然的存在，城之外是野，郊有近郊远郊。每个地区都有这种自然状态，决不可能作机械的编排。商代奠与鄙，下各有邑；西周即使称呼不同，称作国与鄙（野），情形也依旧不变，也不可能把原来奠（王田）全部搬到鄙野中去。即使西周有对被征服族殷遗的处置问题，也不可能和有必要把殷人都赶到鄙野中去，事实上也非如此。譬如说成周的里或"九里"是殷庶集中区，那也还是在王都的地方，今日洛阳市考古发掘出殷人墓葬可证，这里绝非百里之外的野鄙。再说，周人建国之后，另建了王都，而商族的地区对此来说都是鄙野，如卫国、鲁国对王畿来说都可称为野，但那里也还有都城，各自也有国与野的区分；鲁国都内还有商族的亳社，祭亳社的还称作"国人"。

由此可见，国与野是普遍存在的自然区域的名称，每个地区每个局部都存在，有都城必有鄙野，开始有城乡对立的因素。统治族与被统治族是存在的，但他们各自都有这种对立。在一个局部地区，也可能统治族占据中心地区，被统治族处于鄙野，那也一定以原有的居住状况为基础，不可能有全局的变动。

注释：

[1] 此据周原甲骨文"册周方伯"和"彝文武帝乙宗王其邵祭（？）成唐"卜辞，目前诸家说解多歧，此暂从一家之言。

[2] 此从朱熹《诗集传》引"或曰"的解说，即来王和进贡之义，较近原意。

[3] 顺次见《国语·周语》《尚书·序》《逸周书·逸文》，另见《逸周书·王会解》。

[4] 胡厚宣：《释"余一人"》，《历史研究》1957：1；《重论"余一人"问题》，《古文字研究》第六辑。

[5] 顾颉刚：《史林杂识·古代兵刑无别》。

[6]《资本主义生产以前的所有制形态》。

[7] 此从杨树达：《积微居金文说》。

[8]《续"渤海一勺"》，《中华文史论丛》1979：4。

[9] 参见裘锡圭：《甲骨卜辞中所见的田牧卫等职官的研究》，《文史》第十九辑。

[10] 甲骨文字的隶定，是为了便于印刷，不一定准确，请查核。下同。

[11] 事见《逸周书·世俘解》。

[12]《左传》昭公十五年。

[13] 顺次见《左传》昭公四年，定公四年，文公十年，昭公三年、四年，成公十七年。

[14] 分别见《左传》昭公廿五年、卅二年，定公元年。

[15] 参见李学勤：《试论孤竹》；金耀：《亚微罍考释——兼论商代孤竹国》，《社会科学战线》1983：2。

[16] 散、矢或是姬姓，或是姜姓，目前看法不一。

[17] 此段参阅张荫麟：《周代的封建社会》，《清华学报》第拾卷四期；刘起釪：《周初的"三监"与邶鄘卫三国及卫康叔封地问题》，《历史地理》第二辑（1982：11）。

[18] 杨希枚：《论先秦所谓姓及其相关问题》，《中国史研究》 1984：3。

[19] 胡厚宣：《殷代封建制度考》，《甲骨学商史论丛初集》。

[20] 李玄伯：《中国古代社会新研》。

[21]《观堂集林·观堂别集》卷一。

[22] 说见陈梦家：《西周铜器断代（五）》。

[23] 分见《左传》昭公三年、十三年。

[24] 参阅胡厚宣：《殷代婚姻家族宗法生育制度考》，《甲骨学商史论丛初集》；杨希枚：《论商王庙号问题兼论同名和异名制及商周卜俗》（1987年商文化国际学术讨论会文稿）。

[25] 李学勤:《论殷代的宗族制度》,《文史哲》1957：11。

[26] 伍仕谦:《论西周初年的监国制度》,《西周史研究》(人文杂志增刊),1983 年,第 123 页。

[27] 见史建群:《〈周礼〉乡遂组织初探》,《郑州大学学报》1986：2。

[28] 见周法高:《金文诂林》。

[29] 见《国语·周语》韦注,《周礼·职方氏》贾疏,《礼记·王制》郑注,《逸周书·职方解》孔晁注。

[30] 裘锡圭:《甲骨卜辞中所见的田牧卫等职官的研究》,《文史》第十九辑。

[31] 王树民:《畿服说成变考》,北大潜社《史学论丛》第一册;杨向奎:《介绍〈史学论丛〉中三篇古代地理文字》,《禹贡》第六期;参见顾颉刚:《史林杂识·畿服》引童书业说。

[32] 分别见《周礼·考工记》《大戴礼·投壶》《仪礼·大射仪》及《说文》矢字解。

[33] 参见陈梦家:《殷墟卜辞综述》"方国地理"章。

[34] 参见郭沫若:《矢簋铭考释》,《文史论集》。

[35] 杨树达:《积微居金文说》卷四《免簋跋》。

[36] 陈梦家:《西周铜器断代(六)》。

[37] 唐兰:《同簋地理考》,《禹贡》第三卷第十二期,1935 年。

[38]《史林杂识·畿服》。

[39]《金文诂林》卷二第 30 页。

[40] 陈梦家:《殷墟卜辞综述》已指出:"马,受令征伐与射猎,很可能是马师,后世司马之官或从此出。"(第十五章《百官》第 509 页)颇具卓识;拙作:《就殷墟甲骨文所见试说司马职名的起源》,《甲骨文与殷商史》。

[41] 石璋如:《殷墟最近之重要发现》及《后记》,《中国考古学报》第二期第四册。

[42] 北京大学历史系考古教研室:《商周考古》第 107 页。

[43]《有关〈易经〉的信》,《中国史研究》第一期,1979 年。

[44] 徐中舒:《禹鼎的年代及其相关的问题》,《考古学报》1959：3;徐中舒、唐嘉弘:《论殷周的外服制》,《先秦史论文集》。

[45] 顾颉刚:《"周公制礼"的传说和〈周官〉一书的出现》,《文史》第六辑,1979 年。

[46]《说文》卷七穴部段注。

[47] 顺次见《左传》昭公廿三年,《史林杂识·骊戎不在骊山》,《论语·季氏》,《左传》昭公廿六年。

[48] 见注 [44] 徐中舒、唐嘉弘文。

[49] 见《观堂别集》卷一。

[50] 齐文心:《关于商代称王的封国君长的探讨》,《历史研究》 1985：2。

[51] 艾兰(英):《谈殷代宇宙观与占卜》(安阳商文化国际讨论会议论文,1987)。

[52] 参考管燮初:《说戈》,《中国语文》1978：3。

[53] 于省吾:《关于〈论西周金文中六𠂤、八𠂤和乡遂制度的关系〉一文的意见》,《考古》1965：3。

叁　商周官制

一　职官起源与官制形成

官员与官制是一个历史范畴，它们伴随着阶级和国家的形成而俱来。职官源于氏族社会的公职人员，但又和后者有本质的区别。起初，这些公职人员完全为全体公众办事，毫无权力地位的观念。到了部落联盟时代，氏族共同体的层次增多，又正当军事民主制时期，战争和社会中的争端开始频繁，从而设置总议事会和执政会议，公职人员的活动日显重要也日趋独立。这时，氏族内部也开始了阶级分化，氏族显贵出现并日益处于优越地位，公职就逐渐为他们所独占和世袭，从此公职人员由起先的社会公仆变成了社会的主人。"这些职位被赋予了某种全权，这是国家权力的萌芽。"[1] 历史再往前发展，阶级的出现，国家的建立，施行国家权力的职官也就正式出现了。

中国古代，从黄帝经颛顼到夏禹的时代，大约与上述过程相当。史载黄帝以云纪官，炎帝以火纪官，共工氏以水纪官，太昊以龙纪官，少昊以鸟纪官，其实都是以各部落的图腾为其公职人员的名称标志，还不是正式职官。从颛顼开始，"为民师而命以民事"[2]，脱去了图腾的外衣。到舜时，重用颛顼族的"八元"和高辛氏的"八恺"，所谓"举十六相"[3]，是以两个部落的十六个氏族长为部落联盟的公职人员。这时的公职人员有好的和坏的区别了，如"元""恺"就是一种美名，另有"四凶族"就是恶名，反映阶级发生了。尧舜时代已经有二十来个官名，可能就是部落联盟总议事会的机构，成为"中央管理机关"，一批执政官分头总揽了政务。这时，分明到了国家出现的前夜。

夏代已进入阶级社会，作为阶级社会的王朝，夏朝自然有国家机器和职官的存在，可见者有车正、牧正、庖正、兽臣、仆夫等官名，还有所谓"六卿"实即"六事之人"以及历法官，可能开始构成一定的官制，但因史籍佚失、现存的史料也很零碎，目前无从稽考。

商周职官的文献记载渐多，更有幸的是殷墟甲骨文和商周青铜器铭文，记录了不少职官及其活动，较为清楚地展现了当时王朝乃至地方政权设官分职的局面。从商朝起，职官显见增多，国家机构已经分门别类，构成了系统和制度，就是官制了。从上述中国职官起源和形成的历程梗概中，商周也正处于社会发展的重要阶段：青铜文化由早期发展至昌盛，文字由原始臻于成熟，文明历史由早期进入发达时期，社会经济较前繁荣，疆域由黄河中下游而扩展至大河上下和长江流域以及燕山内外，等等，作为上层建筑之一的官制，当然有它新的面貌。

两朝除开地方行政，商朝职官可大体的分为五个部门，西周可分作八个部门。仅就职名计，不算其中复数的员额[4]，初步统计，商代约七十名，西周近一百名，这都是以当时的史料为基础汇集，若《周礼》六官，号称三百六十，那就更多了。

值得提出的是，中国古代社会由氏族进入文明时代，没有经过新的贵族和平民对氏族贵族的剧烈斗争，宗族贵族世袭官职，族组织内部有阶级分化，社会还保持族的结构。同理，族的首领、贵族"拥有居要职以管理社会的权利"的状况，没有根本的改变，因此，在官制中也带有明显的宗法色彩，也是中国早期文明社会政权结构的一大特点，是与其他古代国家不同的。

二 商周官制的构成

商朝的官制，比较全面扼要的叙述，见之于《尚书·酒诰》周公一段诫酒的话，其中除开前面论"服"制时引述的"外服"内容，还说：

越在内服：百僚庶尹，惟亚、惟服，宗工；越百姓里君（居），……

汝劼毖殷献臣：侯、甸、男、卫，矧太史友、内史友，越献臣：百宗工。

在《逸周书·商誓》篇中，也有：

……及太史友（比）、小史友（昔）及百官、里君（居）献民。

两处说的相同，虽是周人谈商事，而时代紧接，反复言讲，应该可信。而且可和甲骨文记录很多职官活动的情况相合。《酒诰》讲的虽不算详实，有少数职名及其序列还需解释，但是却提纲挈领地概括了商王朝从朝廷到地方、从上层到基层的职官设置的框架。这里，列举的名称如侯、田（甸）、男、卫、邦伯、尹、亚、宗工等，可以同甲骨文对照，是商代使用的名称；少数用词如庶、姓、里君之类，用了周人自己的语言，有的字也经过后人的改写。要之，大部分是与商代官名相符的，《尚书·君奭》篇里，还列举了商代历朝的辅佐，也可与此互补。从而我们可以说，商朝存在较完备的官制，是没有疑问的。

西周存在官制当然更无问题，《周礼》虽然远不是西周成篇的，但不能否认其中存有西周的职官材料和某些构成。而且其他较早的文献记载也多起来了；更有大量的金文作为实录。史学界对西周官制的研究也比较充分，近年以来显见进展[5]，其中张亚初等同志的《西周金文官制研究》（中华书局，1986年）一书，对金文中的西周职官作了详细深入的研讨，并利用前人的研究成果，给西周官制构成以坚实的基础。《令彝》的"三事令"与"四方令"相当于商代的内服、外服。"舍三事令，罗卿事寮，罗诸尹罗里君罗百工"这种序列，和《酒诰》讲商的内服职官几乎一致，也是概括出周朝官制的框架，似乎出于一人手笔。这里的"三事"，在《尚书·立政》里重见，《立政》的"三事"列出伯（牧）、任（事）、准三种职官，下面还有缀衣、虎贲。在"立民长伯"一段，列举出近二十种职名，有的属常见，有的较特别，排列次序较乱，可能有后世错简。顾颉刚先生条理为五组：机要大臣、宫中、府中、侯国、封疆等处之官[6]。在《顾命》里，出现了太保、太史（作册）、大宗（上宗、宗人）、卿士、师氏、虎贲、虎臣和百尹、御事，以及邦君、庶邦的侯、甸、男、卫以及东、西二方诸侯，职名及其体系就颇为清楚规范。这些，就把西周王朝的官制立起了一个并不简单的骨架。

根据金文的研究，西周中期职官增多，官制有明显的发展。

三　商周的同部门职官

西周职官及官制构成，明显地直接继承于商代，因此大部分重合，小部分是新的发展。这里，论述商周相同的有下列五个部门：

（一）最高政务——王者辅弼

商朝的辅弼，《尚书·君奭》记有一个梗概：

公曰：君奭！我闻在昔成汤既受命，时则有若伊尹，格于皇天；在大甲，时则有若保衡；在大戊，时则有若伊陟、臣扈，格于上帝，巫咸乂王家；在祖乙，时则有若巫贤；在武丁，时则有若甘盘。率惟兹有陈，保乂有殷。

这里举了五朝的七位大臣，他们"乂王家""保乂有殷"，当然是最高政务的辅佐；他们能"格于上帝""格于皇天"，表明赋有神职，是当时统治者意识形态的权威，符合辅弼者的身份。他们分别用尹、保、臣、巫等为官名，官名之后或之前连以私（族）名，是甲骨金文的习惯用法。"尹"是治理之意，也是最早的纯粹职名之一，它本身不带有等级的区别，从伊尹至下面的族尹、多尹均是尹。以"臣"为职名是商朝的一个特点，"臣扈"臣名冠于族名，如伊尹被称作"伊小臣"和"臣挚"[7]，称名法相同，甲骨文中的"臣某"，比比皆是，当然，用作辅佐大臣则是极个别的。"巫"是一种神职，身份也有高有低，这里是以神职居要位，与当时的神道设教相一致。

"保"作为官名，西周有太保，商代少见，甲骨文有"其侑于保"（40455），保，已是祭祀对象，可能是前朝的保官。推测"保"与"爽"字有关。甲骨文里，伊尹被称为"伊爽""黄爽"[8]，"爽"字当与保、傅、姆、弼、辅等声义相近。召公任太保，尊称"君爽"，又称"召太保爽"（《洛诰》）"保爽"（《君爽》），与伊尹为辅佐而被称为"伊爽""黄爽""保衡"都极相似。伊尹又称"阿衡"[9]，"阿"乃古代贵族教育青少年的保育人员，后世的师保[10]。保、阿官名为一类，所以保衡、阿衡为一人。又，衡可能是黄字的异作，衡、黄古音相通，卜辞伊尹又称"黄尹""黄爽"，与"伊尹""伊爽"为不同期、组的不同称呼。甲骨文中有黄族，很可能与伊尹有渊源关系。伊尹辅佐成汤建国，到大甲时已是元老，自然为师保之职，故尊称阿衡、保衡，死后一直在商朝受祭所谓"尊食宗绪"，文献与甲骨文记载相符。

史称商代有"相"，所谓伊尹为右相、仲虺为左相，那是后代的名称，可推测成汤时或许有左右辅弼的设置。武丁时有傅说，也即傅官名说者，傅亦辅弼，后来有太傅、少傅之分。古代还有"三公"之制，对此有不同的解释[11]，应以太师、太保、太傅较合早期史实，与保、阿、爽的性质相同。《尚书·微子》有"父（大）师""少师"，也属此类官职。至于史载纣王以鬼侯、鄂侯、周文王为三公，其实际情况如何，需要探讨。

最高政务官还有"宰"和"卿事"，武丁时曾有"百官总己以听于冢宰"（《论语·宪问》）之说，冢宰就是大宰，后世职位很高，为卿士之首，不过甲骨文与早期史料还没有这种记载。有"宰"官名，还没有冢宰那样的地位。如：

壬午，王田于麦麓，获商戠兕，王赐宰丰寝小旨兄（觵）。在五月，惟王六祀，肜日。

《佚存》518，又 426

王曰：俎大乙，累于白麓，侑宰丰。

35501

王来狩自豆麓，在禖师，王飨酉，王贶赏宰甫贝五朋，用作宝鼎。 《宰甫簋》

这些"宰"都是随王田猎而后受到赏赐，显示为商王的近臣，宰甫可能因办飨宴而受赏。史载伊尹"割烹要汤"而见拔擢，古代重视祭祀、宴飨，主办此类事务的内廷职人也很受重视。不过，商朝的这些"宰"始终尚未到达冢宰的地位。

商朝已出现了卿事，原作"乡事"，西周金文亦然，乡为"飨"之本字，是由主持王室宴飨之礼的职事而来。卜辞云：

辛未，王卜：在邵庭惟奉，其令乡事？ 37468

这个"乡事"若是名词，则为最早记载的"卿事"。晚商铭文有卿事：

乙未，乡事赐小子斝贝二百，用作父丁尊簋。弄 《簋铭》三代七 47.2

此乡事为官名无疑。《尚书·微子》作"卿士"，《洪范》亦然，均系后人改写。西周金文还是作"乡事"。

西周的辅弼大臣就更清楚了，召公为大保，见之金文；太公为大师，周公为大傅，史籍有载，合称为三公。大师是由高级军职兼掌贵族子弟教育而来的，故带有阿、保的性质，一直到西周晚期还处于很高的地位。

周初也有高职的尹，金文有"明公尹"；《尚书·大诰》中的尹氏在邦君之次；称太保为"皇天尹"或"皇尹"，这与商初的伊尹地位相同。

西周的最高政务是卿事和大史，分别领有卿事寮和大史寮的两大职官系统（同注 [5] 杨宽/文）。郭沫若《周官质疑》早有所论述，斯维至在《西周金文所见职官考》中，明确提出西周为两寮共同执政，这些说法今日接近于定论。卿事寮之长为大师，大史寮之长为大史。据《西周金文官制研究》说，大史寮在晚期金文中才出现，可能周初尚未构成其寮署。而殷墟卜辞确已出现大史寮，其云：

……令？其虫大史寮令？ 36423

其他辞还有"韦师寮"之名（36909），这一官名及其官署的存在已无可疑。然则，西周的大史寮源于晚商，周初不会没有，可能只是目前没有发现。

（二）一般政务

此类职官，商周概称为尹、事，商朝有多尹、御事，或被称为"百僚庶尹""百执事"和"殷正百辟"；西周为"诸尹"，或命尹、尹氏，中晚期有尹人、尹伯（《西周金文官制研究》第56页），亦多称"御事"。

"事"作官名用时代很早，《尚书·甘誓》称"六事之人"，应是有根据的。商代甲骨文里"事"和"御事"作为职名和某种事务的含义多见，以前多认作"史"，王国维《释史》（《观堂集林》卷六）提出官由史出之说，是不正确的。"史"字最初却是"事"字，来源于田猎、农业生产中，古代直到商代甲骨文中称祭祀、军事、农事等等活动，都为"事"或"大事"，属于王室督率之事，就总称为"王事""朕事"，同时也就称为之服务的职人为"事""某某事"或"御事" [12]。以"事"名官的，如："我事"（6026）是商王室自称的，有"东事""南事""在北事""西事""西事旨"等，就是王朝分设在四方的事官，或合称为"三事"。在地方建立事官时，称之为"立事""立某（地）事"，还有说"立三大事"的。由于当时外地活动，有不少与武装有关，有的是"武官"，当然不是说凡"事"皆为武职。在朝廷的"事"与"御事"均是概括这些"事"官，又即所谓"百执事"。（《尚书·盘庚》）

　　商朝的"御事"是由接受王室的差事而来，"御"的初义为迎、迓，由于经常接受差事，就定为此种官名。卜辞（省略前辞）的御事如：

　　呼购眔 [　] 入御事？ 　　　　　　　　　　　　　　　　　　　5560

　　呼弹入御事？ 　　　　　　　　　　　　　　　　　　　　　　　　5558

　　呼虫御事？ 　　　　　　　　　　　　　　　　　　　　　　　　　5658

　　方骨马取，呼御事？ 　　　　　　　　　　　　　　　　　　　　　8796

　　乙卯卜，自：御事…… 　　　　　　　　　　　　　　　　　　　　20353

　　勿呼汏帝子御事，王其悔？ 　　　　　　　　　　　　　　　　　　30391

　　其呼北御事卫？ 　　　　　　　　　　　　　　　　　　　　　　　27897

　　其呼卢御事𭃳射，有正？ 　　　　　　　　　　　　　　　　　　　32969

　　之日有来艰，乃淑御事，舀亦施人？ 　　　　　　　　　　　《前》7.31.3

　　迟取美御事于之及伐望。 　　　　　　　　　　　　　　　　　28089～90

这里列举的，有动词的御事，即命令某人来接受差事；有名词的御事，即是官名，它又是前者转化来的。这里有在朝廷的，有在地方的，还有方国的。有进至王室任为某种政务的，有为祭祀、射礼、边防、征伐等项服务的。

　　周初尚是继承商期的"事"与"御事"，这时虽有不少的"事"已是"史"官了。但也存留"事"官，《立政》的"三事"，《诗经·雨无正》的"三事大夫"，明显是以"事"概括一类政务官的，后者就是朝内卿大夫的总称[13]，与卜辞、《令彝》里的"三事"为一类。因此，西周金文中一些以为是"史"官的，其中职事不明确者，有可能还是"事"官的性质（《西周金文官制研究》第81～82页）。它们有些和商代称"某事""在某事"很相像。即使明确为史官的，仍带有"事"的性质。像大史和内史也还是在国家日常活动中，负有处理政务的使命，它们之间分工也并不明显，所以说"仍然保留着史即事的意义"[14]。《周礼·春官》亦是说大史所掌为"大事"；小史为大史之佐，"凡国事之用礼法者，掌其小事"。

　　周初的"御事"一如商代，兹列举数例如下：

　　友邦冢君、御事、司徒…… 　　　　　　　　　　　　　　　　　《牧誓》

多邦御事、西土民

友邦君、尹氏、庶士、御事

邦君、庶事、御事……民

邦君、多士、尹氏、御事、我民

庶邦君、御事 　　　　　　　　　　　　　　　　　　　　《大诰》

庶邦：庶士、少正、御事

邦君、御事、小子 　　　　　　　　　　　　　　　　　　《酒诰》

邦君、御事 　　　　　　　　　　　　　　　　　　　　　《梓材》

庶殷（越自乃）御事

殷御事　我有周御事 　　　　　　　　　　　　　　　　　《召诰》

多子、御事 　　　　　　　　　　　　　　　　　　　　　《洛诰》

（六卿）、师氏、虎臣、百尹、御事 　　　　　　　　　　《顾命》

表明商、周王朝和邦国都有御事，御事与庶士、多士、百尹相类，指称一群官职。其职位有高有低，时在邦君之次，时在尹氏、庶士之后，他们也仍然是在王朝执行各种事务的一般职官。金文《盂鼎》和《竞簋》里的"御史"也可能是御事，因为看不出有后来御史那样的职能。《竞簋》的竞，在《竞卣》中是跟随上司征伐南夷在中途受赏的，可见他参与军事，这与商代的御事职能很相像。郭沫若先生有见及此，他说"凡有司同例之语有御事"（《周官质疑》）。

商周之际的御事，如此广泛，它概指了大批的政务职官，据金文所见周初官名较少，可能就是许多职官被归入"御事"中。

商周也都以"尹"称呼治事之官，合称作"多尹""三尹"或"诸尹"，其中亦有职位高低的不同，整个地说，似比御事高一些。

商朝的尹，见于甲骨卜辞：（均省略前辞）

令尹作大田——勿令尹作大田？ 　　　　　　　　　　　　　9472

多尹垦田于西？ 　　　　　　　　　　　　　　　　　　　33209

[多] 尹垦田于京？ 　　　　　　　　　　　　　　　《屯南》102

呼多尹往舌（征伐）？ 　　　　　　　　　　　　　　　　31981

尹㚔罢，其㚔？……尹允㚔。 　　　　　　　　　　　　　5840

尹以反（族）子？——尹弗其以反子？ 　　　　　　　　　9790

虫尹令从廪蜀（？），叶王事？ 　　　　　　　　　　　　　5450

其令多尹作王寝？ 　　　　　　　　　　　　　　　　　　　32980

癸亥贞：三尹即于西？ 　　　　　　　　　　　　　　　　　　32895

可见，尹是从事督率农业、参与征伐与狩猎、主持土建和其他行役等职务。又有卜辞云：

[丙]寅卜，大贞：虫叶有保自右尹？ 　　　　　　　　　　23683

……多尹……于母癸燎？ 　　　　　　　　　　　　　　　　24136

虫多尹飨？ 　　　　　　　　　　　　　　　　　　　　　　27894

贞：王其有曰：多尹若？ 　　　　　　　　　　　　　　　　5611

庚辰贞：不于多尹祸？ 　　　　　　　　　　　　　　　　　5612

表明多尹受到商王的关心，参加飨礼或祭祀，这些多尹可能来自各族尹，与商王室有宗法关系。在祖庚、祖甲时期称为"多君"，君、尹古相通，也还是多尹，其地位大概高一些，如：

辛未，王卜曰：余告多君曰：朕卜有祟？ 　　　　　　　　24135

辛未，王卜[曰]：余告[多]君曰：朕卜吉。 　　　　　　24137

辛巳卜，吴，贞：多君弗言，余其侑于庚，匄[　]？　九月 　　24132

[　][　]卜，大，贞：多君再刵册虫…… 　　　　　　　24133

这批多君却在王朝的卜筮休咎上有被咨询及发言之权，显得与一般多尹不同，职位略高一等。

西周继续沿用商朝的"尹"，周初单称"尹"，亦合称"诸尹"，等于商的"多尹"。并且，其中有了分职，如尹伯、命尹。尹前冠区别字的，如皇尹、皇天尹，表明尹的高职，如青尹为美称，樊尹为樊国之尹。另有尹氏，见《尚书》及《诗经》等，《西周金文官制研究》认为"尹氏"在周初金文尚未见，各种"尹"也都是中期的官名。这现象有待探讨。字书释尹为正，即官之长，如明公尹、尹大保、内史尹、作册尹等尹字的正长之义甚明显。西周有此用法，也可以追溯早在商代，尹的地位比"事"和御事为高。总的来说，尹、事都属于一般政务职官之列。

（三）宗教文化

此类职官是掌握、从事意识形态的工作，商代统治集团凭借神权建立政治权威，神职人员居于特殊的地位。西周有所变化，但并未完全摆脱。这个部门比较庞杂，古代所谓"祝、宗、卜、史""文史、星历"都在这个部门。大致可分作三类来叙述：

1. 巫祝

商朝高级巫职可为王者辅佐，如巫咸、巫贤。甲骨文中的巫职则有高低之别，高者参与占卜决疑的政务，如：

丙戌卜，争，贞：巫曰集贝于妇，用，若？　　　　　　　　　　　　　5648

还有已故的巫享受祭祀的（25902，32234），也当是地位高者。

一般的巫职则担任求雨降神的巫术，朝廷中有"多万""多老"参与这些活动，大概也是这种职人。有些巫则由方国、族邑献于王室；最低是一些女巫，在烄祭中被焚烧，其身份可能近于奴隶。

西周巫职显见减少，代之而起的可能是"祝"，金文中有大祝，还有九戏祝、五邑祝（另见"五邑甸"），则应该都是某一地区的祝官。祝，是负责作祝辞进行祝告之事，当由巫职所衍化。

2. 卜官

这在商朝是最显著的，有个庞大的集团，在甲骨文时代，前后共有一百二三十名贞人，他们司理王朝的占卜事宜，通过沟通神人的幻术，实际起着政治决策的参谋作用，这些官员在卜辞中写上自己的私名，有时则连以职名，如卜宾（6459）、卜出（26764）、卜即（26055）、卜竹（23805）等等，总称为多卜（24144）。卜官还分右卜（25019，28974）、左卜（《屯南》930）和元卜（23390），可能和古代的三卜制有关[15]。据说当时还有"大卜府"的设置[16]。

西周卜官不如商朝之多，但仍然存在。周原出土大批西周甲骨，当然要有卜人办理卜事。《周礼·春官》大卜下设有卜师、卜人等七种职官，应是早期的情况。金文《曶鼎》有"司卜"，为卜事的主管，有《簋》名为"卜孟"，和商代卜人称谓相同。推测早在先周时代，周人与商族大致同样经历过迷信鬼神的阶段。

3. 作册与史官

作册是司理典册与册告、册命的职官，可以说史官起源于此。本来，"惟殷先人有册有典"，武丁朝已出现册命的举措（20332），常见"称册"的行动，包括征伐之前请示祖先的"告庙"和祭牲的登记等，所以商朝作册之官不少，如"作册"（《京津》703，《作册般甗》）作册𠨘（《乙》4269）、作册吾（玉戈铭）、作册丰（《鼎》铭）、作册宅（《方彝》铭）、作册㝬（《𨒪其卣》）、作册友（《寝晨鼎》）等等。西周王朝有作册官，封国亦有设置，其长官称作册尹，往往同朝存在数名作册。西周作册的职务与内史最为接近，因为两者都负责册命工作，故有作册内史之职。

史职：在商代，前面说到卜辞中大部分的"史"字是"事"字，但小部分仍已有"史"的音义，如"史人于某"的"史"当为"使"字，使、史音同。凡事都是渐进的发展，新旧的因素往往交织在一起。官由史出固然不对，但史从事出则是可能的。因为在军事、祭祀、农业诸事，日益繁杂，需有书契铭记之事，从中派生担任书契的职务，史即随之产生。开始由事官所兼，后来逐渐分职。分职以后之史，仍然兼理该项事务，故"仍然保留着史即事的意义"。大致在晚商部分"事"向"史"的过渡。卜辞有好几条对贞："叀大史析舟——叀小史析舟？"和"叀大史——叀小史（令）"作某件事（32834，32835，《屯南》2260），还有"叀大史夹令"（5634），结合前引《酒诰》和《商誓》篇中说到商代有"大史友、小史友"，以及卜辞的"大史寮"等等记载来看，商代已有专门史职的出现，可能也就区分职务的大、小。再从《墙盘》叙述微氏史墙的高祖（据说微氏家族为殷人）当武王灭商之时即投奔周朝，受命为史职来看，也说明至少在商朝末期已有史官的存在。

西周之初即已有大史，前引《顾命》中已见，铜器铭文中见于《中方鼎》《大史友甗》《作册麷卣》《麷从盨》，大史寮见《番生簋》《毛公鼎》等。《周礼》中史职分大、小、内、外、御史等五种，据金文等实录，西周主要是大史和内史，其职务在文献中是书记、册命、司理史籍和天历、祭祀、族谱以及谏议、咨询，小史掌握上列事项中的从祭祀以后诸事，据金文，他们并听候王的差遣、处理土田交换的勘察（同注[14]）。在金文里，大史掌册命之外，其他职责尚不明确。

内史中也有一批官员，故称"内史友"，具体分职至少有"作册内史""作命内史"，其长官在中期的金文中称"内史尹氏"。地方亦有内史（《卫鼎》）。《西周金文官制研究》汇集内史系统的铭文28件，并把作册尹、作册隶于大史属下，作册内史、作命内史统属于内史之下，也许符合西周的实际情况。

西周一般的史很多，铭文达六十多件，除王朝外，有地方诸史，职务大体是传命、册命和作傧右，这是本职；另外也受命视察地方、参与军事活动，这是兼职，仍带有商代的遗迹（《西周金文官制研究》第28、77～79页）。此外，有御史一职，出现很少，职务远非后世那种性质，有可能还是御事的名称。

总起来说，这个部门的职官，尽管有一部分的宗教迷信职务，但是，应该看到，他们是当时的文化人，并具有当时的科学知识。如观察天文、物候，通晓文字，厘订历法，司理礼仪，娴于乐舞，有的还兼掌教育。因此，中国古代文化的创造与发展，这个部门应是一个重要的基地。

（四）生产经济

这一部门包括农业、畜牧、渔猎和手工业等，在商周时代，主要的还是王室直接经营的经济领域，所以，其中职官大部分是管理王室的这类事务，其范围不会超出王畿，还不能算是治理全国的职官，这也是由当时经济制度的特点所决定的。

在商代，这类官员就是直接督率生产者，地位并不高，有些可能就是奴隶头目。但对王室的经济收入攸关，仍然是官制中的重要构成。其分职也较全面，有小籍臣管理耕耤，小刈臣专司收获，小众人臣管理生产者众人。另有小丘臣、州臣，可能与井田制度有关。

负责豢养和提供牛牲的有牛臣，有专门养马、物色戎事用马的"右驶"（《掇存》47），司理牲畜的刍豢养殖的起初就是牧，其长为牧正（《觯》铭），统管甸地生产活动的有奠、多奠，后来写作多田。牧和多田在外地活动，配有武装，逐渐发展成为一地之长，就是诸侯之一种。

田猎区设"犬"官，各地都有，名额之多是商朝的一个突出特点，合称为"多犬"。他们分别以猎区为名如：犬、夷犬，或称在犬、在盂犬、在成犬；或与人名连称如：犬中、盂犬叶（？）、成犬毕。他们负责侦察禽兽所在，向进行狩猎者报告并任向导，如："在犬中告麋，王其射，亡灾？擒？"（27902）同时也受命参与田猎，"呼多犬网鹿于麓"（10976）。据研究，此职在周代为《周礼》中的"迹人"，东周时期还有它的活动。商代田猎带有军事性质，多犬有时担任卫队，称"多犬卫"，称犬师、犬亚（10976），职位较高，有的世袭此职成为官族，如"犬延族"。

商王室养殖与捕捞鱼类的活动也相当可观，需专人管理，故设"司鱼"一职（29700）。

手工业在商代已经很发达，从青铜、玉石器的铸琢技术可知，管理此项经济者，文献中称司空，旧说成汤时咎单任司空（《尚书·序》马融注）。甲骨文称司工：

壬辰卜贞：惟发令司工？	5628
己酉贞：王其令山司我工？	32967
己酉贞：山叶王事？	

还有"右尹工"一职（5623～7）可能是司工的下属或同寮，推知当有左尹工，当时"工商食官"制，手工业生产集体进行，生产者被编为左、中、右等组织，故有分部管理之官。

就宏观说，商朝此部职官还处于朴质状态，直接面对生产，层次不多，活动领域专门化。

西周有一个发展，出现正式的官名，不再以小臣为名了；类别有所增加，同一职中也有了层次；有的职官可能已不仅局限于王室经济事务。当然，基本性质尚没有改变。

管理甸地的有司土，有奠司徒，下有奠之若干"伯"，中后期有司甸，具体的有：司量田甸、司五邑甸、司某某甸事等等，还有奠人、甸人，有的相当于《周礼·天官》中的甸师或甸徒之职。

管理刍牧的有司刍，《周礼·地官》有牧人、牛人、充人等。

管理山林川泽和场圃苑囿的，有一系列的职官，基本为西周所新设。计有司虞、林、录（麓）、司陂、守堰、底渔和司还（苑）、司场、司囿等，大部分与《周礼·地官》相同。还有主管仓廪的司廪，《周礼》中有仓人、廪人。《卫盉》铭文有"受田"，可能是掌管分配土田的事宜。各种史籍记载不一，《国语·周语》还有一个系列：后稷、农正、农大夫、农师等。《尚书·酒诰》还有"农父"，据说就是司徒。文献中只有司徒掌管农业、土地和徒众及其教化等项。金文中初期作司土，晚期才出现司徒，一般认为两者是一个官职。但近年来有学者提出新说，一说司土本是司徒，土字乃徒（辻）字的省写，即管理徒众之事，管理土地的是司空；一说司土只专管土田有关事务，而司徒则主管人徒及征役和教育等，两者并非一官[17]。要作定论，需要观察金文中司土、司徒是否在同一时期存在，他们的职掌是否有别，司土是否与土田无关？

田猎之官，金文里有"犬"（《师晨鼎》），与商代同；《周礼》中为"迹人"，但其数量已远不能与商代相比。

手工业方面，有司工，文献为司空，主持城建与土田规划，《诗经·绵》里的司空即督率建造宗庙宫室。出现在中期铜器铭文中，还有一些由宰、师之职管理的百工，是工官抑是工人，尚不能定。

（五）军事部门

商朝已经拥有一支强大的武装，其中有常备的王室卫队，大量的是临战征集农兵，但平时可能有编制好的部别，从而有相应的职官设置，武职在官制中占有相当的比重。军队编制大抵是师——旅——大行——行，按实战需要，各级分有右中左三列。最高军官为"师"，可能有右师、中师、左师等，经常率军出战，称"师某"如师贼（946）、师般（5466～8）、师兇（3438）、师戈（5817）等，《盘庚》篇有称"师长"者。文献记载：发展为王者辅弼和教育贵族子弟的师氏、大师、少师等，地位相当高。当时战车的甲士为作战主力，军职以战车的动力"马"命名者，有马亚："冀马亚呼挚"（28011）"马亚涉彖"（30439）。同时有数名，合称为"多马亚"（5708，5709）。马小臣（27881～2）可能为马亚的下属，各族中还有"族马""三族马"（34136），平时训练车队也称"马"，如"戍马""令马即射"（32995），戍守部队的战车称"戍马"（27966）。后来"司马"职名即由此而来。战车上甲士射手合称多射，其长为射亚（27941），有时连其族名称为射雷（5749）、射戫（5792）。戍卒的射手称戍射（24220），戍卒之长称戍某，如戍祉、戍木（6）、戍铃、戍嗣等。还有，前面说到卫队，其长称"某卫""在某卫"，等等。

此外，还有亚走马（27939），有可能为校马之官。

至于部队师以下各级编制单位武职出现很少，有"大右""大左族"不知是否为武职名如周初的千夫长、百夫长那样。

西周军事职官体制沿袭商朝，职名趋于明确、固定，分职与分级较清楚。其最高军职亦称"师"，有师氏、大师，大师为之首。有时师官对大师而自称小子，当是依宗法关系的小宗对大宗的大师而言。《诗经·节南山》和《常武》诸篇，大师的地位愈见显赫，西周中晚期卿事寮权力压过大史寮，即与大师领卿事寮有关（同注[5]）。西周"师"职的活动也比商代繁盛，金文已见百条之多，他们亦称"师某"，各封国、族邑则称某师如"周师""吴师"等，亦如商代称"雀师""雺师"。王朝之师官职能，对外率军出征，对内警卫王宫，教练贵族子弟，是后世教者称师的由来[18]。师的兼职是出纳王命、巡视地方、为册命时的傧者以及管理"王家内外"，这与其为卿事寮系统有关。

其次为司马，他由商代的"马"发展而来，后来诸侯国都邑的军官称"马正"，可见重在一个"马"字。《尚书·牧誓》中已有司马，同司徒、司空一起，金文中称"三有司"。不过司马职位低于师职，金文中没有司马率军出战的记录，主要为管理军事装备，可能他们起初就是管理战车，平时就负责掌握装备与编制兵员，商代已有此迹象，"马"不及"师"的活动多见。西周晚期，大师、师氏已经是政务高官，实际脱离了本职，而司马开始转到军事领导岗位上来，这时司马已具"伯"的爵位（同注[5]）；相当于大司马，故在《周礼》为六官之一，东周时代有的国家由大司马执政和领兵。

大师、师氏督率六师、八师的正规部队。王宫警卫军，一是"王行"；一是虎贲、虎臣。后者亦由师职掌管，前者可能另任军职。

师之下为旅，其官有"亚旅"（《牧誓》《臣谏簋》），这比商代明确。旅以下可能就是千夫长、百夫长之类。

戍守活动，西周亦如商代，见于铭文和《诗经·采薇》，《师訇簋》有云："成周走亚、戍"，走亚可能是戍的率领者，封国有"鄬师戍"，即鄬地师之戍。

射官有司射，又有射南（《射南簋》）即名南的射官，还有司弓矢、司箙、司戎等。

此外，还有校人、走马（趣马）、夷仆等教马掌车的职司。

上面五个部门的职官，商和西周基本上是相类同的。部门中的设官分职和结构大体一致；有的职名相同；有的职名稍有改变而中心词不变。当然，西周尤其是中期以后有所发展，在商朝的基础上，职官有增加，同职中的部别和等级层次增多，职官的名称有改进，概念更加明确。领域也有所扩大，如经济上西周在山林川泽设官管理；有些职官随着权力的扩大、地位的显赫，逐渐摆脱原来王室管事的状态，成为管理一大部门的中央政权的重臣。

四　西周新设的职官部门

西周新设的职官，包括商朝仅有萌芽而西周正式形成的，有如下几类：

（一）司士司寇

商代的奴隶社会处于由早期到发达的过程中，还带有某些原始性质，所谓"汤刑""刑名从商"，表示商代重刑的特点，统治者一味以刑戮强化统治，文献和甲骨卜辞都一同记载着当时刑戮的残酷和繁多，可谓空前绝后，但是并未出现一个司刑法之官，也就无所谓司法。周人以亡殷为鉴，周初政治家反复讲敬德慎罚，强调"义刑义杀"，不能不有所实施。《尚书·吕刑》可以说是西周一部刑法的论纲，强调用刑的审慎和恰当，并提出了一些办法，因此体现在官制上，就是构成一个刑法部门。

司士的"士"旧注为"察"，起初"士"与"事""劓"同音义，"劓"为刺士之义，"士"当与刑刺有关，他也管理考察官员，故引申为察。《周礼·夏官》的司士是管理、稽考群臣的档案和政绩，升降黜陟职官的。《秋官》的士师则掌刑法、治讼断狱的。西周中期的金文才出现司士，可能与《吕刑》制作的时代有关，职位很高，由军职师转任，能"辟百寮""作明刑"（《牧簋》），确是综合了上述两项职能于一身的。早期金文有"士"，是否与司士相同，尚不清楚。

司寇也是西周新设之职，史称康叔为司寇，《尚书·康诰》通篇为周公告诫康叔明于用刑，可以互证。同时，《立政》提到"太史司寇苏公"，可能苏忿生担任过周初的司寇之职。周公要他"式敬尔由狱，以长我王国。兹式有慎，以列用中罚。"金文在中期出现司寇，但不能断定早期没有此职，《扬簋》是说司工兼理司寇之职，不能以此为司寇在司工之下。

（二）内廷职官

此一部门在商代可能已经萌芽，西周正式形成，大抵有膳夫、近侍、守门、女官等等，其中有不少的小臣，宰官可能为其长。在商代晚期有宰官，起初当为主持烹割饮食之事。还有"多寝"（17503）以及"宁"（贮）和"多宁"，还有舞臣、辟臣，很多妇女参与检点卜骨的事务，都可以说是内廷的职事。

西周内廷官职就很明确，大宰可说为辅佐大臣，但其本职尤其是一般的宰确是管理内务的。《蔡簋》铭文说：

> 宰智入右蔡立中廷，……王若曰：昔先王既令女作宰、司王家。今余惟䚗景乃令，令女眔智，死司王家内外，毋敢有不闻；司百工，出入姜氏令……

宰的管家职能，说得非常明白。而且智和蔡同时任宰职。《望簋》记望由宰倗父右（傧）入，望也受命"死司毕王家"；《颂簋》的颂亦由宰弘所右，受命为官司"成周贮"和"新造贮"。依照册命礼制，凡右者与被右者之间有职务联系，被这些宰官所右者也当为宰职系统的官员，他们受命司理之事，也确是"王家""贮"这类内廷的事务。西周这类职官不少，有的虽不见称宰，其司理内廷职事明显，如《师兽簋》的器主受命"死司我家，䤔司我西偏东偏仆驭、百工、牧、臣妾，东裁内外，"显然也是这一类。这种情景，应该和贵族家室的经济事业发展有密切的关系。

善夫，后来写作膳夫，管理王家饮食膳馐者，据金文，也到西周中期出现，王室有善夫，下面也有善夫，如《师晨鼎》分别在邑人和奠人之下有善夫，自是低官。王室的善夫，后来都升为高官，如《克鼎》的善夫"溥奠王命"，《诗经·十月之交》的西周晚期的膳夫，已跻身于卿士之列。内廷官往往得权势，晋升快，都由于家长制宗法传统延及于政治的原因。

此外有内侍、小臣之类。《裘卫鼎》"内史友寺刍"，寺即侍，文献上作"寺人"，鼎铭为地方事，推知王朝亦有此职。见于金文的还有从东宫起至守宫、小宫、小门人一系，以及司贮、司裘、寡氏的一个系统，都是宫室内的职事。西周的小臣直承商代而来，员额并不少于商代，尤其在早中期（参见《西周金文官制研究》），地位有高有低，到晚期见衰，臣字已向君臣字义转化。王朝内廷供职和贵族身边听候差遣的小臣，地位一般较低，和商代略同。但有一个特点，不像商朝的"小某臣"的带职名，而只带私名，反映小臣逐渐退出正式职官的领域，是值得注意的。要之，小臣的臣属和依附状态，不能独立执行职权，所以多属于内廷职事一类。

（三）宗教祭祀礼乐职官

此类职官在商代也已具萌生状态，前面说到舞臣、多万、多老之类，可能还属于巫职，但已司礼乐。当时，祭祀在贵族中人人皆得奉行，故没有专官司理。《周礼·春官》的宗伯，西周金文尚未发现，只出现于春秋的《桓子孟姜壶》。西周金文中的"公族"，近人以为相当于宗伯。宗伯是"掌邦礼"，主要是祭礼，以礼的形式维护统治宗族包括王朝与同姓封国之间的团结，职务相当重要。西周金文的公族，除两处是指王族及其武装组织外，其余都是职名，如《牧簋》的"公族组"为右者，公族是组的职名无疑，器主的牧被册命为宰，作为宰官右者的公族官，亦具内廷性质，《春官》系统中不少职官亦与内廷的宰官系统有联系。《番生簋》的番生和《毛公鼎》的毛公，均有公族之属官，他们地位甚高，但公族在他们摄司之下，然则此公族与《周礼》大小宗伯本身即为卿、中大夫之职位，可能还有差距。公族之名，在春秋为侯国所有，管理国君宗族主要是其中诸子弟的教育，及主掌分辨昭穆[19]。故而由此推知金文的公族也当如此。

西周金文中师职属下有"鼓""钟"和"灵龠""小辅"，学者指出都是官名，即《周礼》宗伯之下的钟师、龠师、镈师之类，古代礼与乐相辅成，在统治者意识中，乐是为了行礼，礼乐都是为的巩固宗法与政权，维护统治秩序。西周这一部门官职的建置和加强，反映它的上层建筑、意识形态进一步完备和缜密。

（四）封国封邑的职官

商代只出现地方政权的一些首脑如侯、伯、田、卫等名称，其内部设官分职却了无所见。西周金文却记录了当时一批地方的职官。

《卫鼎》和《散氏盘》都记载了裘、散都邑中有司徒、司马、司工的三有司。有虞官，裘卫有"受（授）田"，散氏有录（麓）。

《康侯簋》记沫地有司土，《幽尊》记盉地有司土，《仲驹父簋》的"录旁"，录当是掌林麓之官，从而可知西周的各封国、封邑也和王朝一样，设有农业经营管理的吏员。

《豆闭簋》记有邦君司马，《趞鼎》的鄵师有冢司马，下属仆、射、士等，散氏有司马、戎、效（校人），《师兑簋》记五邑有走马，是军职见之于地方者。

《永盂》记周这地方有司工，上述裘、散有司工，是地方多有司工之职。散氏还有"刑万"的刑官。

裘卫有内史友，其他地方还有一批史官：彭史、豳史、齐史、宁史、螨史等（《西周金文官制研究》第 81 ~ 82 页)，邢、卫皆有作册，五邑有祝，九戏有祝，散氏有龠官，是地方有祝史之官。

散氏有宰，邑人、奠人之下有善夫，裘、散、召等有"小子"官，许多地方有小臣，周地之师下属有守宫，矢有小门人，是封国、封邑设置了内廷职司。

同时，封国和贵族大臣常见"有司""正""乃寮""乃友"之语，足见他们是有一批僚友吏员的。他们也有自己的宫室，自己举行册命，赏赐下级，和周天子大同小异[20]。这些都比商代的情况明显发展。本来，西周分封的诸侯，自有一套国家官制，不言而喻。但我们所见的，都是东周时代的文献记载，至于西周设官分职的具体情形，尤其是当时封邑情况，今天赖有铜器铭文，才能窥知一二，并藉此看出一些问题，这是很珍贵的。

五　商周官制的历史特点

综上所述，商和西周的官制，基本上相同，属于一个体制。五大部门的职官，商周彼此能够对应；三个部门乃西周新设，然而商代也有所萌芽；地方政权首脑的名称，前后传承之迹也很显然。之所以这样，不仅是因为它们的社会发展前后相继，而在于商周的社会制度、政权性质相同。从而，他们有一些带根本性的共同的历史特点，下面分三点加以阐述。

（一）官制的宗法性质

在商周时代，官制上的宗法性质是和当时社会结构、政权结构的宗族性质，密切连在一起的。我们在上一篇里，已经揭示了它们选官、任命制度的最典型的"任人惟亲""惟旧"，有一套理论、思想，一套方法、模式，商朝的官制带有突出的宗族血缘性质。从甲骨文中看得很清楚，几乎所有职事活动的人物都是冠以其族名的族长或其显贵，有的与商族同姓，有的与王族近亲甚至就是王族，如毕、雀……他们或参与王室祭祀，或与王族、多子族一同行动。而经常频繁活跃在征战、狩猎、农事、建筑、贡纳聚敛、掠取奴隶以及各种行役等"王事"上，也是他们。他们有的有职名，并且数世相沿，这就是沿袭了先前社会氏族长天然是公职人员的旧习陈规，未经社会变革的结果，所谓"人惟求旧""旧人共政"，在政权与宗法混然一体的前提下，国家机构无异于一个宗族的扩大，这些宗族长自然就是政府官员，政事任人就离不开宗亲关系。而这些"旧人"也确为朝廷亦即其宗主尽心竭力执行任务，不管有无职名官衔，最高统治者使唤起来也得心应手。

西周王朝的建立，并没有经过社会变革，只是政权的更替。更替一次政权也无非等于更换一批统治宗族，其各级政权的首脑也还是各宗族的首脑和显贵，地方封国封邑，不是宗亲，就是姻亲，只有少数属于旧有联盟的关系，至于朝廷的职官，某公某伯多是这种宗亲关系。周公、召公、康叔，都留在王室世袭重臣，其他一些王室子弟，他们都带着族氏名在王朝任职，如虞、虢、毕、毛、邢、祭、应等，再有就是姻亲如姜姓的齐、吕、许等。王朝封官赐爵，都要求受命者忠实于王家，所谓"死司王家内外""司我邦我家"；由于他们都是世袭的，册封时周王总是说："昔先王""昔乃祖"赐、受此职，"今余惟申就乃命"，照赐原职不误，而受封赏者则表示忠于职守，所谓"十世不忘献身在毕公家"（《献簋》），等等。

　　还有一点，在宗族中大宗为主，小宗为辅。在任官上也是大宗之长为主职，小宗之长为辅贰，周王和辅佐大臣是这种关系，其他职官也有此现象，那就是"小子"的名称存在，关于"小子"的称法，以前不得其解，我们在上一篇已经探讨过，"小子"源于小宗。他之所以还在职官中出现，就是他原来的宗法身份，担任某一职官的副职或下属。所以，"小子"是宗法的称谓转移到职官中来，说他是宗亲称谓也可，说它是官名也可，《周礼·夏官》司马系统中有"小子"，和金文中的大师小子、师氏小子是一致的。所以，金文称"旧宗小子""宗小子"，小子之官"辨事于公宗"，都明显为宗法的性质，《夏官》中的小子管祭祀，也与此是一致的。由于小子跟随大宗所任的职官服务，其身份也随之有高有低，不像《夏官》那样固定为下士。大师小子、师氏小子与三有司小子的地位就不一样，而"伯大师小子伯公父"（《伯公父簋》）的称谓，其宗法关系就更显著，伯公父的称谓本不低，但他还是伯大师的小子，固然是伯大师的官位高，更因为伯大师很可能是大宗之长，故伯公父还得自称为小子。由此可以推知，在当时的政权中往往是同族的叔侄兄弟同居一类职官系统中，利用宗亲感情，互相协理；上辈致仕，下辈顶替，以保世官绵延，长治久安。

　　小子与"诸子""庶子""余子"等职名也是有联系的（见《西周金文官制研究》第46～47页），这些子还有称士庶子的，其实就是卿大夫贵族子弟。之所以称庶子、诸子、余子，因为他们不是嫡子、大子，在宗法上是旁系小宗，依照上一篇讲大、中、小子来说，他们也可称小子。在职位上，无论王族还是一般贵族，嫡子即大子是有职位的，所以不在此列；他们无职位，礼书上称"无事者"或"贵游子弟"，但是要守卫宫室，是天然的卫队核心，也要受教育，因此就有上述以这些"子"的名称作为官名，管理他们，所以《周礼·宫伯》"掌王宫之士庶子之在版者"，《小司徒》："大故致余子"，注谓："余子，卿大夫之子当守王宫者也"，《夏官·诸子》"掌国子之倅，戒令教治"，《礼记·燕义》："天子有庶子之官，职（主）诸侯卿大夫之士庶子之倅"。《文王世子》大段讲庶子的任务，明确他们是宗子的副贰地位。

《燕义》又说："国有大事，则率国子而致于大子"，就是大子居于特殊地位。由此可见，大子与庶子在宗法上有别，在政权结构里也分别处于不同的地位。这样，我们不但明白了那些庶子、诸子之类的官名由来，也知道小子之职的原委。

小子、庶子和大子、嫡子的区别尊卑主次是很严格的，这就是来源于宗法的区分大小宗，而对于官制也具有重要意义。因为贵族政权需要接班人，上一辈致仕之前，必需安排好接替者，而宗法分主次、大小、嫡庶，就是现成有用的法规。尽管宗族内部如此严格分别界限，但整个说来，贵族宗族还是垄断政权，世袭职官。直到春秋时代，我们还看到一些诸侯的卿大夫，在其都邑内，邑宰、宗人乃至家臣，也有是他的同族小宗的贵族成员担任的，所谓"卿置侧室，大夫有贰宗"，在官制上就是如此。

至此，回过头来，看看《尚书》周书诸篇中，列举职官时往往有小子、多子、庶士侧诸其间，就容易理解了。

（二）官事可摄

当时，不少部门中还缺乏明确的分职；即便有分职，而职人和他进行的活动往往不一致。这种现象，商朝尤为突出。如"多尹""御事"经常出现，看不出他们内部有何分职或主次或正长与成员的区别；军职中主要是师一级的职官，其下各级的就所见极少；司掌刑法的专职没有产生，反映当时习惯法的流行和奴隶制度带有早期的痕迹。由此官事可摄的现象很普遍，经常执行一些职能的人以族长之名出现，没有正式职名，如武丁朝频频率军征战的妇好、望乘、毕、雀等等并没有赋予武职，很多的武装活动，概由各该族的首领率兵出战；而有职名者，又不一定践守本职，如小耤臣无疑是担任督率耕耤的，可在同时常见的耕耤、垦田活动中，却不见他光临，而是由一些只冠族名的毕、受、犬征等等出动；而任小耤臣的𡥧却活动在征战、刍畜、狩猎和贡纳等事务中。

在西周，这种兼官现象是减少了，但是与后世此较，还是多有存在。尤其在周初，也有分职不明的状态，也沿袭于商代，普遍使用"御事"等泛称，或称"三事"，或称"多尹""多君"，是商周间的习语。周初官名较少，或许和这种状态相关。"史"官在西周，职务是明确起来了，但是从"事"到"史"是一个渐进过程，正如前面说过，这时的史官仍然带有"事"官的因素，如内史和史也还参与征伐或狩猎等活动，有不少被遣使到地方视察、安抚；御史有可能还是"御事"；司徒、司马、司工通常合称"三有司"而共同参与某一项事务。"士"官在西周出现了，可是很多诉讼案件的处理，大多是卿事寮、"三有司"以至东宫或一般的公、伯等大臣主持执行。至于册命封赏大臣时，几乎所有的主要职官都可以担任右（傧）者，大概这是临时性的任务，本没有右者专职之故。当然，这方面西周还是比商代进步，一是摄官情况不普遍；二是尽管兼理他职，但都有本职的官衔。

此项特点，在古代延续了相当长的历史时期，并不止于西周，直至春秋，"作内政以寄军令"，"军将皆命卿"，恐怕还是属于这种性质，要到战国时期方才严格分职。是故孔子还强调官吏兼职，批评管仲"官事不摄，焉得俭！"应该承认，官制中分职的明确与否，在一定意义上是表现国家机构发展、完善的程度和水平。

（三）臣仆用事

这是使用臣、仆等奴隶身份的人担任一些职事，这和国家的早期状态，有着内在的联系。

商代臣仆用事是较为普遍而严重的，各种小臣在官制中占有相当的比重，构成了一个特点。成汤的著名辅弼伊尹就是小臣的出身，文献如此记载，且于金文可证（见《叔夷镈》）。武丁时的傅说，相传是从刑徒中拔擢为辅佐的，可见臣仆起任高职并非个别例子。根据甲骨文的记录，小臣在王室任职事的有一大批；显著的如小耤臣、小刈臣、小众人臣、小多马羌臣、小丘臣、小疾臣以及奠臣、牛臣、舞臣、夹臣、多辟臣，等等，显然这都是带职名的小臣；而带私名的如小臣中、小臣剌、小臣𨟻、小臣墙、小臣缶、臣沚、臣大，等等，虽无职名，一样地为王室事务而活动。他们的地位也有所分化，位低的居多，但他们确是分管一项"职事"，是国家机构不可或缺的部分。同时还有"多臣"被调遣征战，还有一种"王臣"，是进献的，如"𡧊供王臣"（5566）"𡧊弗其以王臣"（5567），可是职位颇高，有辞云："王臣占曰：[ ]途首若！"（11506）这是一条占辞，这种参与对卜筮的占验，本来只应由商王和少数贞人才能荣膺的圣职，而今王臣居然可行，应说其地位不低。尽管如此，他终究还是"臣"，到晚期有一批小臣如小臣𫗧、小臣丑、小臣邑、小臣𫍲之流却能受赏而自铸铜器，以铭功纪宠，自然也是有职位且有财富的人，可能他们的地位也在变化。从廪辛期起，多见小臣带有私名，这与原来臣无私名的奴隶，是有区别的[21]。

西周政权机构中也还有不少的小臣、臣任职，地位有高有低，情况复杂。《尚书·君奭》云："小臣屏侯甸，矧咸奔走。"金文里记载的臣、小臣任职事的达三十件铭文，多集中于早中期（《西周金文官制研究》第86~88页）。小臣地位基本与前代相似，一般是低的。随官员师田行役，使唤奔走；也有高的，如《静簋》的小臣静直接受命于周王并得赏贝五十朋；《师晨鼎》

小臣列于善夫之上,《小臣簋》的小臣还受赐"臣三家",几乎成了小贵族。还有一些以臣冠私名的人更为特殊,如臣卿、臣辰、臣谏、臣父荣等,臣辰作器者达四十多件,臣父荣一次受赏百朋之多。凡是金文中的臣、小臣出现之处,绝大部分都是他们自铸铜器以记荣宠的,这和晚商直接继承着。当然,如邑人下的小臣,和夷仆一同学射的和连乐师一起被分赐与人的小臣,地位还是低的。《大盂鼎》的"王臣"与商朝的"王臣"就大不一样,他们在"夷司"属下,是一种被征服者而转入周室、又被分赐于大臣的,应该就是奴隶。一些封国、封邑中也有小臣任职,地位更不会高,迄今《周礼》也还有两处留下小臣作为职名者。

应该指出,西周的臣、小臣的情况,与商朝毕竟有不同之处。第一,西周的臣与小臣一般不带职名,虽然他们还是在政权机构中活动,似乎一般不占据职位。第二,有迹象表明,有些臣是从前代来的,如有大批铜器的(小)臣辰,据研究是以"臣""小臣"为其家族名,犹如以官名"大保"为其族名一样(同注[20]文(三))。若果可信,臣辰之器是早期的,则有可能是从商代发展来的,从其称谓(父乙、父辛)和族徽𝍅来看,也很像殷遗民。固然,这并非说西周本身就没有臣和小臣。第三,臣字有向君臣之臣转化的趋向,如臣卿在别的器铭上又称𣄰士卿,其臣字可能就是一般意义上的君臣之臣(《西周金文官制研究》第44页)。在《尚书·多士》《多方》中也已经有君臣含义的臣字的用法。第四,西周小臣呈现由盛到衰的趋势,据所辑录的情形,西周金文小臣出现频率,早中期为高,几十件铭文在晚期只占有三件,东周的迄今只见一件(《西周金文官制研究》第45页)。这并非偶然,而是合乎社会发展事物性质变换的趋势。

与小臣、臣的情况类似,商周王朝也都使用一些异族奴隶在政权机构中服务。商代的羌人可说是奴隶的重要来源,商朝贵族俘获、压榨和残害羌人是极其频繁、残酷的。可是也有少数的羌人转化为"臣",如卜辞:"羌……不惟臣?"(8602)他们被用于捕取野兽如"多羌获麋";还有不少人进入王室作检视卜骨的工作,而在骨臼刻辞中留下他们的名字:"羌立""羌橐""羌宫"等等。晚商铜器有《亚羌壶》,就是羌人所铸之器,以"亚"作徽志,表明已有地位。由此可见羌人也有一个从俘虏转化为"臣"并进而在王室任职的发展过程。商朝还有一种奴隶身份"𡕥",经常遭受杀戮和刑罚,但也用"多𡕥"征伐邛方,和"多臣"有些相像。

西周也同样利用异族奴隶任事,如:用"仆"投入武装活动(《师旂鼎》),以"夷仆学射",师官之下有多种夷人(《师酉簋》《师询簋》)。这种情况可与《周礼》比照,《地官》师氏"帅四夷之隶守王门",《秋官》司隶之职,则"帅四狄之隶""守王宫",并使之在苑囿中饲养鸟兽。

《夏官》中还有一些管车马和在内廷侍役者，多以"仆"为名，也当是同一来由。

综观商周两朝，奴隶任职的事实不须否认，问题在于如何解释。从古以来，人们对于伊尹由小臣发迹，就有怀疑，很不理解。孟子曾加以否认，提出新解，说伊尹本来"耕于有莘之野"，"汤三使人聘之"才出山任政。这并没有什么根据，显然意在回护、美化古人。其实，臣仆用事是奴隶社会的现象，古代世界也较为普遍，并不是中国独有的。在希腊、罗马都有国家奴隶任书记、传令官、警察、会计员，在家庭有当教师、医生、管理人、小使等等的奴隶或被释放的奴隶。在古代德意志人那里，也有类似的情形：

> 被释放的奴隶一般是处于低微的地位的，因为他们不能属于任何氏族，而在新王的手下，他们当中的受到宠幸的人却往往获得高官、财富和荣誉。罗马帝国被征服以后，在成了大国国王的军事首长那里也发生了同样的情形。在法兰克人中间，国王的奴隶和被释放者，起初在宫廷里，后来在国家中，都起了重要的作用；新的贵族有很大一部分是从他们当中产生的。[22]

这段话所说的情形，不但与商周的史实颇为相似，而且解释了臣仆用事的实质和原由。尽管商周和古代德意志人相距万里，社会发展阶段不尽相同，但是却反映了一种共同的历史现象。

商周两朝官制共同的特点，都是带有实质性的，说明两代的社会发展阶段基本上相同，社会制度相同。但是，也决不能抹煞它们之间的区别，社会历史发展的一定阶段性。除了前面论述过的，西周官制中的部门增加，官名更加确切，官职员额和分部分级层次的增多等等之外，即使在这些共同特点里面，西周也有一些变化。如商代的神职人员占有相当地位，史载那些巫职为辅弼大臣，甲骨文中贞人集团的庞大，西周则大大减少了；还有，商代的主管狩猎的"犬"官在各地设置，合称"多犬"，并组成"多犬卫"队，这与当时田猎活动特别频繁相一致，而到西周则大为改观，"犬"官基本上消失无踪。这些不同，都反映了两代文明程度的差别。

即使在西周，官制在早、中、晚期，也呈现出不同的面貌。根据《西周金文官制研究》的分析综合，这三个阶段，无论官名专称还是泛称，数量都是递增，晚期的官名比早期增加近一倍之多。尤其是在中期即共王以后，职官的名称和员额，增加更多，并且出现的册命封赏的长篇铭文比前期更多。这种论述对认识西周历史的发展进程是有帮助的。我们从其中还可发现，西周中期起，生产经济部门的职官的增多也很显著，连带着是这个领域里的活动也比前期多见。从而，可以认为，这些甸地的籍田、山林川泽、苑囿场圃中不断设官分职，表明了王室甸地的扩展及其所体现的生产经济的发展，这正是社会经济在一个时间内的增涨迹象。若果如此，这也就是上层建筑能反映经济基础状况的一例。可见对一个朝代内的各时期的官制的研究，是很重要的。

本篇的结论是：商朝是我国历史上初次出现较为完备的官制的时代，西周在其基础上，官制进一步完备。商周两朝，从朝廷到地方及至基层，从各类生产部门、政务、军事到意识形态领域，都已设官分职，体现了当时国家机器发展程度，反映了社会文明增进水平，也说明这个时代，作为统治工具的官制有效地发挥了阶级统治的权能，广大劳动群众与特权阶层的分工已经相当发展了。同时我们也更清楚看到这个时代官制的历史性特点：宗法性、官事可摄、臣仆用事等等，既有早期国家机器的一定原始性，又与当时的社会结构与政权结构的特点息息相关，彼此同步发展。

由于上层建筑的具有相对独立性，商周王朝的官制也为以后封建王朝的官制奠定了一个雏形。

附：商朝官制表

商

外　服

方国、部落

[邦]伯　侯　田[甸]　任[男]　卫

司工
左尹工　右尹工

犬亚

牧正

多田（奠）　田（奠）

韦师寮

鄙奠

鄙奠

多工、百工

司鱼

犬、多犬

牧中　左　右

奠臣

小刈臣　小耤臣　小众人臣　小丘臣、州臣

妹师寮

[邑人]＝[族尹]＝[多生]

邑人
族尹
多生[百姓]　[里君]

右工　[中工]　左工

牛臣　小多马羌臣

各族邑师

王

内　服

```
王
└─ 内　服
   ├─ 卫
   │  ├─ 多犬卫 ──── 多臣、多宀
   │  ├─ 多射卫
   │  └─ 多马卫
   ├─ 戍
   │  ├─ 戍射 ──── 左戍
   │  └─ 戍马 ── 中戍／右戍
   ├─ 射亚 ──── 射（某） ──── 多射、多箙
   ├─ 师［左中右］
   │  └─ 旅 ── ［左中右］ ── 大行［中右］ ── ［左］ ── 行
   ├─ 亚走马／马亚／多马亚
   │  ├─ 马亚 ── 马小臣 ── 族马
   │  └─ 多马亚 ── ［爻马］ ── 多马
   ├─ ［飨事］
   │  └─ 宰 ── 贮、多贮（宁）
   │        ── 多辟臣、舞臣、小疾臣
   │        ── 妇（示屯）、多寝
   ├─ 大史寮
   │  ├─ 小史 ── 作册
   │  └─ 大史 ── 卜、多卜／左卜／右卜
   │          ── 巫（女巫）
   │          ── 老、多老
   ├─ 巫（咸、贤）［右、左相］
   ├─ ［阿］保
   └─ （伊）尹 ── 多尹（君） ── ［庶尹］ ── 御事 ──［百僚］／［百执事］
```

图例：—— 表示统属关系

　　　…… 统属关系不甚清楚

　　［　］ 文献有记，或推测其存在者

　　（　） 同时有两种写法，或注明内含

说明：本表起示意作用，大致骨架如此，

　　　具体安排则会有不确切之处。

西周官制表

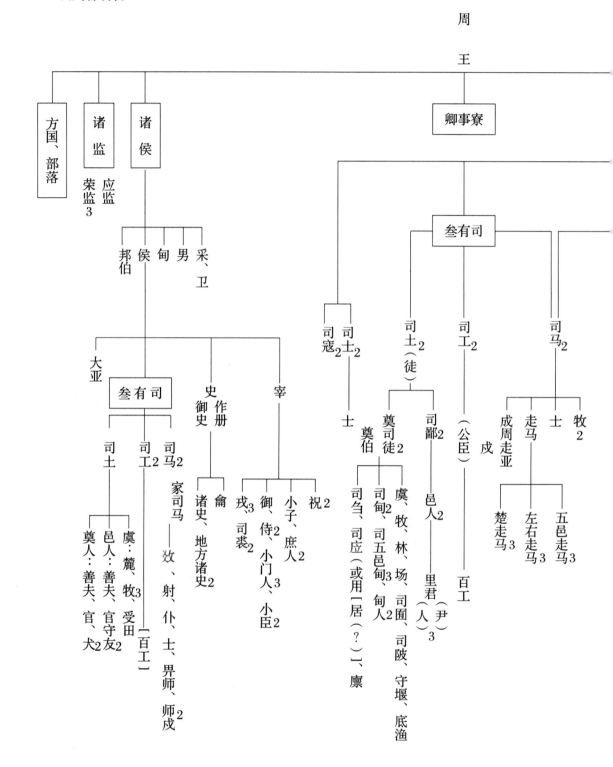

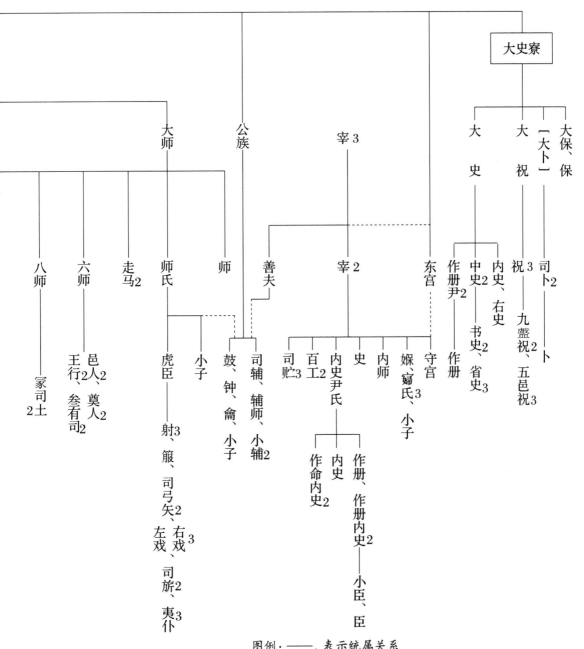

图例：——，表示统属关系

……，统属关系不清楚

〔 〕，文献中有，或推测其存在者

（ ），另种名称，或其位置不确暂列于此者

说明：本表据《西周金文官制研究》之表加以综合、调整，

以 1.2.3. 表示早、中、晚期别，早期出现者不标号码。

注释：

[1] 恩格斯：《反杜林论》，1975年，人民出版社，第176页。

[2] 均见《左传》昭公十七年。

[3] 同上文昭公十八年。

[4] 同一职官的大小等次如冢司徒与司徒、马亚与马小臣，同一职官中的分部如右卜与左卜，右史与中史之类，则分别计算职名。

[5] 近年研究西周官制的论文，主要有：俞鹿年：《中国奴隶社会官制研究》，《学习与探索》1980：4；左言东：《两周官制概述》，《人文杂志》1981：3；张亚初等《西周金文官制研究》，中华书局，1986年；杨宽：《西周中央政权机构剖析》，《历史研究》1984：1；《西周王朝公卿的官爵制度》，人文杂志丛刊《西周史研究》；郝铁川：《西周中央官制的演变》，《河南大学学报》1985：4，等等。

[6] 《周公制礼的传说和〈周官〉一书的出现》，《文史》第六辑，1979年。

[7] 见《叔夷镈》铭文，《楚辞·天问》。

[8] "㛃"字，甲骨文原篆作"大"的人形两脓各置同一物形为火、皿、五、口等不拘，诸家解说纷纭，不过大多数都认为有母妃、仇匹、辅弼之义。详见李孝定：《甲骨文字集释》第四卷"㛃"字条。郭沫若、杨树达先生释"母"应为字之原义；而转为辅弼之义，应以杨向奎先生解释为妥，他追迹了㛃→弼的变形的轨迹，也指出了弼与配在古音上的通假，说见《绎史斋学术文集》第543～544页。我们还认为后人把两脓下物形定为"百"字，可能即是㛃、弼字之音。又，《易》之归藏、坤卦名㛃，古以乾为天、父，坤为地、母，此又以㛃字为母之义，说见于鬯《香草校书》卷一·易一。

[9] 《诗经·商颂·长发》之"阿衡"应即伊尹。和《君㛃》的"保衡"同例。

[10] 见吕思勉：《先秦史》第十四章《政治制度·官制》引《礼记·内则》文；陈梦家：《殷墟卜辞综述·先公旧臣》章；杨宽文见注[5]。

[11] 许慎《五经异义》，《大戴礼·保傅》。

[12] 详见拙作《说钔史》，《甲骨探史录》。

[13] 见胡承珙：《毛诗后笺》。

[14] 赖长扬、刘翔：《西周史官考》，《中国史研究》1985：2。

[15] 参见宋镇豪：《殷代"习卜"和有关占卜制度的研究》，《中国史研究》1987：4。

[16] 参见董作宾：《安阳侯家庄出土之甲骨文字》，《田野考古报告》第一册第111～112页。

[17] 见沈长云：《周代司徒之职辨非》，《中国史研究》1985：3；《西周金文官制研究》第8～9页。

[18] 杨宽：《古史新探·我国大学的起源》。

[19] 《左传》宣公二年、成公十八年。

[20] 参见陈梦家：《西周铜器断代》（三）（六）。

[21] 参见拙作《商代"臣"的身份缕析》；张永山：《殷契"小臣"辨正》，均载《甲骨文与殷商史》（第一辑）。

[22] 《马克思恩格斯选集》第四卷，1972年，人民出版社，第141页。

肆　商周军事制度

一　军事的基本状况

　　"国之大事，在祀与戎。"这句话，确实中肯地概括了商周时代政治领域里主要的活动内容。当时的军事活动牵连着社会生活各方面，也反映着社会生活各方面的状况。商和西周的军事活动及其制度也基本相同，都体现了这个历史时期国家军事的早期特征，可以归纳为下列几点：

（一）征战频繁

　　在殷墟甲骨文里反映得特别突出。《甲骨文合集》分出武丁时期的"战争"一类有1715片，占本期全部甲骨二万来片将近十分之一。"附"加部分还没有计入，而每一片中往往不止占卜一次战争，再在其他事类中还有战争的内容。仅仅从这个不完全的统计数字里也可看到战争是相当多的。西周的战争相对有所减少，但从金文的记录看，此类内容，也占现有金文资料的相当部分。战争频繁的原因，一是与此时社会制度有关，不少武装活动的目的是掠夺人口和土地、财物；二是和当时社会的开化程度有关，即保留原始时代遗传下来的尚武风气，人们的共同体之间、政权实体之间的矛盾，习惯采取武装的形式来解决。即使王朝直辖地区文明程度高一些，但当时还存在着较为原始的方国部落，尚处在军事民主主义时期，它们与王朝、它们互相之间，不免时相侵袭，也就加剧了这时的斗争形势。

　　就战争规模来说，有大有小，大战毕竟有数，小战不断。大规模的战争，商朝开国时期的"十一征"和鸣条之战，无疑属于此类。以后有征兰夷、班方之役。武丁时代大战不少，只见他多次占卜出动兵员三千、五千，最多时达到一万三千，都应该是大战；小战也就更多。商代晚期征人方，远至东南淮水流域，往返时间达八九月之久，是牧野之战以前所见的一二次大规模的征伐了。商周牧野之战，双方出动的兵力总不下二十来万，经过校正的兵额，商师为十七万；周师革车三百辆，虎贲三千人，这是最精锐的部队，还有徒卒四万五千（是否包括同盟国的武装还不清楚），这个规模也是空前的。同时，根据《逸周书·世俘解》，还不止一个战场，武王进入商都，不断地任将遣兵征伐商的同盟方国，并得到络绎不绝的告捷。成王东征，征服了十七国，兵员数额虽无记录，《小臣𧊒簋》记载："伯懋父以殷八师征东夷"，这项数额就不小。《小盂鼎》记载康王派盂伐鬼方，俘获 13081 人，杀戮近五千，推知周朝出动的兵员可能超过两万，也许就是"殷八师"的兵力。西周后期曾经以"西六师"和"殷八师"一齐去征伐噩侯（《禹鼎》），战争规模就不小了。这一类大战所投入的高额兵力，在当时人口稀少的情况下是十分可观的。

当然，这种大战在数百年之内，仍然算是很少的，大量的还是小战。例如武丁时期一度邛方、土方频频入侵，边邑连续告急。但也只是侵犯几个邑落，敌方出动也只是少数兵员，被抓去的十五六人，可见战争规模有限，时间也很短，所常见占卜的出兵三千、五千，有些不一定付诸实施[1]。而商朝许多臣吏经常捕获多少羌人，多至五十羌之类，那都是一种遭遇战。那时敌我接壤，互相深入，时有冲突，有些冲突就仿佛一种械斗，算不上战争。所以，我们估量当时的军事活动形势时，不能看得过于严重。西周亦然，经常发生的仍然是小战为多。有些战争，一般结局是杀戮一百至五百人，活捉的是四十、五十（见《敔簋》《虢季子白盘》《彧簋》）。至多算是中等程度的战争，当然，战争的俘获不能完全反映其全貌。《多友鼎》记录的一次反击猃狁入侵的战争，是一严重的事件，朝廷高官武公率军出战，一连打了四仗，结果是杀敌三百多人，活捉 28 个敌人，俘获敌车 127 乘。除俘获敌车的数字较大外，仅从俘获的人数上看不出战争的规模来。因此，总的来看，战争频繁是商周社会的共同特点之一，它影响于当时的政治、经济是不小的。

（二）战争性质

战争多半发生在民族共同体之间，发生在王朝的内部尚少。商朝的战争多半是征伐方国部落如"某方""几邦方"之类，如第贰篇所述，对属于王朝政权的侯、伯很少加以征讨。西周的战争也主要是对东、南、淮夷以及荆楚、虎方和北边的猃狁、鬼方等。只有一个噩侯驭方特别一点，既称为侯也称驭方，时叛时服，似乎介于王朝封国和方国性质之间。发生在王朝内部的，当然要数周初的管蔡之乱，春秋时人以此来说夏商亦有同样的情形，所谓"夏有观、扈，商有侁、伾，周有管、蔡"。夏朝的观，有夏初的一个方国和太康的五子为五观两说，可能前说有所根据[2]；至于扈与夏也有同姓或异姓两说的分歧。商朝的佅，如是有莘氏，亦与商族异姓，如果是甲骨文中的先侯，还未见发生战争的记载。《今本竹书纪年》记河亶甲时，有"彭伯克邳"和"佅人来宾"，反映佅、邳似非商朝内部的侯、伯。武丁时有伐权，又有子权，是否就是佅，权与子权是否同时存在一地，也不清楚。总之，商周时期，王朝与地方政权之间的战争是极少的，战争主要是对异族方国部落的。这一点也显示了当时的军事活动带有以前原始时代的遗迹和为掠夺邻人财富、人身的早期特征。

（三）军事与社会生活的结合

兵员来自全体公民，主要是农民，统治者利用以前的人人皆是战士，武装自己是公民的权利和义务等传统，依照聚族而居的自然情况，加以军事编制，平时务农，临战征集，战士与农民为一体。利用田猎活动进行军事演习和训练，武装组织与族组织也基本重合，各宗族、分族或邑里的首领就担任各级军事单位的长官，然后由王朝的军官"师"加以率领，除固定专职军官外，当时其他的官员也可率军出战。车马和金属兵器由官府备置，各宗族贵族的甲士大概也是自备武器，平民的简单兵器或由贵族临时发给或以农具充当，其他军需也不会多，因战役时间短促，食粮自备，需用的刍茭、桢干、牲畜亦由人民提供，所以也没有形成军赋。后来《六韬·农器》篇说的"战攻守御之具尽在于人事"，大致是此时期的情形，从其下文看，这"人事"指的就是"农事"。

因此，当时的军事的组织及一切器用直接来源于社会，与社会生活为一体。但是，这种武装的性质已经是脱离人民大众，成为统治工具，是国家机器中的重要部件。而且，社会中的阶级存在和统治与被统治族组织的区分，在军事组织与行使职能上也有所体现。

（四）战争意识

如前所述，当时兵、刑不分。统治者认为用甲兵征讨不服从政令的方国部落，等于对犯罪者施刑，是天经地义的事。其目的之一是达到统一治理，像武丁一方面不容异族在边境活动——称之为骚扰，"贞：邛方弗叏（骚）西土？"（6357）另一方面又希望异族首领归顺朝廷，"丁酉卜，亘，贞：邛叶王事？贞：王曰邛来。"（5445）这和周人说："淮夷旧我贠赂臣"，对"敢不用命"者、"敢陷虐我土"者就"即刑扑伐"，是一类的想法。《逸周书·尝麦解》记述了一个周代"正刑书"的故事，"王若曰"上古刑书的产生就导源于黄帝征服蚩尤，"用甲兵释怒"。这是王朝专制、阶级统治的意识，它增加了武装活动和军事的发展。由此，人民参加这种征伐，也是天经地义的任务，而有违抗不从者，也要惩罚（《师旂鼎》）。

这种关于战争的意识，延续了相当长的历史时期，成为统治思想的一个组成部分。大抵到秦汉以后，才把兵、刑二者明确区分开来[3]。即使如此，王朝用"兵"征讨异族方国部落，使之归顺的事件，仍然是层出不穷，这就是商周时代这种制度和观念的发展，也是扩大和巩固王朝版图的一个因素。

二 武装构成与兵种

武装构成是指全军包括若干种组建与职能有别的武装，这在商周时代比较简单，大抵可以区分为王朝的守备武装和经常作战的正规武装两种。前者比较固定，数量少而精锐；后者是临战征发，寓兵于民、数量多，为征战的基本力量。前者又往往加入后者中为战斗的精锐，区分是相对的。当时由社会结构决定，兵员基本上是以族为单位组成征发的，可称之为族军。但是此时它并不具有多少独立性，还应属于国家征战武装的组成部分。至于戍守部队，那只是征战过程中所执行战斗任务时间稍长的征战部队，并非某种特具职能的武装。

（一）守卫部队

商代的卫队大概可分作两类：一种是守卫王宫王都的"卫"，其中有多马卫、多射卫、多犬卫，见前面卫服的讨论。补充说一点：这三者应该有所分工，前二者马与射合起来本是战车的组成，后者可能使用在田猎或巡狩活动中。商朝有一个西区的田猎区，当具有防御西北方异族入侵的作用，"多犬卫"也有可能是从这里选拔组成的。另有一种是"多臣"和"多𡧐（仆）"，他们多见于使用在征战上，如：

呼多臣伐邛方？	613～618
多臣㦰𡵂。	6834
虫多臣呼从氾臧？	619～621
呼多𡧐伐邛方，受有佑？	540～549
勿执多𡧐呼望邛方？	547～550

他们本来是奴隶身份，多𡧐既常被刖刑，又时而用作祭牲。但是确又从事战斗，多臣的地位稍高一些，占问他有无疾病（22258），他们下面还有羌人奴隶，如卜辞云：

多臣㚔羌，其执？——𦀔追多臣㚔羌，弗执？	628

"㚔"是逃亡之义[4]，"多臣㚔羌"就是属于多臣的逃亡的羌。𦀔，本是武丁朝的武职"马亚"，他去追捕这种羌奴，正说明多臣是隶属于他的军事系统中。多臣也从事田猎活动，"多臣

呼田毳？允……"（21532）多臣的这种状态，说明他们不是从事生产的劳动者，而是具有一定的专职武装性质。很像西周使用异族人守卫王宫、苑囿的情况。在没有战争的情况下，多臣也就该用作王宫等处的守卫。多寇可能也如此。还有多马羌，如"令多马羌御方？"（6761）"贞：令多马羌？""贞：勿令多马羌？"（6762，6763）也应属此类。

这种守卫部队，在西周就是虎贲——虎臣：

王……册命师酉司乃祖啻官邑人、虎臣、西门夷、羣夷、秦夷、京夷、□身夷……

《师酉簋》

王若曰：询，……今余令女啻官司邑人，先虎臣，后庸：西门夷、秦夷、京夷、羣夷……

《询簋》

王用肇使乃子彧率虎臣御淮戎……　　　　　　　　　　　　　　　《彧簋》

王若曰：师裒！……今余肇令女率……左右虎臣征淮夷。　　　《师裒簋》

王若曰：师克！……命女更乃祖考𪔂司左右虎臣。　　　　　　《师克盨》

命女（毛公）𪔂司公族雪参有司，小子、师氏、虎臣雪朕褻事，以乃族干吾王身。

《毛公鼎》

甲子，王乃凭玉几，乃同召太保奭……毛公、师氏、虎臣、百尹、御事……　《尚书·顾命》

太保命仲桓、南宫毛……以干戈、虎贲百人逆子钊于南门之外。　　　《同上》

王奋厥武，如震如怒，进厥虎臣，阚如虓虎，铺敦淮濆，仍执丑虏。　《诗经·常武》

既作泮宫，淮夷攸服，矫矫虎臣，在泮献馘，淑问如皋陶，在泮献囚。　《诗经·泮水》

金文和《诗》《书》记载的虎臣情况比较一致，虎臣属于军事系统，在王宫活动。《顾命》的虎贲，在《周礼·夏官》为虎贲氏，下大夫二人，下属虎士八百人。任务也是为王的护卫和守王宫王门。用"虎"称之，就是指勇猛善战的精悍部队，虎士可能相当于虎臣，虎贲为其长，在铭文中师氏在虎臣之上（《顾命》也如此）。虎臣犹以"臣"为名，可能和商朝的"多臣"有承袭之迹，而身份较高。他们虽然都称"臣"，但地位都在各种异族奴隶之上，师酉和师询二簋铭，在虎臣之下同时排列着各种夷人，正如商朝多臣之下有羌人一样。他们都应是王的近身部队，守卫是本职，出征时为精锐的武装。武王伐纣时的三千虎贲，其实当是虎贲率领下的虎臣（虎士）组成。

商周的守卫部队大抵如此，至于有的学者认为西周的"西六师"和"成周八师"等也是禁卫军，恐怕失之过于扩大。六师、八师还应是正式的国家武装，虽然以地区名称冠之，那只是与常驻于该地区有关，因常驻守亦可能连带守卫该地区，但主要任务是征战。

（二）正式作战武装

这是商周王朝的军事主力。在商朝就是武丁时期经常征集的，如：

登人三千 6168～6175，6635～6643

登人五千 6167，7312

登旅万，登妇好三千 《英藏》150

在文武丁时期的：

王作三师：右、中、左 33006

在西周就是六师、八师：

伯懋父以殷八师征东夷 《小臣謰簋》

王令盠曰：𤔲司六师眔八师艺。 《盠尊》

……王令东宫追以六师之年。 《启贮簋》

王乃命西六师、殷八师，曰：扑伐噩侯駇方，勿遗寿幼！ 《禹鼎》

王呼尹氏册令曶，曰：更乃祖考，作冢司土于成周八师。 《曶壶》

王在宗周，王命善夫克舍令于成周、遹正八师之年。 《小克鼎》

王……册令柳司六师牧易吴……司义夷易甸事。 《南宫柳鼎》

在文献里就只有六师：

张皇六师，无坏我高祖寡命。 《尚书·康王之诰》

韎韐有奭，以作六师。 《诗经·瞻彼洛矣》

整我六师，以修我戎。 《诗经·常武》

周王于迈，六师及之。 《诗经·棫朴》

古者天子六师，诸侯一军。 《谷梁传》襄公十一年

与金文还有八师之不同。对于西周金文中的西六师、成周八师、殷八师，有不同的归纳。一种意见认为后二者是一个组织，称谓不同，西周共为十四师；一种意见以为就是三种组织，西周共有二十二师。对此，目前尚难定论。不过，主张前一种观点的，说八师是由住在成周的殷遗民所组成，故可有这两种称呼。这却使人难以信从，因为统治者利用部分被征服的人员参加军队，是有可能的。若以整个被征服者成员组成自己的主力军队，则是不可能的，更不可能用被征服族名来称呼这支军队。所以，这三者都应该是以镇守的地区为名，成周与殷毕竟是相距较远的两个地方，难以合在一起。

还有一点可以肯定的是，西周的最大军事单位是“师”而不是“军”，所谓天子六军

之说是后人的附会，上述文献里称"六师"是符合史实的，《谷梁传》虽晚，还是透露了真相，《国语·鲁语》有一处也是讲"天子作师""元侯作师"。

（三）族军

国家主力军队中是包含族军的，在不同的场合有全称和特称的不同情况。商代称登人三千、五千，"登旅万"（人）和"作三师"等等，这是全称，有时则特指所用的其中一部分，则有令王族、令多子族，或称三族、五族之类的特称。在西周，整个地说是六师、八师，但临事而征调某一族的或若干族的则有特称：

王大省公族于庚，振旅　　　　　　　　　　　　　　　　　　　　《中方鼎》

用司六师王行　　　　　　　　　　　　　　　　　　　　　　　　《盠方尊》

这是指师中的王族部分，"王行"的"行"不是春秋时代步兵之意，也不是指的具体行列，而是特指王族的军行。特指族军的，如：

明公趩三族伐东国。　　　　　　　　　　　　　　　　　　　　　《周公簋》

令曰：以乃族从父征。　　　　　　　　　　　　　　　　　　　　《班簋》

以乃族干吾王身。　　　　　　　　　　　　　　　　　　　　　　《毛公鼎》

一旦需要国家主力部队出征时，这些族军包括王族都当加入编成作战部别。就如《禹鼎》记载，是以西六师、殷八师伐噩侯驭方，其中有时特指武公的戎车、徒驭等等，就是武公所属的武装亦在主力部队中，确切地说是主力部队的组成部分。商代一次出征，说"登妇好三千、登旅万"，妇好为武丁妃，不可能有三千族军，这应是她平时所统属的武装，则是国家的部队，虽由她统属，作战时仍然与主力的万人之师旅配合作战。即便是王族军也不例外，平时也归属国家部队。《盠方尊》讲："用司六师王行"应作一句读，即六师中的王行，正如楚国的"中军王族"。晋国的"栾、范以其族夹公行"，就是栾、范二族的族军卫护着国君的族军，他们都是战役中的作战部队。这里的"公行"和金文的"王行"同类，都是指的王、侯族军。

族军的存在，是由当时社会结构决定的，宗族需要武装，一方面是为守卫本族邑所在地域。当时本族往往与异族相邻，防守邻人侵袭，或扩大领地而掠夺邻人，都可能是会发生的事；一方面，当时人人都是战士，这种武装完全是自然生成的，普遍存在的。在一定范围、时间里，族军有其独立性，族邑之长可以决定局部的武装活动，不可能遇事都等待上级或王朝的命令或救助。族军统一于国家军事系统，又是由这种统一专制的政权结构决定的，王朝的武装来源于地方，而地方即由各级大小封国、族邑所结集，后者已有的族军正是现成的征集对象，不需要另组一套。按当时的实际情况，地缘也是由各个族邑所组成。

（四）戍守武装

关于戍守武装，"戍"的活动，在商代见于卜辞记录，在第三期出现的最频繁。《说文》："戍，守边也，从人持戈会意。"与甲骨文的"戍"字形义符合，与所谓"彼侯人兮，荷戈与殳"（《诗经·侯人》）的形象也很相同，戍是戍守一地。商代的戍却是从事战斗，如云：

戍逆（同辞还有：戍豈、戍骨、戍逐、戍荷）弗雉王众？

——五族其雉王众？   26879

[　]丑卜，五族戍弗雉王[众]？   26880

戍卫不雉众？戍亡戋？……   26888

王其呼众戍君（？），受人，虫壴土人眔邚人，有戋？

王其令五族戍羌，勿令？其悔？   28053

前三辞是派遣五族的戍卒时，占问编排众人入伍是否可行[5]，往下是派遣众人戍君（？）地，派遣五族戍羌地。还看不出戍的特别活动内容。再看：

癸巳卜：王其令五族戍舌伐，戋？   28054

虫入戍辟立于[大乙自]之舌羌方，不雉人？   26895

戍其迟，毋归于之，若，弋羌方？

其呼戍御羌方于义……弋羌方，不丧众？   27972

戍弗及虘方？——戍及虘方，戋？   27995

戍从舌虘方……   27996

这些卜辞都是戍卒从事征战的记录。戍守武装有战车、射手称作"戍马""戍射"，也有右中左的三列阵法（《屯南》2320），其长官称"戍某"或"戍马某"。这种武装也参与田猎活动（27968），捕获俘虏。因此，它和一般的军事组织并无多大区别，不同之点也许在于它是较长时间驻守一地担任防务，并定期遣返（27972）。不过戍期不会很长，戍卒一般不能脱离生产。

西周的戍守部队及其活动，基本如同商代。金文记载昭王时期，为了对付南夷淮夷等，经常在古𠂤这地方屯戍，由师氏率领，显然亦是正式征战武装，见《遇甗》《稦卣》《臤觯》

《录致卣》《中甗》等铭。其长官亦称"戍某"或"某戍"，如"成周走亚、戍"（《询簋》）"史戍"（《史戍卣》），还有"监敤师戍"（《善鼎》）之类，而主要的率领者是师氏。《诗经》记载了宣王时期征伐玁狁调遣戍卒的情况，"戎马既驾""一月三捷"（《采薇》）是他们参与征战的描写，"靡室靡家，玁狁之故"，去时"杨柳依依"，归来"雨雪霏霏"，反映戍期已经很长了。至东周初，《诗经·王风·扬之水》序云："刺平王也，不抚其民而远屯戍于母家，周人怨思焉。"戍卒发出"怀哉怀哉，曷月予还归哉！"的怨声，说明戍守已成为人民的沉重徭役。春秋时代诸侯有时为王室戍守，同盟国之间的戍守，活动更多。

要之，这种戍守活动，戍卒与征战部队无异，也不同于后世民、兵已分时的临时征集农民为戍卒的情况。商周时期的戍守武装不能算作特别的武装构成，属于一般武装。

（五）车、徒结合

关于兵种，即不同种类的部队问题，原则上说，商周时期是车徒合一，就是徒卒配合战车行动，没有独立出来。不过实际上，可能有时只用徒卒作战。商代有一些甲骨卜辞是：

> 庚寅卜，方贞：今者王其步伐夷？
>
> ——庚寅卜，方贞：今者王勿其步伐夷？   6461
>
> [ ]子卜，方贞：毕乞步伐邛方，受有佑？ 十二月   6292
>
> 庚戌卜，㲋：重翌日步射兕？   20731
>
> 壬子卜，贞：步师亡祸？   33069
>
> ……余步从侯喜征人方？   36482

这些"步"应该作步行讲。当然，也不排除指商王出征之义。步行作战应是存在的：有时视地形条件和兵力强弱等具体情况，不可能或不必要出动战车的时候，也就可以单用步兵作战。一般作战时是车徒结合，但编制和训练时，车徒还是各自分别进行的，所以卜辞有"戌马""爻马"，是训练校正车马的；"盖三百射"是训练甲士射手；而"雉众""雉人"自是部别编理徒卒。矢、雉在古书中多有作陈列之义，有以"雉众"为伤害众人之说，经不起卜辞辞例的内证（同注 [5]）。

一般说来，先秦时期起初都是车战，没有独立的步兵，到春秋战国之际才出现了单独建置的步兵。有一种观点认为，中国古代战争，开始是使用步兵，而车战的盛行还是在中原列国纷争的春秋时期 [6]。此可备一说。到春秋后期，吴楚越的争霸，多在长江水域、沼泽地带，攻城、巷战增多，又有铁兵器出现，人身解放，步兵来源充裕等等客观条件，独立的步兵部队就取代了车战的主导地位。

三 军事编制

（一）十进制

徒卒、射手、车马，都按十、百、千、万的名额，依照军事建置单位的各级递次上升，这是商和西周的基本格局。证据是：商代甲骨文涉及武装活动，出现的人、马、射手都是十、百、千和它们的倍数，最高数字是一万。殷墟西北冈王陵 M1004 随葬青铜兵器戈、矛均为十件一捆。西周从《尚书·牧誓》所见，其兵员有"千夫长、百夫长""革车三百乘，虎贲三千人"。征伐噩侯驭方时，武公提供的是"戎车百乘，斯驭百、徒千。"（《禹鼎》）见之于卜辞：

……受屯众百，王弗每？	26904
丙午卜，永贞：登射百……	5760
贞：毕以二百射？	《乙》7661
登射三百？——勿登射三百？	698
癸巳卜，殷贞：令毕盖三百射？	5769
癸卯卜，争贞：王令三百射……	5775
乙酉卜，[贞]：屯三百[ ]令？	
屯三族马令？眔令三族？	34136
贞：龟以马卅执羌？——	
贞：龟（以）卅马弗其执羌？	500
癸巳卜：往马卅丙（两）？	20790

再有，就是我们常常见到登人三千、五千和登旅万（人）了。《吕氏春秋·顺民》记述汤祷桑林的祝词云："余一人有罪，无以万夫；万夫有罪，在余一人。"张政烺先生认为成汤是"万夫长"。古代的西方有百人团、千人团、万人团的这种系列，其源于当时社会的"氏族"组织。古时一族基本以百户、百室为单位（人口有繁殖增多，或有不断改编、调整），尽管这还是经过人工改造了的，但为了便于军事和农业生产而传袭下来，保持这个常数，而成为制度[7]。

（二）军行与军阵三分制

商代已有军行，把武装人员编成固定的行列，甲骨文的"行"字已经赋有这个含义。"芇"本指道路，引伸为行列，这在古书里有很多此种用法，如《诗经·七月》的"遵彼微行"，微行就是小路，《小弁》："行有死人"，《行苇》的"敦彼行苇"，还有一些诗篇里的"周行"，都是指的行道，后来用作泛指所有成行列的事物，而军行也用得较早，"王行""公行"即是。甲骨卜辞表明为军行的，以前无人注意，如：

……贞：虫今十月令毕……徙复右行？ 十月	4037
贞：勿呼徙复右行从西？	40075
乙酉卜，贞：徙复右[行]？	40076
丙寅卜，旅贞：其呼……某行，不遘方？	41022
从偏行来……遘方，不获？	20447
辛未卜，行贞：其呼永行，有遘？　　贞：亡遘？	23671
癸未卜，王曰贞：有众在行，其左射，获？	24391
贞：某行用，戋，不雉众？	26887
贞：勿用某行？ 虫祖用戋？ 羌方于之不雉人？	26896
戌虫义行用遘羌方，有戋？　　勿用义行，弗遘方？	27979
……用戋方？虫向行用戋羌？　　虫橄行[用]，[戋方]？	27978
[虫]义行[用，戋]羌[方]，有戋？	27980

这些卜辞的"某行"都是名词，"用某行遘羌方"或"虫某行用戋方"，明显是说用某"行"攻击羌方（方），其中还有"雉众""雉人"即编理兵员的内容，这"行"是军行无疑，即是占问用某个军行去攻打敌方。这是一种调遣兵力的活动。

关于三行的基本编制即军阵三分法，是古代最普遍的用法，后来称三军，在商代已经常见。

丁酉贞：王作三师——右、中、左？	33006
丙申卜，贞：戍马——左、中、右，人三百？	5825

就是显著的辞例，在实战中也不少见，如：

右不雉众？王卜曰：引吉。其雉众？ 吉！	
中不雉众？王卜曰：引吉，其雉众？ 吉！	
左不雉众？王卜曰：引吉。其雉众？ 吉！	35347

这分明是临战前对三个行列的兵员加以编理的行动。在作战中则按此队列为阵法，

乙未卜贞：立事于南，右从我，中从舆，左从曾？	5504

这是最完整的部署。有时依需要而作一些不同的调遣：

　　蛊旃用东行，王受佑？　　蛊售从上行左旃，王受佑？

　　蛊售右旃，王受佑？　　　　　　　　　　　　　　　　　　　《怀特》1464

　　戊戌卜，扶（贞）：缶中行征方？九日丙午遘……　　　　　　《怀特》1504

所谓东行、上行、中行就是军中的某一行列，所谓左旃、右旃当指其军行的旌旗徽帜。依此，商代也就有布阵的战法，如在战争时部署某人"立"于什么位置，辞例见 13577、6480，《屯南》341，《北美》490 等，在此不烦累举。卜辞还有：

　　丙辰卜，在斝（？）贞：蛊大右先……饮美㭘利，不雉众？　　　　35346

　　辛亥卜，在攸贞：大左族有禽？　　　　　　　　　　　　　　《怀特》1901

　　辛酉卜：蛊大行用？师蛊律用？　　　　　　　　　　　　　　《怀特》1581

军行编定以后，在某一行的族邑武装长期服役，则以军行为名，故称"大左族"。殷墟西区族墓葬的 M 699 出土三件铜铙上铸有"♣""大♣"的族徽，西周有卣铭"中"当是此种遗制，春秋时期晋国有以右行、中行、左行为贵族氏名的。前引卜辞中的永行、𣏌行、义行、高行、楜行等等，大抵都是以族为名的军行。

　　西周的《班簋》说"右从毛父""左从毛父"，也就是左、右军行的部署。军事的三行分法是实战的需要，两军对垒，布置中军主力与左右两翼，进可以齐头并进，合围包抄；退可以互相掩护，彼此救应，故千古以来盛行不衰。

（三）部队编制

　　按十进位累进编成各级军事单位，是古代军队的基本成法。最基层是十人为什，也是最小的战斗单位，商代调用十人进行武装活动毕竟少见，经常的是百人、千人、三千、五千和万人。同时有行与大行，彼此对应，推知经常作战的基本单位是行和百人，那就是一行相当于一百人；十进为千人，可能就是一个大行。再按右中左三列要求，三行为三百人，三个大行为三千人。当时一车十徒，从武王伐纣的革车三百辆、虎贲三千人和《禹鼎》的戎车百乘、徒千，可以推知西周之制。而商代经常使用三十马即三十辆战车，以每辆配以十人计，即经常出动三百人，亦即三个行的部队。甲骨文以"马"代指一乘战车，战争、田猎都用车乘，但卜辞记武事罕见言"车"，只提到"马"，田猎中说"马其先""其先马"，军职以"马亚""多马亚""马小臣"为名，后世有"马正""司马"，都是由司掌车乘武装而来[8]。而卜辞说"戍马左、中、右人三百"，就是校马和训练三百车的驭者，一马代指一车，这三百辆战车的编制就是三个大行三千人所组合的军事单位。再往上，旅、师的编制，各为多少员额？如按十进位，可以认为旅包含十个大行即"登旅万"，师包含十旅即十万人，若再以三行配置，则为三万、三十万之数，显然过大。旅，是否军事编制单位，在古代并非定论。不过甲骨文有把旅分为左（中）右的行列（《屯南》2328），似乎旅确是一种编制单位。我们推测，大行以上不再是十进制，可以称之为三三制：三个大行即三千人为旅，三个旅即右中左旅合成为一师，即九千徒兵，加上战车甲士，号称一万，可能即"登旅万"的由来。右中左三师合成为三万人，大概是商代的军队一个最高常备的编制。经常活动，调遣兵力的最高数额是大行组合的旅，即三千人，常见射手是一百、二百、三百，就是每个大行百辆战车上的射手。其次则是一般的军行百人，三行为三百人，即常见调遣"马"三十两（辆），"車三百[人]（？）令""車三族马令"（34136），大概也就是这种组合。至于还有"登人五千"的编制，尚不清楚，是否商代同时有以"五"为进制的？需要探讨。

西周的军队编制，我们只知道有若干个师和伐纣时的千夫长、百夫长，与商代比较则为师、大行、行等三个编制单位，《牧誓》："亚旅、师氏"，似有师、旅单位，但实际编制不详。按现有记载，则西周十个军行为一大行即千人，大概大行亦是三三制，三个大行为三千人即一师。经常出征的也是一师三千人之谱，如《禹鼎》的武公是统帅，他的戎车百乘、徒千人即是他所主的中军编制单位，加右、左两翼，即为三千人、三百辆战车。大概西周的师、师氏等人就是主管一个师的军官，同时存在的若干个师，则有若干个"师"或"师氏"之官，"大师"可能就是总管六师或八师的最高军职。若此，则西周六师和两个八师，总兵力当在六万多人。

商周军事编制的实际状况，当时还比较简朴，又由族组织的结构所决定，故以十进制为基础，和《周礼·夏官》的六级编制，从五起数的制度尚有不同；车徒配合，一车十人之制也与晚世的一车三十人乃至七十五人之制也有很大的区别。各个时代的军事编制基于其社会结构和兵员身份以及战争发展的需要。十进制是商周社会的族氏结构所决定的，后来才有"伍"的组织。张政烺先生还指出："改十进制为五进制，是生产力的发展，氏族衰微，家的地位逐渐提高的表现。但是，在这新的编制中，却仍安插四进的一级，维持按百家一族的办法。"（同注[7]）这个分析是有见地的。在春秋时代的吴国，据《国语·吴语》的记载，也还是十进制，"十行一嬖大夫""十旌一将军，万人以为方阵"。韦昭注云："十行千人，十旌万人，百行故万人，正四方也。"而且亦以"行"为基本单位。

商、西周和《周礼》中的军事编制比较：

商：师————旅————大行————行————[什]
　　10000人　3000人　　1000人　100人

西周：师————千夫————百夫————[什]
　　　3000人(?)　1000人　　100人

《周礼》：军————师————旅————卒————两————伍
　　　　12500人　2500人　500人　100人　25人　5人

四　军事领导体制

军事领导体制，实质上是国家政治体制在军事领域里的体现。商周时代军事活动占有国家政治生活很重要的地位，军事与政治密不可分，军事领导体制必须和政治体制一致，其根本特点就是王朝统擅军权，宗室贵族任高级军职，族邑之长也就是各级地方武装的首领，王朝对封国封邑的军职的垂直领属以及各级编制单位的严密隶属关系。

（一）王的战争决定权

商王周王直接决定军事行动，亲自率军和命令将领出征。甲骨文记录"王自征""王自往征"常见，而"王从"某些将领或某侯某伯征伐方国，亦是商王亲征的事例，无须列举。

西周金文记载同类的情况也比比皆是：

王令明公遣三族伐东国。　　　　　　　　　　　　　　　　　　　　《明公簋》

王来伐商邑……　　　　　　　　　　　　　　　　　　　　　　　　《康侯簋》

王令遣戬东反夷。　　　　　　　　　　　　　　　　　　　　　　　《宪鼎》

虫王伐东夷，　　　　　　　　　　　　　　　　　　　　　　　　　《𩰲鼎》

虫王于伐楚伯在炎，　　　　　　　　　　　　　　　　　　　　　　《令簋》

王令盂以……伐鬼方，　　　　　　　　　　　　　　　　　　　　　《小盂鼎》

𫓧驭从王南征，　　　　　　　　　　　　　　　　　　　　　　　　《𫓧簋》

虫王南征在……　　　　　　　　　　　　　　　　　　　　　　　　《小子生尊》

虫王令南宫伐反虎方之年，　　　　　　　　　　　　　　　　　　　《中方鼎》

王令毛公以邦冢君、土驭、或人伐东国痟戎，咸。……　　　　　　《班簋》

王令戫曰：虢！淮夷敢伐内国，女其以成周师氏戌于古自。　　　　《录戫卣》

南国艮子敢陷虐我土，王敦伐其至，扑伐厥都。	《宗周钟》
王曰：师旂！令女羞追于齐，	《师旂簋》
王南征伐角〔 〕，虫还自征，	《𪚔侯鼎》
王乃命西六师、殷八师……伐噩侯驭方。	《禹鼎》
王令敔追御（南淮夷）于上洛㥥谷，	《敔簋》
王令师寰伐淮夷，	《师寰簋》
王令伯氏（抵御）驭方獫狁	《不娶簋》
王命武公伐獫狁	《多友鼎》

这些与文献记载都一致。此外，有某些铭文为作器者随从上司出征，则只述及其上司命令和赏赐他为止，而不及周王，事实上这类征战活动也是执行周王命令的。

《国语·鲁语（下）》所说："天子作师，公帅之，以征不德；元侯作师，卿帅之，以承天子；诸侯有卿无军，帅教卫以赞元侯。"韦昭注云："公，谓诸侯为王卿士者也。""元侯，大国之君，……大国三卿，皆命于天子。承天子，谓从王师征不义也。"这大体是西周的领军制度。

（二）最高军职"师"的领军职责

最高军职"师"直接受王命领军。商代的"师"职不少，武丁时有"虫（右）师"（5805，5806）"中师"（5807），当是三师分右中左，三部分各有一"师"，"王作三师"虽是文丁时期的卜辞，推测武丁朝已有三师规模。军官，则有"师般""师䜌""师囷""师戈"之流。也有仅称"师"的，应当亦属师职。《尚书·盘庚》讲："邦伯、师长、百执事"，"师长"就是指的这类高级师职。不过，参与征战活动的，师职并没有宗室贵族和侯、伯为多，推测当时他们职责重在管理武装，卜辞记载有某人"归于右师"（1253）"呼师往见右师"（5805~6），可见右师的地位还是很高的，而且已有一定的寮署所在。

西周的师、师氏、大师等等则经常率领武装活动，但都在周王的统属之下。大师当是各师职之长，有时师氏也高于一般的师，如成周师氏可能是掌管成周八师的师职，权力接近大师。大师或师氏为周朝两大寮署之一的卿事寮的长官，其权位当与掌管兵力有关。西周一般的师职很多，从铜器铭文中常见"师某"出现可知，详见官制篇，此不赘述。

需要指出的是：商周的宗族贵族在军事领导体制中的地位。商代没有"师"或"马"职官衔的人也可频繁地率军征战，妇好就是一个显著例子。此外，一些经常活跃于王事活动中的毕、弜、𢀛、雀、犬征、舌以及王室的"子某"等等，也是如此。因为他们与商王有不同程度的宗亲关系，亲近可靠；同时他们率军也必须由商王授命，一经授命也就等于赋有军职。西周一般是具有师职者率领武装活动，但也有不少某公某伯或某人，不过，那些公、伯可能本有师职名，作器者是他们的下级，只用其尊称。周朝的师职亦多是宗室贵族而且世袭。据研究，陕西扶风强家村出土的窖藏青铜器铭文表明，这是西虢贵族的遗物，其中有三代如师龢——师望——师史都是师职，这也是当时军事领导体制的一个特点。

商周又都有地方诸师，如卜辞：

[　　]午卜，𡧊贞：呼涉𢀛师？ 　　　　　　　　　　　　　　　　　　5811

丙戌卜，贞：弜师才光（？），不水？ 　　　　　　　　　　　　　　　5810

己卯卜，贞：舌师𠂤祭自…… 　　　　　　　　　　　　　　　　　　5814

癸巳卜，𡧊贞：令伐，步毕师？ 　　　　　　　　　　　　　　　　　6051

……于癸未有至雀师？ 　　　　　　　　　　　　　　　　　　　　40864

这些师，自然也是𢀛、弜、舌、毕、雀等族邑贵族首领的一种编制单位，不会有王朝的师一级那么大，当是全国武装的组成部分，受王朝直接领属。西周地方诸师亦然，金文则明确记载王朝派官监察其事，《趞簋》云：王命趞"作𢻻师冡司马，啻官仆射、士讯、小大右邻"，《善鼎》记载周王命善"左疋𤖺侯，监𢻻师戍"，是王朝直接派官担任地方的军职，并设官监察地方的军事（同注[8]）。这是商周军事领导体制又一特点。

（三）司马的起源及其权限

"马"与"司马"的军职权限。如前所述，商代的"马"代指战车，也就代指武装，因为车战时代战车是军队的主力，由"马"形成"司马"职名，顾名思义，它是掌管武装的。但在商和西周前期，司马始终在"师"职之下，协理师职管理军队一般事务，征战的决定权在王，统率征战活动则是师职和其他贵族大臣。上述《趞簋》的冡司马，并非整个王朝的，这时有个别在周王身边的大臣称司马的，职掌地位都很重要。不过，西周后期是否形成了像《周礼》中掌管全部军事大权的大司马，目前还缺乏积极的证据。

司马由商代的"马"职即"马亚"发展而来，殆无疑问。陈梦家先生最早提出："'马'受令征伐与射猎，很可能是马师，后世司马之官或从此出。"[9]这一推论是很重要的，虽然未及论证，仅仅"马"这名称还不都是官名。但司马从"马"而来则是可以肯定的。"马"

指战车进而指称武装,而司掌这"马"的,在甲骨文里就是"马亚",当时不止一人任此职,于是有"多马亚"之称,他们确是负责武事的,如卜辞:

壬戌卜,狄贞:蚩马亚呼执? 28011

贞:其令马亚射麋? 26899

贞:蚩马亚涉眔? —— 贞:蚩众涉眔? 30439

这是马亚参与征伐和田猎的活动,在当时这两种活动都是属于武事。

乙亥卜贞:令多马亚伲、冓、祿省陕廪至于畕侯,从冏川,从舞侯? 5709

辞中伲、冓、祿是三个人名,他们同为马亚之职,故以"多马亚"冠之,不能解为多马、多亚。这是商王命令他们巡视在陕地的仓廪,看情况陕地离王都不近,这种巡视需配备武装,所以派遣马亚进行。这三人的其他活动也确是军事性质的,如卜辞:

伲从沚馘……亡祸? 71

伲追多臣[蚩]羌,弗执? 628

呼伲取虎于牧鄙? 11003

贞:伲不其获鹿? 10261~4

伲以子族从? 14923

令冓以侑御方于陟,设? 4888

贞:勿呼冓见戎? 4892

令冓以出友马? 8964

贞:勿令冓金[ ]? 6045

令冓以多马卫,医? 5712

贞:冓不辜[ ]? 5929

贞……王固曰:冓勿辜。 5930

丙申卜:王令冓以多马? 32994

冓以新射于靳? 32996~8

令冓卫从? 32999

……惟祿呼望? 4589 反

王狩敝,祿车马…… 584,11446

王今日往启祿 9818

很明显,他们都是从事征战和田猎的,尤其是菁率领"多马"、卫队和射手,马亚的职务更清楚。

马在车战中起重要作用,成为威武勇猛的象征,马在古代语言与"武"同音近义,《说文》解马字为"怒也,武也"。郑玄注《周礼·夏官》序目云:"马者,武也,言为武者也。"春秋时期宋国的司马有时就称作"司武"(《左传》襄公六年)。"马"冠以"司"为司马,周初即见于史籍,以后一直沿用。然而有不加"司"字的,如鲁国的家司马就称"马正"(同上书襄公廿三年、定公十年),在商代,有地方的武职称"侁马"(27944),戍卒的称"戍马""戍马眔"(27881,27966)。以"马"称武职,同于当时以"犬"称田猎官吏。可以说,商代的"马亚"是司马的前身[10]。马亚的地位仍当在"师"之下,正如西周的司马在师和师氏之下,师、师氏管理整个武装部队,司马则掌管具体的兵马事务,统率全军决定战争行动的权力则只有王。

在领导体制上,周朝封国、地方的司马,由王朝直接领属,如前述王命趞作敾师的家司马,并管理其下属仆、士等,《豆闭簋》记周王任命豆闭"司爰舲邦君司马、弓矢"。商代的马亚与地方的"侁马"等的领属关系,史无明文,可逆推和西周相似。

五 兵役征发与军事训练

(一)兵员成分

商周时代,兵员的主要来源是族组织的成员,并按所在族邑征发。从军事民主制时期以来,"战争及进行战争的组织,……成了民族生活的正常职能"[11],到商周社会并无大的改变。武丁时期的卜辞经常登人、供人三千、五千的是一般宗族成员,而命令三族、五族的也是如此,只是标明王族、多子族的则可能比一般宗族成员地位高,是武装中的主力。殷墟西区墓葬中,有一些墓以兵器随葬,就是武装的平民参军的物证,不过能以青铜兵器随葬者只占一部分,当是宗族上中层的家族成员,能当甲士或精锐徒卒;其他一般徒卒则临战"授兵",故不能有自备的兵器埋入地下。周族早在公刘迁豳时,合族行动,"乃裹糇粮,于橐于囊""弓矢斯张,干戈戚扬"就是族人即士兵的写照。"其军三单,度其隰原,彻田为粮"(《诗经·公刘》),当是农战结合的制度。到太王迁岐时,则已经建立了政权,《绵》诗说:"古公亶父,来朝走马""乃立冢土,戎丑攸行","冢土"即"大社",是宗族存在的标志。这都是族组织与武装结合的情景。西周时期仍然以族的成员为武装来源,如前述"遣三族伐东国""以乃族从父征"之类。

不过,由于征服战争,造成了统治族与被统治族的界限。一般说被统治族在当时地位甚低，是否可以成为兵员成分，史学界看法不一。商代的众人和西周的庶人是这种被统治族，他们是被征调入伍的徒卒。甲骨文中前期"以众人""供众人"，就是征集众人作战。中期以后言"雉众"，"雉"是陈列之义，即占问在族人组织编制之外，还要否再编理众人参加，西周的庶人入伍虽无明确记载，但周初的庶人即称"殷庶"，殷庶是被征集担负建城的劳役的。虽然不能说"殷八师"全由殷庶组成，而其中有小部分殷庶参与其中，也许不能排除。金文的"众仆""夷仆"各种夷人，都应该是被征服人民在军事系统中服杂役的。众人、庶人也当如此，但不是武装的主力。古今中外，奴隶制的社会都存在这一情况，如前所述，古希腊的珀里俄科，雅典的警察，法兰克国王的扈从队，古埃及新王国卫士中的舒尔丹人，直至近代中国凉山彝族的阿加奴隶，都在统治者的军事组织或征战中服役。

（二）征发制度

当时征集兵员出征是临战前进行，战斗生活既是社会传统习惯和正常情况，这种征发也就简单易行，在商代武丁时期动辄登人、供人，就是此种表现。当然，这种"登人三千""供人五千"仅仅是事前的占问，具体进行时，还有动员、演习、授兵器和编理行列等活动，卜辞的"雉人""雉众"就是编理部别行列，多见分右、中、左的行列，还要逐个地考虑哪一族，哪一行列编进族员即"雉人"，这类卜辞不见于武丁期而多为廪辛、康丁及其以后，可能反映军事行动要求的提高。但武丁时期也不会完全没有，像前引武丁卜辞"立事于南，右从我、中从𤅬、左从曾？"就是到了作战地还要编理兵员的。推想平时在各族邑中也会作这一类的准备活动。

商王朝军事征发，还有几种情况：

1. 战车和甲士射手与一般徒卒分别征集。征调战车"马"，除前引之外，有：

……今春登马……以御方？	6761
甲子卜,亘贞:共马呼戬（伐）？	7350
……马五十丙（两）	11459

征集射手的，如：

登射三百？ ——勿登射三百？	698
……贞:眚三百射呼[伐]？	5777
贞：翌己卯令多射？ 二月	46

2. 向地方、侯伯之国征集武装：

甲申卜，殼，贞：呼妇好先共人于庞？

乙酉卜，殼，贞：勿呼妇好先共人于庞？   7283～93

……今共东土人？……方不大出？   7308

贞：登雷人……   7310

贞：呼共在煤人？   8070

贞：今者登下危[人]，呼尽伐，受有佑？   7311

辛丑卜，宾，贞：叀羽令以戈人伐邛方，𢆉？十三月   39868

……多射共人于皿？   5742

这一类活动多半就由武职人员迳自去执行。射手也是从各地、族邑提供的：

令屰以多射？   5738，5767

癸丑卜，争，贞：𡥝以射？   5761～3

令振以射   5766

令毕以三百射   5769

癸未卜：雀不其来射？   5793

贞：呼子妻以屰新射？   5785

贞：勿呼屰申（贯）多新射？   5786

……新射于靳？   5787

己酉贞：令辰以多射？   32999

贞：勿共多籔？   5802

似乎有某几个地点专门训练射手，到时提供。共（供）、来，都是指提供给王或师等为征战之用；以，可能有两种含义，一是提供给王室，如贡纳之用"以"字；一是指由某人即武职者率领出战之意。

3. 授兵器：甲骨文称作"出兵"：

甲子卜，贞：出兵，若？——

甲[子卜]，贞：勿出兵，若？   7204～5

因为早期的"兵"字指兵器，即由官府拿出兵器授予武装人员，史籍中称为"授兵"，故此"出兵"不是军队出发的意思。

此外，还有"立中"。"𣅦"，一般解释为旗帜，所谓司马"以旗致民"，立旗帜为标志，被征集者集中到竖旗之处听命。还有"立事"，如"立事于南""立事于北土"（33049），或言"立事于亚侯""立某（地）事""立三大事"等，对此有不同的解释，但肯定与武事有关。从"立事于南"的这条卜辞全文看，是指在驻兵之地，编理部队，准备作战。

西周征发兵员，缺少具体的记载，推想和商代没有大的不同，《周礼·地官》有些说法虽是晚出文字，但与早期史实比较接近：

> 大军旅、大田役，以旗致万民，而治其众庶之政令。　　　　　　　　　　《大司徒》

> 掌建邦之教法，以稽国中及四郊都鄙之夫家九比之数……乃令万民之卒伍而用之，五人为伍……以起军旅，以作田役，以比追胥……　　　　　　　　　　　　　　　《小司徒》

> 若国作民而师田行役之事，则帅而致之，掌其戒令，……　　　　　　　　《州长》

> 凡作民而师田行役，则以法治其事。　　　　　　　　　　　　《党正》《族师》

《春官》中有云：

> 以军礼同邦国：大师之礼，用众也；大均之礼，恤众也；大田之礼，简众也；大役之礼，任众也；大封之礼，合众也。　　　　　　　　　　　　　　　　　　　《大宗伯》

《夏官》中有云：

> 简稽乡民以任邦国。　　　　　　　　　　　　　　　　　　　　　　《大司马》

征发兵员（包括徭役）之事大致如此。

（三）军事教育与军事训练

这里可以分作一般群众性的军事教育或演习，和比较专门的军事训练两种：

1. 一般的军事教育与演习，就是田猎。所谓用"蒐狩以习武事""皆于农隙以讲武"，是古代社会普遍的风习。

商代田猎活动特别频繁，甲骨卜辞有充分的反映，周初人们以商代贵族嗜好田游引为鉴戒，可以印证。近来有学者初步估算，商代田猎卜辞达4500片，占《甲骨文合集》全部材料十分之一强[12]，已经相当可观。固然，贵族的田猎活动是寻找娱乐和获取山珍野味，但不可否认，练习武艺是其中一个重要目的。我们曾经提出，卜辞反映的商代田猎，有布置阵法，有"登人"之举，有"王从"、告祖、捕获羌人、用车乘、使用战争的语词等等，说明田猎几乎与战争一模一样[13]。特别是狩猎中捕杀野兽的同时捕获异族为俘虏，把狩猎和战争完全结合在一道，这是连后世的"大蒐"也包括不尽的内容。

己卯卜，争贞：今者令龟田，从戈至于滈，获羌？王占曰：嬉。　　　　　199

[丙]寅卜……子效臣田,其获羌? 194

丙寅卜:子效[臣]田,不其获羌? 195

庚戌卜:今日狩,不其获卬? 20757

戊辰卜,岂贞:有来俘自狩,今日其征于且丁? 27302

庚申贞:于丙寅敦召,田于[　]在[　]。 《屯南》1099

这都是在狩猎中捕获敌人和征伐方国的例证。

狩猎中参加的人员,一是王室的多子,一是多半带有武职的人。这也是田猎具有军事作用的一个证明。

多子作为宗室贵族子弟,不仅如同一般宗族里的青年成员为武装的生力军,而且是国家武装中统治阶级的成员,占有主导地位,构成其中的精锐部分,甚至是当时或未来的军事领导者,他们参加田猎学习军事是很自然的。所以商王呼令"多子逐鹿""多子逐麂",占问他们猎获的效果如何,或占问由王亲自还是试用多子去设陷阱捕兽(787),还经常命令子嚣、子沭和子安等参与田猎,有一次武丁和子央一同乘车出去狩猎,中途还出了事故:

癸巳卜,殻贞:王占曰:乃兹亦有祟,若偁。甲午,王往逐兕,小臣叶车马,硪鵟王车,子央亦門(坠)。 10405

这是一次典型的事件,说明商王很关心对子弟的戎事训练。在狩猎中投入武职人员、官员和军事装备,甲骨文中屡见不鲜,今举其要者:

呼多马逐鹿,获? 5775

叀多马呼射,禽? 27942

……叀马取,禽? 27961

贞:叀马亚涉兕?——叀众涉兕? 30439

贞:令马亚射麋? 26899

……王……往田……,[呼]僕马叀……王禽? 27944

……其呼射豕叀多马? 《屯南》693

叀戍冒禽? 叀王以戍冒? 27968

叀戍呼射,禽? 27970

戊寅卜:呼侯敁田? 10559

贞:呼仜逐鹿? 10261

贞：伲不其获鹿？ 　　　　　　　　　　　　　　　　　10262～4

贞：蓁眔永（不其）获鹿？允获！ 　　　　　　　　　　　1076

呼蓁逐鹿于桑，获？ 　　　　　　　　　　　　　　　　10927

甶般呼田于幷？ 　　　　　　　　　　　　　　　　　　10958～60

贞：沚馘禽亦有…… 　　　　　　　　　　　　　　　　　10766

贞：郭以众田，有弋？ 　　　　　　　　　　　　　　　　31970

……毕勿其禽？ 　　　　　　　　　　　　　　　　　　10774～5

乙丑贞：甶亚毕以人狩？ 　　　　　　　　　　　　　《屯南》961

令旒田于皿？ 　　　　　　　　　　　　　　　　　　　10964

己未卜：雀获虎，弗获？一月在而 　　　　　　　　　　10201

……雀田于卣？十一月 　　　　　　　　　　　　　　　10979

儶［有］禽？ 　　　　　　　　　　　　　　　　　　　10769

癸巳卜，贞：犬徙有禽？ 　　　　　　　　　　　　　　17452

……令郭曰：犬徙田？ 　　　　　　　　　　　　　　　40076

贞：勿令犬徙田于京？ 　　　　　　　　　　　　　　　40075

甶幷以人狩？ 　　　　　　　　　　　　　　　　　　　32270

辞中，多马、马亚、馁马以及任马亚之职的伲、蓁，前面已说过，都是军职；戍是戍守武装，侯敫是侯国的首领，般当是师般，沚馘是大将，或称师馘，毕、亚毕、雀或称亚雀，凡此都是军职或高级职位者；其他一些人名，也都是在王室经常活动的贵族。商王命令这么一些军职、高职人员并出动车乘（马）从事田猎，显然不能仅从字面上看作单纯为了获取虎、鹿、麋、麑等野兽，而是"蒐狩以习武事"，也不能认为只是命令某人独个儿进行，而是带领一批武装或负军役者进行，如"甶亚毕以人狩""甶幷以人狩""郭以众田"，尤其是动用"多马"即是以一批战车组合投入狩猎，这就有不小的规模，应该是"蒐"或"大蒐"了。

正如有学者早已说过："殷代士兵的教练，主要的方法就是打猎，以野兽为假想的敌人，使弓矢戈矛、车马将士一齐发挥出最大的威力。因而也能对于野兽多所擒获。"[14]也有学者，从廪辛一次行猎于麦、利、𢀖等地，率领马亚、亚、戍、众等参与战争者，至晚期一次田游时，先行"振旅"而后往弋于盂地，来说明商代军事演习和狩猎的直接结合[15]。

西周这方面的具体记载不多见，但这种军事演习是存在的。这是由当时社会的现实所决定，社会尚武成风，人人皆战士，生态环境多山泽鸟兽，田猎是人们经常的一项活动，射杀禽兽与杀敌为一事，狩猎工具与战争兵器同功用；也是当时统治者进行战争所需要，需要利用这种现成的方式为巩固政权服务。所以，西周不会不存在，而且进一步发展，固定为一种形式、制度，就是"大蒐"之礼。文献上记载着："密须之鼓与其大路，文（王）所以大蒐也"（《左传》昭公十五年），"成有岐阳之蒐"，"取于相土之东都，以会王之东蒐"，都应该是可信的。

《逸周书·世俘解》记录了武王一次蒐狩的情况，正当灭商的戎马倥偬之时，却有"武王狩"的一节，猎获了大批野兽：虎廿二，麋五千多，鹿三千多，虽说数字过大，因为这是利用大战时期，在分遣很多将领继续追剿商纣的盟国之时，利用大军进行，故而猎获甚多。甲骨文所记商代所获野兽数字，是每一次的有限的规模进行的，当然远不及此。但有一次猎麋也达四百五十一头（10344）。武王这次蒐狩也完全是与军事直接结合的，一方面藉此整训军队即"振旅"，同时也藉此显示武威，继续镇慑敌人，并利用狩猎活动以深入搜索残敌，追亡逐北。孔晁注说："武王克纣，遂[征]其国，所获禽兽。"若当军事与田猎分开之后，不可能造作这段故事，所以还是应该可信的[16]。后来周公东征伐奄，孟子说"驱虎豹犀象而远之"（《滕文公（下）》），恐怕也是军事中搞了一次大蒐。《员鼎》记周"王兽于昏敫，王令员执犬"，说明这种狩猎也还是经常从事的。《诗经·豳风·七月》记载："二之日其同，载缵武功，言私其豵，献豜于公。"这说明周族民间的田猎和"武功"是结合一起的。《国语·周语（上）》仲山甫说："蒐于农隙"，"狝于既烝，狩于毕时"，都是西周时期的事实。

春秋时人讲"春蒐、夏苗、秋狝、冬狩，皆于农隙以讲事也。"（《左传》隐公五年）就更规整地划分了四季田猎的时间和名称。在《周礼·夏官·大司马》中，则分别配合四时的军事演习为春振旅、夏茇舍、秋治兵、冬大阅，每一场把军事演习和田猎分作两个阶段举行，还规定了一系列的程序细节，这无疑是人工编制的东西，就是春秋时期的蒐狩活动也不见如此。不过说明这项活动确是久演不辍，《地官》中各级行政系统，几乎都把"军旅"和"田役"作为政治任务的两项重要内容，是有来由的。《管子·小匡》篇里说："作内政而寄军令"，"则其制令，且以田猎，因以赏罚，则百姓通于军事矣。"与《礼记·祭义》所说："颁禽隆长者，而弟（悌）达乎蒐狩矣。""孝弟……放乎蒐狩，修乎军旅，众以义死之而弗敢犯也。"对照来看，蒐狩与军事始终是古代社会生活的重要内容。只是，后来逐渐蜕化，变成单纯军事的演习和检阅，进而成为推行国家军事和政治法令等措施的场合[17]。

2. 军事训练：与田猎蒐狩的军事演习略有不同，商周时代还存在一定程度的专门军事训练和军事教育。文明社会毕竟与原始军事民主制时期有别，像易洛魁人那样，出征前"这些战士发起一个舞蹈，凡参加舞蹈的人，就等于宣告加入了出征队，队伍就立刻组织起来，立即出动。""这种出征，并不需要得到部落议事会的同意，没有人去征求这种同意，也没有人给予这种同意。"[18] 商周时代就已经讲究军事纪律和一定的阵法、战法。甲骨文已有"师叀律用"一语（《屯南》119，《怀特》1581），和《易经·师》卦的"师出以律"相一致。如果《尚书·甘誓》可信的话，则夏代已经对战车的车右、车左、中御要求恪守本职。商代已有阵位"立"和先锋"启"的分工和三行的明确部别（同注 [13]）。《尚书·牧誓》要求伐纣的部队整齐地站好队列，持好干戈兵器，作战时有一定的步伐，不能紊乱，随时"止齐"，目的是"一戒其轻进，一戒其贪杀，一戒其杀降。"（曾运乾《尚书正读》）因为"虽然民族热忱对战斗有巨大的意义，但没有纪律和组织性，仅凭热忱，任何人都不能打胜仗的。"（同注 [18]）在长期的军事实践里，商周时代当已了解到这一点。

当时军事训练中，除一般的阵位、队列教练外，主要是战车甲士射、御的训练。古人说"射御惯则能获禽"，固然可以在田猎中练习射御，但要达到娴熟的"惯"还必须专门训练。

商代存在军事训练，甲骨文有一些记录：

丁巳卜，殼贞：王爻众伐（？）于鬃方，受有佑？（对贞略） 32

丁酉卜：其呼以多方（？）𠦪、小臣，其教戍？亚立（位），其于右，利？其于左，利？

28008

庚寅卜争贞：王其爻，不冓 39822

……王其爻衣……之日王爻…… 12741

爻，是教的初文，古者教与学为一字[19]，那时教与学都简单，大抵以筹算记数，即以此为教、学的会意字，爻即筹码交错形，后来加两手成𡥈、𡥉，表示有教学场所则造𡦜字，再加"子"为子弟就学之义为學字。这里各辞的"爻"字都是教之意。爻众，即教众人；教戍，即教练戍卒，接着占问阵位（立）是在右边还是左边合适。后二辞"王其爻"均是商王将去教什么，衣，或认作"卒"字就是教士卒，或认为是围猎之法则是教阵法。还有：

……王勿……爻马……亡疾？ 13705

的卜辞，则是教练车马，相当于《周礼》里的"校人"或"趣马"所担负的训练战马的任务。前引"戌马左、中、右"的卜辞，又有："王[于]商，于之有征？其戌马，勿戌？"（31181），戌字当是《说文》里训为"始""始开"的肇、肁二字的原文，引申作启发之义，也就是教育。这里就是教车马的三个行列，或指每一战车上三名甲士的训练。

其次就是教射手，这也是专门训练：

癸巳卜，殼贞：令毕盖射？

贞：令毕盖三百射？——贞：勿令毕盖三百射？

癸巳卜，殼贞：虫羍盖射？

贞：虫羍令盖射——贞：勿虫羍令盖 [射]？
5769 ~ 5772

这里的"盖"字，有解作"庠"，是古代学校的名称之一，教射的学宫廒，或本之于教射[20]。若然，这里就是将要命令毕和羍这两人去教练射手。毕本来是商室的重要人物，羍在另一处称作"射羍"（19065），依卜辞称名例，此处的射字为职名，即是射官羍。他们教的是三百名射手，即分配在三百辆战车上的，每一行列百辆战车，配以徒兵千人，即一个大行的编制。前引征集各处射手的记录里，有登三百射的，说明这是一个较为固定的编制单位。也正有"毕以三百射"，可能即毕所"庠"教的这三百射，教练就绪而致之王室。前引一些"新射"，则是刚刚组成而未经训练的射手，还有云：

乙亥贞：令薅以新射于斳？
32996

这是将要命令马亚官的薅率领新射在斳地干什么，很可能是进行教练。卜辞还有云：

……戌旁射三百？
5776

和"戌马"同例，指教练在旁地的三百射手。无论如何，射手有新老之分，充分说明新射手是需要经过训练才能投入战斗的。

由于射手在武装中占有重要地位，军事系统中有射官，西周金文中师氏之下有射官，《周官·大司马》之下有"射人"。学射成为贵族教育中的重要项目，并引进贵族社会礼仪之一的"射礼"，商代就有"虫多生射"，就是以射礼待贵族（百姓），周代后来有大射、乡射等四种射礼。西周《令鼎》云："王射，有司眔师氏小子合射"，《静簋》云："王令静司射学宫"，"小子眔服眔小臣眔夷仆学射"，又"射于大池，静学（教）无怿"，已经把习射与射礼结合在一起。这里有"学宫"，《师汤父鼎》《趩曹鼎》《匡卣》等铭文中则有"射庐"，又有"宣榭"，都是习射练武的场所。所谓"先王之为台榭也，榭不过讲军实""故榭度于大卒之居"。（《国语·楚语（上）》）

无论习射还是射礼，其教育对象都是青壮年，尤其是贵族子弟，并且在学校等场所进行。《礼记·射义》比较集中地论述了这一目的，学射是每个男子之事，选士、任官、培养意志和礼义德性都在于此。《周礼·夏官·诸子》专司贵族子弟之在军者的武装、军纪和教育，"使之修德学道，春合诸学，秋合诸射"。《诗经》有不少篇章描写、歌颂射的技艺。

可见古人重视射技的一斑。然而，这貌似文明的礼仪，殊不知却是导源于商周时代杀敌猎兽的犷悍而野蛮的斗争生活中，导源于统治者为维护其统治地位而不惜驱人搏杀的阶级利欲中。

总之，自从有了军事和战争，为了保存自己、消灭敌人，不管是一般的军事演习、普遍的军事教育，抑是专门的军事训练，都是很重要的，被给予重视的。《论语·子路》篇云："善人教民七年，亦可以即戎矣。""以不教民战，是谓弃之。"《孟子·告子（下）》篇说："不教民而用之，谓之殃民；殃民者，不容于尧舜之世。"虽是东周时人的话，教民即戎由来已久。

附论：商周有无常备军问题

先秦时代有无常备军的问题，前人有过探讨。所谓"常备军"，按今日概念是指国家经常保持的现役正规军。也就是脱离生产的战士，基本上不从事生产，吃国家的军粮。按此种概念，则战国以前常备的正规军不可能存在。

但是，也有另外一种看法，有固定的军事编制，以贵族为骨干，有一些较长时间在军服役的人员，则是具有常备军的性质。这是商代的情形，西周编制若干个师，已是王朝中央直辖的常备军。这种常备军平时并不满员，仅留一定数量的贵族甲士在营，其他士兵务农，定期参加军训，临战即编制满员[21]。这可以说是古代社会的常备军。

清代学者依照《周礼》天子六军出于六乡，家出一人为军，而六遂都鄙有兵只用于防守。提出当时兵农已分的看法，认为六乡出军，六乡的土地为养兵之田，相当于后世的屯田。春秋齐国立乡、鄙之制，则是"居士乡而受田者，征其人不征其税；居野鄙而受田者，征其税不征其人。"这就是六乡出六军的遗制[22]。

这种观点，是值得重视的。既然有固定的军事编制，兵员有固定的军籍，有等级隶属关系，就是"军政定于郊，卒伍定于里"，所谓"人有所隶之军，军有所统之将"的制度，事实上这应是当时的常备军队，只是形式上有脱产与否的区别，不改变军队的性质及其功能。在当时的社会，基本上以族组织为结构的情况下，也完全可能作到这一点，也只能作到这一步。

我们发现，商代已经有常驻的师旅所在地，推知有一定的军役兵员较长时期离开生产。有一批甲骨文资料反映这个事实。如前引"呼师往见右师"，说明右师驻在一定的地方，又如：

贞：玫蚩归于右师？   1253

戊寅子卜：丁归在师人？   21661

……子卜：……在师臣 [来]？   21740

丙子卜贞：𠭯至师，亡若？   22088

所谓归于右师，在师、至师，使在师的人归来，都说明师是一种军事实体，有人员在其中
活动。地方的师也同样，如：

于癸未至,有至雀师——于甲申有至雀师？   40864

所以，"韦师寮"（36909）即表明守卫部队的军职寮署，该是没有问题的，可以和这些师
的驻地互相补证。特别是在商代晚期，出征很远的方国，兵员八九个月在外，其脱离生产、
常备不懈，当更无疑问。如：

……来告：大方出伐我师？   27882

……贞：方来入邑，今夕弗振王师？   36443

今夕师不振？   36442

今夕师亡啝、宁？   36444

都是以"师"作为一个整体，或受动的对象，或主动的行为。后两辞同类的材料重见叠出，
明言"今夕"，是说夜间军队宿营在一个地方。在前期的甲骨文里，只说某方国来侵袭，侵
掠某鄙某邑；而商王方面则临战举行"登人""共（供）人"的活动，罕见以"师"为整
体的调遣活动。而在后期的征战行动中，则不见"登人""共人"的说法，大都使用上列
一类的辞例表述。可以推测，商朝前后期有一个变化，那就是军队由不固定到常备的发
展变化。

在西周，是否存在常备军的问题，曾经围绕着有否"军屯"的史实，展开过争论。

于省吾先生根据西周金文关于六师、八师中设立冢司徒和有农艺事务的内容，提出：

综括上述，则周王所直辖的军队，既然都设有冢司土、司佃事、司艺、司牧及冢司徒
等专职，以掌管土地、农佃、种艺、放牧、马政等各项有关生产方面的事务，则在军队的
物质生活供应上，只要取偿于军队的经常驻在地，便可以自给自足，省却了转粟输刍之劳。
可以说，这是我国历史上最初出现的军事屯田制。

说"屯田制"当然就有常备军。杨宽先生提出不同的意见，他认为，于氏所提到的这些现
象，是古代乡、遂制度与军事体制相结合的史实。当时军队出于乡遂，而乡遂居民的各级
行政组织与军队的各级编制系统相平行、相结合，师旅的长官与乡邑长官是一身二任，金

文中的师氏掌管邑人和奠人即是乡与遂的官吏，冢司徒相当于《周礼·地官》的司徒，既掌管兵士组织及其征调，也同时管理乡邑的生产和郊遂力役、物产的征发。意思是说冢司徒等还是乡邑的行政官职，这些有关农牧事务也还是地方居民的生产事务，与军队的生产无关，自然无所谓屯田制。并进而否定了前人兵农已分的说法。两位学者并就西周有无乡遂制度等问题，进行了深入的辩论。这种对实质问题的争论，是有意义的。杨氏把金文记载和当时社会的乡遂行政及土地制度联系起来考察，扩大了视野，无疑是对人们有启发的。而于氏肯定这冢司土是设置在六师和八师中的，很难说成就是乡邑的司徒。认为西周还没有区分乡遂的制度，也还是不能遽尔否定的 [23]。有关的金文记载是：

王册令……锡盠……曰：用司六师王行、三有司：司土、司马、司工。王令盠曰：𢼸司六师眔八师艺。　　　　　　　　　　　　　　　　　　　　　　　　　　　　　　　　《盠方尊》

王呼尹氏册命智曰：更乃祖考作冢司土于成周八师。　　　　　　　　　　　　　　《智壶》

王呼作册尹册命柳，司六师牧场吴 [　] 司羲夷场甸事。　　　　　　　　　《南宫柳鼎》

从这三条铭文来看，于先生的意见还是有合理的地方。铭文明确说"司六师眔八师艺"，是六师和八师中的农事（艺），而不是一般农民的生产；"作冢司土于成周八师"，是冢司土建立在成周八师中，而不是地方的司土来管理成周八师的事务；"司六师牧场……"是六师中的牧畜产业，而不是其他。因此，要把这些职官及其职掌说成是地方行政的，确有困难。

明显的是，正如铭文反映的，军中确有农牧业的存在，一定时期内在其中设置管理这类产业的官职，就不能完全排除。说到乡遂制度，目前也的确难以肯定在西周就已经形成，把邑人和奠人说成是乡大夫和遂人，证据还嫌薄弱。春秋时代有《周礼》中乡遂那套制度，并不等于西周必然存在。

当然，说西周就已有后世那样的军屯制度，也为时过早。不过，可以设想，在军事驻地的范围内，一部分经常从事军役活动的人脱离生产，而当时又没有军俸供给，他们生活来源还赖于各人份地，于是役使农业劳动者进行生产，也是有可能的。这类兵员有两种，一是贵族甲士，一是禁卫军。他们比较具有常备性质的。后者在商代就是"多臣"或者还有"多𪕊"，在西周就是"虎臣"，前面说过，"多臣"下面还有羌人供他们役使，所谓"多臣蚩羌"，这些羌奴很可能为"多臣"从事生产。臣，本是奴隶，要从事劳动，但一经为统治者赏识，在军事上服务，多臣也就可以因服军役而豁免劳动，这在统治者是容许的。奴隶还有所属的奴隶，正如凉山彝族的奴隶阿家还拥有奴隶呷西。西周的虎臣属下有各种夷人，这些夷人也从事军中杂役，也很可能为虎臣进行生产劳动。古希腊的黑劳士，专门搞农业劳动，给统治族专门为战士的斯巴达人提供生活资料。这些隶属关系不完全相同，但都大同而小异。

这类禁卫军，名义上与正规军有别，但是实际上是不能绝对分清的。在作战时，虎贲虎臣却是精锐部分。他们人数并非绝对的少，如商代从事战争的“多寇”，有时占问用作祭牲，一次就达五百名之多。当然，正规军在数量上是占主导地位。

另外，当时的正规军，已有固定的编制。隶属于一定的编制单位，已具有常备性质。那么，他们的农业生产也有可能要有军中职官来加以过问。那就是成周八师的冢司土，以及盠这样的人物，司掌军中的农“艺”，既管理那批禁卫军的农业生产，也有可能连带过问一般兵员所属份地的平时农务。

常备或具有常备性质的军队的出现，是与前此的只有预定编制、不稳定的所谓民军制，有质的区别，它体现着社会发展程度，国家的统治工具进展到一个新的水平。作为发达的文明历史社会，商周王朝拥有这样的军队，应该是符合史实的。因此，我们一方面看到此时期军事制度中存留着原始的因素，一方面也认识到它的新的创建，这是事物发展的辩证法。

六　军制中的宗法性质

由社会的基本结构所决定，军事体制在商周时期一个浓厚的色彩是宗族组织在军事组织中的主导作用，军事活动中存留着不少的宗法性的仪礼形式。

（一）军事组织与职官中的宗族势力

这一点在前面一些篇章中陆续论及，此处作一简要的归纳。

首先，军事组织原则上以族组织为单位进行编制，一般的徒卒都是按族中的平民阶层征集和编制，族中的贵族或部分上层平民充当甲士，正如政权结构中贵族、宗族长是天然的首领一样，军队中各级编制单位的长官也是由族长、贵族担任，督率着一般宗族平民身份的战士。甲士是军中主力，由他们驱驭的战车在作战中起着支配整个徒卒进退疾徐的行动，所谓“车驰卒奔”。军队里同样体现着社会上的阶级分野，也体现着宗法统治等级的关系。如商代征发兵员、战车、射手，都可以看到按族进行。可说原则上这样，但存在多种情况，如两朝的禁卫军中都有复杂的兵员成分，在徒卒中还加入被统治族的成员。至于族军存在，而是一身二任，既是族的自然构成的武装力量，又是国家军队的编定部分。

其次，军事组织的各级首领，不仅是行政系统的职官，且是宗族的首领，这在商代表现的最为突出。西周的师职和司马等也多半是宗族贵族、王室贵族，而且祖孙世袭其官，前面举出的虢氏一族四代中有三代是师职。

再次，贵族子弟在军中的骨干作用。这就是前面论及的甲骨文的多子，金文中的"小子"和文献中的"诸子""士庶子"，《周礼·夏官》中的"小子"。这些称谓既是贵族子弟的概称，又是管理卿大夫弟的官名。这些贵族子弟青少年时期或在学校受教育，或在王官充当宿卫军，在师氏之下受军事教育，出征时是军队的骨干、核心；当成年以后，有的人就着接替其祖若父的官职，金文里不少师职就是他们的要津。他们对上辈自称"小子"，如"大师小子师望""伯大师小子伯公父"，任命为军职的盠（见前《盠方尊》）是王室的"旧宗小子"（《盠驹尊》）。了解这个来由，"小子"的称谓就好理解。当然这些"小子""诸子"多是母弟、庶子，故称"庶子""士庶子"，在宗法上是旁系小宗，在官职上也多半是副职或下级，就不如"大子"的地位，在史籍里分别得很清楚。但是，对一般平民宗族成员来说，他们就高出一等。

为什么《周礼·夏官》中还留有"小子"的官名，等级已落到下士？这也是成书时代晚的现象。溯其源应是西周的师氏下的小子而来，他本来地位不低，随着时代的推移，宗法制度的式微，小子一官本身也变质成为一种孑遗。但其职掌还是祭祀、祭牲和祭器，还是由于他所处的宗法地位所决定，所以主管军事活动中的祭神祭祖的事务。而又因宗法制度的存在，在军事行动中，当时又确有一系列的宗教仪礼和习俗，除了迷信神灵，也体现着宗法观念。

（二）军事行动中的敬神尊祖活动

当时神权思想认为，战争的胜负，鬼神从中要起作用。商代甲骨文记录着在每次出征前，卜问"帝受佑""帝不我其受佑？"或"下上若""下上弗若？"，这是告神之礼。

出征前祭告祖先神，求得祖先之灵冥冥中保佑，是告庙之礼。甲骨文里经常出现"告某方于某祖"的占卜，意思是将与某方交战之事祷告于某位祖先，一是探问战事可否进行，一是进行中祈求保佑。这从上甲一直到父辈的亡灵都分别告祭过，晚商则多见"告于兹大邑商"或加以"公宫，衣"的合祭，"大邑商"是列祖列宗的宗庙所在的商都。文献记载，征伐的决策要在太庙里作出，后世称作"庙算"；出师之时，等于祖先允许了，称为"受命于庙""发令于大庙"；同时，发给战士兵器也须在宗庙进行，所谓"授兵于大宫"[24]。师出庙门,要向上帝举行"类祭",向社神举行"宜"祭:祭毕把祭肉用蜃壳盛着分赐军士,称为"受脤于社";出了都城,还有焚柴郊天之祭;上了道路(一说到达战场)还有"禡"祭,祭始立军法者亦即战神,此以禡称,即也蕴含"马"为武事之义。

行军途中要奉着祖先神位"庙主"和社主于"斋车",每到一处名山大川则停下来对之祭奠;到达战地对之祷告,同时兼祭上帝;战胜之后,在凯旋的归途,要和出师时一样逆着原来次序举行禡、郊、宜、类等祭,一直到太庙告成事、献俘、饮至、赏功[25]。这一套礼教当然是逐步形成的,但确有其事,有些在商周间还能见其蛛丝马迹,殷墟甲骨文里就有不少的例证。如:

| 甲申卜:于河告方来? | 33052 |
| 戊申卜:告方于河? | 《屯南》2678 |

就是战争时向河神祷告。在武装活动和狩猎中确有祖神的神主受祭和随行,甲骨文作"示"。有卜辞云:

示弗其若?

| 王勿首出示,若? 六月——王勿首出示,弗其若? 六月 | 《英藏》1241 |

这是占问奉神主出行。"勿首"是个副词,或认为有郑重之意(张政烺:《殷契首字说》)。"出示"就是把神主接出来。这里,第一辞是一般地问:祖先神主不顺应(我们)? 二三辞是正反相问:王(郑重地)奉出神主,祖先是顺应我们? 抑是不顺应我们? 推测是一次军事之前的奉主出行。

神主安置在所征之地,见于下列卜辞:

虫入戍辟立于大乙,[自]之凷羌方,[不雉人]?

| [虫]戍辟立于𢀳,自之凷羌方,不雉人? | 27895 |

这是一条战前布阵的卜辞,两辞句首似指一种戍守者,占问他们的阵位(立)是部署在"大乙"神位处还是部署在"𢀳"的地方,从这里去攻击羌方,另外还要不要陈列一部(人)兵员(雉人)。大乙和𢀳是一种所在,显然不是地名。大乙是商祖成汤的庙号,𢀳是一种祭法,多用于献俘的场合。推测这次作战是奉了成汤的神主,把部队布置在神主的所在或准备战胜而俘获敌人举行献祭的所在,当有其激厉士气的作用。

| 甲申卜:令以示先步? 勿先? 兹,王步? | 《屯南》29 |
| 庚[ ]涉,示其从涉? | 35320 |

这个"示"也是神主,是占问是否奉神主先行和神主也跟着过河,应是行军当中的事宜。

贞：令从沚馘示左？七月   3952

这条卜辞按例也可以解释为：令某人或部队从沚馘所奉载的神主左方行进。凡此，都表明商代的军事行动中，确是奉载庙主的。凯旋回来时，则抬着庙主（或载于斋车）进入首都和宗庙。

己巳贞：示先入于商？   28099

癸亥，示先逴入？   32036

示其先逴入？   32039

癸亥，示先逴入？示勿先 [ ] 逴？   41465

就是占问征伐回朝时，是否让神主先进入商都和是否神主应在所俘羌人之前面进入都城（同注 [33]）。

据此，下列卜辞都可从师田活动中载神主并举行祭祀的角度而得以理解。

御逴方于义，祖乙，戋逴方？   41341

其奠危方，其祝至于大乙，于之若？   《屯南》3001

曰餗（？）王大乙在林田俞**钔**。   《玉戈》

癸未在 [ ] 次贞：今骨巫九备，王 [次] 于萁侯舌邑，王其在萁馘正。   36525

大乙、祖乙都是商族心目中的盛君，神圣威武的象征，所以都在师田的活动中出现，当时人认为这些祖先神能使他们获得胜利。

在田猎时类似的礼仪还有，如：

戊戌卜，王贞：其令雀田于 [ ]，祝于祖乙？十一月   10567

癸丑贞：王令利出田，告于父丁，牛？兹用。   33526

这当是出去狩猎之前向祖先告祭，亦类似于"告庙"之礼。有些记录，则是把田猎的所得禽兽祭于祖先，如：

贞：子安获鹿、集示……   10316

戊午卜，狄，贞：集烄于大乙 [ ] 示？

戊午卜，狄，贞：集烄于大丁 [ ] 示？   27146

集 虎   27339

其剀父甲集？   27465

丙寅卜：有畾（献）鹿其集祀？   30765

其集鹿？   《屯南》1998

壬子卜：电今日集叕？勿集叕？　　　　　　　　　　　　　　　32631

　　王曰：剐大乙集于白麓，侑宰丰。　　　　　　　　　　　　　35501

"集"字原作双手持倒置的鸟形置于"示"上，字音不明，其形义为用野禽向祖先的神位祭祀。本意应该是以鸟形代表一般的猎物，它在卜辞中多出现在田猎与祭祖的场合，应该是以猎物祭祖的专用祭名，或可称作献禽之祭。成了祭名之后，又用作行祭的动词，故云"集兽于祖先"，就是用某一猎物，如鹿、叕、虎之类行叕祭，还将野兽宰杀后即刖（俎），用以献祭[26]。值得注意的是，最末一辞是说举行这种祭祀在白麓地方，也就是在田猎之地祭大乙，由此可知与战争相同，田猎时也会奉着庙主，可能是大规模的蒐礼才有此举。《周礼·夏官》大司马职文云："仲春献禽以祭社""仲冬致禽饁兽于郊；入，献禽以享烝"，这就明文记载了用猎物祭社、祭祖的礼仪。也许已经是西周时期的事，把以前在田猎中举行的，移入宗庙社稷中了。

　　大概当时人们认为，田猎中猎获与否或多少，也与祖先的神灵有关。

　　战争藉祖灵保佑而获胜，西周的《敳簋（二）》的铭文有实录，铭文说：

　　敳率有司、师氏奔追御戎于械林、搏戎耜（胡）。朕文母竞敏启行，休宕厥心，永袭厥身，俾克厥敌，获馘百、执讯二夫，俘戎兵：豚（盾）、矛、戈、弓备矢禆胄……无尤于敳身。乃子敳拜稽首，对扬文母福烈，用作文母日庚宝障簋。

就很明白地说敳的亡母的威灵，坚强敏捷地为他开道引导，使他心情美好而开朗，保护他的身体，故能打败敌人，获得很多战利品，建立了战功。所以他要颂扬他的文母的福烈，铸作这件祭祀他母亲的宝器。这是一典型的例子。虽然这是一段自白的"嘏辞"，人们很难相信敳这个人和当时所有的战将，是否真的认为他们的胜利是祖灵暗中保护的结果，但是，也还能窥见当时确有这种观念的存在，从而也为上述军事和田猎的活动中，创作这么多繁琐礼仪的目的作了注释。当时统治者为达到政治、军事的目的，自然是用这种宗教礼仪激励自己、号召军士为之拼搏。这些，是神权宗教观念，然而他们主要是崇祀祖先的神灵，从根本上来说是宗法观念，与现实的政权结构、军事制度中存在的宗法性质，是一致的。

（三）献俘典礼

　　前面提到，商周王朝出征凯旋，要以战俘向祖先献祭，形成了隆重的典礼，构成军礼的一个组成部分。这种礼教的用意在上一节里已经论证。但是，这项典礼的场面却是特为浩大隆重，也特为惨酷野蛮而值得注意。

献祭俘虏其实就是古代的人祭，除向祖先报德之意以外，实寓有血亲复仇的遗风。商朝的献俘典礼可谓空前而绝后，殷墟西北冈王陵区发掘的大片、大量人祭坑，就是多次杀俘献祭祖先的地下遗存。甲骨文同样记载这种活动，正好彼此互证。据卜辞记录，献俘多在商都的宗庙门前和都城外的地坪或大学中举行：

辛丑卜贞：毕以羌，王于门荐？[27]　　　　　　　　　　　　　　　　261

王其荐二方伯于师辟？于南[门]荐？　　　　　　　　　　　　　　28086

王于门荐，于师辟荐？于厅……新荐？　　　　　　　　　　　　《怀特》1391

辛[酉]卜贞：王其逆羝？王于宗门逆羝？　　　　　　　　　　　　32035

于宗户荐王羝？　　　　　　　　　　　　　　　　　　　　　《屯南》3185

癸亥，示先羝？王于南门逆羝？　　　　　　　　　　　　　　　32036

于南门荐王羝？　　　　　　　　　　　　　　　　　　　　　《屯南》2043

贞：告执于南室？　　　　　　　　　　　　　　　　　　　　《怀特》1265

庚辰王卜在𣎴贞：今日其逆旅以报于东单，亡灾？　　　　　　　36475

……于祖丁旦荐？于厅旦荐？于大学荐？　　　　　　　　　　　《屯南》60

这是献俘的所在，大多数是在宗庙南门，就是向祖先"告成事"。在南室就是进入庙门内大室举行，东单，指东边平坦的地坪，可能是战俘太多，宗庙南门摆不下，也可能这个东单就是陵墓所在。在大学荐俘，也与史籍相符，《礼记·王制》："出征执有罪反，释奠于学，以讯馘告。"《诗经·泮水》："在泮献囚"，学、泮宫俱是"大学"的别名。之所以在大学举行，那是对贵族子弟进行军事教育和军礼示范。至于"师辟"当指师氏官署之旁，有说是"辟雍"的前身。

献祭的对象有历代祖先：

丁丑卜：在义田来报羝，王其升……大乙、祖乙，有正？　　　　《屯南》2179

……来执，其用自大乙（？）……　　　　　　　　　　　　　《屯南》2501

其升报父甲于閟？……宗？　　　　　　　　　　　　　　　　26976

乙亥卜：其升报、其卯父丁……　　　　　　　　　　　　　　26977

……大乙汎……用报？　　　　　　　　　　　　　　　　　　26972

乙亥卜：报其用？其用高祖[　]王受佑？自大乙用执，王受佑？

自中宗祖乙，王受佑？　　　　　　　　　　　　　　　　　　26991

其报于祖丁？　　　　　　　　　　　　　　　　　　　　　　26989

壬申卜：其示（？）于祖丁，叀王执？

　　甲戌卜：其执伊，又岁？　　　　　　　　　　　　　　　　　　27306

　　[ ]未卜贞：王宾武乙报伐，亡尤？　　　　　　　　　　　　　35375

　　丁酉卜贞：王宾报自上甲至于武乙，衣，亡尤？　　　　　　　35439

自上甲至于父辈祖先，几乎对历代先人都要向之献祭，还包括女性祖先（见后）。关于"报"字，原字字形，以"幸"即刑具为基本偏旁，或加跪着人形，是"报"的本字，或在其人形头部再加以刑具枷锁之，或在其人项背加上绳索形，取"系累"之意，或在其人项背加一手以抑按之，凡此等等，均可归之于"报"字，字从服声，实同"俘"之音义，更有在"幸"旁作"虎"字偏旁，前人有解为从虎、报省声，俘、报和从虎的谐声偏旁字，均在上古幽部韵[28]，读俘读报都可以。而作执字者，古代战争意识，被征服者都是负罪的，所谓"出征执有罪反"，执字就是拘捕系累之意，和俘、报也同义。作为一种"报"祭，其初义恐怕就是这里献俘之祭的"报"。

　　献祭战俘一般是大量的，在卜辞中未记数字，个别也有所记，如：

　　……小臣墙从伐、禽危美……廿人四，而千五百七十，绶百……丙、车二两、⚔百十八、函五十、矢……侑伯庆（？）于大乙，用鸓伯印……簝于祖乙，用美于祖丁……

　　　　　　　　　　　　　　　　　　　　　　　　　　　　　36481

这是一次伐危方的战争，得到大批战利品，而举行献俘的记录，其中俘获"而"族人达一千五百多人。殷墟西北冈王陵区发掘祭祀坑191座，计埋1178个躯体，祭祀坑可分作22组，每一组即是一次祭祀活动，说明商王室在这里进行了长期的人祭活动[29]。早在20世纪30年代前中央研究院在这里也发掘了附属于大墓的"小墓"达1242座，就是杀人殉葬坑，则多至近二千个人牲[30]。在殷墟宫殿区遗址内，有的宫室门前遗留着这种遗迹如乙七基址，人祭坑与车坑排列有序，显出一定的阵式，也就是献俘的场面在地下的再现。

　　除杀祭一般俘虏之外，还特别注重对敌方首领被俘者的杀祭。上引刻辞后段即记明用了几个首领分别祭祀大乙、祖乙、祖丁。这类记录，在卜辞里有相当一批：

　　丁卯卜贞：羌绊伯囟用于丁？　　　　　　　　　　　　　　　1118

　　[ ]亥卜：羌二方伯其用于[ ][ ]、祖丁、父甲？　　　　26925

　　甲戌卜：翌日乙王其荐卢伯沬，不雨？　　　　　　　　　　　27041

　　王其荐二方伯于师辟？于南门荐？　　　　　　　　　　　　　28086

　　贞：其荐虎（？）方伯尞于之，若？　　　　　　　　　　　　28087

……用危方伯囟于妣庚，王宾？   28092

羌方囟其用，王受佑？勿用？其用羌方 [囟] 于宗，王受佑？   28093

[ ] 方伯，其饮于……   28097

……王其用羌方囟，受 [佑]？   《屯南》567

甲申贞：其报三邦伯于父丁？   32287

此外，晚期还存留下来约十片人头骨刻辞，上面分别残存着"方伯""卢""伯""方伯用""伐"等等字样，显然是记明这些骨片就是某个方伯的头骨。与卜辞对照，也当是献俘时杀祭了的方伯，就在他们头骨上刻辞为记。上列卜辞中，方伯后一字，有的是他的私名，有的即指其头颅，如"囟"等，前一字即《说文》九（卷）上的"甶"字，解作"鬼头也"，在十（卷）下收作"囟"字，解为"头会匘盖也"，两者本来是一字。后一字作两手提着头颅置于器皿中，用人头献祭之形很明显。还有可能，在献捷之中，有"饮至"之礼，就是饮庆功酒，则用敌酋头颅为饮器，这在历史早期是曾存在的，上引28097辞："某方伯，其饮于……"可能是此种行为。

总的说来，商朝的献俘典礼，见于甲骨文者，其程序大致是：凯旋归来的军队，前头行进着奉着神主的车，后面押着大批战俘，商王在宗庙南门"逆"接将献之俘，有时则出至"东单（墠）"迎接师旅和战俘；接着在宗庙大门（有时进入大室）杀俘献祭于上甲以下至父辈的祖先，有时在大学或某一位祖先庙坛前举行；然后对战败被俘的敌方首领加以杀戮，并取下其头颅献祭，这时给归来的有功将士饮酒庆功。这一过程，可以和史籍记载的振旅、奏凯进城、献俘、授馘、饮至的几种仪节相合，只有"大赏"一节缺乏记录（参照《左传》僖公廿八年）。

这套献俘之礼，也是直接来源于田猎习武之中而加以衍化的。《周礼·大司马》职文，说到四时的军事演习、田猎归来时，也要奏"馘"亦即凯乐，也要献禽即取下所得野兽的左耳记数，亦即军中俘馘的取其左耳以记功一样，最后也有祭祀、宴飨、赏罚之节。

此外，还有一些细节，如"执讯"当与献俘前后进行，就是讯问、刑讯敌方的生俘，可能地位较高的军士能知敌情者，有"王讯父甲宾（奥）"（36389）。献俘之祭同时有升、汎、岁等祭名祭法。

西周的献俘典礼，直接沿袭于商代，而仪节就进一步明朗，可以补商代记载的不足。

《逸周书·世俘解》就是西周灭商建国之时，当头的一次盛大的献俘典礼。世者，大也，即大俘商人的战败俘虏，书云：

越五日甲子，朝至接（捷）于商，则咸刘商王纣，执矢（夫）恶臣百人。

武王进入商都，首先是"咸刘商王纣"，但纣乃自焚而死，无所谓俘获，不过还是斩下纣和其二妃的头颅，重演商室杀敌方首领头颅的故事。接着，书记各侯伯将领不断回告所伐敌的方国、俘虏若干。然后：

武王朝至燎于周……乃俾史佚繇书于天室（号），武王乃废于纣矢恶臣百人，伐有蹶甲小子则（鼎）大师，伐厥四十夫家君则（鼎）师、司徒、司马……乃夹于南门用俘，皆施佩衣，先馘入。武王在祀［室］，大师负商王纣悬首白旂，妻二首赤旆，乃先馘入。燎于周庙。

若翌日辛亥，祀于天室（位），用籥于天室（位）。……荐俘殷王鼎，武王乃翼矢珪（矢），宪告天宗上帝……王烈祖自太王、太伯、王季、虞公、文王、邑考以列升，维告殷罪。……癸（酉）丑荐殷俘王士百人。

乙卯，武王乃以庶国祀馘于周庙，……告于天于稷，用小牲羊、犬、豕于百神水土于（誓）［大圻］北[31]。

这一篇是记实的，可信的，除了少数文字讹误、篇章错简，一般可与商代甲骨文相比较，如"先馘入"与甲骨文的"示先羌入"极为一致，"荐俘"与"荐王羌"相同，也是"于南门用俘"，在"大室"献祭，也用几种祭名进行。祭祀祖先及于旁系，也带有原始性，用小牲的"羊、犬、豕"的次序也与商代相同。所以，文辞无须多作解释。只有这里的第一段中，有两句不清楚，似是杀戮比较高级的俘虏分别派一些军官执行。第二段主要叙述祀典、荐俘，与前段只讲杀伐有别，是先杀而后荐于祭所。最后小段似用商代的地方邦国的战俘祭祀自然神祇，也分得很清楚。另外，卜辞还记有：

丙戌卜，争，贞：其告执于河？　　　　　　　　　　　　　　　　　805

又见 22594 片，即是对河神献俘。在《吕氏春秋·古乐》篇里也说到："武王伐殷归，乃荐俘馘于京太室"，与本篇所述一致。

在西周，是康王时期打败鬼方，所获大量俘虏和战利品，举行的一次盛大献俘典礼，记在著名的《小盂鼎》上。在康王廿三年的八月甲申的一天清晨，很多朝臣和邦君入朝，康王来到太庙，

盂以多旂佩鬼方……入南门，告曰：王令盂以……伐鬼方……，执嘼二人，获馘四千八百［　］十二馘，俘人万三千八十一人、俘马……匹、俘车卅两、俘牛三百五十五牛、

羊卅八羊。盂或……呼稑我征：执嘼一人，俘馘二百卅七馘、俘人……人、俘马百四匹、俘车百［ ］两。王［ ］曰：嘉！盂拜稽首，［以］嘼进，即大廷。王令……嘼縣厥故。……执嘼于［ ］。王呼……令盂以先馘入、献西旅，以［ ］入燎周庙。

［盂以］……入三门即立中廷、北乡，盂告，劓［伯］即立……告……（中有同去征伐的几个伯者告王及行裸飨之礼，略）

……用牲禘周王、武王、成王。……王呼［ ］［ ］令盂以区入，凡区以品。

（以下第二天乙酉王赏赐盂之事，略）[32]

铭文又和《世俘解》酷似，用词和礼仪几乎一致。《小盂鼎》铭文，首先是在南门献俘，由于是两次征战所获，俘虏的数字相当可观，馘是共计五千五百多，俘人一次存有数字，为一万三千多人，俘获车马牛羊的数字在西周也是最多的。然后以敌酋进入，"嘼縣厥故"与《世俘解》中的"史佚縣书"当为一事，也都有"先馘入""入燎周庙"，也都有"佩衣"或"旂佩"之事[33]。第二段是献俘祭祀，同时举行裸享侑酒，与第二天赏赐盂的事情一起，就是"饮至、大赏"，和文献记载也是一致的。

此前，成王时的《瞏鼎》铭文记载：周公征伐东夷，"丰伯、尃古，咸戋。公归畟于周庙。戊辰，饮秦饮"。畟，即前引商代田猎所获用以献祭的"集"祭，本亦作"集"，此处自是借用于征伐俘虏的献祭。"饮秦（臻）饮"就是"饮至"之礼。

此后，历朝皆有同类的活动，以后期为多见，如：

《不娶簋》记载不娶受命打退玁狁的侵扰，"多折首执讯""来归献禽"。这里的"献禽"是指献上所擒获的战俘，不是田猎中的"献禽"。周王赏赐他弓矢、臣奴隶和土田。

《敔簋》记载周王命令敔打退南淮夷的入侵，获得"馘首百、执讯四十、俘人四百，献于荣伯之所。""王各于成周大庙，武公入右敔，告禽百、讯四十，王蔑敔历。"

《虢季子白盘》铭云："丕显子白，壮武于戎工，经维四方，搏伐玁狁于洛之阳，折首五百，执讯五十，是以先行。赳趄子白，献馘于王，王孔嘉子白义。……"

《多友鼎》铭文记载多友受武公之命，对侵入王畿的玁狁进行反击，救出被敌人掠去的人民，连续作战，几次共"折首"三百多人，"执讯"近三十人，俘获战车一百廿七辆。"多友乃献俘、馘、讯于公，武公乃献于王，［王］乃曰（谓）武公曰：女（汝，下同）既静京师，釐女，赐女土田。丁酉武公在献宫……公亲曰（谓）多友曰：余肇使女……有成事，多禽，女静京师，"赐多友"鐈鋚百匀"。

《兮甲盘》记兮甲随周王出征玁狁、"折首执讯，休亡敃，王赐兮甲马四匹，驹车"等，并任命兮为征收南淮夷贡赋之官。

《师寰簋》记载师寰受王命率领齐师等及左右虎臣征淮夷，也有"折首执讯"的战绩，也当有献俘之举。

西周金文的这些内容，和同时期的文献记述可以对证，《诗经·皇矣》记文王伐崇，"执讯连连，攸馘安安，是类是祃，是致是附。"不仅执讯获馘，还有师行之祭。《小雅·采芑》："方叔率止，执讯获丑。"据说方叔即师寰。《大雅·常武》："铺敦淮濆，仍执丑虏，截彼淮浦，王师之所。"

此后，鲁国征伐淮夷，在泮宫献俘，《鲁颂·泮水》之诗歌颂："既作泮宫，淮夷攸服，矫矫虎臣，在泮献馘；淑问如皋陶，在泮献囚。""不告于讻，在泮献功。"泮宫、辟雍为大学，练武的所在，在此献俘与商代在大学荐俘相同。皋陶为刑官，这里由他主持献因，仍然是古代以征伐为讨罪执刑的观念。据说这是鲁僖公时候的事。在他的廿八年，晋楚城濮之战，晋国得胜，奏凯回师，《左传》说："振旅、恺入于晋，献俘，授馘，饮至、大赏"等，这就是传统的献俘典礼的程序。说明春秋时代还照常举行。

献俘本身也在发展变化，商周对敌方首领大概都杀戮，杀俘在商代最盛，除了极少数的"讯"或许保留生命。西周分折首与执讯两部分，前者是杀了的，与馘为一类（馘有生、死两说）；执讯是活捉的，多半能保留不杀，故有"赐夷讯三百人"的记录。"执丑虏"即指一般战俘，"执讯获丑"基本为同类而有原在军中地位高低之分。大抵在西周后期，讲一般的俘虏的场合较多，可能处理俘虏的方式有所变化。到春秋时代，俘获的目的在于掠取人身，不再大批地杀俘，还有遣反俘虏的事例，又有"诸侯不相遗俘"的规定。这也反映了时代的进步，生产力的发展，人的价值的被认识，逐渐扬弃野蛮、落后的制度和行为。

但是，传统的神权和宗法观念束缚着人们的头脑，献俘的主旨在于统治者所从事的征伐，胜败取决于其祖先亡灵是否佑助，战争胜利之后，用战利品的俘虏献祭祖先，是最好的报答。所以，如前面说到的"报"祭，就是由此而来。"报"的含义一身二任，一是本为俘虏的名称，一是以其献祭，具报答祖德之义。春秋时代有一件事例可证：晋国用计灭了陆浑之戎，以其倾向于楚。事前为了制造舆论，执政者说：曾经梦见先祖文公领着荀吴把陆浑交给他，故这次战争即以荀吴为主将。果然战争胜利了，于是事后就向文公之庙献俘（《左传》昭公十七年）。事情虽发生于春秋时代，却是最能说明商周以来历世举行献俘典礼的意识观念之一。

注释：

[1] 李学勤：《殷代地理简论》第 63～65 页。

[2] 参见全祖望：《经史问答》，《皇清经解》卷卅九。

[3] 顾颉刚：《史林杂识·古代兵刑不分》。

[4] 胡厚宣：《甲骨文所见殷代奴隶的反压迫斗争》，《考古学报》1976：1。

[5] 解释见拙作《申论契文"雄众"为陈师说》，《文物研究》（皖）第一期，1986 年。

[6] 《中国军事史·兵制卷》。

[7] 张政烺：《古代中国十进制的氏族组织》，《历史教学》1951 年第二卷第三、四、六期；又见《卜辞裒田及其相关诸问题》。

[8] [日] 伊藤道治：《中国古代国家の支配构造》第二部第一章，1987 年，中央公论社。

[9] 《殷墟卜辞综述》第十五章《百官》第 509 页。

[10] 详见拙作：《就殷墟甲骨文所见试说司马职名的起源》，《甲骨文与殷商史》，1983 年，上海古籍书店。

[11] 《马克思恩格斯选集》第四卷第 88～89 页，160 页。

[12] 陈伟湛：《甲骨文各期田猎刻辞概述》，1987 年，安阳商文化国际学术讨论会文稿。

[13] 见寒峰：《甲骨文所见的商代军制数则》，《甲骨探史录》。

[14] 董作宾：《平庐文存》卷三《武丁狩轍卜辞浅说》。

[15] 李学勤：《殷代地理简论》第 7 页。

[16] 《世俘解》一篇可信，参阅顾颉刚：《〈逸周书·世俘篇〉校注、写定与评论》，《文史》第二辑，1963 年。

[17] 详见杨宽：《古史新探·大蒐礼新探》，1965 年，中华书局。

[18] 《马克思恩格斯军事论文集》第五分册第 170 页。

[19] 参阅杨树达：《积微居金文说》卷七第 191 页。

[20] 《殷墟卜辞综述》第 513 页。

[21] 《中国军事史·兵制卷》。

[22] 江永：《周礼疑义举要》，《皇清经解》卷卅二。

[23] 详见于省吾：《略论西周金文中的六师和八师及其屯田制》，《考古》1964：3；《关于"论西周金文中六师、八师和乡遂制度的关系"一文的意见》，《考古》1965：3。

杨宽：《论西周金文中六师、八师和乡遂制度的关系》，《考古》1964：8；《再论西周金文中六师和八师的性质》，《考古》1965：10。

[24] 见《左传》闵公二年、《国语·晋语（五）》、《左传》隐公十一年。

[25] 分别见《礼记·文王世子》，《诗经·皇矣》传、疏，《礼记·曾子问》，《周礼·小宗伯》《周礼·大司马》，《史记·周本纪》，《孔丛子·问军礼》等等。李学勤《殷代地理简论》第 10 页曾论及卜辞已有此种活动。

[26] 参见高去寻：《殷墟出土的牛距骨刻辞》，载《中国考古学报》第四册，1949．12。

[27]字原形作&#55356;、&#55356;，前人解为谢、寻、帅（率）、度等，见李孝定：《甲骨文字集释》卷三。此字繁体作双手持席形，古代置祭品有藉垫之物，字即此义。《逸周书·世俘解》："荐俘于京大室""荐俘殷王鼎"，即此荐字。于省吾先生释帅（率）字，尚难解此祭法，他解双手持席之形是对的。《说文》："藉，祭藉也"，即以茅草作垫放置祭品（见《通训定声》）。或可以暂认作荐字。

[28]郭沫若：《两周金文辞大系·小盂鼎》考释。

[29]《安阳殷墟奴隶祭祀坑的发掘》，《考古》1977：1。

[30]胡厚宣：《中国奴隶社会的人殉和人祭》（上），《文物》1974：7。

[31]各段顺序采用赵光贤：《说〈逸周书·世俘篇〉并拟武王伐纣日程表》，《历史研究》1986：6，少数文字按辞意改定。

[32]铭文从陈梦家：《西周铜器断代（四）》所释。

[33]"多旂佩"的解释，参阅李学勤：《"小盂鼎"与其所反映的西周制度》，《历史研究》1987：2。

伍　商周学校教育

教育，作为意识形态、伦理的范畴，植根于社会生活，与社会发展程度和社会结构密切相关，它培养人们适应和处理社会生活的能力，学习自然和社会的知识，具有社会属性。同时，作为阶级社会的商周时代，教育又是统治阶级诱导人民遵循其统治政策、维护阶级或等级关系、社会秩序，培养实施其政治军事权能的中坚分子的有效工具，因而教育具有明显的阶级性。教育与社会活动尤其与贵族社会的礼教活动相结合，学在官府，是这个时代的显著特点，也是社会性与阶级性浑然一体的显著特点，在中国古代的教育史上，可以划出一个独特的阶段。

一　教育起源及其原始含义

（一）教育起源简述

教育，广义地说，是人们世代传授生产知识与社会生活经验的活动。可以说，教育本是与人类社会有生俱来的。人是大自然的产物，自始就生存于大自然中，就要了解自然。人类要从事生产，就要掌握生产技能；要生活，就须有衣食住行和养老抚幼的知识；要结成一定的社会关系和生产关系，就应具有与他人交往的团结、和谐的道德思维和参与社会事务的知识。这些，都需要学习才能得到。人们把生活生产的经验和技能，历代积累起来，传授下去。在历史早期远没有文字以前，靠代代口耳相传，这也就是教育，我国古籍记载的远古传说，其中就有一个"教"字，所谓燧人氏"教民以渔"、伏羲氏"教民以猎"、"神农教民耕稼"、"后稷教民稼穑"等等，就是原始的教育。

从那时起，教育的特点就是与生产、生活密不可分；教学无一定的形式和场所；教育没有阶级性。随着人类社会的发展，物质文化的增进，教与学的内容日益繁多，就逐渐要求有一定的科目和教学时间，有一定的场所，这就开始了学校教育。这时，社会出现了阶级等级，有了国家，有了贵族，教育就加入了阶级统治的内容。而学校教育自然地为官府所管理，为具有相对优厚的生活条件的贵族子弟所占据。教育的阶级性就这样形成了。

商周时代的教育，虽已具有阶级性，但此时还属于早期的文明社会阶段，不可避免地保持着一些原始的状态，即如上面指出的那些特点。不过，这时确已有了学校教育，是我们可藉以研究的基础。

（二）有关记载与研究

关于商周学校教育的记载与研究。在现存的史籍主要是《礼书》中，记载上古的"大学""小学"、入学和学龄、学习科目，乃至考试、选士等等不少，然而，其成文时代显然较晚，一般被认为战国甚至秦汉时期的史实，至于其中是否有西周及其以前的成分，就需要索隐钩沉。历代经师们作了许多考证，也局限于名物制度的研究，就各种记载进行比勘，很少结合历史实际加以考察。自从西周金文里出现"辟雍""学宫""射庐""小学"等名称之后，引起近现代学者们的注意；进而发现殷墟卜辞里也有一些关于"学"与教学的活动，人们开始了点滴的拾遗、拓荒的探索。郭沫若先生根据甲骨文的一些习刻文字，早在他编著的《殷契粹编》的"序言"里指出：商代王室卜人就在教子弟练习刻写文字。后来，陈邦怀先生著《殷代社会史料征存》，从甲骨文探究商代的各项制度，其中就提出那时有瞽矇之教和多子上学的事情。20世纪60年代，杨宽先生写出《我国古代大学的特点及其起源》一文，引用了陈氏的论述，杨文主要依据西周金文和史籍记载，全面地论证古代大学的设置、教学活动、教师的来由以及导源于社会生活，形成当时大学的特点等问题，把此项研究推进到新的阶段。

有关商代的学校教育，20世纪70年代出现了新的甲骨文资料，有利于进一步研究。中国社会科学院考古研究所在安阳小屯南地，发掘了一批新的甲骨，著录为《小屯南地甲骨》出版，其中有两条材料记录了"大学"和教学的事实，十分宝贵，不得不叫人相信商代也有"大学"的存在，礼书所载上古"大学""小学"的建置是有根据的，从而也使我们联系有关史料着手于商代学校教育制度的研讨，并且可以把商周两朝的教育制度连接起来考察。

（三）学、教的古义

"学"字的词根是"爻"字，爻，也可以说是最古的学字。甲骨文里有一商族先人名

"学戍"者，其"学"字写作爻（Ⅰ式）、𢼄（Ⅱ式）、𡥈𡥈（Ⅲ式）、𡥈（Ⅳ式）[1]，说明爻等四式是一个字不同的写法，既是爻字，也是最古的学字。学字之所以从爻，因为"爻"是算筹交错之形，所表示的是数的概念。《易经》的卦爻，就是用数表示爻的性质及其在某卦中所处的地位。今日所见在甲骨、铜器上一种用数字组成的符号，被认为就是古老的八卦[2]。儿童受教，从学数开始，古人说："六年教之数与方名""九年教之数日"，就是教认数字、方位名称、一月的初一、十五和六十干支[3]，从而引申为学习一切事物的含义。爻又有效（校）的音义，仿效也是学习[4]。又，古代学、教同义，学字原来也可以是"教"字，《说文》的"𢻆"即今之教字，它把"学"字作为𢻆的简写。杨树达先生说："古人言语，施受不分，如买与卖、受与授、粂与粂，本皆一辞，后乃分化耳，教与学亦然。"[5]《广雅·释诂》："爻、放、教、学，效也。"故教字亦兼"学"义，《说文》："教，上所施，下所效也。"甲骨、金文里有"效""𢻆"，是教，也是效字。由于它们最根本的因素是"爻"，所以，音相通而义相袭。以后，教、学二字分担义项，不再互相兼职。不过，古书里还是有用"学"为"教"字，需要注意辨别。

学字在文辞中，有时指学校；在与几种学校古名的对称时又特指"大学"[6]。

教字，最初由学字担负其任务之外，它本身却并非专指学校的教育，而往往指政府对人民的训谕，由于那时官府训谕也是广义的教育，与学校教育没有绝对界限。《尚书·盘庚》："盘庚𢻆于民"，《洛诰》："文武勤教"，《无逸》："古之人犹胥训告、胥保惠、胥教诲"等，同时的金文《也簋》的"克有井𢻆"，也是此种意义的教字。甲骨文有效、教两字，已用作具体的训练兵员的概念，学字虽未见从"子"的偏旁，却已有屋宇形的"宀"，教字已从"子"，西周金文的学字已经从"子"旁，反映了这个时期已有固定的教学场所和教学对象——子弟。

爻，既有学、教的含义，下列卜辞则可以看出商代已有教学、训练的活动：

丙寅卜，允贞：翌丁卯王其爻，不冓雨？　　　　　　　　　　　　　　　　　　　12570

辛亥［卜］贞：王其［爻］衣，不冓雨？之日王爻、允衣，不冓雨？　　　　　　　12741

……王勿……爻马……亡疾？　　　　　　　　　　　　　　　　　　　　　　　13705

庚寅卜，争，贞：王其爻，不冓……　　　　　　　　　　　　　　　　　　　　39822

癸巳卜：其呼戍？——其教戍？　　　　　　　　　　　　　　　　　　　　　　28008

丁巳卜，殷贞：王学众伐（？）于𥄕方，受有佑？　　　　　　　　　　　　　　　32

几辞的"王其爻""王学众"均应是王将去教，所教对象不同，占问是否遇雨，似为野外活动。

辞言"王爻衣""王爻，允衣"，如衣有释为围猎（见前篇）者，则是商王去教练围阵之法。

在《殷墟文字丙编》的考释中，张秉权先生指出："𢼄（指'王𢼄众'一辞）是学字，学与教古义相通。《书·盘庚》：'盘庚敩于民'，《书·洛诰》：'乃女其悉自教工'，《尚书大传》引作：'乃女其悉自学工'。又，《书·说命》：'惟敩学半，念终始典于学'，《书序》作：'念始终典于学，敩学半'。都是教学两字古通之证。'学众'就是教令晓谕众人的意思。"（《丙编》第22片，释文第45页）解释是正确的。因此，爻就是教，"爻马"就是训练"马"，前面已说过商代的"马"实指战车，这就是商王训练驾车。后两辞的"教戍"是训练戍守部队，"爻众"是训练众人作战，都是同一类的活动。

据《孟子》说，商始祖契就任过舜时的"司徒"，"教以人伦，父子有亲，君臣有义，夫妇有别，长幼有序，朋友有信"等等（《滕文公（下）》），这就是社会教育。

商代社会有教育，官府有训谕，军事有训练，那末学校有教育，应是合乎情理之事。推而及之西周存在学校教育，那更是无疑义的。

二　商周学校建置

（一）大学名称与小学

商朝有"大学"，见之于这一版卜辞：

勿荐？王叀癸荐？于甲荐？

于祖丁旦荐？于斤旦荐？

于大学荐？　　　　　　　　　　　　　　　　　　　　　　　　　《屯南》60

"大学"的"学"字作第Ⅲ式，有屋宇形"宀"的结构，明确为学校的场所。根据前面讲的献俘典礼，这版卜辞是占卜荐俘的时间和场所，即是：不荐俘吗？王将在癸日荐俘？在甲日荐俘？是在祖丁墠[7]，抑是大室之庭前，还是在大学荐俘？把大学和祖先、宗庙的祭墠都作为献俘典礼的场所，可见当时大学的地位和作用。古代大学重要课目之一是习礼，献俘礼既是军礼，又是祭祀，在大学举行，正好是贵族子弟学习的机会，有关文献引证见前。另外，商朝可能还有辟雍的雏形，有二条同是献俘的卜辞：

壬戌卜：王其荐二方伯？王其荐二方伯于师辟？

[于]南[门]荐？　　　　　　　　　　　　　　　　　　　　　　　28086

王于门荐？于师辟荐？于斤……斳荐？　　　　　　　　　　　　《怀特》1391

都是占问荐俘的场所，即：是在"师辟"还是在南门、抑或在某厅、斳（亦当是宗庙所在）

之地。"师辟"和"辟雍"的"辟"可能同义。或说"辟"即"璧",取"水圆如璧"形,辟雍的建筑是中为宫庙,四周环以水池。这是一种说法,并不排除另外的可能,即"辟"乃偏僻之义,《左传》庄公廿一年云:"郑伯享王于阙西辟,乐备。"杜注:"为王设享礼于象魏之西偏。"那末,师辟,当是军职师的寮署之旁,师是武职,辟雍、学宫亦是当时习射之所。雍字形义是有水有鸟的地方,古时习射又在"泽宫",即是雍的意思,也必是偏僻的地方。所以,师辟和辟雍很可能是一事,名称容易转变,也很可能由师辟改称为辟雍罢了。

史籍说商代大学还称作"瞽宗",有学者推论甲骨文出现该名称,目前难以定论。

西周存在着学宫、辟雍及小学,还及射庐,见于金文的记录:

王令静司射学宫,小子眔服眔小臣眔夷仆学射……射于大池,静学无怿,王易静鞞剡。

《静簋》

二月,迨王客荅京彤祀。望日,在辟雍。王乘于舟,为大丰,王射大龏禽,侯乘于赤旂舟。

《麦尊》

王若曰:盂!……女妹辰又大服,余惟即朕小学,女勿龁余乃辟一人……今我即井向于文王……

《大盂鼎》

王若曰:师嫠!在昔先王小学女=敏可使,既令女更乃祖考司小辅。[8]今余惟申就乃令,令女司祖旧官小辅眔鼓钟……

《师嫠簋》

共王在周新宫,王射于射庐,史趞曹锡弓矢、虎卢、胄、干、殳。

《趞曹鼎》

王在周新宫,在射庐,王呼宰雁,锡 [ ] 弓矢璧、彤欮……

《师汤父鼎》

懿王在射庐,作象虞,匡甫象鐉二。

《匡卣》

这些实录说明西周的学宫、辟雍和射庐都可以是举行射礼的地方。从这组铭文来看,学宫是当时的"大学",称"宫"必有宫室结构,就是贵族子弟学习的地方。因为射技是当时重要学习科目,学生从射礼中可以实地学习射技。静"司射学宫",射的场所是大池,而辟雍里有水可乘舟,有禽鸟可射,足见学宫设在辟雍。《遹簋》说穆王"呼渔于大池",大池当有一定的水面,故能在其中乘舟射禽,这里简直又是王家苑囿,所以就可以联系《诗经·灵台》篇中描述的"麀鹿濯濯,白鸟翯翯"和"于牣鱼跃"情景,的确是一个理想的环境。《匡卣》说"懿王在射庐",射的所在无说;《趞曹鼎》《师汤父鼎》都说共王"在周新宫、在射庐",这里的射庐表明在"周新宫"之中,周新宫的性质不清楚,文献上是有习射于泽的"泽宫",与王朝辟雍同类的,诸侯国称"泮宫"。即使周新宫的射庐是另一所在,但辟雍里习射的场所除在池泽射禽(或鱼)外,定然还有射庐,射庐后来作厦字,一种不设四壁的庭台,便于向远处的目标射击,那就与宫不同。如此,则"学宫""泽宫""泮宫"当是一回事,泮宫只因与王朝等级不同而异称。

　　总之,西周的大学建置和设施是:在辟雍中设有学宫,同地建有习射的射庐,有三面环绕的水池,池中养鱼,山林蓄鸟,作为习射的鹄的物。可能连带着就是王家苑囿的所在。既是学礼、学乐舞的所在,也是习武之地,又是"贵游子弟"遨游娱乐的优美环境。

　　与"大学"相对的是"小学"。甲骨文有"大学"而无"小学";金文有"小学"而无"大学",但有"学宫""辟雍"。两者可以互补,推知商代亦应有"小学"。上引西周金文里两处有"小学"的名称,《大盂鼎》"余惟即朕小学",这里是周王曾经上过(即)的小学,《师嫠簋》云:"在昔先王小学,女=敏可使",这里说:从前先王在小学时,你就明敏会办事……

　　商、周大学、小学有所建置,这是甲骨金文的实录。而在礼书中的记载较多,可作参证。《礼记·王制》说:

　　天子命之教,然后为学。小学在公宫南之左,大学在郊:天子曰辟雍,诸侯曰泮宫。

此处文字比较质实,符合商周时代的基本情况。但是,在另一处则说了很多学名:

　　有虞氏养国老于上庠,养庶老于下庠;

　　夏后氏养国老于东序,养庶老于西序;

　　殷人养国老于右学,养庶老于左学;

　　周人养国老于东胶,养庶老于虞庠。

同书《内则》有同样的记述。是四代各有两种学名,郑玄注把每一朝的前一句定为大学,后一句为小学。又以下庠和左学在东,四朝所尚方位交错,即虞、商尚西,大学都在西(郊);夏、周尚东,大学都在东(郊)。《祭义》说:

　　食三老五更于大学,所以教诸侯之弟也;祀先贤于西学,所以教诸侯之德也……天子设四学,当入学而大子齿。

这里大学与西学相对,西学自然是小学,因为前面周人大学是东胶(胶可能为郊之音段),小学是"虞庠",又说"虞庠在国之西郊"。只有后一句的"四学"所指不明,郑注为小学,云:"谓周四郊之虞庠也"。《王制》和《内则》明说"虞庠在国之西郊",怎么这里就变为"四郊之虞庠"?孔疏看出问题,说:"四学,四代之学。"应该也指大学,可是疏不破注,加以回护,故紧接着说:"此据周之四郊之小学。"郑注也是有所本的,那就是《大戴礼·保傅》篇所说的:

　　及大子少长知妃色,则入于小学,小者所学之宫也。学礼日,帝入东学,上亲而贵仁……

帝入南学，上齿而贵信……帝入西学，上贤而贵德……帝入北学，上贵而尊爵……帝入大学，承师问道……

这里，小学正分置在四个方位，最后"帝入大学"，所以，郑玄以为《祭义》的"四学"，就是这里四个方位的小学。但是《礼记·明堂位》讲到鲁国因周公的殊勋可以立四代之学：

米廪，有虞氏之庠也；序，夏后氏之序也；瞽宗，殷学也；頖（泮）宫，周学也。

即是，鲁国可立四代之学，那末，西周王朝更可以这样。"天子设四学"，为何就不应该指大学呢？因此，后来有的经师还是主张：周有四代的大学在国中，四郊又各有小学，以庠序名之。并改"虞庠在国之西郊"为"四郊"[9]。

说西周大学有四，是有所记载的。一是《王制》既言周之大学为"东胶"，又言"天子……大学在郊"，又云：

司徒……命乡简不帅教者以告，耆老皆朝于庠。元日习射上功，习飨上齿。

同篇数处说到"学"（注谓即大学）的活动。《文王世子》又云：

凡学（教）世子及学（教）士必时，春夏学干戈，秋冬学羽籥，皆于东序。

春诵、夏弦，大师诏之瞽宗。

礼在瞽宗，书在上庠。

凡祭与养老乞言合语之礼，皆小乐正诏之于东序；……大司成论说在东序。

凡语于郊者，……远于成均，以及取爵于上尊也。

天子视学，……适东序，释奠于先老。乃命公侯伯子男及群吏曰：反养老于东序，终之以仁也。

《周礼·大司乐》云：

掌成均之法，以治建国之学政，而合国之子弟焉。

综合观之，庠或上庠，虞代的大学；东序，夏代的大学；瞽宗，据《明堂位》为商代的大学即右学；加上周代自己的大学"东胶"，是周代有四代的大学。而且还有成均，据郑玄注为"五帝之学"，是周代立五代的大学。这都是相传的记载，留待探索。

（二）学校的处所与分科

上述四代乃至五代的大学建立之说，今天看来，与其说是四五种大学，不如说大学中的四五种分科。譬如，"庠者养也，序者射也"（《孟子·滕文公（上）》）。庠，是养老的地方，实际是"三老五叟（更）"教礼之处；序，是习射的地方，即射庐、庙；瞽宗、成均是乐师教乐的地方（《大司乐》郑司农注）。当时的教育，莫过于礼、射、乐，后来分衍为礼、乐、射、御、书、数的六艺，这就是教育的分科。

《王制》说大学在郊，小学在宫室附近，是符合实际的。但是，起初决不可能四郊皆立大学，而是在一处的建筑群中，设置不同功用的房屋。所谓庠有上下，序有东西，学有左右之类，所指的并非郊区的方位，乃是一座建筑群中的宫室分布的位置。看看"礼在瞽宗，书在上庠"可知是大学中的不同分科的所在。否则，学乐时去西郊瞽宗，学书时去到北郊上庠（古以上为北），岂非使学生疲于奔命？至于《大戴礼·保傅》篇所说天子要连续地进入东、南、西、北等四郊之学去"观礼布政"（见卢辩注），也是不可能的。可知"四学"当在一处。说小学分设在四郊，更是附会之谈，《王制》已说"小学在公宫南之左"，既非在郊，也非在"四郊"或"西郊"。事实上，让住在国都里的幼童，每日去郊外上学，舍近求远，于情理难通。于此，清代学者的研究成果，可为参考。孙诒让说：

> 今通校诸经，涉学制之文，知周制：国中为小学，在王宫之左。南郊为五学，是为大学。辟雍即大学，在郊，与四学同处，殆无疑义。……郑铎云：周五学：中曰辟雍，环之以水，水南为成均，水北为上庠，水东为东序，水西为瞽宗。其义最确。……盖五学之制，各别为一宫，地则相距不远。旁列四学，而中为辟雍。……何以中学独取此名，明辟雍与四学异宫，中学环以水，四学不环水也。

又说：

> 凡王子弟及国中贵游子弟幼者，则入王宫东之小学，师氏保氏教焉；其庶族子弟幼者，则入四郊之虞庠，乡吏教焉；长则选其秀者，皆入大学，大司乐教焉。

> 其入学者，盖分居四学，而辟雍则特尊，为王受成献功及缲射之学，国子无事不敢入，惟王大射及学士学射，则在辟雍。《祭义》云："天子将祭，必先射于泽，而后射于射宫。"泽，即灵圃灵沼之泽宫，射宫，即中学之辟雍。泽宫辟雍，地异而雝水则同。《司士》云："春合诸学，秋合诸射。"学即四学，射即辟雍也。周之学制，大较如是[10]。

这段论述，关于古代学制的研究，可以说是集经学的大成。虽然，其中还不无问题，如：是否有"四郊之虞庠"，成均为何就是南学，四学是否均在雍水之外，王朝小学是否分为两级，还都缺乏证明。但是，大体上把史籍记载的学校建置，构成了一个较为合理的格局。

关于大学、辟雍与宗庙明堂的关系问题，也有不同的认识。汉魏以下不少经儒主张二者同处,蔡邕《明堂月令论》较早提出太庙、明堂、大学、辟雍是"异名而同事,其实一也。"[11] 直至颍容《春秋释例》、马瑞辰《文献通考》、惠栋《明堂大道录》,都由此推衍,把宗庙和学宫的各种建筑名称,及其行礼、教学、行政的活动,合并为一事同地。这一说法,有合理的成分,那些建筑物有共同的形制,宗庙和宫殿在古代可以是同制同处,大学和宗庙都可举行"告成"出师和奏凯献俘之礼。但是,今天看来,把大学、辟雍和宗庙、明堂混为一谈,还是有问题的。从甲骨文记录献俘典礼,把大学和祭祖之地对贞,加以选择,可知大学与宗庙异处。西周金文的上述记载,大致可以看出:凡辟雍、学宫均与射礼、大池相关,而不与宗庙祭祀相连;而言宗庙祭祀、宫廷册命则不及于大池和习射的内容。孔颖达为《诗经·灵台》作疏时,就已经引袁准《正论》,详论明堂宗庙与大学决为两事,不能混同。袁氏的主要论点是:两者分别为鬼神所处与人事活动的不同性质;古书说周代立几处学,且分为东西、左右,未言立几处庙宗庙及其分左右;两者所在的环境不同,建筑结构不同。上述孙氏《周礼正义》引袁说之后,继而论证大学与宗庙的所在非一地,明堂与大学的建制有别,用场不同,大体上都是正确的。

(三)王朝与地方的学校

关于商周时期小学的建置,商代的记载,目前阙如,只可据大学的出现而推论其存在。西周虽有小学的记载,但也语焉不详。在王朝都城,"小学在公宫南之左",当有依据。四郊有小学,并且如孙氏之推论,也当在情理之中。地方的学校,侯国有大学名泮宫;其下乡遂各级,见于记载者:

司徒……命乡简不帅教者以告,耆老皆朝于庠,……　　　　　　　　《礼记·王制》

古之教者,家有塾,党有庠,术(遂)有序,国有学。　　　　　　　　《礼记·学记》

春秋以礼会民而射于州序。　　　　　　　　　　　　　　　　　　《周礼·州长》

党正各掌其党之政令教治……国索鬼神而祭祀,则以礼属民而饮酒于序,以正齿位。

同上《党正》

乡饮酒之义,主人拜迎宾于庠门之外,……　　　　　　　　　《礼记·乡饮酒义》

这就是:乡有庠,遂有序,州有序,党有庠亦有序,还有家塾。同时,乡也称校,《左传》云:"郑人游于乡校"(襄公卅一年),说明地方各级有序也有庠。孟子说:

设为庠序学校以教之,庠者养也,校者教也,序者射也。夏曰校、殷曰序、周曰庠;学,则三代共之。

《滕文公(上)》

这段话和礼书又有出入，据《王制》，夏不称校，殷亦不称序，周亦不称庠。注释者看到三代都称学，则是大学。而庠、校、序则是乡学[12]。其实，依照西周金文，王朝大学称学宫，并有射庐，有廚也就是序。据前一篇我们引卜辞的"令毕盖三百射"，"盖"可能是庠，则商代也有庠。由此观之，王朝有学、庠、序，地方也有庠、序、校。只是，地方的学校教育当与京都有所不同，名称上要有区别，诸侯国只能称泮宫，不能有辟雍之称。鲁国虽然特许立四代之学，然而也只能有泮宫。正如天子、诸侯、大夫、士之家悬钟磬的面数有多少的差别相类似，不能是辟雍和泮宫都一样三面环水[13]。

可以推想，王朝、诸侯国和乡以下各级，学校是有等级差别的。封国乡、郊和封邑的学校与王朝大学相对，自然相当于王朝的"小学"。当时的选士制度也是按等级向上推选进入王朝大学，然后命官，这是和学校制度相适应的。当然这些不一定是西周所能完善的制度，但应有这类基本的规格。

有学校就当有学舍的建造，至少在商代后期已开其端，卜辞有所反映：

…… 学 东 ……   8732

……作学于 [∩]（？），若？   16406

学于入……若？   8304

辞虽残缺，但甚珍贵，"学东"二字相连，应是学宫之东的意思，"作学于∩"[14]和"学于入"比较来看，"入"当读为"内"，意为作学舍于某一建筑之内，或教学于内的占问。此处，学字应指学宫，∩若为宀偏旁，则是占问建造学宫于某一个场所。作学与作邑、作宗、作墉是同类的建造活动，前引卜辞的"大学"也可互证。

三　学校教育的诸仪节和制度

这里包括学制、学科、教师、考核、选士等内容，是人们长期的教育实践逐步形成的、古代学校教育的重要项目。

（一）入学年龄与入学仪节

商代子弟入学的记录，有一则卜辞云：

丙子卜，贞：多子其延学版，不遘雨？   3250

问多子去至版邑就学，是否会遇上雨。"延学版"应是"延学于版"的省略。本文前面提到卜辞中的版，是一个重要族名，这个族的首领除同其他族一样进行多种"叶王事"活动外，特别与王族和多子族的活动有关[15]。陈邦怀先生据另一条卜辞（3249）有同样的内容，干支为"[　]亥卜"，据此辞推算应是"乙亥卜"，乙亥、丙子两日相连，反映多子会连续的往学。而且都是往版族，必有内在的原因，也许版族就是负责多子的教育一类的事务。商代又有乐师施教的记录，如有卜辞云：

丁酉卜：今日万其学（敩）？于来丁乃学？于右宋学？

若凹于学？ 　　　　　　　　　　　　　　　　　　　　　　　　《屯南》662

辞中的"学"字应作"教"字用，"万"是人名，据其他卜辞知道他是从事于乐舞的（详下），因此，这里是占问万是今日丁酉去教，还是十天后、下一个丁（未）日去教？又问是否在"右宋"教？"宋"字从宀从末，"右宋"应该是右边的某种房屋，这是占问教的场所。"若凹"是一成语，意义不明。总的来说，是占问万施教的时间、地点，文意是清楚的。礼书也记载"丁"日是上学的日子。西周金文讲：

余惟即朕小学，

在昔先王小学……

都是在小学学习之意。

　　那时进入小学和大学的年龄，只能从礼书中得知大概。各种记载互有歧异，如：

古者年八岁而出 [就] 外舍，学小艺焉，履小节焉；束发而就大学，学大艺焉，履大节焉。（注：束发，成童也。） 　　　　　　　　　　　　　　　　　《大戴礼·保傅》

八岁入小学，学六甲、五方、书记之事，始知室家长幼之节；十五入大学，学先圣礼乐，而知朝廷君臣之礼。 　　　　　　　　　　　　　　　　　　　　　　《汉书·食货志》

　　这两处记载基本相同，都是八岁入小学；入大学，一为"束发"，一为十五岁，注束发为成童。与《汉书》同一说法甚多[16]，似为汉代礼俗，也可能周代已经如此。详细一点的说法有：

六年教之数与方名；七年男女不同席不共食；八年出入门户及即席饮食必后长者，始教之让；九年教之数日；十年出就外傅，居宿于外，学书记……朝夕学幼仪，请肄简谅（肄习书篇与应对之言）；十有三年学乐、诵诗、舞勺；成童（十五以上）舞象（武舞）、学射御；二十而冠，始学礼，可以衣裘帛、舞大夏（文武兼备之乐），惇行孝弟，博学不教、内而不出。三十而有室…… 　　　　　　　　　　　　　　　　　　　　　　　　　《礼记·内则》

此段记载大体与上面所说相符，六年至九年这一段落所教内容差别不大，可能是一个机动的入学年龄，六、七、八、九岁都可以是初学的年龄，看似模糊，实为客观。十至十三岁是正式的小学教育。成童为十五岁，学射御，自是进入"大学"的年龄，一般延续到二十而冠，已是成人。再比较下面一段：

……比年入学，中年（间隔一年）考校：一年视离经（离析句读）辨志，三年视敬业乐群，五年视博习亲师，七年视论学取友，谓之小成。九年知类通达，强立而不反，谓之大成。……

《礼记·学记》

按六、七岁入学，经过七年，即是十三岁左右，谓之小成，注谓是小学。九年是十五岁上下，谓之大成，注谓是大学。和上面的成童或束发相当。只是"大成"不应是学成"大学"，而是可以在"大学"深造。

总起来说，古代入小学的年龄是六到八岁之间，十三四岁学成；十五岁前后入"大学"，约至二十而冠、成人时终止。

这均是后世的记载，推测较符合人的年龄成长的自然状况，商周时代不会有大的不同。也有一种记载，年龄差别很大，如：

公卿之大子，大夫元士之嫡子，年十三始入小学，见小节而践小义；年二十入大学，见大节而践大义，此世子入学之期也。

《尚书·大传》

及大子少长知妃色，则入于小学，小者所学之宫也。

《大戴礼·保傅》

十三岁方才入小学，二十岁才入大学，和前面所论，整整推迟了一个学习阶段，十分奇特。所谓"少长知妃色"才入小学，什么叫"妃色"，注释为"妃配之色"，就是指男女之事，那要到偌大年龄！此与十三岁才入小学的说法，一样荒诞，与其他多数记载相龉，也不符合人的成长自然情况。有的注家以为，这是说的王侯大贵族的子弟入学的年龄。可是这更为奇特，正是王侯显贵，生活优异，深知培养统治者的人才要紧，既有可能也有必要及早加强对子弟的教育培植。所以，仍然不得其解，或许还是一个值得探讨的问题。

入学的仪节，古代很重视，举行的很隆重。据《礼记·月令》《周礼·大胥》《大戴礼·夏小正》等记述，每当孟春正月，由乐官之长入学习舞。至仲春二月的第一个丁日"上丁"，乐官习舞，向先师（谓即乐祖）奉上鲜洁菜蔬作为献礼。古代以此视为珍贵礼物，所谓"涧溪沼沚之毛（苗），苹蘩蕴藻之菜，可荐于鬼神，可羞于王公。"（《左传》桓公三年）这时，天子要率领公卿诸侯大夫等前往视察；第二个丁日即"仲丁"，又命乐正入学习乐，在季春三月选择日子还要举行"大合乐"，即是使其周旋进退步伐整齐的"合舞"，又能与乐调的八音的节奏相谐和。天子照例率领公卿、诸侯、大夫前来，仪式的盛况可知。这种舞名叫"万舞"，一手持羽一手执籥而吹地起舞。到了季秋还要"入学习吹"，也即是"合乐"。所谓"春合舞、秋合声"。秋季这一礼节，大概是检验学习的成果。这些仪节，一方面是尊师重道，对学生是端正学习态度的教育，一方面本身也是乐舞的教育。虽是文献所记，但商周也有所实录，如前引：

丁酉卜：今日万其斅？

在昔先王小学，汝敏可使。

正是"丁"日将命乐师万去其教（舞）；也正是师斄曾在小学习舞乐而"敏可使"，故而任命他为"小辅"（铺师）之官。这都与文献所述相应。

（二）教学科目

商周时代还只有书数、乐舞、射驭，礼在当时已在射驭、军礼、祀礼之中。后来才有了专门的礼。若以小学、大学两个阶段划分学科，则当时小学只学书、数等简单内容；大学则学礼、乐、射、驭，所谓"乐正崇四术"即是[17]。当然，小学也可学些简单的乐舞。

1. 书、数

前面已引礼书："六年教之数与方名"，即数字与东西南北方位等；"九年教之数日"，即朔、望、六十干支，甲骨文中存在成批的大骨刻写着整齐的六十日或三十日干支表，既为查检日干之用，又是教学生认识干支的教材。同时，在卜人的指导下，学生学习刻写文字，故尔留下一些习刻的甲骨文字，这大概就是最早的学"书"。

2. 乐、舞

这两者是结合在一起的，多半乐以配舞，舞以合乐。起初多与祭神尤其是求雨相关，如：

奏舞，雨？——奏舞，有从雨？

呼舞，从雨？——勿呼舞，从雨？ 12818～12841

所谓舞雩是"舞旱暵之事"，且又与"万"连在一起：

癸［ ］［卜］：舞……万……其正？ 16003

贞：舞……——［万］舞…… 16006

虫万呼舞，有大雨？——虫戌呼舞有大雨？ 30028

庚午卜：望日辛万其作，不遘大雨？ 30142

万虫美奏，又正？——［ ］虫庸奏，又正？

于盂厅奏？——于新室奏？ 31022

王其呼万奏？ 31025

奏（暂从此释），指奏乐。这些卜辞，一再说明"万"就是商代专司求雨的雩舞和一般乐舞的人。雩舞具有巫术的性质，所以"万"又是商王室巫师集团中人，他善于乐舞，故以乐师兼教师[18]。

[　]申卜：新庸（镛）至自夒入爻……　　　　　　　　　　　　　　　15665

庸即镛，为大钟，此辞是说有新的乐器自夒地来到学宫（爻），当是作教学之用。联系"万叀美奏""[　]叀庸奏"，还有"万其作庸"（《京》4352），就切实说明万就是在学宫演奏铙磬之乐的。教学的对象是多子，故云：

[　]未卜[　]贞：惟[万]呆[子]弖……　　　　　　　　　　　　　《契》682
癸亥其奏韶，子弖其……　　　　　　　　　　　　　　　　　《簠·杂》69

子弖是武丁朝多子之一，他和"万"、奏韶相并提及，则很像后来记载以万舞教国子的情景。"万舞"可能来自这种"万"与"多万"（《屯南》4093）等名称。《夏小正》二月"丁亥万用（镛）入学"，注谓春时入大学用万舞为礼。《诗经·简兮》云"简兮简兮，方将万舞，日之方中，在前上处。"毛传谓此是舞干羽以祭山川宗庙，在日中教国子习乐。《商颂·那》篇说："庸（镛）鼓有斁，万舞有奕。"这正是商诗，也正是庸与万舞相连，和甲骨文若合符节。"万"作为族名或乐师名，很可能就因该族世袭于此职守；也不排除万舞来源于这种万的族名；也还有可能起源于农耕，"万"原篆很像末耜，农事休息间歇，生产者就拿着工具起舞，故万舞有注释为干戚之舞，即从农具衍化，万与耕地起土又称作伐、坡、壥诸字的古韵在月部，万在元部，俱是合口三等韵，很易于对转。商代的万族传世甚久，直到晚期有几件青铜器，如铭为"大万乍母彝"的簠，"万·舟父丁"卣，"万·亚父丁"甗[19]。反映万族及其职官占有一定的社会地位，亦即表明乐舞在上层领域中的作用。

西周的乐舞教育自然更有发展，后来还形成很多理论。不过金文的实录并不多，如上揭《师㲦簠》的乐官涉及到乐舞的教育。从礼书记载看，周代凡行礼都伴有乐、舞，尤其在学中举行者多见，如前述入学行礼的情况。瞽宗、成均就是以音乐作为大学的称谓之一。瞽宗虽说是殷学，而周代却继承下来并加以尊崇，所谓"礼在瞽宗，书在上庠。"这里的礼实际包括了乐。《周礼·大司乐》作了集中的表述：

大司乐掌成均之法，以治建国之学政而合国之子弟焉。凡有道者有德者使教焉，死则以为乐祖，祭于瞽宗。以乐德教国子中和、祗庸、孝友；以乐语教国子兴道、讽诵、言语；以乐舞教国子舞云门、大卷、大咸、大磬、大夏、大濩、大武；以六律、六同、五声、八音、六舞、大合乐以致鬼神示（祇），以和邦国，以谐万民，以安宾客，以说远人，以作动物。……

帅国子而舞。……

可见乐舞的作用很大，而且此职也主要是教国子。在其属下：有乐师，"掌国学之政，以教国子小舞"，也就是《内则》说的舞勺、舞象、舞大夏之类。"及彻，帅学士而歌彻"。有大胥，"掌学士之版，以待致诸子。入学：春舍菜合舞，秋颁学合声。""凡祭祀之用乐者，以鼓征学士。"还有籥师，专教国子的羽籥之舞。据说《大克鼎》铭中的"𤔲𤔲"就相当此官。这里，学生受教，同时也作实习。

据《礼记·文王世子》所载，学生是"春夏学干戈，秋冬学羽籥。""春诵、夏弦"，也都由这些乐官教学。说到此项教育的目的，"乐所以修内也，礼所以修外也。礼、乐交错于中，发形于外，是故其成也怿，恭敬而温。"拿今天的话说，就是陶冶性情，提高修养，服务于行礼，使之合于行为规范，协调人与人之间关系。

依据商代的乐舞活动，西周学校尤其是大学的乐舞教育，亦当基本上具备了这些礼书所记的内容。

3. 射、驭

学会射箭和驾车，是古代社会男子必备的本领，这是和当时军事为国家大事的最重要的项目牵连在一起的。故有男孩初生时，用蓬矢桑弧射四方的仪式。当然，学习射、驭主要在"成童"以后即大学的科目。这项训练，在商代藉狩猎活动进行，是一个方面，那就是"多子逐麋""多子获鹿"之类。但不能没有专门训练，前已说过，虽是军事活动中事，不排除大学里也开始这种专门教育。

商周时代藉射礼来提高射技，也有宗族中青年贵族参加，甲骨文"叀多生射"，金文《令鼎》："王射，有司罯师氏小子合射""小子乃学"，就是青年学射。《静簋》："王令静司射学宫，小子罯服罯小臣、夷仆学射。……射于大池，"《噩侯鼎》："王休宴，乃射。驭方合王射，驭方休阑，王宴，咸、酓，……"这都是很明显的射礼，其他如《麦尊》和《趞曹鼎》《师汤父鼎》也都是同类的活动。这里，小子的身份前已论证，即相当于礼书的诸子、国子、士庶子之类。后来形成的大射礼就是在大学中举行，乡射礼就是在乡学举行，都有学生习射和服务、观摩，就是一种军事学习，并且通过礼的形式把军事教练的课程固定下来。这种射礼就是军礼的一种，它源于田猎，又是选择贤能勇力之士的形式，所以和教育密切相关[20]。

《周礼·保氏》讲："而养国子以道，乃教之六艺"，六艺之一就有"五射"，五种矢的射法。《诸子》和《礼记·燕义》都说：

凡国之政事，国子存游倅使之修德学道，春合诸学（大学），秋合诸射（射宫）。

《射义》说："诸侯岁贡士于天子，天子试之于射宫。"又说："天子将祭必先习射于泽（宫）"。泽，谐择士之音义，接着又射于射宫，射中者才能参与祭祀。《聘义》说：

聘射之礼，至大礼也，质明而始行事，日几中而后礼成，非强有力者弗能行也。……故圣王之贵勇敢强有力如此也。

射与驭二者本是连在一起，习射、射礼多见，而专门学驭的，驭车比赛则少见。商代有训练"马"的活动，当然包括驭者，古人云："执（驭）御乎？执射乎？吾执御矣。"也都是射御连言。西周《令鼎》铭文说到：周王在"大耤农"和射礼之后，驾车回朝之时，"令罞奋，先马走。王曰：令罞奋，乃克至，余其舍女臣卅家。"这里的"先马走"，应该如同商代的"马其先"，实际是马拉着车在前头走，并不是单骑。这里，周王约定令、奋二人，谁能先到（克至）可受到赏赐。这无异是一次驭车比赛[21]。由此推之，商周时代肯定存在"驭"的教学，只因后世贵族社会以驭车为苦贱之事，不登大雅之堂，无形中取消了应有的"驭礼"，致使湮灭无闻。

4.礼教

单纯的揖让周旋、行止坐立之礼节，西周及其以前可能还不存在。凡礼皆是结合实际活动而行，如祭祀之礼、告庙、献俘、庆赏、册命、宴享以及射礼、蒐礼等等，当时都还是一系列的实际活动。但是，长期进行中逐渐形成了固定的仪式。从西周金文看，如册命时王的到临，右者、内史、受命者各有位置等等，也已经开始了这些仪节。

如前所述，在大学中献俘，就是让学生从中学习这套实际活动方式，重要的还在于灌输"国之大事，在祀与戎"的教育，射礼在学中举行，也是同样的作用。参加田猎在评判猎取多少、射兽技巧优劣、公私猎物的分配中也都是礼。

宾礼、飨礼，是对外、对内的团结友好行动，乡饮酒、养老，有敬老尚齿的目的，"习射上功，习飨上齿。"

所有这些社会活动，礼书记载都有学生参与"执事"，这是"大学"的学生，而"小学"的儿童少年，可能就只是观看、学习。如：

时观而弗语，存其心也；幼者听而弗问，不躐等也。……

记曰：凡学，官先事，士先志，其此之谓乎！ 《礼记·学记》

大概就是这种意思。

商周时代，繁缛礼仪既没有形成，记录成礼书更无从说起。春秋时代开始说到"礼书"

和几种"书""志"，可能也就在当时编纂而成。所以，礼书论事一般偏于铺张扬厉，而说到学习礼书、读书、"离经"的，毕竟也只是那么几处。值得注意的倒是养老之礼和"乞言""合语"的活动。当时社会极为重视养老之礼，前引四代之学，都是"养国老"于大学，"养庶老"于小学，还有：

凡养老：有虞氏以燕礼，夏后氏以飨礼，殷人以食礼，周人修而兼用之。

五十养于乡，六十养于国，七十养于学，达于诸侯。

司徒……命乡简不帅教者以告，耆老皆朝于庠。　　　　　　　　　《礼记·王制》

凡祭与养老乞言、合语之礼，皆小乐正诏之东序；大乐正学（教）舞干戚，语说命乞言皆大乐正授数；大司成论说在东序。

凡语于郊（郊学）者，必取贤敛才焉，或以德进，或以事举，或以言扬，曲艺皆誓之，以待又语。

天子视学，大昕鼓征，……适东序，释奠于先老，遂设三老五更（叟）群老之席位焉，适馔省醴养老之珍具。……既歌而语，以成之也。……反养老于东序，终之以仁也。

《文王世子》

食三老五更（叟）于大学，天子袒而割牲，执酱而馈，执爵而酳，冕而揔干，所以教诸侯之弟也。　　　　　　　　　　　　　　　　　　　　　　　　　　　《祭义》

乡饮酒之礼，……所以明养老也。……民入孝弟、出尊长养老，而后成教，成教而后国可安也。　　　　　　　　　　　　　　　　　　　　　　　　　　　　　《乡饮酒义》

三老在学。　　　　　　　　　　　　　　　　　　　　　　　　　　　《礼运》

这些记述，除了尊老的道德范畴，内中有一个重要的目的、作用。郑注《祭义》云"三老五更，皆老人更知三德五事者"，注《文王世子》"乞言"为"向老者乞善言"，都比较符合经意。但注"合语""语说"之义，就走入歧途，说"合语"是"谓乡射、乡饮酒、大射、燕射之属"，因《诗经·楚茨》"笑语卒获"。其实"笑语"同这里的"合语"是两回事。孔疏说"旅酬之时，得言说先王之法"，"合语者，谓合会义理而语说也。"则较为近实。

应该说，乞言和合语，是一事的两方面，乞言是向老者乞善言，合语则是重复老者所教之善言，是否符合。合语也可以说是答语，有谓"问难曰语"。所以又说："语说、命乞言，皆大乐正授数。"注谓"数，篇数"，也有违事实，应该是语言段落之数。这是乞言、合语还要在教师（大乐正、大司成等）面前复习，由教师定下复习原话的段数，大司成最后加以"论说"，大概是作出评定。"凡语于郊者"一段，也是这类事情，"以待又语"也相当于"合语"。《内则》记载五帝、三王时设有"惇史"，专记此种善言。可以互证（参见江永：《礼记训义释言》四，载《清经解续篇》卷十八）。那就是一种原始的历史、语言的教育。在没有文字记录的时候，历史和"善言"只靠有阅历的老者以口说传授，《曲礼》说："七十者老而传"，注谓"传家事、任子孙"，应当也包括传"善言"。近代一些少数民族中也有这类习俗，如口传族系家谱，青少年背诵下来。正因为老者担负这项教育任务，所以养老之礼特别隆重，天子不但亲临大学，而且动手办理老者的酒肉膳馐。也正因为如此，所以"三老在学"，养老礼总是在学中举行，三老本身也就是教师，教育历史语言道德的一个学科。

这些三老五叟，可能还有其他技能，商代有一种"老"和"多老"，出现在卜辞里，有：

贞：勿呼多老舞？ 16013

似乎他们也善于乐舞。是与周代的三老相同，还是某种专名，目前还不甚清楚。

（三）教师

商周时代的学校，教与学既然同社会生活相联系，特别和当时的政治、军事、礼教混而为一，教师也都由官吏来兼任，何种职官也就是何种学科的教师。这就是"学在官府"的含义之一。

商代的王室贞卜集团，可能就是当时贵族子弟学习文字、认干支、记日月、辨方名的教师，他们同时也灌输给学子以一些自然知识和鬼神宗教思想。像"万""多万"本来就为王室的乐舞降神活动，是一种乐师，却在学校任教。同时，也就可以推想，贵族子弟的军事学习、训练自然是师某、马亚等等主持进行。

西周的情况就很清楚。最显着的事例是教师的师，来源于军职的师、师氏、大师。军事教育是主要学科，军官既具有军事实践经验，又是管理已参加或将会参加武装的青少年子弟的，所以军官是军事教学的天然教师。如金文记载学射有师氏参与，史籍记载射礼任命司马主持，贵族子弟、"小子"在其中学习和服务；《周礼》的"师氏"就是"以三德教国子""掌国中失之事，以教国子弟，凡国之贵游子弟学焉。"《夏官·诸子》："掌国子之倅，掌其戒令与其教治。""凡国之政事，国子存游倅，使之修德学道，春合诸学，秋合诸射，以考其艺而进退之。"《都司马》："掌都之士庶子。"也要"以国法掌其政学以听国司马。"这一个系统是很清楚的。后来教师称为师，就是由军职的师，移植而来[22]。

其次一个系统是乐官任教师，如已经论述过乐舞的教学，大、小司乐、大、小胥等等，本身就是王朝的乐官，他们也就在学校活动，诸如入学礼、养老礼、乐舞的教育都有他们。乐官中分大、小，同时，也就分别教高深或初级的课程，因学校也有大、小之分。当然王朝的一些乐舞活动也有不同的规格。如大胥、小胥分别掌管学生的名册和担任入学礼仪的乐舞监督，天子视学时，击鼓召集学子。大师则主管乐律兼教诗歌。这一系统里，还有一批盲人乐师，他们的地位很重要，故乐师之祖立于学，名大学为瞽宗、成均。此外有专教某一种乐器的，如籥师、鞉师、镈师、旄人、磬师、笙师等。这些不一定在西周已经全备，但大致如此，金文里的"辅师"据说就是"镈师"，正由于他们既是官府的职官又在学校任教，一身二任，也就称之为"师"，如"大师""乐师""少师"等等。

此外，还有《地官》的"保氏"，也是作为王者辅佐，"而养国子以道，乃教之六艺，……六仪……"以官位兼任教职。本来，保氏是最早的贵族家族的保育人员，古代称"阿"称"婀"或称"保"，随着家族扩大，统治族变为王朝的统治集团，这些人也发展为王朝高官，然而其职务性质不变。

（四）考核与选士制度

教育的最终目的，是培植出为社会服务的人材，尽管对这种人材规格的要求因时代和阶级的不同而不同，因此，教育的考核，直接关系到教育目的的实现，也即影响到国家实行其统治的效能，国家职能的延续和发展。所以，就有考核和选士的具体措施或制度。

这方面，商代以上没有留下记载。

西周也没有直接的记录，一些礼书的有关内容，多半托名为西周王朝制度，但决不可能完全如此，只能说有一些史影而已。

《礼记·学记》篇中透露了一点古代教学考核方法：

大学之法，禁于未发之谓豫，当其可之谓时，不陵节而施之谓孙（顺），相观而善之谓摩。此四者，教之所由兴也。

发然后禁则扞格而不胜，时过然后学则勤苦而难成，杂施而不孙则坏乱而不修，独学而无友则孤陋而寡闻，燕（宴）朋逆其师，燕辟废其学。此六者，教之所由废也。

所列的几种教法，主要是强调"非智力因素"，要及时，要循序渐进，要彼此观摩，还要尊师重友，改善学习环境。内容和孔门教学法相近，而其用语较为特别，似乎是较古的东西，或许可作为西周所流传的遗规。还说：

大学始教，皮弁、祭菜，示敬道也；宵（小）雅肄三，官其始也；入学鼓箧，孙其业也；夏（榎）、楚二物，收其威也；未卜禘不视学，游其志也；时观而弗语，存其心也；幼者听而弗问，学不躐等也。此七者，教之大伦也。

这里，更强调端正态度，严加约束和督促的方法。以"祭菜"表示敬道，就是入学礼的"释奠舍采"，用菜为祭，明显是菜蔬，前人释"舍采"，或以为弟子见师，减少其衣服采饰，表示尊敬；或以为舞者持芬香之菜；或说弟子见师的贽见礼；还有说是置采帛于前以礼先师，皆与"祭菜"不合。这里把敬师和入学之礼提到首位，目的就是端正学习态度。其他一些说法，也是强调意志作用，存心、默记，学不躐等，都是学习步骤的大纲。这里提到榎、楚二物，就是教鞭，表示使用体罚，这种野蛮的办法，由来甚古。如：

小胥掌学士之征（征召）令，而比之觵（罚爵）其不敬者，巡舞列而挞其怠慢者。

《周礼·大师》

这种教法，古代还很流行，《乡师》在蒐田中，"巡其前后之屯，而戮其犯命者，"《月令》记载天子教田猎时，"司徒搢朴，北面誓之。"《仪礼·乡射礼》中，司射也是腰间"搢朴"，朴即教鞭，因用楸枝荆条作成，故称"夏楚"。《尚书·尧典》云："朴作教刑"，就是教学中实行体罚。这种愚昧办法，在数千年封建社会中盛行不衰，斫丧了多少芸芸学子的生机，贻害无穷。从这里，可以看出彼时教学之严厉一面，也可以推想已施之于学习的督促与考核上了。

前面所引"中年考校"，每隔一年都要考察不同年级的学生所达到的各种水平，所谓"离经辨志"，或"敬业乐群"，或"博习亲师"，或"论学取友"，等等，而养老礼中，在"乞言"之后，又要"合语""又语"，也是平时的一种考核。在一个学制阶段完毕后，就要进行总的检阅即称作"简"，同时选取成绩优秀者升学，或给予学位，或入仕为官。《礼记·王制》在这件事上作了综合的记述：

司徒……命乡简不帅教者以告，耆老皆朝于庠，元日习射上功，习飨上齿。大司徒帅国之俊士与执事焉，不变，命国之右乡简不帅教者移之左；不变，命国之左乡简不帅教者移之右；不变，移之郊，如初礼；不变，移之遂，如初礼；不变，屏之远方，终身不齿。

命乡论秀士升之司徒曰选士；司徒论选士之秀者而升之学曰俊士。升于司徒者，不征于乡；升于学者，不征于司徒，曰造士。乐正崇四术，立四教，顺先王诗书礼乐以造士，春秋教以礼乐，冬夏教以诗书。

王大子、王子、群后之大子，大夫元士之适（嫡）子，国之俊选皆造焉。凡入学以齿；

将出学：小胥、大胥、小乐正简不帅教者以告于大乐正，大乐正以告于王。王命三公九卿、大夫、元士皆入学；不变，王亲视学；不变，王三日不举，屏之远方，……终身不齿。大乐正论造士之秀者以告于王，而升诸司马，曰进士。司马辨论官材，论进士之贤者以告于王而定其论，论定然后官，任官然后爵之，位定然后禄之。

这是一个完整的督察、考试、录优、贬劣、选士、升官的系统过程。

全文可分作两级学制的考试、选士活动。前一段讲的是乡学，相当于小学；后二段讲的是大学，从小学考核，逐级晋升为选士——俊士——造士；王之大子、庶子，卿大夫士之子在大学者，学成时即相当于造士，故由大乐正上报，即可升为进士，其中包括从乡学上升来的造士。在选士同时，从乡学到国学，都实行严格的淘汰办法，所谓不帅教者就是不接受教育的，采取就近流放的惩罚手段；所谓不变者就是不知悔改的人，采取流放远方的惩罚措施，终身不齿。

师嫠只因"在昔先王小学，女敏可使"，才得以"更（赓）乃祖考，司小辅（镈）"之官，否则就不一定能选进王朝任乐官；相反，却要被负责选士的乐官——大司乐所淘汰，这暗示着西周也许开始出现这种天子视学、乐师选士的制度雏型。这是教育逐渐脱离原始状态臻至制度化的一个环节，也和当时整个社会的历史进程同步。

四 商周学校教育的特点

综合如上论述的商周学校教育的状况及其各项制度，主要的骨干成分是依据甲骨金文的实录，并依据可信的史料结合较晚的礼书记载联系起来考察，使当时的学校教育呈现出原貌。有一小部分的具体制度，一些细节则不一定为当时所具备，写出来留作将来探讨的基点，或补证，或修正，或被否定。依据这些骨干成分，对这个时代的学校教育的性质、特点，可以取得如下的认识：

（一）学校教育的存在

商周时代确已有大学、小学（不是今天大、中、小学的准确含义）的建置，一定的教学科目，子弟入学，官府教师任教，这就是说跨过了原始阶段，完成了第一个阶级社会的学校教育的教育形态。从而，为以后数千年的学校教育制度奠定了初步的基础。大学、小学、学宫、辟雍、射庐和射礼、乐舞教学活动在甲骨金文里的出现，证实了我国长期流传下来的大量礼书的记载此种内容，这是很有意义的。

（二）一定的原始性

商周时代的学校教育仍然保留着相当的原始性，表现为：

1.虽有学校的建置，但只是一种教学活动结合社会礼教活动的场所，还没有坐而论道的方式，所谓"贵游子弟"一词，即能表明这种状况，拿它和后来的孔门教育相比就很不同，孔门已有常住的制度，学生"侍坐"言志，"宰予昼寝"孔子就能发现并加批评。在这以前不然。在其前不久，郑国的"乡校"，也还是人们"朝夕退而游焉，以议执政之善否。"还带有社会活动场所的性质。

2.虽说教学有分科，然而毕竟是大致的粗疏的，而且又与当时社会活动混为一体，学射御则通过军事、田猎、射礼的活动；学乐舞通过祭祀宗教的活动；学一般礼节则有社会上经常举行的一些礼教活动，包括缋宴、祭祀、献俘、节日、丧葬、迎神直至养老、入学等。在这些活动中，子弟一面学，一面要服务，作实践。当然，也同时有在学校的专门教学，如文化、诗歌、筹算等等的学习。但是，与后来孔门的"子以四教：文，行、忠、信"，以德行、言语、政事、文学分别品评子弟，要学诗、书、艺、礼还有"雅言"之类，相比较还是有相当差距的。

3.官府办学、官员任教是这个时期学校教育的明显特点。教师还包含在军官"师"的原义中，乐师也如此，没有把教师的概念独立出来；乐师在学校里占有相当的地位，三老五叟也是如此。拿来与后世孔门私学相比也有很大的不同。孔子已是私人办学，要学生"自行束修以上"，学生是老师的"门人"[23]，建立了民间的师生关系。社会上有一群知识分子，有文"士"的出现，不再是官府支配学校了。只有摆脱官府的隶属，结束贵族的垄断局面，学校教育才能走上独立发展的道路，才能专业化。

4.与此相联系的，当时还有一种现象，社会和政权系统的行政活动，也与教育混为一谈。直到《周礼》成书，也还存留这种遗风，《天官·大宰》六典之一有"教典""以教官府""以扰（柔）万民"。《地官·大司徒》："以乡三物教万民而宾兴之"，把"六德""六行"与"六艺"并论，纳入这种社会教育中；司徒的行政系统各级颁布法令称作"教象"，"施教法于邦国都鄙，使之各以教其所治民。"这些现象说明社会教化与学校的教育还有相当的交叉，正如学生参加社会活动也是学习一样，社会受官府的教谕也算是教育。古代司徒本是管土地人民徒役的，却也管教育，军官本应只管在军籍的子弟训练，也作为学校的教师，即社会或军队中的训练与学校的军事教学混一，都是同样的道理。

这种教育的原始性，完全受制约于当时社会发展程度，是不可摆脱的。有其落后的一面，也有它的优点，就是与社会生产、生活密切联系，与实践相结合，社会所需即有所学，所学即付之应用，学起来也容易懂，学用一致。但是，须知这是原始的、低级的教育与实践、学与用相结合的性质，决非今天的这种意义，必须经过专业化的过程，教育才能发展、提高。

（三）教育的阶级性

学校教育，在商周社会里，也明显烙上了阶级的印痕。教育服务于阶级统治的目的，十分明显，学科中各项礼仪的作用，无庸解说，尤其是受教育者的阶级性，造成了人民才智发展的极端不平衡。大学不用说是王侯私学，就是小学、乡学等，也仍然是贵族阶层至少是平民上层的子弟才能进入。试看在考选活动中出现的是王公贵族及其"俊士"子弟，能成为"选士"以上的能有几许人。所贬绌的"不帅教"者是有一定的阶级含义。人们之所以盛赞孔子的"有教无类"为创举，就是因为以前受教育是"有类"的，由是而牵涉到教学内容也逐渐起着变化，在制度化的同时，既逐步摆脱原始状态，也扬弃了与社会生产实践相联系的优点，增加了贵族社会礼教的成分。如所论述的商周王朝各项礼仪活动，特别是西周金文所记的宴飨、册命、习射、献俘等等礼的讲究显见增多，后世礼书所记繁文褥节，不能不导源于此时。那么多礼仪、乐舞都成了学与教的科目，可是当时有一项很重要的如："籍礼"就是耕作生产之礼，却并不见引进学校，只留给王侯们作为重视农耕的幌子。可见教学已排除了生产的内容，生产技术被视为贱民之事，从此造成我国长期的教育史上一大弊端，忽视科学技术的教育，不能不因此阻碍科学事业的发展，把学生禁锢在礼教的、伦理的、理念的圈子中，形成了一种偏枯的现象。

（四）浓厚的宗法性

因这个时代的社会结构所决定，学校教育具有浓重的宗法特点。大学是王朝的学校，是培养王室贵族子弟的。商朝的"多子"入学，多子就是王族或多子族的子弟，在周朝就是诸子，或称太子和士庶子、庶子、国子等。他们进入大学受军事教育与国家戎事活动，他们隶属于师氏之下，又有"诸子"或称"庶子"之官管理和为之服务，使之春学、秋射，直至都鄙中也有都司马、家司马掌管"士庶子"的军政和学习。在金文里的"小子"在师氏之下的，参加学射的也都是他们。教师是王官，王官当时就是宗室贵族、宗族的首领，商代的"万"、版族的版就是如此。大学里定兵谋和告捷献俘，与宗庙的作用有相同之处，就是因为它是宗室的，宗室贵族在那里活动议政。养老的对象——三老五叟，也是宗族中的尊长，受到上至天子的尊敬，自然是学校中的权威。"七十曰老而传"，注云："传家事、任子孙，是谓宗子之父。"教学内容也就灌输孝弟之道，就是宗法之道。在小学阶段就要求"始知室家长幼之节""即席饮食必后（于）长者"（《礼记·内则》）及至成人贵族，铸器铭功，也不忘记"用享于宗室""用享用孝"，这就是学校宗法教育的成效。学校的宗法性质，由社会的宗族结构而来，又为巩固宗族制度，维护宗亲的团结而效力。

当然，学校教育，作为一个社会的上层建筑和意识形态的部门，为社会的经济基础服务，商周学校教育起的这种作用也是很明显的。当时社会文化的发展是显著的，西周是"郁郁乎文哉！"青铜文明在商周时代臻于鼎盛，在古代世界文明中放出她的异彩。这个时期，创造了有完整体系的、记录语言的文字，出现了精美的书法艺术，创作了优美的诗歌、音乐、舞蹈、绘画，记录天文、历法和气象知识，开始编制简册，积累历史资料，为后代留下丰富的文化遗产。这一切，都应该有学校教育的一份贡献。

注释：

[1] 详见岛邦男:《殷墟卜辞综类》第 478 页。[日] 汲古书院，1971～1977 年增订版。

[2] 张政烺:《试释周初青铜器铭文中的易卦》《考古学报》1980 : 4。

[3]《礼记·内则》及郑玄注。

[4]《说文》"教"字的古文左旁即从爻。《易·系辞传》云:"爻也者,效此者也。""效法之谓坤"的效字,古本皆作爻字。《说文》又解"爻,交也。"交孳乳为效、校,《孟子·万章（下）》云:"校者,教也。"

[5]《积微居金文说》卷七,第 191 页。

[6] 参阅阮元:《经籍纂诂》卷九十二"学"字。

[7] 旦假为墠,说见《殷墟卜辞综述》第 472 页。

[8] 辅字,郭沫若释为缚,即《周礼·春官》的缚师,说见《文史论集,辅师嫠簋考释》。

[9] 见段玉裁:《经韵楼集·礼记四郊小学疏证》,《经解》卷九十二。

[10]《周礼正义》卷四十二。

[11] 见《续汉书·祭祀志》刘昭注引。

[12] 焦循:《孟子正义》。

[13] 说见杨宽:《我国古代大学的特点及其起源》引闻一多:《古典新义·大丰簋考释》。

[14] 此辞见《京人》60 片,著作者贝塚茂树释为"乍学工宫若",解"作学工"为教歌工乐师在某地（宫为地名）之意。但是"工"字非,实乃"于"字之残,∩字残下半,亦难确定为"宫"字。

[15] 参考注 [1] 第 450 页。

[16] 见《后汉书·杨终传》《白虎通·辟雍》篇《御览》引《王粲儒吏论》崔实《四民月令》,章太炎:《小学略说》《文始略例乙》亦如此论说。

[17] 参阅张政烺:《六书古义》,《历史语言研究所集刊》第十本、第一分。

[18] 丂释为万,见裘锡圭:《甲骨文中的几种乐器名称》(《中华文史论丛》1980 : 2) 一文,释庸、韶亦据此文。

[19] 见《考古》1961 : 2 第 74 页,《金文编》附录上第 35 页。

[20] 详见杨宽:《古史新探·射礼新探》;《说苑》记有楚庄王用田猎选取贤能之士,亦承此传统。

[21] 前人解为比试二人足力,见《积微居金文说》,恐由于对"先马走"一语的误解。"先马走"决非徒步。

[22] 孙诒让:《周礼正义》卷四十四。

[23] 此处凡说到孔门教学,均见之于《论语》。

陆　商周土地制度——两种"籍田"制界说

古代世界，农业是决定性的生产部门。在一定的土地制度之下，农业生产构成社会的主导的经济基础。因此，研究古代土地制度及农业中的生产关系，是说明社会生产方式性质的关键。

先秦历史上的井田制，是史学界讨论土地制度、并由此说明社会制度的中心议题。而史籍所说的"籍田"，实际也是井田制的一个问题。《国语·鲁语》记孔子的话："先王制土，籍田以力"；孟子说：商代"七十而助"，文王时也是"耕者九一"；"古者什一而籍"；天子有"籍田千亩"，诸侯有"籍田百亩"；周王有耕籍的礼仪。殷墟甲骨文有不少"耤"耕的活动，西周金文有"王大耤农"，出现了"耤田"的名称。

对此，传统的看法：天子、诸侯的籍田是举行耕作礼仪的场所，生产收入作为祭祀之用；"七十而助"的籍，则同贡、彻一起为三代社会的土地税收，或九分之一、或十分之一的税率。现代史学界对于"籍田"，除了承用旧说外，都把它作为土地制度，同社会的生产方式联系起来考察，或称"公田"，或称"王田"。出于对商周社会性质的不同观点而有不同的解说，大体可分为以下四种：

（一）家族（或农村）公社的公有地，由拥有份地的社员共同耕种，收入归于公社作为各项公益开支。（二）是君主的"王田"或贵族、氏族长的私有领地，由掠夺"公田"而来，迫使公社社员共同耕种，而收入为王公贵族所夺取，成为东方"普遍奴隶制"的徭役剥削形态。（三）奴隶主的所有土地，由奴隶劳动，是奴隶制的剥削方式。（四）封建制的劳役地租形态，农奴分有份地自耕，农奴主以"公田"的名义分派农奴耕种，收取地租。

分歧甚大，具体的说法更纷纭，如"公田"问题，公有地固然可称公田，王公贵族古代称"公"，他们所有的土地也称"公田"；"九一而助"的"井"字田制，就自然划分的状态说，"其中为公田"。但"什一而籍"和"十夫有沟"的记载，这种井田制就没有公田存在的余地。九一或什一的税率，在前两种观点中可以说通，但在后两种观点中就很勉强，因为这两种土地上的剥削率，不可能满足剥削阶级的欲壑。在说明是籍田的"农事诗"中描写的确是大面积的耦耕情景，绝不同于一定面积的公有地。这些，又如何与"九一""什一"的籍、助统一起来，都是难解决的矛盾。

其实，如果按照史料的记载，这里本来客观地存在两种籍田，一种是"什一而籍"或"九一而助"的制度，是由公有地而来的籍税，或者说是原始的土地税；一种是经济性质的籍田，是一种生产方式。前者是农民和国家的关系，后者是生产者与土地占有主之间的关系，不能混为一谈。之所以容易混淆，是因为都在土地王有制之下，又都名为籍田，起源相似，最后又在同一的变革"初税亩"时代消亡。

本来，与"初税亩"相对的，是"什一而籍"，两者是类中科的分别，讨论中已经有这一看法。也有学者提出过"国中"和公社分别有不同的籍田或公田。但是，或者没有把两种籍法联系起来比较、区分；或者虽有所比较、分别而没有充分论证，特别是没有利用原始资料对后一种籍田全面考察而得出正确的结论。

本篇按照这两种籍田，分为两部分论述。由于后一种籍田，情况复杂，过去论证的基础薄弱，所以第二部分篇幅较大。两种籍田的存在，基本上是商周时代土地制度的全貌。

第一部分　籍税性质的籍田

一　"九一而助"和"什一而籍"

古书中除了讲举行籍礼的籍田之外，的确有不少是讲土地制度、土地自然划分状况的籍田。虽然甲骨金文多是商周王室之物，极少记录民间土地制度及其经济的内容。但是古书有关籍田的这一类记载，毕竟去古未远，符合或大体符合历史发展的实际，还是可以采用的。

此类籍田的有关记载，较早而质实的当推孔子的议论，他说：

先王制土，籍田以力而砥其远迩。　　　　　　　　　　　　　　　　　《国语·鲁语》

后面说这即是"周公之籍"。其次，是孟子讲的：

夏后氏五十而贡，殷人七十而助，周人百亩而彻，其实皆什一也。……助者，藉也。

方里而井，井九百亩，其中为公田。八家皆私百亩，同养公田；公事毕，然后敢治私事，所以别野人也。　　　　　　　　　　　　　　　　　　　　　　　　　《孟子·滕文公》

围绕《春秋》宣公十五年鲁国"初税亩"，"三传"提出批评，认为古代的籍法好：

初税亩，非礼也。谷出不过籍，以丰财也。 　　　　　　　　　《左传》

初税亩，初者，始也。古者什一籍而不税。初税亩，非正也。古者三百步为里，名曰井田，井田者九百亩，公田居一。私田稼不善则非吏，公田稼不善则非民。初税亩者，非公之去公田而履亩十取一也，…… 　　　　　　　　　《谷梁传》

初税亩，何以书？讥。何讥尔？讥始履亩而税也。何讥乎始履亩而税？古者什一而籍。古者曷为什一而籍？什一者天下之中正也。多乎什一，大桀小桀；寡乎什一，大貉小貉。什一行而颂声作矣！ 　　　　　　　　　《公羊传》

很明确，三书都是说古代"什一而籍"，"籍而不税"，怎么样的籍，《谷梁传》说：九百亩一井，公田居一。和孟子说的相同，而且公家与民力互相督责，保证收成和税敛。这就是古代民间用耕公田的收获以当土地税的办法。只是，他们讲的有一点不同，一说什一之率，一说九一之率，《公羊传》说：什一是"天下之中正也"。实则两者都可能存在，相差不大。《周礼·地官》中也有九夫为井和十夫共沟的两种田制。古代《司马法》也同样讲这两种田制以出军赋。其来源可能同古老的族组织结构有关。

二　从耕耤到籍税

（一）籍字原始音义

籍字，最早出现在甲骨文里，原形作"㓼"，一人双手握耒耜、一脚踏耒，表示"踏耒而耕"的动作，可谓微妙微肖，其形其义，明确无误，不需解释，是古文字学上的象意字。前辈学者久已阐释，其所持握的农具也在考古发掘中得到印证[1]。作为动词，它就是耕地之义，起初和藉、籍的"借助"之义没有关系。到西周金文里才加上"昔"的声音，变成了形声字，古文字学上称作声化象意字，是形声字来源之一。之所以加声符，是因为象形字毕竟难描，久而久之，难免走样，加上声符就不至于念错字音，形符的一部分就可以简写，后来就写成"耤"字。再后，就写成"籍"字。

字从"昔"声，也是有原由的，那就是像耕地起土之音。《周礼·考工记》"轮人"，称耒尖为"疪"，"疪"和"刺"相近，用耒尖启土有如刺地，故耕地也叫"刺"，《庄子·胠箧》："耒耨之所刺"；籍也与"刺"相近。《周礼·鳖人》："以时簎鱼鳖龟蜃"，郑司农注云："以权刺泥中搏取之也"，以"刺"训"簎"，而"簎"正与"籍"同韵。因此，籍，也就是刺地起土。耒尖为疪，后来耜字从"吕"即"以"字，或从"台"作"枱"字，其偏旁之此、以、台，还有一个以农具耕作的"剒"字，都在古韵"之"部，它们是一个系列，与籍、籍、刺的韵部虽有距离，但声纽上彼此相类，它们的起源彼此是有联系的。

糟字本来只有耕地启土之义。这在甲骨文里的大量用法还是这样。金文虽然加"昔"偏旁，但还没有借助之义。"借助"之说，可能出于人们对共耕公田，使用民力状况的一种推衍。籍税的含义，那在文献中是有记载的。《说文》四下耒部糟字解为："帝糟千亩也，古者使民如借。"这说的是后一种籍田。而同部中又有锄字，解为："殷人七十而锄，锄。糟税也。《周礼》曰：以兴锄利甿。"其实，锄即是糟。即从"借民力"推衍为籍税，实质是一种原始的籍田。《诗经·韩奕》："实亩实籍"，郑玄笺云："籍，税也。"这都是籍字的原义一种推衍。

（二）籍礼的起源

起初耕作为籍，被耕作的土地也可称之为籍田。原来，氏族或家族公社的公有地，共同耕作，收入归于公益开支，这在古代世界各农耕民族几乎都普遍存在过的。原始时代还有一种习俗，为了表示重视农事和祈求丰收，举行郑重的开耕之礼，族氏的首领在开耕之际，带头耕地启土，有一定的仪式。我国的民族志上还保留着这方面的遗习，诸如独龙、怒族、景颇、布朗和黎族，在每年的重要农事季节都要举行各项宗教祭祀仪式。怒族每年准备播种时，由老人端一碗酒，用树枝蘸着向西方挥洒，口中念着祝辞；景颇族在春耕前要举行"祭官庙"的仪式，开田启土时祭水神、山神；布朗族需要举行宗教仪式的农事活动更多，一般由村寨头人率众作祈祷，有时还要请和尚念经，如砍地之前，头人用腊条祭神，到寨神处和村寨的四角滴水，各家用腊条、饭菜祭祀祖神，然后决定某日正式砍地。在播种之前，先点播一块位置于山地中央的"母地"，巫师要作祷告，在这块地的中心和四角插上有灵气的木棍，请祖神与水神来驻守、压邪，助谷种生长；黎族在播种前要选择吉日，当天清晨，亩头夫妇沐浴更衣，下午亩头来到地里，手拿锄头掘土，把从家里带来的两株稻穗脱粒、播在掘过的土中，然后回家还要作一些法术。所有这些，目的在于祈求收获[2]，当然也包含重视农业生产的意识与教育。商周时代的籍礼，显然是从这种原始宗教形式中演化出来的。

这种仪式，在保有公田的共同体内，就在公田上举行；由于农事中为首的一项是开耕，亦即是籍（当时还没有出现"耕"字），于是就把这块经常举行耕籍仪式的公田，称之为籍田。

（三）公田

中国古代的农业土地上，确是保留有公田的，《夏小正》的"初服于公田"，就是此种公田。公田的存在也是植根于当时的社会结构中，因为宗族林立，宗法观念严重，人们尊重祖先也尊重土地，土地和祖先都是人的生长之源，于是就有祖神和土地神的崇拜，敬祖神而立宗庙，敬土神而立社，还加上敬农神而立稷，连起来是宗庙社稷，成为人的根基和靠山，也是国家的代名词。这些，在文献中连篇累牍，虽然有所铺张说教，但是确有渊源。人们为了"报本返始"，祭祀就是头等重要的一项仪式，对土地也如此，有祈求，有报答。《诗经·载芟》序言："春籍田而祈社稷也"，《良耜》序云："秋报社稷也"。尽管诗中描述的内容，已经改变了原始自然的性质，但是仍然来源于此。

在一个宗族范围内，这块公田就是土地的代表，其象征就是农民对之祈求丰收和报答恩赐的土地神。用其上的收获作宗教祭祀活动的开支，自是天经地义。

自统一王朝建立之后，"溥天之下，莫非王土"，所有土地又都是王有的，是王通过赏赐、授田的形式给予臣民的，所谓"皇天既付中国民越厥疆土于先王"（《尚书·梓材》），"我其遹省先王受民，受疆土"（《大盂鼎》）。这块籍田收入原来还包括一部分备战防荒和公益事业的开支，现在有了国家，官府可以管理。这样一来，籍田的收入必有一部分，逐渐至于大部，归之于地方行政，这也是自然的。当时还没有形成正式的税收制度，这项收纳实质上等于后来税的概念。由于出自籍田，所以就说"籍，税也。"这就是从耕籍到籍礼、称为籍田直到籍税的发展过程，这个脉络是清楚的。

这项"籍税"应该说就是土地税，由于上述的思想意识根源，直到封建社会的土地税，后来称作"田赋"（不是先秦时代的军赋），人们也就还认为是天经地义的事。尽管这时已是农民的沉重负担，但还是说"哪有不交皇粮的"？其源即出于此。

三　籍税性籍田的历史变迁

一般说是在"初税亩"之后，就废除了公田"什一而籍"的制度，并由此理解公田即籍田不复存在。从三传讥评"初税亩"是"谷出不过籍"，"去公田"来看，理或如此。但实则有些记载反映，鲁国到春秋晚期还存在井田制，前引孔子讲"籍田以力"同时，还说到出军赋是"田一井，出缶米秉刍"之类。而另一种记载就直说"季康子欲以一并出法赋焉"[3]，有井田制度当有公田存在，这是古人的传统看法。《礼记·郊特牲》说："唯社（祭），丘乘（甸）供粢盛"。丘甸就是井田等级名称，孔疏：大夫以下无籍田，只以丘甸提供祭祀的精米。意谓这丘甸中存在类似于王侯千亩、百亩的籍田即公田。有一些经注家，就认为初税亩是在公田之外，再税私田的十分之一[4]。或认为：税亩只税乡遂的贡法，未税都鄙之助（籍）法；贡法本贡什一，今再税亩之什一，故有"二，吾犹不足"之叹 [5]。

其实，即使"去公田"还可能保存"唯社""供粢盛"的一部分公田，封建社会就称"社田"，一直保存到近代，它是和宗族、宗法制度相终始的。

我们往往以古代波兰、罗马尼亚的村社公有地被贵族、官吏侵占，形成农奴徭役制的情形，来比况中国古代公田的变质或消失。今日反思，可能也有问题。中国的社会结构不同，宗族组织未经变革，宗法制度与祭祖祭社的礼仪存在，是侵夺公田的严重障碍。分散的比例较小的公田，也难填大批贵族的欲壑。史载贵族们的频繁争夺土地的事件中，也罕见涉及夺取公田的问题。当然，公田也不可能完全保持不变，主要的作为一种制度的公田即使全被废除，但反映这种土地制度的籍税，长期保留下来，体现一种所谓"公田在私田中"的事实，但不管怎样，什一之法却始终不变。到了战国时期，魏国李悝变法，给一个农户算了一笔账，其中还是说要交什一之税，这种农户肯定不是奴隶或农奴。什一之税决不能和奴隶制、农奴制的剥削等同起来。

综上所述，商周时代是普遍存在着"九一而助"或"什一而籍"的土地制度。除了被征服、被统治的族组织，所有自然成长、繁衍的族组织中都实行这种制度。它源于原始时代的土地分配制度。起特殊作用的公田，源于籍礼而称作籍田，与王侯贵族的籍田相对，可以称作民间籍田。籍田的收入由原来作为宗族组织的宗教祭祀和公益事业的开支、逐渐转变为上交给行政的籍税。后来，公田变化，仍保存什一之籍税，形成了正式的土地税。

这一制度，是当时的土地制度的一个组成部分，它普遍存在于一般宗族组织即社会的结构中，覆盖面是广阔的；什一之税率对一般农户来说，在当时并不算轻。但是，和当时存在于王侯贵族阶层、集中的大面积的另一种耤田，我们称之为田庄者来比较，就难说在社会制度性质上起决定作用，在农业经济构成中并不是主导部分。

第二部分　王侯籍田——田庄

此部分所探讨的是商周王室、诸侯国君的籍田，下及贵族所占有的禄田，我们称之为"田庄"。这里，将从土地的建置、规模、所有制和经营管理体制、生产与分配、生产者身份诸项，进行论证，来说明这一土地制度的经济形态，是一种社会生产方式。它和前一部分的籍田，在性质上是截然不同的。

王侯的籍田，古书也是有不少记载的，除本文要引用分析的《国语·周语（上）》集中记述籍田之礼制以外，还有一些讲天子、诸侯的亲耕籍田活动的，如：

《礼记·月令》讲："天子亲载耒耜，……帅三公九卿诸侯大夫躬耕帝籍，天子三推，三公五推，卿诸侯九推"。《礼记·祭义》讲：是故昔者，天子为籍千亩，冕而朱纮躬秉耒；诸侯为籍百亩，冕而青纮，躬秉耒，以事天地山川社稷先古"。《礼记·祭统》讲："天子亲耕于南郊，以共盏盛；诸侯耕于东郊，亦以共盏盛"。《周礼·天官》讲："甸师掌帅其属而耕耨王籍，以时入之以共盏盛。"

都讲的是籍礼，是形式、表面的东西，不足以展示真相，说明实质问题。因此，本部分我们主要辑录甲骨金文的资料，结合一部分比较原始的文献记载，揭开礼教的外衣，还其历史面貌。

一　建置与规模

（一）商周王室

商朝的籍田，主要依据甲骨文。甲骨文绝大部分是商王室的，其中农事类就是商王室的农事活动记录，极少关涉到下属臣吏、族邑的，这是我们立论的前提。

据此，我们首先考察农事活动的所在，是商王室所有的农田，而不是泛指所属政区的土地，如卜辞云：

贞：我北田受[年]？——我北田不其受年？	9750
贞：呼黍于北[田]，受年？	9535
[　][　]卜，宁，贞：我田其……	10551
[　][　]卜，古，贞：我田有来（麦）……	10553
丙辰卜，永，贞：呼省我田？	9611

这是一组武丁卜辞。这里的"田"都与农事相关，因而是指农田，不是田猎（下同）。我北田、我田，"我"是商王室自称，"我"有时指整个商王国，有如我方之义，但此处都是指具体的所在，因而"我"是指商王室自身。就是说，商王室自己所有直接经营的农田。我的北郊的农田，或种黍于北田是否得到好年成？我的农田有麦子（生长）？是否命令（某人）去省视我的农田？还有：

在姤田有足雨？	10136
王其延二：盂田、骂，受年？	28230
在酒、盂田，受禾？——在下⿰士坒、南田，受禾？	28231

蚰二田〔受〕延，受年？——

　　蚰溮田〔受〕延，受年？ 　　　　　　　　　　　　　　　　　　《屯南》715

这一组卜辞（一、三、三、四期）是指具体所在并有地名的农田。一辞是问娟地的田有无足够雨水，一版两辞占问几处农田的收成，两版三辞的"延"是动词，此处用义不明，只知与农田收成有关。

　　……尻西单田，受有年？ 　　　　　　　　　　　　　　　　　　　　　　9572

西单田是指西边平坦地的农田，卜辞还有东、南、西、北单，指王都附近四郊，可能比北田的所在还近一些 [6]。

　　这些农田有不少是开辟出来的，一是通过狩猎的焚田活动而成 [7]，上面有些农田所在地名又是田猎区名；一是垦辟，甲骨文有不少到处垦田的活动（详后），就是王室籍田的来源之一。此外，尚有耕耤、播种、农田管理等项活动所及的农田，也无疑都是商王室的农田。

　　凡此，都说明商王室本身拥有一批田产。

　　西周金文与殷墟甲骨文的性质不同，没有具体的农事活动的记录，但是通过一些册命，仍然反映了周朝也有王室自己所拥有的籍田，如：

　　庚午，王令寝晨省北田四品。十二月 　　　　　　　　　　　　　　《庚午父乙鼎》

　　王大耤农于諆田，饬。王射，有司眔师氏小子合射，王归自諆田。 　　　　《令鼎》

　　这是周初的记载 [8]，"省北田四品"几乎和商代的"省北田"卜辞一致。"王大耤农于諆田"也几乎和卜辞的"王大令众人曰协田"（1~5）的语气相同，展示了一种生产规模。諆田也是田的所在，并非籍礼所在的籍田只有南郊一处。西周中期以后，此类记载还渐见增加：

　　惟二月初吉丁卯，公姞令次司田人，次蒏曆，锡马锡裘…… 　　　　　　　《次卣》

　　王呼内史先册令扬，王若曰：扬！作司工，官司量田甸、眔司宷眔司刍眔司寇眔司工司。

　　　　　　　　　　　　　　　　　　　　　　　　　　　　　　　　　　《扬簋》

　　王在康庙，武公右南宫柳即立（位）中廷北乡，王呼作册尹册命柳司六师牧场吴[　]、司羲夷场甸事。 　　　　　　　　　　　　　　　　　　　　　　　　　《南宫柳鼎》

　　仲大师右柞，锡哉、朱黄、銮，司五邑甸人事。…… 　　　　　　　　　　《柞钟》

这都是任官管理王田的事情，公姞据说是当时大臣穆公夫人，有可能为王室管田事的。《柞钟》虽未出现周王，可是仲大师为右者，赐命柞的主体还应是王。这里有几处王田的所在，其中五邑是重要地区，《师兑簋》有"五邑走马"，《鄅簋》有"五邑祝"，《救簋》有"五邑守堰"，似乎是王室专门建置而很受重视的地方 [9]，甸人，即王田的管理者或劳动者。陈梦家先生曾经指出："量田犹《令鼎》之誹田,乃王之籍田;司量田甸,即《周礼·甸师》'掌帅其属而耕耨王籍。'"[10] 但是,同一个王朝,既有籍田在誹,又有在量地之田,说明王室拥有多处田庄,并非只有一处南郊行籍礼之田。

同时,还有畜牧渔副的多种经营,与农业一起构成完整的经济体系。商代有囿、圃、園、廐和甸地刍牧、池沼之类。

[癸]酉卜贞:翌[　]王住囿亡祸?　　　　　　　　　　　　　　9488,9490

癸亥贞:令多尹再圃于西?

乙酉贞:令再圃于京?　　　　　　　　　　　　　　　　　　《平凡书道》1.12.3

在圃,王步于陴?　　　　　　　　　　　　　　　　　　　　《前》2.8.4

辛巳……在小圃,　　　　　　　　　　　　　　　　　　　《簠》三代6.48.5

癸未王在圃,蘿景……　　　　　　　　　　　　　　　　　《尊》三代11.32.4

圃字作□中植四木或四草形,《夏小正》:"囿有见韭","囿有见杏",与此相合。圃字原文无外廓□,也有别的解释,多家均认为是圃字,圃在《说文》为"种菜",《周礼·太宰》:"二曰园圃毓草木",郑注:"树果蓏曰圃。"但圃用场多,可以为场,可以作圃,亦可养鸟兽。"再圃"殆即建圃,《说文》:"再,并举也。"一曰"从爪从冓省,会意,木交加为冓,"[11] 就是再有构造的含义。考古发掘表明商代已有园艺和林业的萌芽[12]。并设"多奠"之职事管理甸地的牛马刍豢。

西周王室的甸地,除场圃苑圃,已经包括山林川泽,设有虞衡等官员管理。史称"文王之囿方七十里",其中有"灵台""灵沼"(《诗经·灵台》)。中期的铜器铭文多有这方面的实录:

惟三月既生霸乙卯,王在周,令免作司土,司奠(甸):还(苑)、歠(林?)眔吴(虞)眔牧……　　　　　　　　　　　　　　　　　　　　　　　　　《免簠》

王命同左右吴大父,司昜(场)、林、吴、牧,自淲东至于河,厥逆(朔)至于玄水……
　　　　　　　　　　　　　　　　　　　　　　　　　　　　　　　《同簠》

王令免世周师司歠(林?)。　　　　　　　　　　　　　　　　《免簠》

王呼内史先册命谏曰:先王即命女嗣司王宥(囿)……　　　　　《谏簠》

王呼作册尹册命师史曰:备于大左,官司丰还(苑),左石帅氏。　《师史簠》

王在宗周,令微綜嗣司九陂　　　　　　　　　　　　　　　《微綜鼎》

王在师司马宫,……内史尹册锡救……用大备于五邑守堰。　　《救簠》

此组铭文共同表明，周王任命官员管理的经济单位有：甸地、苑圃、林、牧场、陂地、泽堰等处。显见西周的经营范围比商王室扩大了。上述设置部门及其职官，可与《周礼》对照，除虞、衡外，《周礼》称为场人、牧人、囿人、鲛人、牛人等等。旧时都把他们看作国家各部门职官，其实只是王室所属经营部门的官员，是管理王家事务的。并非司理全国的，这既可从上述铭文任官都是所司具体、局部的地方可见，也可由厉王因"专利"而遭到国人反对的史实可知。所谓周王"专利"，就是指的这项王室经济领地的扩张，于今可以得到确解。

在西周，大致在共王及其以后的一段时期王室甸地农业经济有一个发展，甸地扩展到各地，各项经营也增多而臻于完备，可能和充实军事力量的要求有关[13]。而更主要的，却是这个时期整个社会的经济达到一个发展阶段。

（二）诸侯公室

诸侯封国的公室有此类籍田：

商代有关此项的文献记载缺如，甲骨文记录也所见甚稀，不过有所反映，武丁期有卜辞云：

……言（音？歆）攸侯耤……   9511

似是攸侯有耕籍的活动，惜乎文辞残损，难作更多的解释，可作为商代侯伯存在籍田的一个很重要的信息。

西周的诸侯有籍田，是没有疑义的。见之于不少文献记载，也有金文的记录。

鲁国——分封时，"分之土田陪敦"（《左传》定公四年），"赐之山川、土田附庸"（《诗经·閟宫》）。这"土田"和同时"封于少暤之虚"是不同的概念，一是指具体的土地即农田，一是指管辖区域，是两种不同的封赐[14]。"陪敦"就是"附庸"金文称"仆庸"，指经营土地的劳动者——佣力。故鲁国有"御廪"这种储藏籍田收入的粮仓（《春秋》桓公十四年），有"卜郊"而后耕籍的活动（《左传》襄公七年），有"蒲圃""襄相之圃"和"鹿囿""蛇渊囿"等等公室的圃囿[15]。

卫国——分封与鲁国相同，一面是"封于殷墟"是管辖政区，一面是"取于有阎之土以共王职"乃指具体农田，有生产物才能"共王职"。卫国有圃并在籍田范围中，如献公曾射于鸿圃，庄公"为虎搝于籍圃"出公又"为灵台于籍圃"[16]。

宋国——这里是商人故都，自然带有旧制，春秋时有甸地，设有如同甸师的"帅甸"（《左传》文公十六年并杨伯峻注）。为周朝"伯甸"的曹国，也同在这个地域内。

齐国——"齐桓、晋文皆非嗣也，……是以其入也，四封不备一同，而至于是有畿田，以属诸侯"（《国语·楚语（上）》），齐景公时垄断山林川泽尤甚。虽说的是东周情形，但当由西周时期立下的基础。

晋国——地区本在周室甸服之内，如上所说文公有"畿田"，称为"甸侯"，有"甸人献麦"等（见《左传》桓公二年、成公十年）。

郑国——国名本名"奠"就是西周的畿内甸地，宣王时受封，西周政权覆灭时迁来新郑，仍带着甸服头衔，称为"伯男"，男服也与任农事有关，春秋时有"原圃"[17]。

韩国——周宣王分封时，《诗经·韩奕》记述着"实墉实壑，实亩实籍。"建设一般农田也建置韩侯的籍田。

申国——周宣王分封申伯时，派人为他规划"土疆"，"以峙其粮"，并命令"因是谢人，以作尔庸"（《诗经·崧高》）即迫使当地人民作为他经营土地上的生产者（庸）。

郮国——春秋时期，一个小小的郮国，还在"六月，郮人籍稻"被邾国所袭击。这个"籍稻"就是郮君"巡行踏勘其籍田，以督农奴耕种"（《左博》昭公十八年杨伯峻注）。

西周金文的记载，《宜侯矢簋》很明确：

王令虞侯矢曰：繇！侯于宜，……锡土：厥川三百……，

厥[ ]百又廿，厥[ ]邑卅又五，锡奠七伯[厥]甿（？）

[ ]又五十夫。锡宜庶人六百又[十]六夫。

这和封鲁国"锡之山川，土田附庸。"没有两样。特别是"锡奠七伯"就是七个管理奠（甸）地的官员，同时有"甿"（？）和"庶人"作为甸地的生产者。史籍和金文，可以互相印证。

有些记载，从文字上看似是诸侯举行籍礼的籍田，其实不然。我们从东周时代发生的多起争田的事件，可以看到诸侯公室是直接经营农田的。如：

齐懿公之为公子也，与邴歜之父争田，弗胜。及即位，乃掘而刖之，而使歜御。

《左传》文公十八年

楚灵王为令尹时，"杀蔿掩而取其室。即位，又夺蔿居田。"　　同上昭公十三年

周惠王亦"取苋国之圃以为圃"，又"夺子禽、祝跪与詹父田。"　　同上庄公十九年

等等，如果不是君主直接经营农田，作为私产，那么"封略之内，何非君土"，就用不着去亲自与臣下争田夺地了。

可见，诸侯公室有自己经营的田产，同时也有圃囿、畜牧、山林川泽的垄断，有一套经济构成，有各项经济收入。

（三）公卿贵族

诸侯以下的大贵族，同样有类似的自己经营的农田，在史籍中称之为禄田，不叫籍田。

商代的一些“子”，前已说过，他们有自己的城邑、官吏、族军、奴隶，也有自己的农业、畜牧业。其中，有一种“子卜辞”即是他们中某个子族的遗物，有两辞涉及到籍田：

[丁]丑卜，我贞：我彶耤于夷？——我夷耤，今春？ 21595

庚申卜，我[贞]：……今秉有[耤]？ 21673

这里的“我”是占卜主体的“子”族之长，所以这里的“耤”自是指他们耕耤活动。

西周的公卿大夫等大贵族，都是依照王侯的模式，如法炮制，普遍设置田庄。金文、史籍都有记载。

惟九月既望乙巳，遣仲令穸𤔲司奠田，穸拜稽首，对扬遣仲休…… 《穸鼎》

从文气看，其中的“奠田”，是遣仲的。

……以君氏命曰：余老，止公仆庸土田多谏，必伯氏从许…… 《琱生簋》

也讲“附庸土田”，但这里不是诸侯的，而是大贵族召伯虎的。这是典型的例子，其他大量的铭文记载周王赏赐大小贵族，动辄多少田、多少臣、仆、庶人，其结果必然是建置田庄及用作从事农业生产的劳动者。迄今所见不下于二十例，有时赐田不见赐臣仆，有时则相反，其实可以互补，如《大盂鼎》周王赐给盂一千八百个人鬲、庶人，显然不能不投入生产；而《卯簋》记载荣伯赐给卯四处地方的田，必然有在田上务农的劳动者，《大克鼎》则是土田和人手结合在一起的例子：

周王对善夫克说：“锡汝田于埜、锡汝田于渒，锡汝井家匔田于㽙，以厥臣妾，锡汝田于康，锡汝田于匽，锡汝田于𨺩原，锡汝田于寒山，……锡汝井遈匔人𤔲，锡汝井人奔于量。

赐了七处农田，外搭三种劳动者，有臣妾、有逃亡者，善夫克是一个大田庄主，当无问题。前举遣仲、召伯虎等的田庄构成的来源，也自然是不言而喻的。《卫鼎》《卫盉》记载的是裘卫用财物换取土田，其来源是另一种方式，但田产的经营性质则是相同的。

至于赐“采”邑和大片地区则不在此例，如《中方鼎》《趞卣》的赐采邑，《作册折方彝》《召圜器》的赐“望土”“毕土”，都是一种行政管理区域，不是具体的土田，不能与此混为一谈。

对卿大夫贵族来说，田庄是一种“禄田”的产物。商周时代没有官俸，给禄田去经营以当俸禄，并规定有一定的数额，如“大国之卿，一旅之田；上大夫一卒之田。”（《国语·晋语八》）形成了制度。后来土地兼并，贵族占有田产越来越大。晋国灭了赤狄，荀林父有功，把掠取狄人的土地连带赏给荀氏一千室狄人作奴隶（《左传》宣公十五年及杨注）。齐灵公灭莱，赏给大臣叔夷三百五十家莱仆，也掠夺了莱的土地，和晋灭狄是同样的处理办法（《左传》襄公六年及杨注、《叔夷镈》铭）。贵族田庄延伸的历史还相当长。

要之，史实证明，商周时期从王室到诸侯公室直至公卿贵族等，都有各自直接经营的田庄，王室和公室称之为籍田，大贵族则称作禄田。他们直接经营，受当时社会性质所决定，而不是传统的所谓衣租食税的方式。

二 经营方式

一般说，此类田产的经营活动，都是由土地的所有者派遣员吏、督率生产者进行。在商周时代，如本书前面几篇所论，王室及其下官府的宗法性质，官吏实如家臣，形式上貌似官府行政，实际上是田主的经营活动。甲骨文的记录，商王室的这种情形尤为明显。西周有所变化，行政机构与职官层次增加，周王多半任命官吏管理某一经营部门，就不需亲自督率，但在籍礼中仍然反映亲自督率生产的遗制。大贵族的田产经营，那还是如同商王室一般。

（一）商王室

商王室经营籍田，从垦辟、耕籍、播种到田间管理、收获，最终储藏、巡守仓廪，一系列的活动，几乎都在商王的命令官吏的督率下，由生产者从事具体的农事劳动。甲骨文记录这种全部过程，十分可贵，兹辑列如下：

1. 垦辟土地

癸巳卜，方贞：令众人肆入絴方垦田？[18]贞：勿令众人？六月	6
己酉卜，争贞：共（供）众人呼从叟叶王事？	
甲子卜，㗷贞：[令]叟垦田于……	22，23
癸［ ］［卜］，［ ］贞：令叟垦田于先侯？十二月。	3307，3308，9486
癸卯[卜]，方贞：毕垦田于京？	9473
贞：勿令毕垦田？	9475
戊辰卜，方贞：令永垦田于盖？	9476，9477
戊子卜，方贞：令犬延族垦田于虘？	9479

这是武丁时期的垦荒活动，下面是第三四期的：

勿垦、弗受有年？ 28198，28199

癸亥贞：于望垦田？癸亥贞：王令多尹垦田于西，受禾？

[癸]亥[贞]：[于]龙垦田？ 33209

[甲子贞：于]望垦田？甲子贞：于下夷刞垦田？甲子贞：于[　]方垦田？ 33211

己巳[贞]：王令刚垦田于[　] 33210

[　][　]贞：王令多……絑垦田？甲戌贞：王令刚垦田于厅（？）？ 《屯南》499

……王勿令受[　]垦田于望？ 《屯南》650

……[多]尹垦田于[京]？ 《屯南》102

[　]卯贞：王令毕[垦]田[于]京？ 33220

辛酉贞：王令吴垦田于[先]侯？ 33278

丁卯卜贞：王[令]垦田于[　]？丁卯卜贞：王其令毕共（供）众于北？ 《屯南》2260

商代的垦田活动尽见于此，之所以不烦列举，因为于此可见这种农事活动的全貌。这里，都是商王命令；所受令者多是王室官员：受、永、犬征（族）、多尹、毕、吴、刚，多半经常见之于其他军、政、田猎活动中；官吏是督率者，实际劳动的是"众人"，虽然有的卜辞只见官员受命而无生产者出现，那只是省略，如所引《屯南》的几条卜辞互相补充，就可知道："受乃是带领众人从往，所以直接劳动者还是一些'众人'。"[19]垦田的地方很多，而且还经常反复在几处，如先侯、京、望等地，另有盖、卢、龙、戬、下夷、刞；那些不常见者当是新垦区，远至絑方，并在前后期出现，即是深入一个方国扩大田产，正如张政烺先生说过的，这相当于汉代到"旁国"去"寄田"。先是衰，后又征伐，终于把絑方变作商王国疆土的一部分，有如"葛伯仇饷"的故事，成汤用使亳众往为之耕的办法，最后把葛伯国灭掉[20]。从这一活动过程和场面看，要说成是行籍礼之田，或某一族的公田，都是很困难的。

垦辟出来的土地，还要平整、划界、开沟洫，故有卜辞："令尹作大田？——勿令尹作大田？"（9472）这"尹"是前举垦田的多尹之一，由他率领劳动者从事。故有一个时期甲骨文的农田字写成很多方格形，很像井田区划形状。成了农田之后，就进行一连串的耕播劳作。

2. 耕耤

甲骨文的耕地就是"耤"，当时没有"耕"字，直至西周金文也如此。"籍田"一词即渊源于此。

王勿 [耤]？ 17407

贞：今我耤，受年？——……[不]其受年？ 9507

丙子卜：呼耤，受年？ 9506

……呼耤于廪北滨（？），不 [受年]？ 9510

丙辰卜，争贞：呼耤于陮，受有年？ 9504

壬午卜，殻贞：呼鞖耤？ 9508

贞：呼申耤于名？ 14

……畴耤在名，受有年？——……畴耤在名，弗其受有年？ 9503

己卯卜，殻贞：耤在名，享，不澅？ 9505

丁酉卜，殻贞：我受甫耤在姷年？三月——丁酉卜，殻贞：我弗其受甫耤在姷年？

900

王卜曰：吉！我其受甫耤在姷年。 900 反

戊戌卜，殻贞：旃眔殻耤于姷？——旃眔殻耤于姷，受年？呼甫秜于姷？在鹿（麓）北东作邑于之！ 13505

这里，亦是商王命令，有鞖、申、畴、甫、旃、殻等官吏督率进行，和垦田相比，似乎不见生产者出现，但是，下列一辞却有众人参加：

[ ][ ]卜贞：众作耤，不丧？ 8

不但参加，而且被强制，故占问他们是否趁机逃亡。所耤的地方也不少，有陮、名、姷等，廪北滨似乎就仓廪之北的籍田，周代"廪于籍东南"像是承此而来。说明并不是只有一块行籍礼的籍田。商王有时来观看，称作"藋耤"即观耤：

己亥卜，贞：王往观耤，徂往？——贞：勿往？ 9501

庚子卜，贞：王其观耤，虫往？十二月 9500

连续两日占问王去还是不去观耤。似乎还没有形成籍礼，这种"观耤"和同时的"省田""省黍""观黍"相同，是一般的巡视农稼行为。

不过，开耕是一年农事之首，"深耕易耨"，古来极为重视，商王室设有专司的官吏：

乙亥卜贞：令吴小耤臣？ 5603～4

辞意是任命吴为"小耤臣"之官。还要占问：

甲申卜，方贞：呼耤，生？——贞：不其生？ 904

似乎是关心耕耤能使禾稼易于生长与否。就这样，年复一年，于是就把所耕耤的土地称作
"耤田"。

3. 播种

几种主要农作物的种植活动，都有卜辞的记录，首先，如种黍：

丙午卜：令黍于囧？	9546
戊寅卜，宁，贞：王往以众黍于囧？	10
丁酉卜，争，贞：今春王勿黍？今春，王黍于南？	9519
[ ][ ][卜]，殼，贞：王其黍？	9516
贞：虫小臣令众黍？一月	12~3
贞：呼黍于北，受年？	9535
庚戌卜，[ ]，贞：王呼黍在姷，受[有]年？	9517
壬戌卜，宁，贞：呼黍于敦，俎，受[年]？	9537
庚辰卜，争贞：黍于龚？	9538
辛丑卜，殼，贞：妇井呼黍于[丘]商？	9530
于乙酉[呼]妇井往黍？	9531
贞：呼黍于豆（？），受有年？	9536
……黍于彖，[受]年？	9932
辛未卜，殼，贞：我供人在黍、不瑣？	
受有[年]？——贞：我不其受黍年？	795

黍，作动词，指种黍；呼黍，召唤人们去种黍。这里，由王或小臣率领"众"，或呼妇妌，
或"供人"去种黍，或在南，或在北，或在囧地，或在姷地、丘商等处种黍，地区很广，和
前面的垦荒耕耤活动情况相同。还有种稷[21]，

丙戌卜，宁，贞：令众稷，受有[年]？	14
庚辰卜：王虫往稷，受年？一月	20649
戊辰贞：虫王稷？	33224
己卯贞：在囧荷来告羹，王勿稷？	
庚辰贞：在囧荷来告羹，王勿稷？	33225

其次，有种麦、来：

呼麦？	9553

……我田有来?	10553
丁卯卜宁,贞:我受来[年]?	9954

再次,是种稻,稻字作蓉,见唐兰先生《殷墟文字记》所释。

丁丑卜,[贞]:稻于[ ],享? 二月	9551
甲子卜,㱿,贞:我受稻年? 三月	303
癸巳卜,㱿,贞:我受稻年?	303
癸未卜,争,贞:受稻年? ——贞:弗其受稻年? 二月	10047
辛未卜:王稻兹[ ]?	《京》2355
丁酉卜:在[逆]……稌莫弗每?	37517

稌是糯稻。还有培植旱稻的秜,

丁酉卜,争贞:呼秜于姷,受有年?	13505
[ ]戌贞:勿……其令秜……	40106
辛丑卜:其禾?	32938

禾,有时泛指谷物,此当为今称的"谷子"。

4. 田间管理

此项活动包括施肥、中耕和巡野视稼等等。一是施肥,甲骨文作"屎田"[22],当是施人粪尿于农田中:

庚辰卜[ ]贞:翌癸未屎西单田,受有年? 十三月	9572
贞:于翌乙丑屎眞,不遘雨?	9573
……屎有足,乃垦田?	9480
甲申卜,争,贞:令[逆](?)屎有田,受年?	9575
壬[ ]卜,古,贞:今屎剗?	9584

一是中耕除草,古谓耨,此时已很注意,上引卜辞"告莫"即报告田间出了稗草,故有蓐田:

辛未贞:今日蓐田?	28087
……癸酉有宔在曼,宰(?)在[ ]蓐……	583
……[田](臣?)蓐……食	9498 反

一是巡视庄稼,此类活动频繁,今简列几条卜辞为例:

丙辰卜永贞:呼省我田?	9611
贞:王勿往省黍?	9612

……王勿往省黍，祀弗若？——……往省黍，祀若？ 9613

戊午卜，方贞：王往观…… 9592～3

……黍迺观？ 9590

此外，有很多水旱灾害的占卜，既是对整个商王国农业收成的关心，也有对王室籍田的操心。此略。

5. 收获贮藏

当禾稼成熟之时，就有不断的"告麦""告秋"，前者是甸地报告麦熟的消息，后者是商王向神灵告祭秋收的丰盛。后世有"农乃告麦，先荐寝庙"，与此一致。

庚辰卜，方贞：叀王𢆶南囧黍？ 9547

贞：勿呼妇姘[往]𢆶黍？ 40078

贞：呼妇姘𢆶黍？ 2734

……卜在[ ]贞：王……𢆶黍……往来[弗]每？ 36982

己丑贞：王𢆶稷，……受[禾]？ 33264

丁亥卜：其𢆶稷叀今日丁亥？ 《屯南》794

均是𢆶黍和𢆶稷，𢆶字形为手抓禾穗之粒状，即是捋下穗粒。不过它已用作收获庄稼的代称，古代此项操作，是先掐下穗子，就是用铚，《禹贡》的"纳铚"，即指被铚掐下来的穗子。当时这种农活又叫"出𢆶"：

叀丁卯出𢆶，受年？于生月出𢆶受年？

及兹月出𢆶，受年？莫，出𢆶受年？ 《屯南》345

连续占问"出𢆶"的时间，能看出商王很重视收获的心情。同时用"秊"字，当是正式收割[23]。

丁丑卜，㱿贞：王往立秊，徂从沚馘？ 9557

[ ][ ]卜，方贞：翌商[人]秊？ 9561

丁未卜，方贞：叀王[ ]秊黍？ 9559

贞：王往立秊黍于[ ]？ 9558

……呼秊？ 9566

辛亥卜，贞：咸秊来？ 9565

乙丑卜，方贞：今秋商秊？——贞：今秋不秊？ 9560

……[呼]小秊臣？ 9017

"立"用为莅,莅临之意,是说商王莅临观察收割的活动。有"小秄臣"专司其事,如同"小耤臣"。一主春耕,一主秋收,是一年农事中两大项。此外,还有"穑",亦是收获庄稼,如"贞呼……穑"(9633),从字形看,从禾、从廪,是收进仓廪之意,和秄等字为田间收割的活动又有所区别。

商王室建有多处仓廪,储藏谷物,并且经常有人看守,有时派武装人员巡逻:

乙亥卜,贞:令多马亚伇、菁、祝省陕廪至于冒侯从[ ]川、从舞侯? 　　　　5709

己丑卜,贞:令㕥省在南廪? 十月 　　　　9638

庚寅卜,贞:虫㕛人令省在南廪? 十二月 　　　　9637,9636

己亥卜,贞:虫并令省在南廪? 　　　　9639

贞:先省在南廪? [ ]月 　　　　9641

癸巳卜:令毕省廪? 　　　　33236

庚子卜:令毕省廪? 虫毕令省廪? 虫并令省廪? 虫岂令省廪? 　　33237,《屯南》537

庚子[卜:令]㕥省廪? 　　　　33238,《屯南》204

"多马亚"是军官,其他被派省廪的也都是商朝当时活跃的官吏。陕廪可能较远,其它都是南廪,不知是都城之南还是籍田之南,西周则是"廪于籍东南",大概取向阳之地和便于看守。

上述是商王室籍田农业经营的整个过程,可以说明前面提示的管理制度、经营方式的实况。

6. 畜牧渔产

畜牧渔产方面,也颇可观,在甸地有畜牧场所,打草㕥饲养牛羊,马有厩,猪有圈,真可谓"立皂牢,服牛马"(《管子·轻重戊》)的盛况。

王畜马在兹寫(厩)? 　　　　29415～6

贞:呼作圈于专? ——勿呼作圈于专? 　　　　11275

贞:㐫于奠(甸)? 　　　　11417

……藿㐫? 七月 　　　　294

庚辰卜,宛,贞:朕㐫于斗? ——贞:朕㐫于丘剌? 　　　　152

㐫㐫于苋——㐫勿于苋 　　　　150

贞:于敦大㐫? 　　　　11406

戊戌卜:雀㐫于教? 　　　　20500

商王也到养殖场所省视:

丙寅卜，㱿，贞：王往省牛于敦？——贞：王勿往省牛？ 三月　　　　　11170

丙午卜，宁，贞：呼省牛于多奠？——贞：勿呼省牛于多奠？　　　　　11177

贞：供牛于奠？　　　　　8938

[ ]卯卜，宁，贞：省牛不卤？　　　　　11179

贞：勿往省牛？　　　　　11180

贞：呼省专牛？　　　　　9504

"多奠"是甸地管理的人员，畜牧是其职司之一；还有"奠臣"（7239）"奠女子"（536），应是一些畜牧奴隶。在专地建造畜圈，又到专地省牛，彼此联系很清楚。商代军事、祭祀用畜数量很大，其来源除贡纳之外，恐怕主要靠畜牧的经营。是故记录提供、选择马匹的活动不少而且要求很高（见28195，37514等），没有经常的豢养势必不行。

甸地还有池沼养鱼，商王也亲往省视和命人打鱼，有时捕获量很大，如：

……呼鱼？　　　　　17801反

[ ][ ][卜]，古，贞：幼网在[ ]？　　　　　52

[ ][ ][卜]，亘，贞：我鱼……井？　　　　　10481

贞：王渔？　　　　　10475～8，10488

癸未卜：[翌]丁亥鱼？　　　　　10492

辛卯卜，㱿，贞：王往狝鱼，若？——辛卯卜，㱿贞：王勿往狝鱼，不若？　　　　　12921

庚寅卜：翌日辛，王兑省鱼，不冓雨？　　　　　《屯南》637

癸卯卜：豕获[鱼]其三万不？　　　　　10471

乙未卜，贞：[豕]获鲔？十二月允获十六。以羌六。　　　　　258

[ ][ ]卜，贞：豕……获（执）鱼？　　　　　10472（10473）

[ ][ ]卜……豕……罗圅鱼？　　　　　10474

乙未卜，[贞]：豕不[ ][获]鲔？　　　　　10494

乙未卜，王贞：三卜，豕执（?）鲔？　　　　　《铁》186.3

豕，似乎是专管捕捞的"叙人"之官，他捕鱼数量最大，又能捕到最美味的鲔，《礼记·月令》："春献王鲔"就是如此。王室还有"司鱼"之官（29700）。捕鱼的工具、方法也各式各样：幼，是曲柄下缀以丝网，很像罾类；网，以网捕鱼，或加双手持网撒之；圅，以鱼篓置流水中，应即笱或罶之类。

总之，这一个方面的经营，和农业一起，构成了当时王室甸地比较完整的经济实体。

（二）西周王室

西周王室籍田的经营方式，和前代没有根本的变化。只因管理层次与官吏增加，管理方式有了改进，周王逐渐离开了亲自的具体指挥。当然，就是在商代也有变化，我们上面所述商室农业经营活动，绝大部分是武丁朝的，此后所见甚少，反映了此后诸王开始摆脱亲理农事的烦扰，周初人说祖甲以后"立王生则逸"，可能是指的此一现象。周人那时如文王还"卑服即康功、田功"（《尚书·无逸》），"伯昌号衰（蓑），秉鞭作牧"（《楚辞·天问》）历史的发展引起经营管理方式的变化，是很自然的。其次，因史料的性质不同，对同类事实的记录而取舍各异，也有关系。

尽管如此，西周此项经营活动，还是可以从其郁郁文饰中理出一些史实来。《诗经·周颂·臣工》篇，就是迄今所见西周早期的一次籍田经营活动：

> 嗟嗟臣工：敬尔在公，王厘尔成，来咨来茹。嗟嗟保介，
>
> 维暮之春，亦又何求，如何新畬。于皇！来年将受厥明，
>
> 明昭上帝，迄用康年！命我众人，庤乃钱镈，奄观铚艾！

这明显是一篇周王命令田官督率"众人"到籍田劳动之诗。《小序》所谓"诸侯助祭遣于庙也"，不知所云。朱熹《诗集传》说戒农官之诗，是正确的。全诗以周王口气传令臣工、保、介们，说我给你们定下成法，你们商略、忖度着办。在这春耕时节，还要求什么，（只有）在新荒地、熟地上，种上小麦大麦，上帝将给我们好年成（前一明字当为萌，萌发、生长）。命令我的"众人"，准备好你们所掌管的农具。到收获季节，观看动镰收割的场面吧！

从这个角度、并以王室经营农业的前提来解读这首诗，就会通顺明白。若把它译成卜辞，则是：

> 干支卜，贞：王令臣工以王众籍于新田？在三月
>
> 干支卜，贞：王令保介以众人籍于畬？叶王事？在三月
>
> 贞：帝受我来年？——贞：帝受我年年？
>
> 贞：今秋其𥁕？——今秋其大蘐？

陈奂《诗毛氏传疏》也指出："臣工、保介为诸侯籍田时，皆所率耕之人矣。"如果把"诸侯"改为"王室"，就完全对了。

同一类的诗，还有《噫嘻》篇，

> 噫嘻！成王既昭假尔，率时（是）农夫，播厥百谷。骏发尔私（耜），终三十里，亦服尔耕，
>
> 十千维耦。

《小序》说是"春秋祈谷于上帝也",空泛而不切事情。之所以如此,作序者已经不懂西周籍田的性质,总觉得内容套不进千亩籍田的格局,故只好作空泛之论,朱子说:"盖成王始置田官,而尝戒命之也"还是他推测对了。诗句明说:成王已召来农官,使之率领农夫们去播种作物,拿起所掌管的耒耜,在这方三十里之内的大田上,万夫合耦开展耕作!诗中的"尔"全指农官而言,"私"旧释私田,如是农官的私田,则成王召唤、告诫他们就没有意义。有认为即"耜"的假借,此较合理,与《臣工》篇的"庤乃钱镈"正合[24]。还有《载芟》篇,也是讲的耕籍的情景。也是大面积的集体劳动"千耦其耘,徂隰徂畛",并有田官之类如"侯主侯伯、侯亚侯旅"等督率。《小序》说是"春籍田而祈社稷也",这是说对了的。诗中掺杂了一些贵族田庄上、为一般农事诗所描述的情景,如送馌、妇女之类。当然,也不排除为贵族田庄。

《国语·周语(上)》记述着虢文公谏宣王"不籍千亩"所讲的,反映西周后期的一套完整的籍礼,不过,从中仍然透露了籍田原来具有经济的成分。

举行籍礼的前夕,"王乃使司徒咸戒公卿、百吏、庶民"籍礼开始,"百吏、庶民毕从",最后还是"庶民终于千亩"。

"廪于籍东南钟而藏之,而时布之于农。稷则徧诫百姓,纪农协功""土不备垦,辟(罪)在司寇。乃命其旅日徇,"接着,从下往上的各种官员徇视九次,"王则大徇,耨获亦如之,"达到"民用莫不震动,恪恭于农","日服其镈,不懈于时"。

同书记述仲山父谏宣王"料民"一事又说:

"王治农于籍,……耨获亦于籍"

籍田上始终离不开庶民;籍田上的仓廪所藏,时而发给农民食用,可见这些劳动者的生活状况;籍礼的目的是"治农",不仅在耕时,而且耨、获季节也如此;"稷则徧诫百姓"和反复的"徇",联系前述西周后期金文中各地甸田存在的史实,就容易发现这"治农"的对象少不了还是籍田上的生产者。同时,也就是《臣工》《噫嘻》诸篇里、周王命田官督率众人、农夫耕作籍田的事实,加以礼教化而已。

至于西周王室的畜牧渔业的经营,乃及于山林川泽,比商代进一步发展,前已介绍。其具体的经营方式和收获的情景,一如农业。所见于金文的任命的官员,和《周礼》中的虞、衡、牧人、场人、囿人、敡人、牛人等等,可以互相对应。这些就是王室这方面的管理者,他们下面自然有大批生产者,如《周礼·天官》甸师下有三百徒,已经比其他部门多,而且这还是礼教化以后的编制。金文中也记载着这类经营收获:

惟七月，王在莽京、辛卯王渔于宴（？）池。呼井从鱼，攸，锡鱼。 　　《井鼎》

（穆王）呼鱼于大池。 　　《遹簋》

惟十又二月既生霸，子仲渔 [ ] 池，天君蔑公姞曆，史锡公姞鱼三百。 　　《公姞鼎》

这里的"王渔""呼鱼"与商室并无两样，一次赐鱼三百（尾、斤？），数量也不小。《害簋》载明周室也设有"底鱼"之官。再看畜牧事业。

王在奠（句）穫大曆，锡乌骍𬴃，曰：用禘于乃考。 　　《大簋》

王召走马雁，令取雒𩢣卅二匹锡大。 　　《大鼎》

王穫友曆，锡牛三，友既拜顑首，升于厥文 [ ] 考。 　　《友簋》

即是甸地的牲畜，除供给王室祭祀、军用、食用之外，还用以赏赐臣下。

据说为"宣王考牧"之诗——《诗经·无羊》篇，描绘了牛羊蕃息的盛况，那是"三百维群""九十其犉"和"三十维物"，毛色经过挑选的牛群都这么大量，一般的牛羊数量自然更多。

（三）诸侯、贵族

诸侯籍田、公卿贵族禄田的经营方式。

诸侯公室的籍田，前面论证了它的建置。其经营管理情况，商和西周都缺乏具体的文字记载。但从上述的建置中，有田官"甸人"，有生产者"仆庸"，同王室是大同小异。诸侯国的牧畜事业的繁盛，则有记载，可与周室媲美。而农业经营，《诗经》中称作的"农事诗"，一组是属于对周初王室的描写，如上论述；一组是被认作属于公卿贵族的。其中称田主为"曾孙"，也有不同的解释：

有的人以为指一般贵族，有的以为是成王。很可能是指姬姓诸侯。因为这是一种宗法上的称谓，自周天子以下，所分封的姬姓子弟都是前代周王的子孙。这里，我们就利用"农事诗"来说明公卿贵族经营田产的情况，田主"曾孙"无论是否指诸侯，如果从王室到公卿大夫贵族的田产经营着眼，体制是一致的，诸侯公室的自然亦在其中，所以这里归在一起论述。

《诗经·小雅》的《楚茨》《信南山》《甫田》《大田》诸篇，就是说的贵族经营田庄的事情。《小序》认为这些诗都是刺幽王，"君子思古""伤今"之作。所谓"思古"，是思的经营田产、收入丰盛之古。但此诗无论是西周末年还是东周前期的作品，当时这种土地制度还不见得都已崩溃，就没有伤今思古的充分根据。朱熹以《楚茨》为是"述公卿有田禄者力于农事，以奉其宗庙之祭。"明确而切于事实。我们以此四诗为基础，来看西周的贵族田庄的经营方式。

1. 土地为田主"曾孙"所有，所谓"畇畇原隰，曾孙田之。我疆我理，东南其亩。""我田既臧""雨我公田"（当为我公之田）。

2. 大面积的土地，大量的收获，都由田主所得。所谓"我黍与与，我稷翼翼，我仓既盈，我庾维亿，以为酒食""生我百谷，疆场翼翼，黍稷彧彧，曾孙之穑，以为酒食。"所谓"倬彼甫田，岁取十千，我取其陈，食我农人。""曾孙之稼，如茨如梁；曾孙之庾，如坻如京。乃求千斯仓，乃求万斯箱。"

3. 田主、田官时来督率劳动，看生产者的勤惰，表现其喜怒。所谓"曾孙来止，以其妇子，馌彼南亩，田畯至喜，攘其左右，尝其旨否"；所谓"我田既臧，农夫之庆""曾孙不怒，农夫克敏"就是"言农夫能疾除其田，则曾孙不怒也；不怒者，不待趋其耕耨。"[25] 只有庄稼长得"既庭且硕，曾孙是若。"

4. 生产者全为主人劳动，为他们及田官所驱使，生产资料农具是田主所备，"既种既戒，既备乃事，以我覃耜，俶载南亩。"有一点私田，也要等待"雨我公田，遂及我私"这好比民主改革前凉山彝族的奴隶阿加，自己有点"耕食地"，但主要为主子的"节伙耕作地"劳动。吃的不足，田主则"我取其陈，食我农人。"

5. 全年的农业经营过程，也是由田主曾孙支配：每当年初，"既种"选好种籽，准备好耕作事宜即"既备乃事"；然后发给生产者"覃耜"，开始到南亩开耕、播种"百谷"；继之，是"或耘或籽"进行中耕，还须经常察看苗稼是否长得坚好，籽粒充实，是否有稂莠杂草；发现了害虫，则进行驱治，或用火焚烧；这期间还要防旱求雨；禾稼成熟了，到田里收割，农夫们漠不关心，"遗秉""滞穗"丢了一地，正好生活困难的寡妇就拾了去。田主收了千仓万庾的黍稷稻粱，为酒为食，诸父兄弟、诸宰君妇们飨宴欢乐，款待高贵的宾客；作好各种祭品：俎豆、粢盛，殷勤祭祀内外神祇，求得更多的福寿。

与经营农田的同时，诸侯公室和贵族田庄也如同王室，经营畜牧等等，专擅山泽之利。《诗经·鲁颂》中的《駉》和《有駜》两篇，集中地描写了鲁国公室蓄养马匹的精彩场面，光是马的品种就将近二十，诗作者说："自今以始，岁其有；君子有穀，诒孙子，于胥乐兮！"踌躇满志。这自然反映鲁公室有相当的畜牧业规模，而且描摹马匹的细致分类，不是长期的大量的畜养经验，是写不出来的。

《诗经·定之方中》写了卫国的林业和养马业的发展。作宫室所需的木材，"树之榛、栗、椅、桐、梓、漆，"还有桑林"桑田"，并有"騋牝三千"。这是在被狄人一度灭国，卫文公中兴复国的短期内就达到了这种程度。

本有"畿田"的齐国，到景公时，垄断山泽之利，十分横暴，《左传》记下晏婴的话：

> 山林之木，衡鹿（麓）守之；泽之萑蒲，舟鲛（鲛）守之；薮之薪蒸，虞侯守之；海之盐蜃，祈望守之（昭公廿年）。

这话并非孤证，当时齐国已经是"民三其力，二入于公而衣食其一；公聚朽蠹，而三老冻馁。"（昭公三年）专利和剥削十分严重。

这些虽是春秋的情况，但绝不会是新立的制度，而是由来尚矣。齐国这种垄断山林川泽之利，大概就是周厉王"专利"的翻版。

贵族私有领地内也当经营畜牧林渔蔬圃种植等业，《楚茨》云："济济跄跄，絜尔牛羊。"《甫田》云："以我齐明，与我牺羊。"《信南山》云："中田有庐（芦），疆埸有瓜。"

三 生产关系

籍田田庄上的生产关系，包括土地和土地上产品的所有，经营过程中一些人所处的地位、他们之间的关系。上面的讨论都涉及到这些方面，这里，再明确一下或作深入一点的分析。

（一）土地所有制

对于这个时代的整个土地所有制，史学界有不同的认识[26]，但总的说来还倾向于国有制。或称王有，或称贵族的国有，或称为王室统治下的公社共同所有，本质上可说并无根本的区别。在古代中国这种社会结构的前提下，按照古代东方论，可以说存在一个最高统一体的所有者，实际上就是王；下面很多的共同体，或者说公社，实际上是族组织成为承袭的占有者。这种体制和西周的文字记载着上天付给先王以土地和人民，先王受民受疆土的话，是一致的。人们看法的分歧，在于对这种文字究竟具有名义上或实质上的意义，好像对统一王朝是名义上的或实质上的存在，持有不同的看法一样。其实，它应该是实质性的东西，在一般情况下并不表现出来，在具体事件中就有明显反映。

具体到王室籍田上，商代的籍田可以看到两种情况。一类是直辖地的农业区，就是"我北田""西单田"和经常去活动所在的"敦""京"等地方，从语气中看，属于王和王室所有的农田，是没有问题的。这里，大多是熟地，不是生荒，有的在都城脚下，当然是膏腴沃壤。

即使有部分需要垦辟的，也不用说是王室所有。前面引用的糙田卜辞，其中有一条在耕糙的同时占问是否在山麓的东北"作邑"即居住生产者，这处籍田长期使用，当然为王室所有。另一类是到远方垦辟，如绊方等，是当时的方国，本来方国具有独立性，并不承认商王的所有权。但是出于商王室籍田建设的需要，从武丁到武乙时期一直到绊方垦田，正如张政烺先生分析的，"殷和绊方的关系，先是衰田，后是征伐，终于把绊方变成殷王疆土的一部分，其全部过程和汤灭葛是一致的，只是把时间拖长罢了。""所以，卜辞有关衰田的记载，无疑就是耕地面积扩大的记载。到某方衰田，也就包含着殷王疆土的扩大。"[27] 凡此都可以就具体事实看到土地王有制的性质。当然，所谓"疆土"是宏观地说的，这里却是具体经营的土地。

至于那些承袭占有土地的族邑，如果"九一而助"是商代实有的制度，那正是以公田作为籍税体现国家对全部民间土地的所有权。在这些地区，王室自然也有权规划自己的田庄，如前述第一类的农业区里的籍田。卜辞记录王室多处"作邑"，又有"以乃邑""以有邑"（8985～7），还有"共（供）崔人呼宅崔"（8720）等等，似乎表明商王自由支配族邑居地的权利，邑是和土地连在一起的。古代两河流域于前三十世纪之初，由国家开拓的有河流灌溉的土地就不再属于个别公社，而是国家的财产。到前二十四世纪，阿卡德王朝把苏美尔城周围天然灌溉的好地就归之于国王和寺院，成了他们的领地[28]。情形可与商代比较研究。

西周当无变化，土地国有制的论据，就是周代的史籍记载。至于西周中期以后金文中出现一些贵族间土地交换的事例，有学者援引以为土地私有制的开始，都值得推敲。就事例本身看，土田交换中都有行政官员参加，尤其有王朝大臣主持其事，正足以表示国家需要干预，是国家以土地所有者的身份来监视土地占有权的转移。因此，王室的籍田无疑也是属于周王所有的。在这一最高层，王有和国有的意思是重合的。

诸侯的籍田，他们可以用国家的名义占有，成为他们的私有领地。但从宏观上看，它还是属于王有的，连同他管辖的政区土地也都如此。当然在平时，占有与所有也没有什么区别，而当一旦与王朝相忤，则立即表现出来，古人说的贬爵削地、收回秩禄乃至杀戮国君的史实都足以说明。下至公卿大夫等贵族的田庄当然更是如此。尽管他们说"我疆我理""曾孙田（甸）之"，不过是一种夸耀。

但是，作为整个阶级、阶层来说，大夫以上的贵族都是统治阶级，按照国家是统治阶级的国家这一原则，土地的国有制，也可以说是贵族的土地国有制，特别是他们内部矛盾尚未激化时，他们共同对所有劳动者来说，更是这样。

因此，籍田是王侯所有的土地，公室籍田和贵族田庄是田主所占有的土地，从土地实际使用权来看，都是他们的私有领地。在这种土地上从事劳动的生产者，与土地的任何权利不发生关系。这从产品分配中可以充分证明。至于"遂及我私"，如果要作"私田"解释，那也只是原为承袭占有的极小部分，通过田主转授，作为生产者的"耕食地"而已。

（二）生产中的领属关系

籍田与田庄生产上的领属关系，从前述经营方式中已经表明，全部生产过程是由田主安排、田官督率，劳动者被派遣从事劳动。土地是大面积的，生产也是集体的，因而劳动者也是严格地被监视的，他们的劳动要看"曾孙"的脸色行事，要看他们"是若"或"不怒"才行。所以，我们看到商王室籍田上有占问"众作耤，不丧？"之事情可能发生，有生产者㝬、宰在一夜间烧了三个仓廪的事件（583～4 反）。也看到西周籍田上"监农不易"，各级农官九次"徇"视，"王则大徇"的等等频繁监督生产的活动。《吕氏春秋》有一段描述，也可以作一补证：

> 是故天子亲率诸侯耕帝籍田，大夫士皆有功业。是故当时之务，农不见于国……故敬时、爱日，非老不休，非疾不息，非死不舍……若农不力田，墨（没）乃家畜。凡民自七尺以上，属诸三官。野有寝耒，或谈或歌，旦则有昏，丧粟甚多。　　　　　《土容·上农》篇

于此可见对农民十分苛刻。看似是对一般农民劳动的要求，但它把这和"耕帝籍田"联系起来，正和《周语（上）》说的"治农于籍""耨获亦于籍"相呼应。

由此可见，这种生产关系，生产过程中各种人物所处的地位，都不一样，生产者随时随地打算逃亡（丧众），或者作一些反抗（焚廪）。这是一种对立的关系。

（三）产品的分配

这一点已经讨论过，十分明显，从商代的"南廪""陕廪"到西周的"神仓"，"曾孙"的千仓万箱亿庚，都是田主收藏着籍田——田庄上的生产物，劳动者一无所得，只在万不得已时，为维持劳动力的延续与生殖，从神仓中取出一点"而时布之于农"，从"岁取十千"的收获中"我取其陈，食我农人"[29]。商代"告麦"，后世有"旬人献麦"先后呼应。卜辞还有一些产品如何分配的反映：

> 辛未卜古贞：黍年有足雨？　——贞：黍年亡足雨？

贞：王饮有壱? ——[贞：王]饮亡壱?   10137

贞：呼取黍?   10613

行以秉?   4907

月一正日食麦：……   24400

在贞问有无充足雨水保证黍子年成的同时，预卜商王的饮酒有无问题，似乎两问之间确有联系；命令取来黍子，占问行这人是否送来禾束（秉）。王室规定食麦的时节，等等都是籍田的收获由王室占有。而生产者“众人”则被排除在产品分配之外，只在农事严紧之季节时，送给一餐在野地用的饮食，如：

[　]已贞：毕虫十……食众人于泞?   31990

这当是由督率者的毕拿出十（几?）个什么（容器?）的饭食给予在泞地劳动的“众人”吃一顿。西周“大耤农于諆田”时有“饧”的情形，据《说文》，“饧”为”餕”的异文，解为“昼食也”，就是耕耤时中午吃一顿饭。《周语》在行籍礼时，王和大官们吃完后，“庶人终食”。《甫田》中，“曾孙来止，以其妇子，馌彼南亩。”把这一类例事情联系起来，就能彼此印证，表示劳动者是没有分配产品的权利的。

田主们以籍田——田庄上的收入据为已有，是与当时社会制度有关的，并非出于臆测。当时没有固定的赋税、财政收入，王室贵族的生活来源与其他开支，主要依靠王室本身的经济事业，除手工业作坊外，主要是农业经营的收入，诸侯公室亦不例外。公卿大夫贵族当时并没有俸禄，只封赏禄田，这禄田既不是其所辖政区的土地、人民所纳租税，或如封建制度那样由所耕种土地的农奴缴纳租税，而是由禄田田主亲自经营田庄，收取生产者全部的剩余劳动产品，来满足贵族生活之需。当然，这产品的一部分，也要作为祭祀、军、政等开支，所谓“以共粢盛”是最神圣的任务，但也只是很少的一部分。

四　生产者身份

生产者身份问题，是关于籍田——田庄性质的一个重要因素。从前面的讨论中，已经说明了这种农业劳动者身份甚低，他们没有土地所有权，也没有产品分配的权利。他们的劳动是被动的，甚而是被强制的，而且有时透露出反抗的行为。尽管如此，目前史学界还存在不同的认识。

商代的“众人”，西周的“庶人”是籍田的主要劳动者，因而各家的讨论也多半集中于此。在这里，我们也把众人和庶人的身份问题作一些扼要的分析。

（一）商代的众人

对于众人身份的讨论，数十年来没有定论。近些年认为众人是商代社会的族组织成员的论述较多。原因大致是由于殷墟西区族墓葬群的发掘，有具体的实物资料堪与卜辞中族组织和众人的活动相参照。这种探讨是有益的，还将继续深入。但是，这些仅是一种意向，考古资料与古文字资料的比照，远没有找到直接的联系。对卜辞中众人的资料的分析，也都还停留在原有的水平。有些解释不能令人满意和信服。笔者曾经认为众人是商代社会臣服较久、被奴役形式比较缓和的一种农业生产中的奴隶[30]。这种观点及其论据还没有改变的条件，兹就论者的说法作一些商榷。

1. 必须肯定，"众人"或"众"是一个专有名词，是一种特定的身份的人，不能解释为"众多的人"。这个名称，出现在三代的史籍中，也一直是作为一种身份的称谓。《尚书·汤誓》讲到夏、商都有"众"，少康时"有众一旅"（《左传》哀公元年），《诗经·臣工》："命我众人"，《曶鼎》铭文："用众一夫曰益"。文献里的"众"有时出现泛称的倾向，如《尚书·盘庚》篇"众"的含义不一，是因经过周代加工润色写定下来的[31]。在西周中期以后的铭文中还是把"众"用作专有的特定的人身称谓，这不应忽视和否定。这一点，是我们讨论问题的基础。

2. 关于商代众人的甲骨文记录主要内容可以概括为下面十项。

（1）从事（王室）农业生产。

（2）参加武装、田猎及其他徭役等。

（3）集体行动。

（4）有管理他们的"小众人臣"。

（5）"丧众"的现象。

（6）商王"𤔲众"。

（7）商王"籽众"。

（8）商王"令众御事"。

（9）"众有工"。

（10）众与"御"祭和"宗"的关系。

共十项，这都是实有文字记录的客观存在，是讨论中不能回避的问题。对这些记录的解释，当然也只能有一个标准。但是，目前的解释，就有很多而很大的差异。归纳起来有下列情形：

一种是面对同一事实而给其性质看法的不同。如奴隶能不能参加武装活动，从事农业生产是奴隶劳动，还是族众被征集临时参加。一种是对同一文字释义不同，如"丧众"，可解释为逃亡，亦可解释为战争中丧师、损失人员；"众有工"，可以说成工事、手工业，也可说工是"贡"即贡纳。一种是解释词义和事情的性质没有歧异，而对这种事实在决定众人身份上具有多大的重要性，则有不同的估计。如"茲众"只能解释为对众人的刑罚、捕获，但是，施之于奴隶也可，施之于叛逆的宗族成员亦无不可；又如"米众"解为"牧众"安抚之义，一般认为只可用之于统治族的内部，但也可以认为主人对奴隶也须关心，也有怀柔的一面。还有一种情况是，材料尚不明确，反映某一事实尚不充分，如众人与"宗"的关系。

这都是就基本事实和比较言之成理的解释来说的，至于对文字意义的解释本身就错了的，不在此限，应当提出纠正，从而码摆好讨论的基础。

根据这些基本的情况，这里着重探讨下面几项，然后参照民族志的材料，以补证笔者原来的观点。

（1）众人参加农业生产的身份问题。这一点在本篇的籍田经营方式中，已经可说充分论述过这是被奴役的劳动者，此不赘述。

（2）众人参加武装问题。这是一个明摆着的事实，卜辞材料也有许多，不须罗列。主要的问题在于奴隶能不能参加奴隶主国家的武装问题。有的学者一口断定，奴隶不能参军是古今中外的公例。但这种论断是违背史实的。事实上相反的例证很多。在斯巴达"组成多立斯社会的各阶级——不仅构成贵族阶级的全权公民，而且无全权的珀里俄科，甚至奴隶——都必须服兵役。"[32] 德意志在凯撒时代，部落联盟的最高军事首长在争夺专制权的过程中、以及征服罗马帝国的国王的军事首领们，他们手下的奴隶或被释放的奴隶，却能得宠而当上高官；法兰克国王的扈从队，后来也补入了奴隶或被释放的奴隶。这些"家仆所组成的军队"代替了以前自由农民组成的自卫军。我们还能看到，古代埃及新王国时期第十八至二十王朝把大量俘虏变为奴隶，其中海盗舒尔丹人就成了国王的卫士。近代中国的凉山彝族社会，黑彝主子同敌方举行武装械斗即"打冤家"，就召集大会，动员各个所属家支参加战斗，其中人身隶属性质相当严重的曲诺阶级全都是战士，往往成为械斗中的主力，而奴隶阿加甚至呷西，也加入其中作后勤工作。有时阿加也被动员参加战斗[33]。

更直接的证据是商周本身情况。商代的"多臣""多庯"被调遣参与征伐，这些人就无法说明是一般族众了。西周用夷仆、四夷之隶守卫王宫、苑囿，这是众所周知的。

还须明确，兵员有多种情况。众人参加征伐，不能决定其地位的高低。我们还可以发现：众人参加武装活动和族人又有所不同，这里牵涉到一个"雉众"的解释问题。直到现在不少学者都沿袭"雉"为"夷伤"的说法，"雉众"与否是占问众人是不是遭受伤亡问题，因此就和"丧众"的意思牵连在一起，当作统治者关心众人，众人也就等于族人的根据。其实，"雉"在这里不能作"夷伤"解，古代雉、矢、夷都有陈列之义，文献里有很多证据，典型的如《春秋》隐公五年："公矢鱼于棠"，《左传》就是"陈鱼而观之"，却也有一派传注家说矢鱼是射鱼，闹了一两千年。在卜辞用"雉众"之贞问时，往往后面兆语注上"吉""大吉"，说明雉众本身是不关乎吉凶的行为；而且雉众的行为主体都是商的一方，如"多射不矢众？""五族其雉王众？"显然不是指敌方来伤害众人之意。不少学者也早已指出"雉众"是"部别编理人众"之意[34]；也有学者说"雉众"与"氐众"相当（同注[20]），都发现了雉众为"夷伤"的意义不可通。"雉众"之义既明，就可以看到这一类卜辞都是在已经编定队列（如右、中、左和某族戍）之后，再问还要不要"雉众"（见26879～26888，35344，35347，《屯南》2320，2328等片），可见是在正式部队之外再编理众人。即是参加武装的身份地位，也与统治族的正式武装有所区别。

　　还须提出，同时还有"雉人"，这与"雉众"不同，"雉人"就是指一般族的成员。如这两辞：

　　　虫教用……于之戋鄘方，不雉众？　　　　　　　　　　　　　　　　　27996

　　　虫衵行用，戋羌方，于之不雉人？　　　　　　　　　　　　　　　　　26896

时期、事例、文辞都相同，而一用"雉众"一用"雉人"，用字不同，含义有异。在这里"人"就是指一般族人，"众"就是特定的众人身份。如果"人"就是"众"，那么甲骨文为何要作此区别字而不惮烦呢？说明当时商代人是把"众"和"人"清楚地区别开的。在正式武装编制单位之外，"雉众"是再加部别众人，"雉人"是再加部别族人。由于"众人"不是正式兵员，经常又要使用他们，故所见"雉众"的卜辞多；而后者本是正式兵员，增加与否，不改变部队的成分，故所见"雉人"的卜辞少。《屯南》2350片云："王其以众合右旅"，明白说出众人是"合"进右旅中去的，正式师旅中本没有众人的编制。在武丁期，大量的"登人三千""共人五千"，毫无疑问这是正式武装，可是却没"共众人三千"或"五千"的记录。同时有"共众"的卜辞，可又从来没有这种数字。还是说明"众"和"人"在这种场合下有着清楚的区别。

　　要之，古代社会奴隶可以参加统治阶级的武装，众人参加商朝的武装，不能以此否定众人的奴隶身份。而众人参加武装又与正式兵员有一定的区别，是当时军队中存在阶级分野。

（3）"丧众"问题：论者认为丧众如丧师，根据是都是在战争中损失众人。[35] 其实，这并没有仔细考察这类卜辞。如果把"雉众"的卜辞除开，"丧众"的卜辞却罕见与战争相关。诸如卜问我、并、弜、毕、朵等是否"丧众""不丧众"（见 50 ~ 62，31996 ~ 32005 诸片）没有一辞之中说到武装活动。记明内容的如：

　……贞：并亡灾，不丧众？　　　　　　　　　　　　　　　　　　　　52

　甲子贞：酓（？）涉以众，不丧众，　　　　　　　　　　　　　　　22537

　[　][　]卜贞：众作耤，不丧？　　　　　　　　　　　　　　　　　　8

这几辞所反映的丧众的环境并没有与战争相关连，"并"究竟什么灾祸，我们不得而知；酓这人率领众人涉河，可知是一般劳役活动；"作耤"是举行耕耤，是农业生产。都是在没有战争的环境中预卜是否丧众，怎么能说成是"丧师"呢？"众作耤，不丧？"史料的重要性是不言而喻的。依照文辞的本来意义，就是表明众人在为王室农耕劳动中会有逃亡的行为。有的学者却认为，当时方国林立、野兽纵横，农业上也有人员伤亡损失的可能性（同注 [35]）。这是一种解释，可是我们全面一点来看，更多的垦田、耕耤活动，都没有预卜丧众问题，说明丧众并不是任何情况下都会发生的。如前面提到过的入绑方垦田，是个荒远的地方，敌人、野兽都会有的，众人也参加了，可并没有"丧众"的问题。可见"丧众"与否，自然的因素很少，而政治的因素起决定作用。我们已知，"作耤"是有督率者田官参加的，若是自然或敌侵的因素引起"丧众"，那么多的农作活动中从率领者到生产者各色人等都在，为何仅仅只会"丧众"，"众"既然不能作为"众多之人"解释，那就只能表示，众人的一种特定身份，在一定的条件下作出逃亡的行为。

应该承认，众人的这种行为还是社会地位低所决定的。因此，一旦遇有军事、徭役等活动机会如作耤时一样（有一、二条卜辞反映丧众与战争的关系），趁机逃亡自然是可能的。《左传》襄公十年记载，郑国的子西去攻击叛乱者，他家里的"臣妾多逃，器用多丧。"众人的逃亡还有另一种记录，有条卜辞云：

　贞：盧屰（毕）众人，得？　　　　　　　　　　　　　　　　　　66

对这条卜辞，有论者释为"盧逆众人得"，作出的解释是迎接族众之回师 [36]。这也是不妥的。这里"盧屰"二字，前一字是个族地名，后一字应是捕获之义，句末的一个"得"字，在卜辞里都是"被获得"的含义，如：

[ ]午卜,贞:𡧧羌得? 509

贞:𡧧羌不其得? 508

戊辰卜,贞:弗其得羌? 520

丁酉卜,方贞:州臣有𡧧自宽,得? 849

贞:𡧧自围,不其得? 《遗珠》1007

𡧧,是逃走之意。这一组卜辞都是占问逃跑的羌、臣等能否捕获,"得"字全作被获得之义使用。还有一桩更具体详细的捕臣的事件,如说:

癸酉卜,亘贞:臣得? ——癸酉卜,亘贞:[臣]不其得?

王固曰:其得,惟甲、乙。甲戌,臣涉舟征𢀖,弗告。

旬有五日丁亥执。十二月 641,643

全辞是说:十二月的一天,有臣逃走,癸酉日占卜能否把臣捕回来(得),商王武丁占兆说:能捕得,总在下旬的头一二天。甲戌日臣涉河,(追捕者的)船出事故,也没有报告,直折腾到十五天后的丁亥日,方才把这臣捕得[37]。在这里,"得"的字义更为明白。因此上面那条卜辞,只能解释成:盧这族邑追捕众人,能否获得。众人既然受到追捕,就与逃亡的"丧众"行为相呼应。

(4)"𡊏众"是对众人的打击、施行刑罚,字虽不能读音,形义还较明确,讨论中无甚分歧。𡊏用作动词,还见之下列卜辞:

[ ][ ]卜,殼贞:王次于曾,乃呼𡊏冄…… 6536

……子商(?)𡊏基方? 6571

癸巳卜:侑于亚,𡊏一羌三牛? 32012

这都是指攻击敌方、处理人牲牺牲。现在,却施之于众人:

乙巳卜,在今贞:叀丁未𡊏众? ——叀丙午𡊏众? 35343

显然是对众人施加刑杀,而且事前占卜,是一次预谋,很像古希腊的斯巴达人的"克里普提"行为。这种把众人视同敌对方国和羌奴隶一般的敌忾行为,无论怎么说,众人也不像是商王国的宗族成员或平民。当然,这种记载是极少的,而且属于商代晚期,该是发生于阶级矛盾激化的时候。虽然如此,也不能是商王对待宗族成员和平民的手段。在考察众人身份地位当中,这一事实是极为要紧的。

(5)关于"小众人臣"的设置,也是一个很重要的问题。卜辞云:

叀㝬乎小众人臣? 5597

己亥卜，贞：令￼小耤臣？ 　　　　　　　　　　　　　　　　　5603

贞：虫小臣令众黍？　一月 　　　　　　　　　　　　　　　　12～13

很明白，王室是任命￼为"小众人臣"的，本来，他曾任为"小耤臣"。"小众人臣"就是管理众人的小臣，"小耤臣"是管理耕耤事务的小臣。一人而二任，表明众人与耕耤劳动相连的关系。所以众人去种黍，也是由小臣传呼。这都表明，商王室是专设管理众人的官吏的。这就必须提出一个问题：当时宗族组织是由族"尹"领导的，族尹是族中的天然尊长，与族中成员有不可分离的血缘关系。而小臣却是另外一回事，他是王室特设的而且是低级的官吏，如果众人是族众，却不由族尹率领而由小臣管理和传呼，这就是反常现象，是当时普遍存在的宗族习俗所不能允许的。事实上，凡由小臣管理的人都是身份甚低的，如卜辞中就有"小多马羌臣"，即是管理多马羌的小臣。多马羌也决不是一般的商族的族众，显为异族。无独有偶，一为"小众人臣"，一为"小多马羌臣"，怎么能说众人是一般族众呢？这极为重要的史实，不是被论者所回避，就是被当作一般的解释而轻轻放过，当然是不能有助于问题的解决。

此外，一些关于"众人"的活动内容，比如"众有工"被说成是众人"贡纳"，推论众人有家室、有经济。[38] 从而把"工"释为"贡"这是没有根据的，迄今所见商代的贡纳，在卜辞里没有一条是用"工"字来表示的。至于"米众"为"粜众"安抚"众人"之义，"呼众御事"和"众人"与"宗"有什么联系，都因或可作不同的解释，或残辞孤证，不能决定"众人"身份的资料，暂时难以深究。

在理论上需要明确的是，不能把希腊、罗马的一段时期内的"古典"奴隶来硬套。古代世界，整族被沦为奴隶，奴隶允许保留家室和经济，却是普遍的情况。他们与农奴的区别，主要在于人身的严重隶属性质。所谓奴隶制的形成，"与其说是群众被剥夺了土地，不如说他们的人身被占有。"诸如古代印度、古巴比伦、新巴比伦、亚述帝国时期的一些奴隶都是如此 [39]。而古希腊斯巴达的黑劳士、古罗马的"授产奴隶"，近代我国凉山彝族的阿加等级，亦均是如此。我们在第壹篇中讨论到被统治宗族问题时，商代的"众人"就具有这种特征。

我们试想：从"众人"身份处于变化的过程中来考察，凉山彝族社会的情况不失为剖析商代"众人"身份状况一个合适的标本。

彝族社会中三个被统治阶级占人口百分之九十以上，其中曲诺和阿加占百分之八十几，而曲诺人数最多，占总人口的半数还强，两个奴隶等级阿加和呷西又有一部分是从曲诺下降的，因此我们的比较研究不能不瞩目于曲诺和阿加，尤其是曲诺这个等级身份。在第壹篇里曾经讲过，曲诺最初是被乌蛮（黑彝）征服（曲诺家支比黑彝更久远），并且是集体占有，即黑彝的整个家支占有曲诺家支，这个特点如同斯巴达征服、占有黑劳士的情形，因此，也不是不能考虑商王室占有"众人"的方式，形成的历史和现实状态都与之相彷佛。

阿加是生产奴隶，是黑彝主子经营农业的劳动人手，没有人身自由和财权、亲权，基本上没有家支活动，不参加武装（械斗），但有家庭和"耕食地"，被称作"授产奴隶"[40]。这是阿加的身份基本特征。

曲诺也有对奴隶主农业经营的劳役以及各种摊派的负担，名义上是自由身份，有家庭和少量土地，有的发展个人经济甚至占有奴隶；但是财权、身权、亲权极不完整，他仍然有所隶属的主人，后者可以随时索取他的财物，如有违抗，即遭惩罚甚至被处死，他是奴隶主计算财产的对象之一；曲诺、阿加、呷西三者之间发生等级的升降互相对流，但是他们与诺奴隶主之间绝不发生此种对流，婚姻的关系亦与此相应；曲诺参加武装活动；曲诺的逃亡和反抗斗争较多。这是曲诺身份的基本特征，被称之为隶属农民，"奴隶制隶属农民"（同注 [40]）。实质上，曲诺的奴隶特征相当显着，至少他的前身当为奴隶。

由此可见，奴隶阶级本身有一个变化过程，在一个共同的奴隶阶级本质的前提下，表现为几个互有差异的特征，有的还处于原来的状态，有的形成新的特征，有的则两者兼而有之。我们以为商代的"众人"则是兼有彝族社会阿加和曲诺的两种状态。众人是王室农业生产的主要承担者，有如阿加是主人"节伙耕作地"上的主要劳动者。"众人"被"小众人臣"管理受着严厉的监督，和阿加的人身不自由的状况相似。"众人"参加武装，时有逃亡、反抗，则和曲诺的特点相同；曲诺有家支及其活动，如果有的卜辞是反映贵族率领"众人"在宗庙行祭，则与此相仿；曲诺中少数人得到诺主子信任，可以当管家、跟班，或被指定为曲诺家支的头人，或从事巫师和文化事务，则和"令众御事"差不多。"众人"逃亡被追捕，遭受刑戮，则兼有阿加与曲诺的共同特点。

这是一个大致的比较，两个社会相距的时间上下三千多年，距离的空间数千里，尽管历史发展规律是共同的，而具体条件不同，事物发展千差万别。彝族社会有它的封闭性，但毕竟受到周围汉族地区的影响，尤其到近现代，社会变化发展加速，阶级变动随之显著起来。商代当时没有这种条件，没有这种外部的发展因素。但它有优势之处，就是全国的政权和地处中原——古代经济发展的中心地区。社会经济在不断发展，历史向前发展是总趋势，奴隶制在发展，逐步扬弃野蛮方式，压迫的形式也应由酷烈到缓和，由阿加到曲诺的演变也是前进，商代"众人"不会永远停留在原来的状态中。这是我们讨论"众人"身份时，也应持有的一种历史观点。

历史也有逆转，阶级演变也有倒流现象，如曲诺下降为阿加，商代晚期却出现"𤔲众"的卜辞，但逆转毕竟是暂时的。历史前进出乎统治者的意志之外，主子允许曲诺有家支、参加武装，原本出于自己的利益——便于利用，以组织的形式控制曲诺，利用他们帮助"打冤家"。可是曲诺正利用这些条件进行斗争，在1913～1915年和三十至四十年代，掀起过两次长期而大规模的武装斗争，就是如此。商朝覆亡的一个直接的重要因素，就是"前徒倒戈"，倒戈的前徒"亿万夷人"，说不定"众人"可能从中起了重要作用。若非西周王朝在新的形式下，使奴隶制作了一次新的普及，仅就商王国统辖地区说，奴隶也会通过各种演变的形式逐渐获得解放，奴隶制经营的籍田——田庄也会逐渐（晚期已在开始）通过"析产"的形式转化为封建制的生产方式。

（二）西周的庶人

西周籍田上的生产者，有明确称呼的是"庶人""众人"，"众人"可能还是沿袭商代的称谓，更可能就是从商代籍田转移过来的[41]。参照《大盂鼎》铭文，文献讲"庶人终于千亩"，是有根据的。史学界对西周庶人的身份，有农业奴隶、农奴和东方形态的公社成员等三种看法（同注[26]），这里，主要论证籍田生产者庶人，并且只限于西周，且属于早期。因为庶人的性质因史料早、晚不同而有明显的变化。一些记述周代农业和农民的史籍，并无明确指称庶人的，也不能随便引以为证。

1. 庶人称"庶"的来由

庶字在经籍传注中多为众庶之义，但并非原义。《说文》："庶，屋下众也，从广芡，芡古文光字。"析形未得其实，但说"众"还是加了"屋下"的修饰词，并不是讲一般的众庶意义。林义光《文源》改正云："从火，石声。"释音义进了一步。周谷城先生全面地考释了"庶"字，他分析字由侧杂屋、饭锅和烧火三种事物组成，也就是在侧屋下用锅烧煮食物，由此引申为卑贱、旁出、渺小之义，因此，庶字"在古代几乎是奴隶的专称"。众多的意思正是"从卑贱、微小而居于杂屋里的人数引出来的，且与卑贱等基本意义同时流行。"[42]于省吾先生则找出甲骨文中的庶字作"炗""㡭"，本来表示先民燃火烧石，以石投置于盛水器中而煮熟食物，或用火烧热石头以烤熟食物，庶就是煮字炙字，并说卜辞已有用作煮牛和丰盛的两种含义，字应"从石火、石亦声"[43]。

这些考证，应该说追溯到了"庶"字的渊源。就中以社会历史的角度来看，周氏的阐释更为全面。

2. 庶人在周初的身份

当时，庶字确含有卑贱、低人一等的属性。《尚书》的几篇周书中，庶字都多半同殷遗民相联系，如"庶殷""殷庶"之称：

> 大保乃以庶殷攻位于洛汭。
>
> 命庶殷：侯甸男邦伯。
>
> 厥既命殷庶，庶殷丕作。
>
> 诰告庶殷越自乃御事。　　　　　　　　　　　　　　　　　《召诰》

周代庶人身份之低，主要源于周灭殷之后，对一种亡族的人用此称呼，可以说是次一等"公民"[44]。当时，"庶邦""庶国""庶伯"等等称呼，恐怕也是指原来商的盟国而被一同征服者，并不是指一般的诸侯。

后来庶字的用义转变了，但有不少的场合仍然用了原义，如春秋初期，滕国国君指斥："薛，庶姓也，我不可以后之！"（《左传》隐公十一年）后期有说："三后之姓，于今为庶。"（同上昭公三十二年）这些庶字显然不是嫡庶的庶和众多的意义，应该指下降一等。还有所谓"庶人不得立宗庙"，"礼不下庶人"，"庶人不冠弁"之类，也该是庶为卑贱含义的遗制，显然不能把这里的庶人看作一般农民。西周金文中的庶人身份之低，是最强的证据：

> 锡女邦司四伯，人鬲自驭至于庶人六百又五十又九夫。　　《大盂鼎》
>
> 锡宜庶人六百又……六夫。　　　　　　　　　　　　　　《宜侯夨簋》

这里把庶人大批地赏赐给大臣和诸侯；庶人又都以"夫"计，不以"家"计，说明当时庶人还没有家庭；被用作赏赐物的庶人数量不小，不可能都用于家庭服役，而是投入生产，无论怎么解释，此种庶人无疑是生产奴隶。周王有大批庶人赏赐臣下，他自己不可能反而没有，因此，王室籍田上使用庶人劳动是极为自然的事情。

被赏给大批庶人的诸侯、贵族，他们田庄上的劳动人手，也就少不了庶人，只是我们所见的经籍，多半成书于后世，就都写成"农夫""农人"了。但也还有保留庶人称呼的，如《吕氏春秋》讲天子诸侯耕籍田那一篇，这里的庶人就是原来的含义，不能和春秋中后期身份变化了的庶人相提并论。

3. 庶人身份的变化

如果说商代"众人"的身份已经处在变化过程中，那么在周代经过数百年的时间，庶人身份的变化自当毫无问题。这在史籍记载中有着明显的证据。这个变化，从《左传》记载，大致在春秋前期已经显露：庶人列于大夫士之后，却居于工商皂隶牧圉之前。如：

庶人、工、商，各有分亲。 　　　　　　　　　　　　　　　　桓公二年

其士竞于教，其庶人力于农穑，商、工、皂隶，不知迁业。 　　　襄公九年

庶人、工、商、皂隶、牧圉，皆有亲昵以相辅佐也。 　　　　襄公十四年

庶人、工、商遂，人臣、隶、圉免。 　　　　　　　　　　　　哀公二年

反映庶人已经逐渐摆脱低贱的奴隶地位。庶人都在工商皂隶牧圉之前，和周初的"自驭至于庶人"的排列法，就大不相同，"驭"相当于"隶，圉"；一在庶人之前，一在庶人之后，明显不同。尽管有人以为贵贱排列的次序有常有变，但是没有足够的例证说明。

还有，同一内容在西周和春秋表述起来，庶人的地位就有不同：

使公卿至于列士士献诗，瞽献曲史献书师箴蒙诵，百工谏，庶人传语。

《国语·周语（上）》

大夫规诲，士传言，庶人谤，商旅于市，百工献艺。 　　《左传》襄公十四年

前一条是叙述西周厉王时事，庶人在"百工"之后；后一条是春秋中期的记叙，庶人在商、"百工"之前。这种变化也很显著，当然是庶人实际身份地位提高的反映。

从而，有两个问题需要明确一下：

（1）主张庶人不是奴隶的论点，说他们有家庭、土地和个人经济。这在上面已经讨论过，有无家室不是决定奴隶身份的关键。

（2）要对西周的庶人状况作具体的分析，运用史料避免混淆。周初金文记载的被赏赐给贵族的庶人均以"夫"计，这类庶人当时是没有家庭的。庶人包含在"人鬲"的总名之内，人鬲就是"枙""梼"枷锁着的俘虏[45]，是刚刚从战俘转化过来的奴隶。但当被臣服之后，会逐渐有家室的，有家室也不改变其奴隶属性。

有学者用《卫盉》的"矩伯庶人"来说明庶人是贵族，把"矩伯"与"庶人"作为同位语，矩伯是有田产和别人交换的贵族。可是这样释读铭文是有问题的。"矩伯庶人"不可能是同位语，把修饰人的身份词置于人名之后，此例罕见。较妥的释读应是矩伯的庶人，与它铭"大师小子"相仿，这矩伯的庶人有两种可能，一种就是庶人的身份，得宠而为矩伯的管家或跟班；一种就是职名[46]，是管理矩伯田庄上庶人的，有如《周礼》中"诸子"官就

是管理贵族诸子的，"士庶子""庶子"之官，均是如此。

不少论者引用《诗经·豳风·七月》篇来说明庶人的生活状况，但是，此诗描写的并不是西周庶人，应是豳地周族农家生活的情景[47]，虽然生活贫苦，但没有出现庶人的称谓，也没有那种集体、监督劳动的痕迹。说此篇是周公为了"陈王业"，追述后稷、公刘之德，整理先周时代周族农家诗歌而成，这是很可能的。

至于《尚书·多方》的"今尔尚宅尔宅、畋尔田"的对象，既不能解释为一般殷庶的奴隶，也不能说成拥有宅、田的庶人即农奴，而是殷的"多士"即商代入周遗民的贵族[48]。凡此，都不能作为论证庶人身份的材料。

对有关庶人史料的逻辑推理问题。有一组史料中出现庶人与位高者相对称的情况，如《诗经》里有这么一些句子：

弗躬弗亲，庶民弗信；弗问弗仕，弗罔君子。　　　　　　　　　　　　《小雅·节南山》

维君子使，媚于天子；……维君子命，媚于庶人。　　　　　　　　　　《大雅·卷阿》

庶人之愚，亦职维疾；哲人之愚，亦维斯戾。　　　　　　　　　　　　《大雅·抑》

都是把庶人同君子、天子、哲人相对而言，论者即以此作为庶人身份较高的例证。其实适得其反，庶人正是处于君子等人的对立的地位。历来解《节南山》为刺尹氏的诗，指责其上下不得人心。所引前面两句明白，传笺及后来说诗者没有什么分歧，是说自己（均指尹氏）不躬亲政事，连庶民也不相信你。后两句则解释不一，有的把君子指为在上者，为欺罔的对象，显然讹误。和前二句连起来看，还是讲的尹氏"弗问弗仕"，君子也不被你欺罔。诗序说《卷阿》是召康公与成王游于卷阿之上，作诗戒王。实际上这是一首美化君子德行的颂歌。我们所引是两章中各自的后两句，前面几句都是以凤凰飞时众鸟相从比喻周王有很多很好的士人，只有君子所以使命他人，能够或上"媚于天子"或下"媚于庶人"。至于《抑》篇说的更显露，庶人之愚，那是他们本来的毛病；而哲人之愚，却是畏惧乱世动辄得罪之意。若照马瑞辰解释"戾"为"善"，认为"庶人之愚是真愚，故以愚为疾；哲人以愚成哲，斯以愚为善耳，"[49]那就完全是"哲愚对言"、"哲愚相反"[50]。

总之，这一组诗句就是把当时社会阶级中处于对立的两极，加以强调，扣其两端，一般的道理即在其中。要求为政者，上要顺从天子，下要关注到最底层，用这一意思来看西周金文里提到的庶民，也同样通顺。

女雒于政，勿壅累（？）逮庶[民]；贮，母敢龚橐，龚橐乃孜（侮）鳏寡。　　　《毛公鼎》

与《尚书·无逸》所云："保惠于庶民，不敢侮鳏寡"，是一致的。

> 王曰：牧！……令女辟百寮，有同事［ ］乃多［ ］，不用先王作井（型），亦多虐庶民，……

《牧簋》

都是周王任命职官时，诰诫要推行"德政"，剥削人民有限度，举出庶民、鳏寡是极而言之，固然这仅仅是统治者的一个姿态，不过从其长远利益看，也有其必要。

此外，西周籍田上生产者还有臣、农、农夫等名称和不同的身份地位，但也少不了"庶人"在其中为主要的劳动者，已见前述。

五 籍田——田庄的历史

如同一切事物，籍田——田庄也是一个历史范畴，有它发生、发展变化和衰落的过程。一种经济形态，基于创造它的社会条件，随着社会条件的变化而变化，一旦这种社会条件消失时，它本身也就式衰式微，并在新的社会条件下继续演变为另一种形态。

（一）形成的条件

商周籍田制的形成，是由于当时历史条件所决定的。

当时夺取和巩固政权、扩大统治区域，多半采取武装征服的方式，商之代夏，周之取商，分别"尽有夏商之地，尽有夏商之民，"都是通过战争。那时方国部落林立，每一次灭国为数甚多，史载商汤"十一征而有天下"，武王伐纣时，"遂征四方，凡憝国九十有九国，馘磿亿有七万七千七百七十有九，俘人亿有二百三十，凡服国六百五十二。"数字容有夸张，但数量之多则是基本史实。后来成王东征时又征服"熊盈十有七国，俘维九邑，俘殷献民迁于九毕。"[51] 康王时先后两次伐鬼方，俘虏一万三千多人，这有《小盂鼎》铭文的记录。此后，历朝征伐不休，东南伐夷人，西北征獫狁，亦不断俘人，"驱俘士女牛羊"。

征服这么多方国部落，俘虏这么巨额的战俘，怎么处置？吃掉和全部杀掉，商周时代已超过了那个野蛮阶段，献俘杀祭在商至西周建国前后还流行，但是有一部或逐渐地大部分乃至全部保存下来，这就是西周封赏侯伯大臣时赏赐的人身，赏得数百数千的人大部分只有投入生产。前面说过，当时还没有官俸和农租食税的制度，主要就是籍田和禄田的收入，以作贵族的生活之资和官府的某些开支。当时所遇到的是不发达的生产力和简单的生产方式，生产者除了极低的必要劳动产品延续其生存外，全部的剩余劳动产品归田主所有，无论单身的或保持族组织的生产者，基本都是如此。这就是籍田——田庄形成的历史背景。

"社会经济形态的发展是一种自然历史过程"，"人类是从野兽开始的，因此，为了摆脱野蛮状态，他们必须使用野蛮的、几乎是野兽般的手段，这毕竟是事实。"[52] 这说的就是奴隶制，确切说是初期的奴隶制。

（二）经营方式变化

籍田——田庄的这种初期奴隶制经济形态，不可能长足发展，用战争征服的对象在一个历史段落有穷尽，以战争征服的力量本身有消减之时。当转化为奴隶的战俘来源减少和枯竭的时候，那第一种生产者形态相对地减少，而其他几种生产者及其被剥削的形态相对地增加，生产者有家庭、个人经济，生儿育女增加劳动力，有一定的生产积极性；同时，社会生产力提高了，农业产品收入增多了。从而，此种农业经营方式有一个发展时期，这在西周中期表现出来。目前所见关于王室甸地、籍田设官分职内容的铭文，以穆、共至夷、厉的时期为多，表明王室甸地的经营有显着的扩大倾向。

也在这个时期，封国封邑的贵族田庄同步扩大，并有对王室甸地的篡夺迹象。像荣伯这一家就很显赫，《卯簋》记述了他命卯司理"荼宫荼人"，荼京本是王室所有，现在由他管理或代理，并把四个地方的田产赐给卯。这时期的《敔簋》记载敔征伐南淮夷胜利，告捷是"献于荣伯之所"，也得到两处各五十田的赏赐。这时，一些贵族田庄也在任命官职，如《次卣》《夺鼎》所记的那样。稍后，如《大克鼎》和《麸从盨》的大批赏赐田邑，前者还有兼并他人逃亡的生产者的现象。还有不少赐田的事例，也多见之于这个历史阶段。至于稍前的时候，裘卫氏谋求扩大田产；史墙微氏家族不断开辟土地，扩大私田，增加农产收入[53]。驱使奴隶耕作。

这样，到夷王时期，王室的政治权威受到削弱，以致"下堂而见诸侯"。厉王时期，欲进一步扩大甸地农业和山林川泽的"专利"，结果被"国人"放逐而死，斗争的实质是贵族和王室在扩大以田庄为主的奴隶制经济事业的权益上发生摩擦[54]。

厉王事件不可避免地影响到王室甸地农业的经营和山泽的垄断，接着宣王"不籍千亩"。不过这还只是不行籍礼，也许是一个先兆，并非作为经济形态的籍田制的崩溃。宣王时的《载簋》还记录着宣王任命载为司土，管理籍田。史载虢文公规劝宣王举行籍礼，还是说了很多有关籍田在"治农""财用"上的积极意义。

西周这种农业经营的发展，在当时的社会条件下，起了积极作用。西周时代郁郁乎文哉的局面，青铜文明臻于鼎盛，不能说不是以这种占主导地位的经营方式的农业经济为基础的。

（三）衰落

籍田——田庄制度的衰落和蜕变。衰落开始于西东周之际。宗周的覆灭，是一场大变乱，政治变乱直接引起政权结构的变化，自然也波及到社会生产关系。但是，从经济形态的自然历史性质来考察，籍田——田庄制度衰落的主要动因在于社会生产力的变化。牛耕和铁具在春秋时代登上社会舞台，应该有它们的前行阶段。如果在两周之际，农具的改进使完全的个体生产能创造出比大面积集体劳动更高的效益，这就导致无论生产者本身、也无论田主，都会产生改革经营方式的不同程度的要求和意向。《诗经》中的《齐风·甫田》篇的"无田甫田，维莠骄骄"的谚语，应该是这个时期的意识。它和《小雅·甫田》篇中"倬彼甫田，岁取十千"的歌颂，形成强烈的反差，无疑是反映了两个时代的变化。后者说的是西周时期的现实，那时无新的农具出现，大面积"甫田"耕作还是奴隶制唯一可能获利的形式；而前者则是春秋时代的意识，个体生产更能提高效益，生产者要求从旧的野蛮落后的奴役形式中解放出来，不愿再干那种监督劳动，让那些坚持旧制者的大田上去长满莠草吧。

于是，籍田——田庄的大面积土地开始划分小块份额由生产者各自耕作，定期上交农产品；然后定出上交的数额，农作过程田主可以不再过问；久之，这些小份土地为生产者所占有，形式上变成一般农民，人身的隶属性也随之逐渐淡化，从而，由奴隶中经隶农形态，变为封建制农奴或农民。这样，土地的分解与生产者的解放，同步而趋。

以春秋前期晋国为例——前面讲甸服制度，晋国是周室甸服诸侯，在王畿甸地之域，自然籍田较多——有几件事情可以说明这种变革。

在晋献公的时候，已出现了"隶农"形态：

> 观君夫人也，若为乱，其犹隶农也。虽获沃田而勤易之，将不克飨，为人而已。

《国语·晋语（一）》

这种中国古代的"隶农"，具有严重隶属关系，是从奴隶到农民的中介形态。一方面能得到肥沃土地勤奋耕治，另方面又须将大部分收获纳给田主。他们相当于古代罗马的"隶农"，进步一点的则相当于"分成制农民"[55]。

晋惠公时期，晋国"作爰田"，起因是秦晋交战，惠公被俘，国内不安。为了团结臣民稳定局势，惠公从秦国遣回大臣，"朝国人而以君命赏"，《左传》僖公十五年记云：

> 且告之曰："孤虽归，辱社稷矣！其卜贰围也。"众皆哭，晋于是乎作爰田。吕甥曰："君
> 亡之不恤，而群臣是忧，惠之至也！将若君何？"众曰："何为而可？！"对曰："征缮以
> 辅孺子，……丧君有君，群臣辑睦，甲兵益多……庶有益乎！"众悦，晋于是乎作州兵。

"爰"是变易之义，在这里包含的主要内容，就是"赏众以田，易其疆畔。"[56]即把大田分作小份赏赐臣民。惠公哪来这么多土地赏人，只有从公室的田庄上着眼，把原来直接经营的籍田分给臣民。所分的对象是：(1)卿大夫贵族们，求得稳定统治集团内部，这与"群臣是忧"和"群臣辑睦"相应；(2)分给国人、自耕农民。这与"朝国人而以君命赏"相应；(3)固定原在籍田耕作者所分成的土地，承认他们的实际占有，可自立经营、分成交租。这与"众悦"和"甲兵益多""作州兵"相应，奴隶、隶农如今可以和一般农民一样，有权当正式兵员。

这个变革，近因是政治变乱；远因是此时社会生产力的发展。变革的意义在于列国公室中，第一个率先承认现实趋势，改革数百年来陈旧制度，向第二个阶级社会的阶梯迈开第一步。

当然，决不是说这一次晋国完全废除了旧制，因为：(1)公室还保留了籍田，春秋中期晋景公时还有"甸人献麦"，早在文公时还搞了一批"畿田"，那是勤王有功得到南阳一批新的土地。(2)分给卿大夫贵族的田，他们可能还继续经营田庄，这种增加的赏田，古称加田，所谓"官宰食加"。他们利用加田变相扩大原有田庄。当时奴隶制并没有全部废除，只是奴役的方式已经宽松和缓了。正像政权结构由上至下层层地起变化，籍田——田庄制度的变革也相似。还有，旧的制度还不断向偏僻、周边的落后地区作新的扩展，如晋灭赤狄，齐灭莱夷，都把当地居民赐给大臣作"臣""仆"，掠夺其土地作田庄，也是很自然的[57]。

关于此种制度的变革，还有民族志存在的更生动而具体的实例，那是我国云南省西双版纳傣族地区，发生在一百多年前的二件事情。

西双版纳的"滚很召"中，除了服各种家内劳役的奴隶外，也有农业奴隶。百多年前，"召片领"在宣慰街附近有一片"私庄田"一千"纳"，等于二百五十亩，直接派家奴去耕种。最初，是早出晚归，逐渐盖起田房，建立寨子，单独经营。据案册载，当时分给他们五百"纳"自种自食；另外代耕五百"纳"，全部缴纳收获物。至解放前，代耕部分已经减为一百"纳"，自耕部分则按"官租"租率每千"纳"三十挑，交纳实物了。

几十年前，勐海土司有一片"私庄田"在流沙河对岸，派家奴耕种。后因耕作时往来

涉水有困难，就在私庄附近盖了田房、谷仓住下，吃剩部分一律上交。后又规定上缴的数量，变成了定额"官租"。这些家奴就建立了曼扫寨，长期住下。……

可以明显看出，由家奴变为隶农，再变为农奴的过程[58]。

这是民族工作者辛勤发掘研究所得的一项极为珍贵的记录。它描述了奴隶→隶农→农奴的演变的完整过程，把生产关系、剥削方式和生产者身份同步变化，有机地结合在一起。不仅说明了傣族历史上由奴隶制到农奴制的转变过程，也为文献所不可能叙述的、商周时代奴隶制农业经营中实际存在的各种形式及其演变的轨迹，提供了一个活的标本。

在田庄边建立寨子，和甲骨文里在耕耤同时作邑一样。籍田制作为经济形态，从它的衰落到最终废除，还有一段距离。前述晋国如此，直到春秋后期，小小的鄩国，还在经营籍田，已见前述[59]。

当然，这已是尾声。到春秋末年，卫国的两个国君，前后在籍田中大搞礼仪设施，举行飨宴，就只是一种仪礼的活动了。经济形态的籍田制的废除，在全体规模上来说，要到春秋后期。从此，剩下的纯粹的籍礼流传到封建社会。

六　甸与甸服

本书第贰篇在政区中已经讲了甸服，这里结合籍田制问题再作一概述。

（一）由奠到甸：甸本来称奠，奠是奠定的意思，最初用于王都所定居之区，商代称都城的四周为 [东奠]、南奠、西奠、北奠。这些地方有农田，大概还是良田，所以经常占卜它们是否"受年"。籍田的主要部分就在这里，后来就称为甸地，因在近郊，又称郊甸。现代学者从甲骨金文的记载，都认定奠就是甸[60]。甸就是王田所在之地（韦昭《国语·周语（中）》注），甲骨、金文共有一种现象：早期作奠，中期田（甸）奠并用，后期只有田和甸。是一发展规律。

（二）王室在甸地设有田官和各类生产者，商代先是总称"多奠"，后称"多田"，西周有"奠司徒""奠伯"，后有"奠人""田人"，文献有"甸师"。商代有"奠臣""奠女、子"，西周有"甸徒"等等。此外，虞、林、牧、牛人、场人之类，都是甸地之内的官职。

（三）甸地为王室生活资料所取给之地，商代都从甸地"共牛""取黍""以秉"还有"呼鱼"和提取马、羊、犬等。周王在甸地赏赐大臣以牛，"呼渔于大池"并赐鱼于贵族。文献中总括甸服是："以供上帝山川百神之祀，以备百姓兆民之用，以待不庭不虞之患。"提供每日祭祀的祭品（《周语》）。《尚书·禹贡》则在五百里甸服之区贡纳谷物。《周礼·天官》

里甸师的职责就是提供祭祀的"粢盛""萧茅"，甸徒要"以薪蒸役外内饔之事"。尽管说的不少是礼制，但还是体现出甸地的经济性质。

（四）诸侯也有甸地，商代很多方国、族邑也有奠，如巴奠、孟奠、危方奠和施奠、舌奠、泵奠、象奠等等，周代诸侯有郊甸，这些甸地就是他们籍田——田庄的所在地。

（五）管理甸地的各类职官，开始地位不高，有的就是奴隶头目、总管，但是事务很紧要，有实际权力，在田野活动，监督奴隶劳动，预防外敌侵扰，配有武装，商代晚期的多田就从事征伐，有发展为一般侯、伯的趋势。西周王畿的奠地，后来成为大贵族、诸侯的称号，如奠井叔，郑国就是由奠地出为诸侯，"郑"的名称来源于"奠"，故郑国又有"伯男"的称号，男与甸，"服"的性质相关，男也是"用力于田也"，也是"任土作贡"的。西周的甸服诸侯有晋，还有曹，一为甸侯，一为伯甸，就是甸服中的侯、伯。他们有的原是甸地的长官逐渐成为诸侯的，有的是封在甸服的地区的诸侯。

总之，甸服是王室甸地之区，甸服诸侯多半是甸地职官发展为诸侯的。即是甸服导源于籍田制。而当甸服存在诸侯的时候，他们与籍田的农业经营是什么关系？可能有两类情况：一是甸地已经废除，像曹国为伯甸，其地当与商朝故都的甸地有关，武丁时还"呼黍于丘商"，还是甸地之一，到西周就已经荒废了，所以封曹时这甸地已不存在。而仅袭其名称。一是诸侯、贵族的领地与甸地同时并存，或者诸侯、贵族们兼着为王室籍田管理事务。不过到了王室籍田制已废除的春秋时代，甸服诸侯则亦是一种纯粹的称号了。

七 王侯籍礼

本篇第一部分讨论了籍礼的起源和原始的籍礼内容，这是"公田"上的民间的籍礼，是自然发生的，主要目的在于重视农耕、祈求丰收。

自从王侯建立经济形态的籍田之后，性质与前者完全不同。但是，田主有意识地利用原始的籍礼形式，表示他们的剥削制度与"公田"相同，掩盖事物的实质，同时又藉此标榜重视农业，以便对生产者加强监督，即"治农于籍"。

（一）籍礼的萌芽

商代社会流行原始宗教，祭祖与祭祀自然神祈只十分频繁。这种活动具有祈求自然力从人愿的企图，如用沉埋之祭于河神，用犬牲"宁风"，用乐舞、焚人（烄）祭岳求雨之类。"受年""求年"的占卜一般并不举行祭祀，但在农事活动中却有祭祀，如卜辞：

己卯卜,殸,贞: 籍于名,亯,不遘? 9505

[ ][ ]卜,宁,贞:呼黍于敦,俎,受年? 9537

辛未卜,殸,贞:我共人才(栽)黍,不遘,受有年? 795

这是占问耕耤、种黍时举行遘祭,或献俎肉,是否能得到好收成,是一种农业中的宗教仪式。但与当时其他祭祀比较起来,此种农业中祭祀比例极小,只能说有关籍礼的萌芽。另有"堇耤",是否带有仪礼的成分,也可供研究。

(二)典型化

西周有完整的籍礼:西周最完整的籍礼仪式,是《国语·周语(上)》的记载。这是宣王"不籍千亩"时,虢文公加以劝导,详述籍礼的仪节和举行的意义。时在西周后期,形成了这套东西,大致是可信的。其过程是:

1.告日——耕籍前九天,掌历法的太史告诉农官气温、土壤的变化,稷(官)转告于王,准备斋戒,命司徒着百吏、庶民认真准备,命司空在籍田建坛位,命农大夫准备好农具,特别提醒王"监农不易",监督生产者不要轻慢从事。

2.先期行动——籍礼前五天,乐师"瞽"测知春风已至,王即入斋宫,各官员随从;前三天,王沐浴、饮醴酒。到期,行灌(即祼)祭。于是前往籍田、官吏、庶民(生产者)从之。

3.行耕籍礼——后稷察看准备事宜,膳夫、农正祭神祈年,太史引导王,王拿起农具耒耜,启一坡土,官员按级别从高至低依次递增三坡土,庶民最后耕完千亩的籍田。

4.进飨——耕籍完毕,宰夫陈设筵席,王要用大牢的膳食,各级官员依次尝王的膳食,庶人最后把它吃完。

5.广泛督耕——官员们从籍田出发,普遍地告诫农民,动员他们耕作,如有土地未垦,司寇即予治罪。于是从农师上及宗伯,各级官员轮着巡视九次,最后周王"大徇"。

6.经常性监督——中耕和收获时间亦同于耕籍时。此外,在籍田东南设仓廪,收藏产品,必要时发放给缺少口粮的农民。

其中还有些细节,略不备举。仅此,已见繁褥。有一些节目可以找到来源,如1、2两节如布朗族的择日、选地,播种前的试播;黎族合亩地区,亩头要沐浴更衣,家内实行某些禁忌,3节中的祭神祈年有如商代卜辞占问耕耤、种黍时行祭和祈年。4节飨食礼,如《令鼎》的"大耤农"之后的"饷",即昼食。

据《左传》记载,籍礼还与郊祭结合,所谓"郊祀后稷以祈农事","启蛰而郊,郊而后耕。"（襄公六年）据《礼记·郊特牲》记载,"卜郊,受命于祖庙,作龟于祢宫。""卜之日,王立于泽宫,亲听誓命。"注疏谓,此即行射礼,以择贤者助祭。这也和《令鼎》在"大耤农"之后举行射礼相仿,不过次序不同。

（三）作用

这时的籍礼与原始的籍礼,最大的不同是突出"治农""监农"的目的,说明两个时代的生产方式与生产者身份有本质的区别。

籍礼愈到后来愈见其繁文缛节,而且愈加尊崇和神秘化。礼书所谓"以元日祈谷于上帝",籍田称为"帝籍",仓廪称为"神仓"为"御廪"。规定天子籍田千亩,诸侯百亩;天子耕籍时"冕而朱纮",诸侯"冕而青纮"。王、侯耕籍田,是"以供粢盛",还要后妃、夫人养蚕缫丝,是为了"以供祭服"。完全升华为一种礼教了。籍田的原形早已不复存在,它的影子——籍礼却延续数千年封建社会而不断。继周秦战乱之后,汉文帝恢复此制,唐太宗和孔颖达还讨论过籍田应设在东郊抑在南郊,到南宋一个偏安小朝廷,田额凑不上千亩,只得在临安城南找到一块五百七十多亩的地方,建设起籍田来,有"思文殿、亲耕台、神仓及表亲耕之田。"[61]迄今,北京城南还有一个"先农坛",这些遗闻遗迹,只不过是古代农业经济剩下的历史化石。

其实,本来的事物并不神圣、美妙,商代的王室仓廪一夜间被臣仆等烧了三座（583、584反）,鲁国也发生了"御廪灾"（《春秋》桓公十一年）,卫国两个君主先后在籍圃中建虎幄、造灵台,庆祝乐成,结果引起政治斗争,被人民赶跑或杀掉（《左传》哀公十七、廿五年）。有些事件有偶然性,但也反映了必然。

往往是,一种必然要灭亡的东西,统治者却捧为至宝,百般粉饰。籍礼的文饰堆砌,也正是经济形态的籍田崩溃的时候。"礼教的加强,从反面表明社会在剧烈地变革着,旧的社会秩序正在被动摇并行将崩溃了。"[62]大概这正是春秋战国之际的情景。

文明时代愈是向前发展,它就愈是不得不给它所必然产生的坏事披上爱的外衣,不得不粉饰它们,或是否认它们——一句话,是实行习惯性的伪善。这种伪善,无论在较早的那些社会形式下,还是在文明时代的第一阶段,都是没有的![63]

这段话，好像就是针对籍礼的起源和它的发展完善及其实质说的。

当然，我们也不能忽略另一面，此种籍礼也是继承原始"公田"上的开耕礼而来的，它可以脱离经济形态的籍田而与之并行不悖，两者有联系也有区别，正如两种籍田名义上有联系、实质上有区别一样。

附：古代世界王田简介

这里根据现代论著,介绍古代世界普遍地存在王室田庄的史实。虽不是辑录原始资料，但可以相信现代学者的论述是根据可靠史料的。

埃及——早期王国："王室有直接经营的大农庄，遍设各地，农庄设有各种手工作坊，其劳动力大概一部分是奴隶,来源于对内和对外的战争中的俘虏。王室庄园有周密的管理，并制造各类物品（[64]194 页；[65]40 页）。古王国时期：法老是全国土地最高所有者，法老还直接据有农庄和牧场，使用农民、牧民、奴隶种植庄稼、放牧牲畜。大臣、祭司的农庄分布于各州，有专人管理，农庄上也设有各种手工业作坊。管家是农庄的最高监督者。分散于各村落的农庄庄主海卡，又是国家官吏，命工头指挥生产，各类手工业作坊与王室和神庙的都相似（同注 [64]221～222 页；同注 [65]43～46 页）。中王国时期：大官的大农庄消失了，出现了大量的小农庄，但王室农庄依然存在，一些官吏、王族、寺庙人员都从王室农庄得到粮食（同注 [64]359～367 页；同注 [65]50～53 页）。

新王国时期：奴隶在王室、神庙和贵族的农庄中的劳动，使用较广。奴隶转入农庄，在当时是十分平常的现象（同注 [65]41～60 页）。在王室和神庙的农庄中特别集中有大量奴隶。历次对各邻国取得贡品，是这种劳动力的主要来源（同注 [64]455 页）。图特摩斯的远征，俘来大量奴隶（几十万）用于皇家和寺院庄园（[66]158 页）。

希腊化时代的埃及：宗教地产用两种方式经营，有时利用大批奴隶工人的帮助直接经营；有时则把土地租给隶属于祭司的城乡区域的自由居民而取得地租。王室领地的经营，其方式则各不相同，作为君主个人财产的那部分领地是按照个人领地的方式经营的（[67]113 页）。

托勒密时期：全国大部分的、也是最好的土地直接属于王室,由国王的行政机关经营管理。其耕作者为"王田农夫"，没有土地，向田主领取农具种籽进行生产，被严格管理在村社中，名义上有契约，而所立《誓言》规定缴足粮食、不得逃避劳役，有严重的从属身份。另有村社集体领种的方式，由政府监督管理，上缴百分之七八十的农产品（同注 [65]254 ~ 255 页）。

两河流域——苏美尔·乌尔第一王朝：拉伽什城的寺庙经济占突出地位，经营土地的劳动者占四分之一的是奴隶，另有村社农民"苏不路伽尔"耕种，被付给临时的实物报酬和一定的服役份地。寺庙设有监工、总管、书吏等（同注 [65] 第 76 页）。据文献报告，当时要记录多少劳动力每日工作时数，各管理处调来多少劳动者，如何分配等等。分配到王田上的女俘营里的女奴，一月发给 22 公斤大麦（《世界史资料丛刊·古代埃及及两河流域》）。

阿卡德·萨尔恭朝：在王家经济中劳动的"古鲁什"，处境渐与奴隶接近，战俘奴隶增加，奴隶劳动使用范围扩大（同注 [65]79 ~ 80 页）。前三十世纪之初，国家开拓出来的受河流灌溉的部分土地，已经不属个别公社的公有财产，而是国家的了。至前二十四世纪，苏美尔城周围灌溉高地，只有不是君主和神庙领有者，才分割为个人或集体的份地。拉格什的拍达西把寺院农场的财产改归已有，原在国家农庄上每年需劳动四个月的公社成员，现在被贵族们看作是自己占有控制的土地上的劳动者。阿卡德时代公社在瓦解，王田所用的日工即系分化出来的公社成员（同注 [64]257、265 ~ 271、284 页）。前廿二世纪中叶，奴隶制发展，公社显著分化，特权者达数百公顷土地，使用奴隶耕种，也有雇农和零工（同注 [66]42 页）。

乌尔第三王朝：王室土地占全国五分之三以上，在这些土地上建立规模很大的农庄、牧场、种植园和手工作坊。经济剥削的主要对象为人数较多的女奴隶，此外是已与奴隶无别的"古鲁什"，农忙时用大量雇工（同注 [65]81 页）。王室和寺院经济中大量使用奴隶劳动，年度报表中与雇用人员相对的是"古鲁什"。奴隶死亡率很高。村社受王室和寺院无限制的支配，社员成为被雇用的人（同注 [64]290 ~ 291 页）。"织室"中有百多名男女奴隶工作，二十名奴隶有一名监工，另有四分之一的雇工。奴隶来源主要是战俘与债奴，他们被刺瞎而防止逃亡。二百公顷土地上使用二十四名生产者（同注 [66]44 ~ 45 页）。

古巴比伦王国：汉谟拉比时代，王室依旧掌握大批土地，主要集中于南方。经营方式与前面不同，土地多被划成小块，交给"伊沙库"耕种，他们从国家领得耕畜、农具、种籽，交纳一部分实物给国家。他们被划分为许多小组，隶属于主管的官吏，并随官吏的调动而转移，受到残酷的剥削与严格的控制，在生产上没有独立自主的权利。还有属于神庙的土地（同注 [65]87 页）。王室和寺庙的土地，占全国土地的百分之十五，王家庄园中还有畜牧业（同注 [66]53 页）。

古希腊——早在荷马时代，部落首领和氏族贵族已经有私有土地，"史诗"多次提到这些人的田庄，占地达十余公顷，由破产农民、雇工、少数奴隶耕种，一个拥有大田庄的贵族，同时也拥有几十个奴隶（同注 [65]167 页）。

迈锡尼·后赫拉斯时期（前十六～前十二世纪）：泥版提到寺庙、"王室"地段使用奴隶耕作。农民份地用抽签方式从公社分得，而"国王"的土地则是从公社土地"分割"出来的。强大贵族还占夺未及分成份地的公社土地和开拓荒地，这些就不再是公地了。巴西琉斯已是大土地占有者的代表人物（同注 [64]579、902、916 页）。

赫梯——公元前二千纪前半叶，被赫梯军队捕获的那些人都使用在王室的土地上：田野、花园、葡萄园和牧场上工作，国王也给寺院经济以俘虏（同注 [64]509 页）。国王和祭司都占有大量土地，公有地已转化为私产（同注 [65]97 页）。

亚述——中期（前十四～前十一世纪）国王在各个大家族的私有地保持一份土地，其收入或迳归已有或转赐臣下。帝国时期（前十一～前七世纪）在无数的侵略战争中获得大量土地，无条件的成为国王的财产。全国有很大一部分土地由王室直接经营，分成小块交给奴隶耕作，国王还把大量的土地赐给臣下，这些赐地分散在全国各处。同时也赐给神庙大量土地，赐田时往往连带赐以奴隶（同注 [65]133 页）。

波斯——国王肆意占领大片地产，奴隶"达尔达"被打上烙印在国王或贵族的田庄上劳动（同注 [65]203～204 页）。

叙利亚塞琉期古王国——前三世纪，王室直接占有的土地，由"王田农夫"耕种，这些农夫与托勒密的埃及农民地位相似，劳动受奴隶主支配（同注 [65]262～263 页）。

帕提亚安息王国——前二～前一世纪，阿尔萨克王朝，王室、贵族和寺庙，掌握大部分的土地，奴隶被固着在国家或私人的土地上劳动。这种经营方式称为"达斯特海尔特"意即农庄。奴隶被称为"班达克"，可能为债务奴隶；被称为"安沙赫利克"意为异邦人即战俘奴隶（同注 [65]275 页）。

印度——孔雀王朝（前四～前二世纪）国王的农庄使用奴隶、雇工和被罚服劳役的人耕作，但国王直接占有的农庄和贵族私人地产在全国土地中所占比例不大。笈多王朝（公元四世纪）时代此种农庄使用奴隶较前减少（同注 [65]284、382 页）。

朝鲜——新罗（公元四世纪中叶）奴隶制最终确立，王室农庄的劳动者中大概有许多是奴隶，国王赏赐有功大臣包括财物、田庄和奴仆，来源于对外战争所掠夺的土地和人民（同注 [65]402 页）。

日本——大和国（公元三～六世纪）征服战争中掠夺俘虏为奴隶，也有罪犯奴隶，集体沦为被奴役者"部民"，与奴隶相近。皇室和大奴隶主贵族占有许多土地，皇室先在中央，后在地方设置许多农庄，称为"屯仓"。各地方贵族也如此，称作田庄。劳动者主要是"部民"。到六～七世纪中叶，"屯仓"和田庄遍及全国并逐步垦辟土地。地方贵族迫使人民、自耕农不断沦为"部民"。王室和中央大贵族奴隶主又侵夺地方贵族的田庄和"部民"。到大化革新（645 年）以前，王室占有很多"屯仓"，仅中大兄皇子一人就有"屯仓"181 所（同注 [65]411～412 页）。

罗马——帝国时期也有皇室领地，在意大利，有时由政府直接经营。在一个管庄的监督下，由农村家族的奴隶来耕作。还有各种的租种方式（同注 [67]265 页）。

注释:

[1] 徐中舒:《耒耜考》,《中央研究院历史语言研究所集刊》一本一分(册),又载《农业考古》第六期;殷墟窖穴遗址中有农具木未痕迹作∩形,见马得志等:《1958～1959年殷墟发掘简报》,《考古》1961:2。

[2] 李根蟠、卢勋:《中国南方少数民族原始农业形态》,1987年,农业出版社,第481～487页。。

[3]《孔子家语·正论解》。

[4]《公羊传》宣公十五年杨士勋疏引何休说徐邈曾言及;万斯大《春秋随笔·初税亩》,《经解》卷十四。

[5] 毛奇龄:《四书剩言》,《经解》卷二十二。

[6] 单,殆是墠的初文,《说文》:"墠,野土也。"《尚书·金縢》:"为三坛同墠",孔疏:"墠,除地。"

[7]《中国农学史》(初稿)上册第43页。

[8] 关于《庚午父乙鼎》有认为商末的,此从唐兰:《西周青铜器铭文分代史征》意见。

[9]《西周金文官制研究》认为是指西周五都:丰、镐、萃京、成周、王城,第22页。

[10] 参见陈梦家:《西周铜器断代》(六)。

[11] 见《说文通训定声》豫部圃字、升部再字。

[12] 参看唐云明:《河北省商代农业考古概述》,《农业考古》第三期。

[13] 白川静:《金文通释》卷六第47辑第四章。

[14] 参见胡方恕:《周代公社所有制下的贵族私有土地》,《中国古代史论丛》第三辑,1981年。

[15] 顺次见《左传》襄公四年、十九年、定公八年,《礼记·射义》,《左传》文公八年。

[16] 顺次见《左传》襄公十四年,哀公十七年、廿五年。

[17] 顺次见《左传》昭公十三年,僖公卅三年。

[18] 垦字,原作 𣪊𣪊𣪊,从双手弄土、或双手持农具操作于土地上。最早余永梁释"圣",《说文》解为致力于地,杨树达、郭沫若从之;杨解为开矿,徐中舒释"贵",耨草隤土培苗之义,胡厚宣从而作深入阐释。于省吾释"垦",旧作狼,为开荒;饶宗颐释"壅",裘锡圭从之:《甲骨文中所见的商代农业》(商史讨论会论文集)。张政烺释"衰",聚土打垅之意。本文从于氏说解。详见李孝定:《甲骨文字集释》第十三卷。

[19] 胡厚宣:《贵田说》,《历史研究》1957:7。

[20]《卜辞的衰田及其相关诸问题》,《考古学报》1973:1。

[21] 稷字一般都认作黍字,但其歧出之叶不分叉,见于省吾《商代的谷类作物》(《东北人大人文科学学报》1957:1)一文把它分别出来。可能如此,今从之;也可能是各期黍字的异构。

[22] 字一般隶定为"屎",人形下从水滴形,胡厚宣《殷代农作施肥说》(《历史研究》1955:1)等三文,认为是施人粪肥;张政烺《甲骨文的肖和肖田》(《历史研究》1978:3)认为中耕除草。从字形看,很可能是后来的"溺"字,即施人粪尿于农田。

[23] 裘锡圭:《甲骨文考释八篇》,《古文字研究》第四辑。

[24] 此诗"成王""昭假"均有不同解释,见胡承珙:《毛诗后笺》,今从《诗集传》。

[25] 陈奂:《诗毛氏传疏》。

[26] 参看林甘泉、田人隆、李祖德:《中国古代史分期讨论五十年》第264～276页。

[27]《卜辞衰田及其相关诸问题》,《考古学报》1973:1第107～108页。

[28] 苏联科学院:《世界通史》第一册第265～271页。

[29] 毛氏传云:"尊者食新,农夫食陈。"

[30]《就甲骨文所见试说商代的王室田庄》,《中国史研究》1980:3。

[31] 说见顾颉刚、刘起釪:《"盘庚"三篇校释译论》,《历史学》1979:1～2期。本来作者详细地对比早、

晚用词不同得到这个正确的结论，但却在"众""民"二字的用法上不去考虑周人所用的含义与卜辞本不相同，而根据这"加工润色写定"的文字，说篇中的"众"只能是在"众多"的意义上使用的，又反过来推求卜辞中"众"字的含义，颇觉可异。

[32]《马克思恩格斯全集》第十四卷第 354 页。

[33]张向千:《西康省大凉山彝族的社会经济制度》，《教学与研究》1954：3。夏康农:《四川民族调查组:四川凉山彝族地区民主改革以前的社会面貌》，《民族研究》1958：1。

[34]详见拙作:《申论契文"雉众"为陈师说》(《文物研究》第一期)所引及所论。

[35]裘锡圭:《关于商代的宗族组织与贵族和平民两个阶级的初步研究》，《文史》第十七辑。

[36]朱凤瀚:《殷墟卜辞中的"众"的身份问题》，《南开学报》1981：2。

[37]郭沫若主编:《中国史稿》第一册第 185 页。

[38]于省吾:《甲骨文字释林·释工》。

[39]参见《世界通史资料选辑》；齐思和主编:《世界通史》的上古部分。

[40]参见周自强:《凉山彝族奴隶制研究》。

[41]参见王承祒:《关于西周的社会性质问题》，《历史研究》1955：1。

[42]《庶为奴说》，《周谷城史学论文选集》第 448 ~ 452 页。

[43]《甲骨文字释林》下卷。

[44]见赵锡元:《周代的二等公民——庶人》，《史学集刊》(吉林大学)第三期，1982 年。

[45]杨宽:《古史新探》，1965 年，中华书局，第 100 ~ 102 页。

[46]张亚初等:《西周金文官制研究》第 54 页。

[47]参见陈启源:《毛诗稽古篇》，阎若璩:《四书释地·又续》，吴闿生:《诗义会通》。

[48]杨向奎:《关于西周的社会性质问题》，《文史哲》1952：5；陈梦家:《西周铜器断代(三)》。

[49]《毛诗传笺通释》廿六。

[50]胡承珙:《毛诗后笺》引"何氏古义"说。

[51]《逸周书·世俘解》《作雒解》。

[52]《马克思恩格斯选集》第三卷第 220 ~ 221 页。

[53]裘锡圭:《史墙盘铭解释》，《文物》1978：3。

[54]见注 [13] 第六章。

[55]《马克思恩格斯选集》第四卷第 145 ~ 146 页。

[56]此是《国语·晋语(三)》韦注引贾达说，《左传》孔疏引服虔、孔晁说，近于史实，也合乎原文前后的语意。爰本应是"趄"字，见《说文》走部，但与"易居"无涉。杨伯峻注及所引姚鼐《补注》与高亨的解释当近实。其他纷纭众说，均所不取。

[57]《左传》宣公十五年、襄公六年及杨伯峻注；春秋青铜器《叔夷镈》铭文。

[58]马曜等:《傣族农奴制和周秦社会的比较研究》第六章。(征求意见稿，1978 年)

[59]杨伯峻:《春秋左传注》(昭公十八年)。

[60]见郭沫若:《矢簋铭考释》，《文史论集》第 310 页；陈梦家:《殷墟卜辞综述·方国地理》。

[61]《文献通考·郊社》卷十二。

[62]《新中国的考古收获》第 56 页。

[63]同注(55)第 174 页。

[64]苏联科学院:《世界古代史》第一册，1959 年，三联书店出版。

[65]齐思和主编:《世界通史》上古部分，1962 年，人民出版社。

[66][苏]格拉德舍夫斯基:《古代东方史》，1959 年，高等教育出版社。

[67][法]杜丹:《古代世界经济生活》，1963 年，商务印书馆。

附论一

《殷周制度论》评议

本书讨论的商周制度，有几项主要的制度都涉及到已故王国维先生的名篇《殷周制度论》[1]。在这里需要作一个交代，对王氏的论点作简要的评议。

《殷周制度论》问世于本世纪三十年代，影响至今。文中对商周的几项带根本性的制度作了明确的论断。在半个多世纪以前的时代，他利用研究甲骨文所得的成果，以他渊博的古史知识，将西周和商代的礼制加以勘校，很快地得出若干结论，仅从这种积极的治学精神和表现的史识，是值得人们佩服的。在当时，他所论述的见解都是颇为新颖的，而且又是他"古史二重证"新方法的一种示范，因而风靡学林、历久不衰，是容易理解的。

30年代以来，对王国维的结论，陆续出现不同的意见。而比较全面地予以检讨、纠正的，可能要数四十年代胡厚宣先生的《殷代婚姻家族宗法生育制度考》这篇论文[2]。近些年来，随着以甲骨文研究商史的深入，日益显露王氏的结论都有问题。而且，我们还发现其错误的根源，乃在于历史观和方法论上存在明显的弱点。

《殷周制度论》的主要论点，可举下面这段文字：

> 中国政治与文化之变革，莫剧于殷周之际。……以地理言之，则虞夏商皆居东土，周独起于西方，故夏商二代文化略同……周人制度之大异于两者，一曰立子立嫡之制，由是而生宗法及丧服之制，并由是而有封建子弟之制，君天下臣诸侯之制；二曰庙数之制；三曰同姓不婚之制。此数者皆周之所以纲纪天下。

这些论断，都属于古史上的重要问题。其影响至今，除一般信从者，在史学界出自两个方面的观点，往往引以为证：一是西周封建论中部分学者，一是商代为军事民主制、方国部落联盟和城邦制论中的一些学者。

以地理区域来分四代的文化政治的不同，至少遇到两个障碍：一则四代所居并非如所论的区划那般。周族起于西方，固然没有异议。但是，夏、商的民族起源，迄今尚难定论。夏民族起源于东方，是有学者这样主张的，可是，据古书记载和当今考古文化而论，大多数人却主张夏族活动于豫西晋南，有的认为夏与周是同一区域[3]。即如商族，一般被认为起源于东方，然而也有北来说、中原说甚至西来说的。二则，四代之间彼此民族文化异同既需要具体论证，也有怎样认识的方法问题。《礼记》中常常讲起四代或三代崇尚风习的不同，如殷尚质、周尚文之类，而多半是说它们各不相同，罕见以虞夏商为一方、周为一方来作比较。而且，即使前三者与后者确有政治文化的差别，与其说这是民族区域的原因，倒不如说是社会发展阶段先后之故。

关于周人"大异"于商的制度，立嫡立长的继承制，宗法制度、封建子弟、庙祧制度和王权的名位问题，我们在本书中都讨论过了。根据商周间的实际史料，加以系联、比较和论证，上述各项都呈现出一个共同的有规律性的现象，二代之间都是基本相同，一个体系而有前后发展程度的差异，表现为历史的继承性与发展阶段性的有机统一。有的在商代为雏型，到西周此较明确形成制度。在这里，二代的差别不是有与无的问题，更不是"大异"，而是量变到质变的问题，由有实无名到有实有名的问题。例如，封建子弟之制，商代多子分出立族于各地，实具有封建子弟的措施；君天下臣诸侯，固为西周建国大政。但商代同样存在侯、伯、子、甸（田）、男（任）、卫等，商王对他们都拥有发号施令的权能。他们要为商王的军事、农业、田猎、贡纳等等克尽职责，即所谓"叶王事"。商王自称"余一人"和"王帝""帝子""我王"，都说明商王实际拥有君天下、臣诸侯的权能。而且，这些诸侯的名称，和帝、王、余一人等称谓，西周全都是从商朝搬过来的，连文、武、成、康等美谥也是取自晚商诸王的。

商代晚期已经确立了立子立嫡的继承制度，已经有大宗、小宗和直系、旁系祖先之分，已经有重近亲、轻远祖的祭祀制度，最后经常只祭五世祖祢即接近后世的庙数之制和五世亲尽迁宗的宗法制。相反，处于同时期的先周，其祭祀制度却较商代为原始，还保留着立少立弟的继承制。

至于丧服之制，在当时无论商代，也无论西周，今天我们都没有看到实际记载，显然不能根据后世完备了的制度来断定西周所必有，而断定商代所必无。依照有嫡庶制才产生丧服制，事实上二代都逐渐确立了嫡庶制，则所谓商无周有丧服制的推论，也就失去了根据。

剩下来的是同姓不婚的制度，似乎商代的情形不那么清楚。王氏对此，虽然肯定周代女子称姓、同姓不婚之制。而对商代的这一制度并没有深考，语存矛盾与犹豫。对周以前的一批姓字，认为均是出诸周世，得出殷以上无女姓之制的结论，却是武断的。商王室的妇名如：妇妌、妇周、妇杞、妇汝、妇麗、妇龙、妇光等等，有的学者就以为是妇女的姓称，亦是表示其所来自的国族[4]。这虽与周代的国名冠之于姓上如陈妫、郑姬、秦嬴、齐姜的方式有异，但周代亦有妇姜、妇妫的称呼，商代亦间有妇羌、妇妊、妇己之称，而绝大多数则是上述的国族名称。对这种称名法，近年已有学者指出："虽不确知究否即后世周代的秦、周、楚、杞各国的嬴、姬、芈、姒各姓之女，但其行异国异姓之婚制，而非子族同姓同婚制，应可定论。"[5] 我们则以为，这些国族名即氏名，与古传的姓字毕竟有别。但是，商时则以此表示其固有的姓，就是说，她们虽不以姓称，却都熟悉各自的古姓。即使有的"子"立宗之地族名与妇所称之国族名相同，而他她的古姓仍然有别。妇亦以此国族名表示，其姓称，而"子"则仅以此国族为所立宗之地，实即相当于周代的"氏"称名即等于后世的称姓；然则，不能因此而认定其不称姓即可同姓通婚。

虽说商代妇女一般不以姓称，却有论者提出妇好的"好"本是"子"姓，作为商室实行王族内婚制之证，并与一种王族婚姻集团的交表婚制、轮番执政的观点相呼应。我们已经分析过"好"与"子"字不是一回事，后者并非前者的谐声偏旁。有人以为妇好有时可作"妇子"，其所举例证实际似是而非，如举下列卜辞：

贞：勿御帚♀于……   2833

这条卜辞残阙固不必说，而所谓"帚子"的"子"并非"子"字则显然，此"♀"形可与另一妇名作"♀"者似可对应，为同一女名的不同写法，却与妇好非一人。因此，以妇好为子姓，子姓内婚制，远非定论。而王族内部"交表婚制"纯为推理的产物，极少商代本身的史料证明，迄今难以成立。

当然，像其他各项制度一样，商周间的婚姻制度也会有一个发展程度的差别。即使商代存在同姓通婚的个例，也不足以概括一般。就是在周代，也不乏鲁国公室有三世内娶，晋公族娶姬姓女等等的例子。我们不能以此说周代的姬姓族还在实行同姓通婚制度。王氏说："男女之别，周亦较前代为严。"应该是正确的。问题在于，他把女子称姓与异姓通婚两者完全等同起来，从而使人理会为商周间婚姻制度有原始与文明的社会阶段之别，就夸大到不适当的程度，而与史实不符。

综上所述，王氏的主要结论都是难以成立的。推其源，除了当时的历史科学研究水平，如对商史、对甲骨文释读和研讨还需要时间深入，不能不受到限制之外，他的认识论、历史观方面尚存在问题。这里，试着提出如下三点：

（一）他没有用历史发展的观点来考虑问题。文章开头就按文化地理区域，把上古四代置于同一平面上来看它们的同异，忽略了这四代本来是前后相接的发展序列。因而，对于同一事物，把在西周的发展形态，来和以前处于发展过程的不完备的形态加以比较，而以前者去要求后者。这样，那些不完备的东西在他的视野中就不会占有地位甚至消失了，而完备的形态就尽善尽美。并且，有的地方，更把并非西周实有而系后世完成的、甚而是礼书上儒家者言、被人为规整化了的东西，当作周公制作的事物，以之与周以前对比，从而只看到商、周间的"大异"，看不到前后相继的脉络。这在他的详征博引中随处可见。

（二）在思想方法上存有偏向，他以商周之际"剧烈变革"的观念为基础，凡尽美尽善者为周制，不如此者概视之为"殷制"。既然肯定商代"无上下贵贱之别"，于是对西周存在的类似状况，就说这本是"殷制"，而"犹用殷礼"。如说："是故大王之立王季也，文王之舍伯邑考而立武王也，周公之继武王而摄政称王也，自殷制言之，皆正也。舍弟传子之法实自周始。"王位继承由兄弟相及到完全父子相继之制，本是一种自然的发展顺序，商周都各自经历过，无所谓周制、殷制之分，却被截然划分为两个民族不同的固有本质。他看到了《逸周书·世俘解》中，武王祭祀的先人包括了旁系亲属，这本是当时周族也还没有完全确立嫡长制在祀典上的自然反映，却被说成这是"犹用殷礼"。这种认识方法，来自经学的旧传统，肇自早期的经师们。正如有学者指出的："古代儒家说礼，见与周制不合者，便托为'殷制'，藉此解围，未必真有什么根据。"[6]惜乎，这种错误的想事方法，迄今仍有沿用的，有的学者还同样以《逸周书·作雒解》里周人说的"我兄弟相后"的继位法，也看作是"殷礼"。

（三）《殷周制度论》还体现着以民族特性导致个人能创制制度典章的意识决定存在的错误观念。本来，一种文物制度的出现是由于社会经济、政治等因素所促成，而且是渐进的，须经若干代人创造而臻于完备的。但在王氏看来，并非如此，一种制度为一个民族本质所固有，或为某一人物的本意所在。他说：殷周间的大变革，"自其里言之，则其制度文物与其立制之本意，乃出于万世治安之大计，其心术与规模，迥非后世帝王所能梦见也。"即是由"本意"而"立制"，制度至此完善无缺，后世再也赶不上。这类论述，贯彻全篇。他以为周尚文，则一切都那么典雅精密，都源于周人固有的思想品德。因为"其旨则在纳上下于道德"，"以成一道德之团体"。从这种指导思想出发，必然影响到他利用、分析史料的正确性。尽管他"皆有事实为之根据"，殊不知其所依据的事实，或非西周就已完全存在，或为商代已经出现而漠然置之，或为周之事实而断之为"殷制"。若说这是遭到曲解的事实，也不为过分。

　　当然，我们应该承认民族特性，其精神、气质、生活方式都会影响到其社会历史存在的方式。但是却不能夸大，很难说当时商、周两族能分为特质很大不同的两大民族，有如世界上东西方民族的分别。我们也应该承认政权更替在制度变革中的作用，周公个人在创制上的地位。但是，政治的变革在商周之际主要还是政权的更替，一些带根本性的社会制度，决不可能因一次政治变革而全部改观，因其植根于、受制约于当时的社会结构，而后者的变化从来就是一个渐进的、极其缓慢的过程。诸如所论的族落组织、婚姻家庭形态、财产继承、生养死葬等等，均是如此。一个人的历史作用，也不能超越时代和社会生活而一次创造出百世不易之法来。事实上，西周一些创制，乃"肇称殷礼"，以前代为依据；而某些制度的完善，也是由于晚商社会中已经存在的这种客观条件；有些是"周鉴于二代"，吸收商朝的统治教训和适应新的社会要求，如周初政治上的敬天保民，明德慎罚的统治思想及所体现的某些制度。而不少制度仍然带有前代的原始状态，需要在往后的历史中逐渐改善、完备起来。

　　由此观之，《殷周制度论》的主要结论及其观点、方法上存在的问题，就都较为清楚了。

　　《殷周制度论》的功与过，都有其时代性，它反映了当时"新史学"由古文字资料论证古史，带来的既别开生面而又进展不深的状态。因此，我们不是意存苛求前人，只是要说明它存在不正确的论点和方法，应当尊重历史研究本身的发展，不能死守窠臼，奉前人论断为圭臬。我们的这种认识，也并非一蹴而就，这是经过半个多世纪史学研究，在甲骨金文、商周史、考古学上的进展，在各方面所得的成果的基础上始能达到的。不过有一点，只有把商周的社会结构、政权结构的几项根本制度大致了解，看到商周的一体继承性之后，《殷周制度论》的问题方能更清楚、较为全面的显现出来。

附论二

"周因于殷礼"集证

二千五百年前的孔子说过："殷因于夏礼，所损益，可知也；周因于殷礼，所损益，可知也。"[7] 今日看来，这段话是正确的，而且具有辩证方法，既强调其"因"的继承关系，又指出其"损益"的发展变化。这比所谓商周间变革剧烈、"大异"的说法符合历史实际，盖因其去古未远，存有原始资料的缘故。

《礼记》一书里，常见把虞夏商周四世或三世的典章制度、意识风习、具体名物，加以互相比较，分出异同，也有"因"和"损益"之处。内中有一段话很值得注意：

子曰：虞夏之道，寡怨于民；殷周之道，不胜其敝。

子曰：虞夏之质、殷周之文，至矣！虞夏之文，不胜其质，殷周之质，不胜其文。

《礼记·表记》

这里的讲法很有特点、有意义。它把殷周连在一起同虞夏来作比较，和其他地方类似的文字中分别对比法稍有不同。而这段话更接近史实。夏代已进入文明社会，但仍较原始，可以和虞归作一个阶段；而商、周两代是文明时代的初步发展阶段，今天来说都是青铜时代，社会制度、典章名物基本相同，故归到一起。虽然说者还不可能有今人的历史观点，但客观存在使他提出这种看法。这里讲的"道"，更高的概括一个社会的制度的本质，和别的章节里说此类问题只讲某一项具体名物不同而有区别，这就具有纲领性。所以说虞夏的"道"是"寡怨于民"，即彼时还存留有原始社会浑厚平等的遗风；而商周的"道"是"不胜其敝"，即此时都是初步发展的文明时代，等级、阶级、人与人间的不平等，货力为己，诈谋相加，兵刑始用，那当然是"不胜其敝"。因此，前者是质，后者是文。这个"文"就是初步至于文明典雅之境，又带着饰伪萌生、人压迫人的恶果而俱来。

把商周两代连在一起来说，正和我们今天通过研究，两代社会结构、政权结构及其产生的各种制度，均为同一体制的结论是相符合的。

现代史学家不少人持这一观点。早在四十年代郭沫若先生就较为全面地说到这个问题：

西周的文化大体上是承继殷人的遗产。我们从周初的彝器来看，或从《尚书》里面的《大诰》《康诰》《酒诰》《召诰》《洛诰》《多士》《多方》《无逸》《君奭》那几篇来看，周人自己都承认着是接受了殷人的遗产，而且要以殷先哲王为模范。故从文字结构上看不出差别，在器物形制上看不出差别，甚至如年月日的写法一如欧洲的方式把年放在最后，也看不出差别。殷人用卜，周人也用卜，只是我们现在还没有周人的甲骨文字而已，谁也不能断定，周人一定没有。（按：周人甲骨已在陕西岐山大批出土）殷人祀天，周人也祀天。殷人祭祖宗，周人也祭祖宗。侯甸男邦采卫是沿用着殷人的体制。所有一切的内服、外服也一仍旧贯 [8]。这些都是正确的，而且有先见之明。

现在，根据本书所讨论的内容，可把商周二代的文化、制度的相同点，分项扼要罗列出来，一些项目，俾便了览，也权作本书的一个简要的结语。（商和西周同一事物名称相同者只用句号表示；而文字有变化者以"——"号标志）

（一）族：三族、五族——三族。王族——公族。宗，大宗、小宗——宗氏、分族。

（二）大子、中于、小子，帝子——介子、嫡子——伯、仲、叔、季、庶子 [9]。多子——诸子（士庶子）。

（三）天干谥号：祖甲、父乙、父辛……[10] 美谥：文、武、[成]、康 [11]。

（四）族徽的使用。

（五）封国称号：侯、伯、子，田——侯、甸、男、卫。

（六）几项政制：省田——巡狩。来王——朝觐、婚媾、贡纳。

（七）官名：大史寮、飨事（卿土）、尹、作册、事——史、御事、宰、臣、小臣、多臣——虎臣。多宁——夷仆。马亚——司马。射、箙、戍、旅、行。司工——司空。多工——百工。小耤臣——甸师（奠司徒）。多奠——甸人。司鱼——底渔（鲧人）。牛臣——牛人。吴——虞。亚、正 [12]。鹿——麓。

（八）政区：邑、大邑、奠。单——郊。鄙、四土、四方、多方、邦。中商——中土。

（九）产业：耤、籍田。酓田——耦耕。渔，猎、圃、囿，廐、囿、牧、垦。

（十）祭礼：祭出入日——朝日。星辰、四方、风（皆用犬祭）。山岳、河川、百神、百物。用牲：大牢、小（少）牢、牛、羊、豕、犬。用牲法：俎。卯——䐗、燎、鬯、沉、埋。祭品：

玉——丰。酒鬯、福、裸、鼓乐、黍稷。祭名:禘——帝。衣——殷。祀、禴、升。岁——烝、屮（又）——侑。

（十一）享礼:食麦——尝麦。登黍、告秋——先荐寝庙、献鲔。

（十二）葬礼:卜葬、营陵、殉人、厚葬、车马坑。

（十三）飨礼:飨多生、多子——飨醴、乡饮。

（十四）射礼:惟多生射——大射、燕射、宾射、习射。

（十五）军礼:告祖——告庙。示其先——迁主而行。立中——致旗。献俘礼。田猎——蒐。

（十六）学校:大学、[小学]。臼辟（？）——辟雍。丁日入学。多万——万舞。乐舞。军官为教师。干支表——学数名。习刻文字——学书。

（十七）语言文字同一体系。

（十八）卜筮:使用甲、骨、钻、灼、凿。贞卜、占、验。用语:亡尤、吉、大吉、亡悔、利、亡祸——亡咎。

（十九）历法:年、祀、岁、月、置闰、十三月，干支纪日、大采、小采、旦、明、中日、昃、暮、夕。旬——月相。

（二十）青铜器铸法、形制、纹饰、铭文均同一体制、风格。

所列举的这些内容，究系荦荦大端，还有缜密的余地。仅从这些名目，也已足够说明，商、周两代从社会、政治、宗教、文化等制度到具体名物，都莫不相同。这种历史现象只能显示着两者的社会发展程度的相类。两者自有彼此不相同的地方，或由于他们社会生活的固有特点，或由于周代继承殷礼之后进一步发展或改造。

说到这里，趁便提出一个问题:商、周两代从青铜文化、语言文字乃至风俗习惯，都重合到这种程度，是否就仅仅因为周人搬用商世的礼制之故？根据故籍记载，他们的始祖都是黄帝的子孙，又同处于尧舜之"朝"，今天我们说这不过是部落联盟。根据摩尔根的论断，不仅部落，就是部落联盟，也是以血族情感，共同世系和互相了解的方言，为联盟的三个物质要素，在美洲土著还没有发现例外[13]。那么，商周之共同点，恐怕不能完全说成是周人学自商族的结果，可以考虑他们本来就有共同的"物质要素"。由此，也可以探讨商周源自一个血缘结构的母体而分析出来的部落的问题。其中还存在着两族的考古文化及其系统的归属和部落间的合而又分、分而又合的历史演变等等复杂问题，都当是研究的对象。目前，我们只称"商族""周族"，不称"民族"，还是个妥当的办法。

注释：

[1]《观堂集林》卷十。

[2]《甲骨学商史论丛》（初集）。

[3] 参见李民：《释〈尚书〉"周人尊夏"说》，载《中国史研究》1982：2。

[4]《卜辞通纂》考释。

[5] 杨希枚：《从讳名同祖名制论商王庙号问题》（商文化国际学术讨论会论文，1987年，安阳）；参见注 [2]。

[6] 李玄伯：《中国古代社会新研》，1938年，开明书店，第140～145页。张政烺：《卜辞裒田及其相关诸问题》，载《考古学报》1973：1 第111页。

[7]《论语·为政》。

[8]《十批判书·古代研究的自我批判》。

[9] 唐兰先生《西周青铜器铭文分代史征》指出：大子、小子都是商代的"爵称"，"但周代也还沿用"。（中华书局 1986年版第97、115页）此说尚待研究。

[10] 唐兰先生又说："周初，很多人还用商代人的习惯，祖或父死后，排定祭的日子，就以祭日的甲、乙作为死者的称号，如：祖甲、父乙等。在齐国，太公之后，是丁公吕伋、乙公得、癸公慈母，……也都是以祭日为称号。（同上书第87页）又参见注 [11]。

[11] 崔述：《丰镐考信别录·周制度杂考》云："周之二王谥为文、武，盖亦仿诸商制。"

[12] 见注 [9] 书中认为"亚"是商、周时期贵族阶层某些集团的一种称号，在用兵时的"亚旅"即如此，地位比诸侯、军帅低一等。（108页）西周官名绝大部分与商朝同，参见张亚初等：《西周金文官制研究》。

[13] 摩尔根：《古代社会》第二编第四章~第五章。